品中国先贤

刘小川　著

華中科技大學出版社
http://www.hustp.com
中国·武汉

有态度的阅读

小马过河（天津）文化传播有限公司出品

对于创造性的历史人物，唯有创造性的思维方能与之对接。

——作者题记

自　　序

我很小的时候就对古代人物感兴趣，觉得他们太有趣了，个个面目生动，故事十分精彩。数十年来，我读了几百本写人物的书，脑子里装满了各类先贤的生存细节，从春秋战国到现当代，这些巨人仿佛活在我身边，年复一年亲近我，启迪我，指点我。我上街或是吃饭，他们也会突然闪现在我的思绪中：某个细节从历史的深处跳出来，情景历历在目。生存细节，是的，正是细节带出人物的整体形象与风范，带出中国历史的波澜壮阔。有些人物的生存细节甚至改变了历史的走向，影响了民族的兴衰。

瞄准人物的细节，或曰抓住生命的片段，捕捉刹那间的生命火光，逼近他们的喜怒哀乐，展示其不可复制的丰富性——我能做到吗？我能向司马迁的《史记》看齐，寥寥几笔就让人物活灵活现吗？试试看吧。本书以文化、政治和军事领域的先贤为主，也会涉及科技、宗教、经济领域的佼佼者，以及民间隐而未彰的英雄好汉。

生命是要讲强度，生存是要讲密度的。本书唯一的目标，是尽我之所能，调动历史学、现象学、人类学、心理学和文学等手段，提取历史长河中的楚璧隋珍的生命精华。

海德格尔环环相扣的生存论阐释，也许能让我进入人物的血液，切入历史的脉动。当年我在四卷本《品中国文人》的后记中写道：“不进入中国历代文人海洋般的生存实事，思之弹跳就缺了一大基点。我的弹跳散落在四十篇文字当中，也许不无思的气息吧。”眼下这个书写民族先贤的系列，以十来个承载历史文化比较集中的汉字作基点，尽可能拢集人物的方方面面，使之血肉丰满，呈现立体。五十多个人物，七十多篇文章，平均每篇约五千字。有些源头性的人物如孔子、庄子等，篇幅会长一些。

我多年来孜孜以求的，是纯正的汉语表达。我牢记德国大师的叮嘱：“少一些哲学，多一些思想的细心；少一些文学，多一些文字的保养。”

把活生生的华夏传统带到当下，前提是要辨认当下。不知今，焉知古？

民族的先贤们为什么活得精彩？盖因他们的生存极饱满，生命中的每一秒钟都充盈着张力，就像大树的年轮，一圈圈长得坚硬如铁。农耕文明几千年，中国人的本土性生存，乃是道德、风俗、审美的三位一体。生活之意蕴笼罩着城市与乡村。工业文明两三百年，伟大的创造力伴随着难以估量的破坏力。就个体而言，由于分工太细，个体的体量缩小，生活趋于模式化和碎片化，“单向度的人”（出自赫伯特·马尔库塞的《单向度的人：发达工业社会意识形态研究》）可能会愈演愈烈。如果价值虚无化，如果无聊加刺激的生存模式蔓延开来，那么，生命的意义就只剩下长度了。

而人与自然的关系日趋紧张，更令人担忧。危险在逼近，警钟已敲响。工业文明要懂得回望悠久的、质朴的、敬天畏地的农耕文明，否则，麻烦大了。

庄子的洞见直指现代生活的稀缺智慧：“物物，而不物于物。”人要驾驭物质，而不是相反。兴奋度是衡量人类一切生存质量的首要指标，兴奋一辈子而少消耗，少伤物，其中有华夏民族之大智慧存焉。本书将对现代性展开剥茧抽丝的追问。

我们回到常识吧，并且发问：什么是深度生存？什么是人的多样化？什么是低沸点的、足以持续一万年的美好生活？

回思中国历代先贤，也是为了在回行中获得一段助跑，以跃入今天，朝着明天。

再 版 序

这部书写于2015年，当时想围绕十六个汉字，讲数千年的标杆人物。这十六个字，承载的历史能量比较多。历代文献浩如烟海，打得通是好汉，打不通则麻烦。让历史当下化始终是我追求的目标，而当下化的前提是洞察当下。不知今，焉知古？

有一次，蒋子龙老师问我："那么多西方哲学，你究竟是怎么读的？"

我说："看了就忘了，忘了就记住了。"

对于创造性的人物，必须运用创造性思维，方能与之对接。

《品中国文人》《品西方文人》这两套书，两百多万字，没用几个西方哲学的概念。我也不是故意不用。对事物原初地看，获得源头性的领悟，"对生存的基本运动性进行清晰的把握"（亚里士多德），这些都太难了，但是我知道，我早已整装上路。一路走来风光甚好。

长期拜读西方大哲，获得了一些异质性思维，避免了单纯进入中国历史的同质性尴尬。对我来说，没有故纸堆。哲思长一寸，文学长一尺。现代生活被利益和信息搅得太复杂了，缺了哲思，不可能清晰地看见生活。2016年我悟到互联网的"互抵性"，即热点吃掉热点，导致冷漠蔓延。图像时代，促逼人的兴奋点在幼儿期就急剧推高。味精撒得太多，味蕾趋于麻木。青少年活得没劲，瘾头人到处飘，这是急剧推高兴奋点的后果，殊难逆转。

怎么办？回望千姿百态的华夏先贤，或许能找到重返精神健全之路径。

古木的年轮一圈圈如钢似铁。生命要讲强度，生存要讲密度。今日之少年，谁能赢得兴奋点的缓慢推高，谁就能获得丰盈的生命。

你要享受篮球、乒乓球吗？那你得下苦功夫。你想爱上一湾水吗？那你得戏水无数次。

主动性乃是一切生命享受的前提，感觉的丰富性乃是一切生活质量的前提。

单说一个抓紧大地的苏东坡，他的感觉世界，任何高科技不能测量。差得远呢！

荷尔德林：“思想最深刻者，热爱生机盎然。”

作　者

2021 年 1 月 5 日于眉山

目　录

炼 卷一

义 卷六

学 卷七

游 卷八

狂 卷九

饮 卷十

美 卷十一

爱 卷十二

德 卷十三

孝 卷十四

钱 卷十五

逝 卷十六

卷一

炼

炼字从火，一般指锤炼金属。俗话说，真金不怕火炼。

『咬定青山不放松……任尔东西南北风。』中国历代大贤，几乎都是千锤百炼而成。『故天将降大任于是人也，必先苦其心志，劳其筋骨，饿其体肤……』由于个体生命历程和历史境遇的不同，各类人物的锤炼、修炼呈现明显的差异。

本书将『炼』字列为卷首，含义不言自明。

孔子周游列国，状如丧家之犬

大约公元前497年，五十五岁的孔夫子离开鲁国，周游列国十多年，从胡子花白游到须眉尽白，舟车劳顿几万里。他想寻找一个理想国，推行他梦寐以求的周礼，重建秩序，结束天下纷争，回归尧舜之道。大视野清晰，大方向明确，后人概而言之：至圣先师洞悉了分久必合的历史潮流。也许农耕文明与汉语文化本就有此强大的凝聚力。

中华民族有个不变的方向，朝着大一统。

孔夫子率领一群各具本领的弟子，长途颠簸，从一个诸侯国到另一个诸侯国。他们有时吃得很好，有时饿得心慌。夫子块头大，又“食不厌精”，吃东西讲规矩，慢条斯理；颜回吃饭也慢，也许他的肠胃不大好；善于经商的子贡吃相优雅；膀大腰圆的子路一口半张饼，很快吃完了，溜到僻静处剔牙，模样惬意。《礼记》有规定，不可当众剔牙。

孔子先后在卫国待了三年多，卫灵公供他美宅、美食、美器，“俸米六石”，最终决定不再用他，用委婉的方式打发他。有一天，卫灵公盯着空中的大雁不吭声，孔子守在旁边说呀说呀，嘴唇翻累了、舌头麻木了，卫灵公却仍在看大雁，鼻孔朝天，鼻息吹髯。于是，夫子知趣，次日卷铺盖，带了众弟子走人。

一些弟子沮丧，有牢骚，而老师出帝丘（今属河南）的城门时，只一声轻叹。孔夫子这几十年，经历了太多的坎坷与磨难。据说这位儒家圣人生下地来奇丑，父亲差点不要他，大妈二妈以及九个姐姐、一个残废哥哥，都难见好脸色。小时候他怪可怜的，脏活累活啥都干，“多能鄙事”，伙伴们还欺负他。长大了，不讲道理的子路不止一次揍他……

传道的车驾摇摇晃晃朝着远方，“野旷天低树，江清月近人”。中原大地、荆楚大地、齐鲁大地，圣人的马车一天天旧了，咿咿呀呀，日行百十里，夜宿鸡毛小店。“鸡声茅店月，人迹板桥霜”。体弱的弟子骑瘦马，孔武有力者步行，一个个却对未来抱着憧憬。

一脸菜色的颜回体力跟不上，总是掉队，有一次他走丢了好几天，同学们急坏了，劳神费力地把他从荒野中找回来。

老师说：“回啊，还以为你死了呢。”

颜回躬身奉告：“老师还健在，弟子怎么敢死？”

师生间的这一段简单对话，成为两千五百年之经典。尊师重道由此生焉。

宋国是孔子祖先的封地，孔子对宋国很有感情。可是他不远千里跑到宋国一看，傻眼了。宋国民不聊生，贵族和官员却十分嚣张，奢靡之风大盛，“朱门酒肉臭，路有冻死骨”，宋国的司马桓魋给自己造巨型石头棺材，造了三年未完工，石匠死掉几个，采石工和搬运工死伤不计其数。孔圣人气得胡须乱飘，诅咒司马桓魋：这种人死了，还不如早点烂掉的好！

圣人咒人死，死了还要早点烂掉，这是仅有的一次。

下人颠颠地传消息，桓魋听后暴跳如雷。孔子在宋国都城的一棵大树下向弟子讲礼仪时，桓魋怒气冲冲赶来，挥舞短柄利器砍断大树，想把孔子砸死。殊不知，年逾六旬的孔子身手敏捷，闪开了。早年他是御、射的高手，干粗活时一点不含糊，可能还打过架。不过，今人拍武侠片成瘾，恨不得把孔子拍成会驾快车、弯弓射大雕的武林宗师。

孔子逃走了，一路上不疾不徐。桓魋带兵追杀，旷野尘土飞扬。弟子们非常焦急，催促老师：“赶快逃吧，桓魋追上来可就没命啦！”孔夫子捋须而笑，说：“天生德于予，桓魋其如予何？”——老天爷赋予我品德，桓魋能把我孔丘怎么样呢？

桓魋未能追上来，孔夫子跑掉了，到了安全的地方，暗暗松了一口气。

孔圣人的大无畏真是活灵活现，凶险的时刻也不忘为人师表。

不久前他路过匡地（今河南长垣），被匡人误认为是另一个长人阳虎，所以被其围困五天五夜，差点丢了性命。阳虎是鲁国首望季桓子的大管家，也是身长九尺，杀过不少匡人。孔子被匡人当作阳虎，弟子们莫名其妙地与之混战一场，坚守了五天，最后请人调解才得以脱身。

孔子率领的这支传道队伍，摆脱了凶神恶煞的桓魋，且行且歌向郑国，对郑国也抱有信心。可是不知道什么原因，队伍走散了。孔门弟子尊敬老师，却也自由自在各行其是。也许师生走散过若干次；也许圣人自驾游，兴来狂奔一通，把自己弄丢了。他站在郑国都城的东门外东张西望，原本长长的脖子伸得更长，宽大的额头直冒虚汗，平日里“申申如也，夭夭如也”（舒坦惬意貌）的形象一扫而光，失魂落魄，无精打采；又几个时辰不走开，仿佛立地要生根。巨腿长臂加上一颗硕大的脑袋，“立尽斜阳”。

夫子为啥不走开呢？他要等众弟子，等到半夜三更也要等。

郑国的人纷纷赶来看稀奇，好事者把孔夫子上上下下端详了个遍，点评说：“这个大脑袋长人怪得很，恐怕有九尺高……”

子贡在城里匆匆寻找老师，大街小巷都找遍了，躲进角落里喘口气，摆正了衣冠，擦掉满脸的冷汗，寻思沿街再去找。有书生模样的郑人告诉子贡：“东门外城墙下立着一个长人，额头像尧，脖子像皋陶，腰部以下比大禹短了三寸，一副狼狈不堪的形状，活像一条丧家犬。”

郑国的书生连比带画，好像他亲眼见过尧、舜、禹似的。

子贡等不及听完，拔腿往东门跑。他边跑边想：“生得奇形怪状的长人，除了老师还有谁呀？老师咋又像一条丧家犬呢？难道九尺高的老师腿短吗？”

陕西出土的汉代孔子、老子像，都有几分像外星人。

子贡在东门外找到老师，激动不已，扑上去呜咽，像孩子找到父亲；又支支吾吾讲了几句，孔子一听乐了，捋须笑道：“郑国人说得对呀，我确实像一只丧家犬。”

老师形如丧家的大犬，弟子们则如同流浪的小犬，从鲁国出发，奔向卫国、宋国、郑国、陈国、齐国、赵国、楚国……宣扬仁义道德的学说，推广周礼三千，磨破了嘴皮，碰了无数的硬钉子软钉子。当时各诸侯国都忙于打仗或准备打仗，各利益集团忙着抱团或斗争，任凭孔子把遥远的尧舜和周公说到天上去，人家只关心眼皮子底下的实际问题。由此可见，现代糟糕的实用主义有它古代的源头。孔夫子咬定周公不放松，开端性地彰显了伟大的理想主义。百余年后的孟子豪迈宣称：“虽千万人吾往矣。”

宋国的庄子、楚国的屈原也是理想主义的开端性人物。华夏几千年文明史，理想主义始终是一面大旗，实用主义不足以长期占上风。

孔圣人形如丧家犬东奔西走，居陈国三年，夙兴夜寐，要让陈国大治，树立起一个仁义王国的典范。然而江南的吴国忽然与陈国打起来了。夫子只好再次仓皇出逃，一路上悲叹理想的破灭："吴国和陈国讲好了互不侵犯的，殊不知毁约的速度比签约快十倍，唉，春秋无义战啊，一切用刀枪讲道理。"

"真理在大炮的射程之内"，英国人用坚船利炮向清王朝"讲道理"；这几十年，美国人用航空母舰、枯叶剂、贫铀弹、集束炸弹"讲道理"……

那春秋末年的孔夫子惊惶出陈国，松了一口气，依然向弟子们讲周礼。十余个弟子听讲，有两三个精力不大集中了，宰我还打呵欠、掏鼻孔。子路叽叽咕咕，表情分明含了怒气。夫子佯装未见，继续宣扬了不起的尧舜之道。

子贡瞧着老师凹顶的大脑袋，忍不住抿嘴一笑。颜回端坐，子夏、子张倾听，樊须挠痒痒。后来苏东坡拿樊须开玩笑："小人繁（樊）须也。"

夫子路过蒲地（今河南长垣），遭不讲礼的蒲人扣留，粗绳子套牢了粗脖子，四肢捆得严实，那形状就不只是丧家犬了，比落水狗还惨。子路骁勇，却不敌蜂拥而来的蒲人，子贡和颜回不会打架，宰我逃之夭夭。幸好公良孺率领几十个勇卒赶来，与蒲人大战，蒲人怯阵而走，公良孺才给可怜的老师松了绑。逃跑的宰我又溜回来，惴惴不安归了队。

老师摸着勒疼的长胳膊，啥也不说。颜回开了口——"子曰：仁者不忧，勇者不惧。"

子贡补充："求仁而得仁。"子路闷声闷气："子路不惧打架，只怕跟错了老师……"

孔子怀揣治国平天下的宏伟蓝图，走呀走呀，车也变成了破车，肥马骑成瘦马，浩荡的东风刮成萧瑟西风，"破帽遮颜过闹市，漏船载酒泛中流"（鲁迅）。

暮年的大贤依然锤炼着，大贤又去锤炼小贤……意志坚定："宁为丧家犬，不做豢养狗！"

孔夫子奔七十岁的人了，想落叶归根，返回久违的鲁国。他从楚国前往蔡国，途中受到隐士长沮、桀溺的嘲笑。楚人唱凤歌讥讽他。又有扛锄头躬耕的老农，批评他的弟子四体不勤、五谷不分。夫子站在田边默思良久，认为老农也是值得尊敬的隐士。

“樊迟请学稼，子曰：‘吾不如老农。’请学为圃，曰：‘吾不如老圃。’”

然而圣人照样我行我素，瞄准形而上、形而中，拒绝了大多数形而下，远离早年熟悉的种种鄙事。君子一往无前，一条大道走到黑，对道路充满了自信。

“子曰：‘朝闻道，夕死可矣。’”

夫子偶尔也会发点牢骚：“道不行，乘桴浮于海！”

有一次，在陈、蔡两国的交界处，孔子被围困起来了。原来楚国的使臣要聘请孔子，陈国和蔡国不希望孔子辅佐楚君，于是合伙劫持了他。为了国家利益，诸侯国抢人才不择手段，抢不了人才就困死人才。孔子在蔡国待了三年，不舍昼夜替蔡国谋划……

孔夫子困于陈蔡，陈米糙米没得吃，菜也无盐也无，据说九天只吃了三顿饭，人瘦了一大圈，形销骨立，大脑袋越发显得大而沉重，仿佛脖子都撑不起了。弟子们饿得东歪西倒，树皮草根扒光了，虫子鸟儿逃走了，半夜里望着无数的星星眨眼。早晨，忽然来了一阵瓢泼大雨，露宿荒野的弟子们浑身湿透，狼狈极了，一个个病倒呻吟。体弱的颜回连日感冒发烧，向来不愁美食的子贡吃草吃得拉肚子，勇猛而憨直的子路啧啧称烦，准备半夜敲门质问老师。“朽木不可雕也”的宰我索性装病，趁机闷头睡大觉。体能甚好的公良孺负责扒树皮，在野地里冲进冲出……

“（孔子）在陈绝粮，从者病，莫能兴。子路愠见，曰：‘君子亦有穷乎？’子曰：‘君子固穷，小人穷斯滥矣。’”穷：没办法。

子路后来战死沙场，死前犹正衣冠，微笑着面对乱剑砍来，视死如归。

君子处逆境依然是君子，小人没办法就开始乱来，此理古今同。

饥肠辘辘诗书在，菜色不废精气神。孔子一如既往地盘腿坐地讲周礼，讲尧舜，讲《易》《传》《诗经》，仿佛待在故乡曲阜的杏树下讲学。那些远远近近的坟茔呀，老树新树秋瑟瑟，枯枝败叶乱飞，黑云沉沉压千里。

孔子沐浴更衣，焚香弹古琴，琴声丝毫不乱。颜回、子贡、子夏、子张等人，从琴声中听到了老师内心深处的安详，不禁相视一笑。

长人孔丘闲步登小丘，引吭高歌，歌声悠扬婉转，四面八方的鸟儿都飞来听……这画面是如此经典，后来逆境中的仰望者绵绵无尽：

左丘明双目失明，不舍《左传》《国语》；

屈原流放八百里洞庭湖，怒目作《天问》，狂笔写《离骚》；

司马迁受了“去势”（势：睾丸）的奇耻大辱，照样奋笔作《史记》；

诸葛丞相抚古琴于一座空城，娴静退敌十万兵；

嵇康弹《广陵散》于刑场，血溅焦尾琴弦；

王羲之的绝代书风经历了炼狱般的血与火；

陶渊明乱世“采菊东篱下，悠然见南山”；

李太白坚持个性自由，“安能摧眉折腰事权贵，使我不得开心颜”；

杜甫百折不挠坚硬到底，“穷年忧黎元，叹息肠内热”；

范仲淹针对官僚集团的腐朽堕落，发出呐喊：“先天下之忧而忧，后天下之乐而乐！”

苏东坡跃入生存的万顷波涛，亦呛水，亦悲号，伟岸的身躯坚如磐石，“心似已灰之木，身如不系之舟。问汝平生功业？黄州惠州儋州”。苏东坡身处命运的最低谷，反指艺术之高峰，生存之旷达、生命之欣欣然，足以垂范中国千万年也。

“故天将降大任于是人也，必先苦其心志，劳其筋骨，饿其体肤……”孔子、庄子、孟子开了这个头，历千锤百炼而为中国之大贤，后继者排起了很长的队伍。“屈平词赋悬日月，楚王台榭空山丘。”中国的历史脉络、精神坐标、文化谱系是这样，决不以赤裸裸的欲望引领民族。法国有先贤祠，安葬法兰西民族的各类先贤，文化先贤们赫然居首。

孟子：“上下交征利而国危矣。”

“泰山崩于前而色不变”，生存不避艰辛而诗意栖居，乃是华夏民族悠久的传统。道德、风俗与审美的三位一体，维系着中国人几千年的生活世界。这个传统丢不得。

孔夫子一大把年纪周游列国，雄心壮志如少年，外形犹似丧家犬。他饿得吃树皮，灌清水，幻想故乡曲阜蒸小猪的美味。他一面饿着，一面弹琴，讲学，说故事。夫子几十年来忧着周天下，吃糠咽菜算啥呢？仓皇奔逃算啥呢？

“子曰：‘君子忧道不忧贫。’”

夫子年近七旬归故里，删《诗》，学《易》，定《春秋》，杏坛讲学，“有教无类”，“诲人不倦”，仍然要收学生送来的干肉和大雁。夫子首重仁义，并不轻视金钱，日常生活颇讲究。圣人的风度真是很令人向往啊。

“子曰：‘不义而富且贵，于我如浮云。’”

孔圣人七十岁了，情与貌，越活越舒展，“子之燕居，申申如也”。燕居：闲居。伟人的闲暇时光乃是能量之聚积，是蓬勃向上的生命的暂时休憩。

圣人述而不作，弟子们忙着做笔记，日后整理为万余字的《论语》。孔子不能应对春秋末年“礼崩乐坏”的局面，那就做后世的帝王师吧。

一切尽人事罢了，其他付与天命。

曲阜师生们教学相长之余，享受着美食、美器、美服，倾听旷野天籁和丝竹音章。哦，那些年东奔西跑跟丧家犬似的，老师如同大犬，率领一群勇敢的小犬。断粮，生病，打架，逃跑，讲学，释疑，弹琴，忽然遭围困，被粗绳子勒进皮肉五花大绑……须眉尽白的老师闲话往事，杏坛上捋须自乐，弟子们大笑。

那高高的银杏树黄叶儿飘，白果沉甸甸。

大哉丧家犬。伟哉孔夫子。

庄子失业编草鞋

庄子大约生于公元前 369 年，活了八十四岁，白发苍颜归于尘土。孔子晚年操劳，享年七十三岁。也许老子活得更长久，暮年骑牛出函谷关，留下五千字的《道德经》，然后飘然不知所终。传说老子活了一百岁。在庄子的视野中，老子是比孔子更博学、更智慧的一个人物。这三位先贤大大影响了中华民族，巧的是，三人都很长寿。

庄周早年做宋国蒙地（今河南商丘东北）的漆园小吏，当时漆器流行，漆树是摇钱树，漆园由官方派员管理。漆园吏这样的肥缺，怎么会落到庄周的头上呢？我猜想是因为他读书多又能说会道。

上级认为庄周是个管理人才，可管理就要讲纪律，而庄周不喜欢讲纪律。割漆的工人消极怠工他也懒得去管，只躺在吊床上晒太阳，伸脚丫，挠头皮。上级来检查工作，他虚与委蛇，编故事搪塞领导。城里的体面人他一概不深交，说是君子之交淡如水。换言之，漆园不是他的交际平台，不构成利益链条，他不把别人，更不把自己当成“人脉资源”。蒙城的官吏们一致认为：庄周是个“怪物”。这个“怪物”最大的特征，是“不”多而“要”少。举例来说，漆器和玉器铜器是可以交换的，打通几个渠道，就能层层巴结领导，可是“怪物”庄周对这些摆在明处的“好事”置若罔闻，视而不见。

官员们议论说，庄周脑子有毛病。

庄周的辩友惠施常到漆园来，找他辩论各种各样的哲学抽象问题。官吏偷听，奈何听不懂。太阳下山了，工人收工了，庄子与惠施还在激辩，甚至点燃公家的蜡烛夜辩。

有一次，这位漆园吏想到了新问题，一拍脑门子，“载欣载奔”，直奔十里外的惠施家辩论，把本职工作忘到爪哇国去了。上级忍无可忍，现场开会，宣布庄周是个傲吏，立即把他开除。漆园吏的肥缺，当天给了一个能讲纪律又善于巴结的“吮痈舐痔者”。

庄周的脑子有点炸了，看着那些风中的漆树，头一回觉得它们像摇钱树……

被开除的那一天正值春暖花开，哲学家心里郁闷，盯着一只轻盈的蝴蝶半天，发现了自己的肉身沉重：说话的嘴巴原来是要吃饭的。失业了咋吃饭？全家人如何填饱肚子？

一路上他心里堵得慌，回头再看空中翩飞的蝴蝶，觉得有些异样。

回家时，庄周还在想蝴蝶的轻盈，发现自己的肉身不那么沉重了。

嘀，这是咋回事儿？“我”与“物”能互相转换吗？心境能改变处境吗？问题忽然来得比较多，何以如此？庄周做不成晒太阳拿俸禄的漆园吏了，失业丢饭碗，受了刺激，脑子竟然比平时转得更快。古代的大贤是不是都这样？逆境中方能修炼真身？舜帝年少时，他的父亲、弟弟、后妈，联合起来要谋杀他。孔夫子出生时奇丑，差点被老父叔梁纥扔进粪坑，几岁就做了放牛娃，小小年纪咬牙发奋……

庄周抬头想低头想，一头撞在自家的门框上。

差不多同一时期，古希腊的苏格拉底一天到晚地想，哪怕走路掉到井里去了，他还在想。

古希腊的柏拉图、亚里士多德和苏格拉底，奠定了西方文明的基础。

思想家回家了，耷拉着脑袋瓜。妻子田氏柳眉倒竖，宣称要绝食，儿女们不知所措。左邻右舍奔走相告传新闻……为了维持家里的生计，思想家学编草鞋，大半天练就编草鞋的技术，三天不眠，精于此道，能用谷草、麦草、野草编很多东西，包括草美人、草仲虺、草虫子、草戒指、草玩具。漆园的肥差丢掉了，庄周先生摇身一变成了编鞋匠，妻子先是埋怨他，继而躲在门后观察他，慢慢地以笑脸表扬他，夸他熬夜干活，夸他双手双脚够灵巧，夸他终于懂得了生活，从此务实不务虚。

家里清静了，柴门后监工的那双眼睛不见了，庄子继续想那些抽象的问题，手上的活儿慢了下来。然而田氏大老远地跑过来，数落他，他便又加紧干活。夫妻俩以这种民间常见的方式“配合默契”。庄子善于雄辩，但从来不跟妻子吵架。

想问题，清静是必要的。青年毛泽东偏去闹市看深奥的书，中年萨特在巴黎的街头咖啡馆写了七百页的《存在与虚无》，为的是锻炼闹中求静的功夫。

古往今来，那些不知静为何物的盲动者，哪里懂得何谓盲动……

庄子家住穷人扎堆的蒙城陋巷，穿草鞋的人多，穿布鞋的人少。以庄子的编织技术，草鞋应当供不应求。随着他脑子里的抽象物越来越多，产品的数量就更低了，米缸子空了他才加班加点。逢到连日阴雨，穷人们惜鞋打赤脚，草鞋不好卖，庄子家里就断顿了。断顿也有办法，庄子打鸟钓鱼的本领不一般，他的桑木弹弓浸过三次桐油，光滑而漂亮。他在五十步之外穿叶射鸟，乡里小儿呼为神射，摸一摸他的“神弓”便惬意良久。

顺便提一句，小时候我的桑木弹弓也浸过两次桐油，光滑、轻便、顺手，隔三十步穿叶射鸟，十打九中。看来此风在民间，一刮数千年。孔子讲六艺，包括玩弹弓。

草鞋积压在草房，妻子挨家挨户去推销。庄子脚底抹油溜进山去，十天半月不回家，弹弓打来的肥鸟烤了自吃，夜里住山洞，睡树洞，盯着浩瀚的星空想老子，批孔子，想出了某些结果后便仰天长啸。后来，汉、晋、唐的隐士们纷纷以他为榜样，比如李白隐于长安的终南山，最爱居树洞。王羲之爬江西的三清山，号曰升山……

庄子临河垂钓，“斜风细雨不须归”。他善于“独钓寒江雪”，自编的斗笠蓑衣将他裹成了一个雪人，白茫茫，思邈邈，情悄悄。海德格尔尝言：“一切思考都会伴随着情绪。”

庄子上山下河“想饱”了，老婆、儿子的肚皮却饿瘪了。

没办法，饿就饿吧。听老婆的数落吧。庄子练就了一种功夫：不想听的话他就听不见。陋巷的日子歪歪扭扭、吵吵嚷嚷地过着，庄子的思索持续深入，渐入佳境。编草鞋至少三十年，时有停顿，但从未中断，表明庄子看得见妻子脸上的菜色。中国的文化先贤很难找到一个完全不顾家的人，而西方不难寻。

有一天，庄子家的土墙缺口闪过一匹白马，于是他想到时间的流逝，百年只在须臾间，犹如白驹过隙。又一天，庄子喝得半醉，靠着油漆斑驳的庭柱打盹儿，醉眼蒙眬，再次细看蝴蝶翩飞，看得自身无限轻盈，恍兮惚兮。他灵魂出窍，宛如一缕青烟，追蝴蝶去了。青烟与蝴蝶在三月的艳阳下缭绕，于是，一个崭新的念头仿佛凌空掷下，比柴米油盐更要紧：是庄生梦蝶还是蝶梦庄生呢？

人类的一个新境界诞生了：物我两忘。

蝴蝶的轻盈飞升卸掉了生存之重，富有审美意象。审美不伤物，人与万物共舞。

庄子因为这个奇妙的发现兴奋得手舞足蹈，破院子飞来了大群蝴蝶，碰他、逗他、惹他，飞入他浓密的黑发，祝贺他的灵光闪现。

陋巷的邻居们相顾曰："漆园吏疯了！编鞋匠完蛋了！"

惠施闻讯赶来，一看庄子的怪模样，便知情形不妙：此人又悟道了。

惠施曰："庄周，你那扁脑袋又想出啥了？"

庄周微微一笑："得意忘言。"

陶潜诗云："此中有真意，欲辨已忘言。"

人活着，总会伴随着某种哲思。以西方哲学的标准来衡量，中国历史上并没有严格意义上的哲学，当年法国哲学家德里达来中国讲过这类话，并被《存在与时间》的译者陈嘉映教授加以推广。这个话题大，后面有机会再详谈。2004年德里达去世，法国总统赞美这位哲学巨人："不断地质疑人类文明的进程。"

庄子编草鞋想问题，无中生有，以虚无统摄实有，在"不"的领域纵横驰骋，奇思妙想迭出，凝固在至今常用的一系列语词中，超过了孔子、孟子，笼罩着中国人的日常生活。中国人两千多年来简洁的自然观、生命观，庞大的审美体系，更多受惠于庄子而不是孔子。老子强调：道法自然，天人合一。

庄子以曲径通幽的方式，创造性地延伸了这条康庄大道。

庄子说："物物，而不物于物。"此言深得老子思想的精髓，直指现代生活无处不在的异化。人要驾驭物质，而不是相反，被人造物掌控、摆布。在我们这个千疮百孔的星球，这是人类最高意义上的共同价值。如果与之背道而驰，欺天攻地成常态，搞奢侈，破环境，毁生态，人类文明断断难以为继，像轮椅上的霍金先生所言，很可能持续不了两百年。

我个人从未直接读庄子。四十年来我断断续续间接读他，悟他，一似他的断想，楔子般打入事物，使物疏松。思想的核心要素乃是生发思想。

思想所到之处，生活扑面而来。

不要得鱼忘筌，不要急功近利，不要因小失大，不要画地为牢，不要作茧自缚，不要邯郸学步，不要做坎井之蛙，不要穷奢极欲，不要“吮痈舐痔”得豪车，不要“一微尘里斗精神”……概言之：不要物于物，不要伤害自然，不要异化太甚。要学庖丁解牛，同时把握事物的局部和整体，游刃有余。为政者要懂一点无用之用，无为而为。要做那只享受轻盈的、充满无限可能性的蝴蝶，从美丽中来，到美丽中去。以审美意象观照生活，创造生活，最大限度减少生存的板结与固化，解构李泽厚先生奉为圭臬的所谓实用理性。

现实之位移，生存的敞开或遮蔽，李教授知否？知否？

荷尔德林说：“充满劳绩，但人诗意地栖居在大地上。”

庄子是孔子的对立面，也许类似反物质与物质。运动本身会构成它的反运动，二者的能量都难以测量。世界各地的孔子学院当考虑这一辩证关系，不能让孔子独大。

请看毛泽东的神来之笔：“鲲鹏展翅，九万里，翻动扶摇羊角。背负青天朝下看，都是人间城郭……”庄子飞得再高也是面朝人间的，逍遥，乃是人间城郭之上的逍遥。

人类一切有效的思考都关乎人的生存，抵达生活世界，维系生活之意蕴层。

庄子盘腿坐地搓绳子，双腿夹绳子，闭眼不差分毫，睁眼却观书，目光如电，“其学无所不窥”（司马迁《史记》）。编草鞋织草帽熟能生巧，麦草谷草变化无穷，犹如语言的镶合，犹如阴阳之互生，犹如元气的聚散。草鞋匠兼思想家看见了有形之物，更洞察了无形之气。他随口讲一句“至小无内”，就给现代物理学出了一道大难题。

“玄之又玄，众妙之门。”庄子和老子一样不能被穷尽。一种永在当下的思想会是什么样的思想呢？八年前我写下这个句子，献给马丁·海德格尔的三十周年祭。海氏的父亲是木匠，他自己也善于摆弄钉锤锯子，著名的托特瑙山上的小木屋，由大师亲手建造，那是一块冲向全世界的思想高地，早已进入人类文明的传承。海氏洞察事物之幽微的“在手性”“上手性”概念，就是在钉锤的起落间悟出的。

劳心之俊杰往往善于劳力。一切科学，源于前科学的日常领悟。

嵇康打铁，为何二十年打不够呢？诸葛亮为何躬耕南阳而抱膝长吟？苏东坡为何植树、酿酒、种药材、造房子、修水利一生不倦？维特根斯坦为什么要一夜间送掉天文数字般的遗产，甘愿做一名修道院的穷园丁呢？《南华经》中，有触类旁通之答案。

关于庄子，先写到这儿吧。

末了，推荐陈鼓应先生的书：《庄子今注今译》。

陶渊明扔官帽，辗转乞讨

陶渊明是东晋大贤，古代真性情的总代表，几乎影响了后世所有的读书人。

陶渊明是晋初大将军陶侃的重孙，其父不见于史，名爵无考，不过应当有过一段仕宦经历。乱世家道中落，陶渊明一生四次求官，“畴昔苦长饥，投耒去学仕”，最后一次做了八十多天的彭泽（今属江西）县令。他是庄子般逍遥的人，“宅边有五柳树，因以为号焉……性嗜酒，家贫不能恒得”。

逍遥归逍遥，却要养家糊口。陶潜的妻子翟氏生了四个儿子，加上前妻生的长子陶俨。五个吃长饭的，刚吃过饭又想吃，总是嚷嚷肚子饿，半夜饥叫。幼子还在地上爬，嗷嗷待哺，长子、次子挑水、劈柴、煮饭，“穷人的孩子早当家”。老三不念书，大白天歪靠土墙睡觉，“宰予昼寝，子曰：‘朽木不可雕也……’”(《论语》)。这个老三，醒来就要吃梨吞枣……

五柳先生当县令，把官帽挂在官厅的青砖墙上，裹一个滤酒的葛布头巾，赤脚走田埂，格外关心农事，与臭汗淋漓的劳动者打成一片，像我熟悉的 20 世纪 70 年代的干部们。

“平畴交远风，良苗亦怀新。”苏东坡对此二句崇拜得五体投地：“吾于诗人无所甚好，独好渊明之诗。”陶诗一百零九首，苏轼篇篇唱和……

五月麦田里刮着熏风，陶渊明的大脚板丈量着大大小小的村落，访贫问苦，吃糙米饭狼吞虎咽，喝农家的浊酒脸蛋儿通红。州官来找他，常苦于费周折，找到他又担心他身上的虱子跳过来。上级想吃下级的酒肉饭，听下级的奉承话，别处行，彭泽县可行不通。大官和小官议论陶渊明，没几句好话。

东晋百余年，官场风气大坏，老爷派头的官和孙子模样的官十有八九，陶渊明叹曰："自真风告逝，大伪斯兴。"

有一天，刺史派来了一个邮督，专门督察陶县令，架子扯得大。人未到命令先至：陶渊明必须官衣官帽穿戴整齐，必须迎接到遥远的官道口，必须躬身引路，亦步亦趋（周礼之万一）碎步小跑，必须早陪、午陪、晚陪，必须说一箩筐的废话、假话、肉麻话……总之，"必须"就像一条拴狗的绳子抛过来，直把九江的七尺男儿捆绑起来，动弹不得。

陶渊明站在县衙外发了一会儿呆。县令的官帽来之不易啊。公田酿酒的粳稻眼看要成熟了。家里的五个儿子巴望父亲带回好吃的东西。

翟氏一日三眺望，折断门前柳。

陶渊明有"金刚怒目"（鲁迅）的一面，当了八十多天的县官，估计他已经"忍得水滴"（眉山俗语）了，形形色色的上级脸太难看，太难看，于是，他扔了官帽回家。个性本如此，没办法。毫无办法。扔就扔吧。

《归去来兮辞》："归去来兮，田园将芜胡不归？既自以心为形役，奚惆怅而独悲？悟已往之不谏，知来者之可追。实迷途其未远，觉今是而昨非。舟摇摇以轻飏，风飘飘而吹衣。问征夫以前路，恨晨光之熹微……"

他天没亮就急于逃离官衙，"敛裳宵逝"，可见逃离官场的冲动非一朝一夕，一路上"载欣载奔"。

此间的陶渊明四十出头，奔官场已经奔了四次，一而再，再而三地发现自己禀性难移。中年时，他家境尚好，"僮仆欢迎，稚子候门……携幼入室，有酒盈樽……园日涉以成趣，门虽设而常关……悦亲戚之情话，乐琴书以消忧。农人告予以春及，将有事于西畴。或命巾车，或棹孤舟，既窈窕以寻壑，亦崎岖而经丘。木欣欣以向荣，泉涓涓而始流……"巾车：有帘子的轻便马车。

我一直觉得陶渊明很有几分摩登相，"既窈窕以寻壑"这句子，王维李白写不出来。"登高赋新诗……有酒斟酌之。"诗人为什么如此兴奋？因为他找到了自由。自由与自然息息相通。自然：是它本来所是的那个样子。是河流的天然弯曲使河流成为河流，而不是一门心思把河流拉直，把水流变成数据处理的对象。

"少无适俗韵，性本爱丘山。误落尘网中，一去三十年。羁鸟恋旧林，池鱼思故渊。"

庄子巴望化为蝴蝶，陶潜羡慕欣欣向荣之木、涓涓流淌之泉、挣脱尘网之鸟、洄游故渊之鱼。中国古代大贤，深深懂得植物“朦胧的欣悦”（海氏），绝不会轻易以技术手段去算计它、催逼它、贪婪索取它，因为“技术本身朝着更高的技术”（海氏），极易受贪欲之助推，落入恶性循环。尊崇自然，符合天道。

如今，纳入国家战略的生态文明建设，符合天道。

受制于西方资本－技术逻辑的人，命中注定不自由。（参见美国哲学家弗洛姆《逃避自由》《占有还是生存》，德国哲学家斯宾格勒《西方的没落》，德国法兰克福学派的诸多著述，以及莎士比亚描写犹太商人的剧作。）

“学而优则仕。”中国的文化先贤都要奔官场，外星人般的老子也不例外，做了国家图书馆的管理员。走向官场又背向官场，几乎是所有文化先贤的宿命。其间生风生雨生雷电，强对流催生强悍的生命个体，化入语言、音乐、书画、建筑、衣饰、美器……几千年笼罩数百亿人的生活方式。朴素的欣悦，低消耗的快乐，轻松持续一万年，夭夭如也。

陶渊明扔官帽的符号化动作，后世仰望了一千六百多年。这是利益趋奔与个性自由永不停息的拉锯战。名缰利锁，退一步海阔天空。对中国的文化先贤而言，这叫以退为进，进入自然与审美。幅员辽阔的中华大地，陶渊明的辐射力怎么形容都不为过。房前屋后皆风景，一草一木亦关情。道德醇，风俗厚，人情暖，维系着短暂者（人）的生存，流连日常生活的点点滴滴，一杯酒一支歌一首诗，或是两三句亲朋问候，人就乐起来了，这样的人，何往而不乐？

中国民间有一种“生活信仰”，绝不亚于这个星球上的任何宗教信仰。农耕文明七八千年，这种生活信仰贯穿始终，温柔覆盖了南北城乡。林语堂的《吾国吾民》一书，列举中国民间近乎无限的戏耍、节庆、风俗。

“野外罕人事，穷巷寡轮鞅。白日掩荆扉，虚室绝尘想。时复墟曲中，披草共来往。相见无杂言，但道桑麻长。”庄周、陶潜居穷巷，一个编织草鞋，一个扛起锄头，哲思与佳作犹如喷泉。身在万物之间，在操心操劳的过程中细腻感受万物的涌来，享受持久的微醺、沉醉、癫狂，永远感激造物主的赐予。

是的，艺术让人癫狂。“艺术是生命的伟大兴奋剂。”（尼采）

陶渊明居住的柴桑县（今江西九江）上京里，山环水抱，民风朴拙。远眺庐山的香庐峰，夜观繁星大如斗，钓鱼弹鸟捉泥鳅，走乡串户话桑麻……中年乃至晚年的陶潜乐得像个孩子，始终对生命保持着孩子般的新鲜感。至朴者，树立了千百年的好榜样。

缺了陶渊明，我们对中国乡野田园美的感知程度会大打折扣。诗人升华了普通人的感受，将丘山与村落符号化了。陶渊明是中国低碳生活的老祖宗。

“邻曲时时来，抗言谈在昔。奇文共欣赏，疑义相与析。”邻曲：乡邻的房子弯弯曲曲随意布局。也许是渊明造的美词。抗言：直言。上京里的老儒生，老军人，曾经混迹于官府的戴主簿、庞参军、刘遗民、丁柴桑……这些素心人常与陶渊明讨论诗歌艺术，争得耳红脖子粗，摔酒碗砸酒坛也不伤和气。

“漉我新熟酒，只鸡招近局。”近局：乡邻应声而来享受的饭局，不必为了一顿饭赴“远局”，尽管素心人赴远局也欣然，或许又是陶渊明的生造词。生活的意蕴是需要不断创造的，陶渊明是农耕文明的生活大师。他的身后排着长长的队伍……

感觉的丰富性乃是一切生活质量的前提。这句话，我不怕重复一万遍。

感觉的丰富性严格对应自然与人事的丰富性。比如我们这代人小的时候，“天上都是脚板印”（四川20世纪六七十年代的流行语），天天玩到黑摸门，屈指十余年，每一秒钟都晶莹剔透，就像早晨闪闪发光的露珠。何以如此？生活的燃点低，连一棵草都玩得起劲。成群结队的小孩儿小狗般活蹦乱跳。吃穿简单，居住温馨，一个家随意通向几十个家。浑身上下的体细胞和草木鱼虫裹成团，人与人、人与自然深度交流，亲切相处，却有可能变成今日之天方夜谭。

写到这个，我的心里一阵阵地疼痛。

陶渊明的《归园田居》五首（也有六首之说），《移居》二首，字字珠玑，古代读书人视同圣经，万两黄金买不来。李白、杜甫、苏东坡可以买来吗？莎士比亚、荷尔德林可以买来吗？“清风朗月不用一钱买”，人类的顶级艺术，乃是巨大的生命冲动之产物，生命冲动咋买？“艺术是苦闷的象征”，苦闷咋买？

这若干年来的文化产业化，过度追求利润，催生无数的市场奴隶，歌坛、影视界、美术界均是重灾区，一拨又一拨的速成品消耗着民族的精气神。

“种豆南山下，草盛豆苗稀。晨兴理荒秽，带月荷锄归。”

“桑麻日已长，我土日已广。常恐霜霰至，零落同草莽。”

披星戴月的劳动者关心劳动成果，古今皆然。

而今之麻烦在于，勤勤恳恳的劳动者常常面临“草盛豆苗稀”，而那些个形形色色的投机者倒是赚得盆满钵满。且不谈花样百出、防不胜防的坑蒙拐骗。

“方宅十余亩，草屋八九间……暧暧远人村，依依墟里烟。狗吠深巷中，鸡鸣桑树颠……久在樊笼里，复得返自然。”古人以此作画无数。

陶渊明的佳作大都作于四十岁以后，官帽一扔，艺术创作如井喷。

陶渊明大约四十五岁时，上京里的园田居失火，八九间草屋化为灰烬，诗人移居南村。《移居》之一：“昔欲居南村，非为卜其宅。闻多素心人，乐与数晨夕。怀此颇有年，今日从兹役。弊庐何必广，取足蔽床席……”

素心人反衬杂心人——贪官奸商，类似流氓泼皮瘪三。素心人要住到一起，生活才有滋有味，学与问才相得益彰。钱锺书云：“大抵学问是在荒江野屋中，二三素心人商量培养之事，朝市之显学，必成俗学。”

南村的邻居也有杂心人，素心人绕道避开他，躲不开就点头过。“素心人”一词，应该是陶潜首创。弊庐何必广，精神强大者住小房子欣欣然，精神弱小者居豪宅戚戚然，古今例子太多。为何戚戚然？花花肠子算计太甚。

《移居》之二：“春秋多佳日，登高赋新诗。过门更相呼，有酒斟酌之。农务各自归，闲暇辄相思。相思则披衣，言笑无厌时……”

生活的景象一派祥和。人人举止朴拙，目光清澈，令人联想到法国画家高更画的塔西提岛上的男女土著，只少了宗教神秘感。陶诗如同田家语，明明白白而韵味悠长。当时有批评家指责他用“田家语”写诗，不够华丽，不见追随汉赋语言之排场。而在唐宋文化大师们的虔诚眺望中，陶渊明成为陶渊明。

苏轼认为，陶诗高于李杜诗篇。

五柳先生醇酒般的寻常日子，能否持久？晋末军阀混战，百姓赋税极高，单靠种田难以养活一家人。渊明弃官后一度乞讨，“饥来驱我去，不知竟何之。行行至斯里，叩门拙言辞”。何之：到哪里去。行行：走了又走。早年他有过乞讨的经历，心里百味杂陈。五十岁的金刚硬汉，那乞讨的手如何伸得出去？扔官帽的手转为躬耕手，再转乞讨的手，其间的酸楚可想而知。他走了又走，到陌生的村落去乞食，远离家人和南村的乡邻。这类事，男人通常是不会讲的，羞于启齿。做过县令的陶渊明把乞讨事写进了诗篇，一句“叩门拙言辞”，大丈夫为五斗米折腰的情与貌，如在目前。

笔者再三逼近他的生存细节，欣悦与悲哀俱收。乞食的画面浮于面前：大师敲开了陌生人家的门，吞吞吐吐说明来意，结结巴巴提及家里的窘困。讨来的食物他舍不得吃，回家分给几双小手。老大陶俨又把食物悄悄递给小弟陶佟，翟氏背过脸去抹泪……

“饥冻虽切，违己交病。”这句短语，道出耿介之士共同的心声。

陶渊明宁愿辗转乞讨，也不去找那些人五人六的官员。他在写给儿子们的信中说：“每以家弊，东西游走。”八个字，透露多少隐忍的辛酸。“性刚才拙，与物多忤。”

大师多傲骨，否则难成大师，逆境中撑不住，垮掉了。

信中又云：“汝辈稚小家贫，每役柴水之劳，何时可免？念之在心，若何可言！然汝等虽不同生，当思四海皆兄弟之义。”渊明的五个儿子在乱世存活下来，妻子翟氏得享天年，萧统夸她：“能安勤苦，与其同志。”

据国学泰斗袁行霈先生近年考证，陶渊明活了七十六岁。

陶渊明五十八岁作《桃花源记》，这是中国人千百年不变的精神家园。他的精神伟力牢牢扎根于日常生活，举止天真，和蔼可亲，就像我们的亲人。他说：“落地为兄弟，何必骨肉亲！”

生活之信仰，陶渊明承先启后。上京里和南村，先生有酒盈樽的日子居多，美感横呈，俯拾皆是。辗转乞讨的那双颤抖的手，破天荒被写进传世诗篇。

“长吟掩柴门，聊为陇亩民。”在古代最黑暗的时期，仍然有一些人过得赏心悦目。其中的佼佼者，就是江西九江的五柳先生。

当代德国的大学生、中学生普遍熟悉荷尔德林，追慕那位“诗人中的诗人”。中国的学子如何呢？伟大的陶渊明，是否寂寞少知音？

李白：“安能摧眉折腰事权贵，使我不得开心颜”

公元725年，二十四岁的李太白“仗剑出蜀，辞家远游”，雄赳赳气昂昂，跋山涉水向荆楚，思奔大长安。他的老家是绵州的青莲乡，离眉山不太远，今之高铁个把钟头的路程。李白的父亲李客，从中亚碎叶（今吉尔吉斯斯坦，当时属唐朝）迁家到西蜀。李白的家族富有，郭沫若先生认为李客是个富商。

李白出蜀前读书于匡山，游成都的青城道山，游峨眉仙山，游眉山的象耳山，留下“铁杵磨成绣花针”的故事。古木森森的象耳山高不足百尺，位于眉山城的近郊。李白多半进过汉代已设了州治的眉山古城。

李白在一封求官信中自称：“身不满七尺，而心雄万夫。”从他一贯豪放的性格推测，他的个头不会超过六尺半，与他所崇拜的、身高八尺的诸葛亮相比矮了不少。他昂首挺胸，走路很有气势，像拿破仑或年轻的毕加索，像普京总统；李白佩龙泉剑，携孔子琴，头戴烟囱般的高帽，“何王公大人之门，不可以弹长剑乎？”他十五岁学剑术，四十岁跑到山东的任城去，拜当时的“天下第一剑客”裴旻将军为师。“托身白刃里，杀人红尘中。”又自夸十岁读先秦的诸子百家，不啻神童中的神童。

有正气垫底，李白的龙泉剑应该是专杀坏人。而古琴取名孔子琴，可见其近乎狂妄。

高兴的日子，他自比孔夫子：“君看我才能，何似鲁仲尼？”愤怒的时候，他来个通通不认：“我本楚狂人，凤歌笑孔丘！”

中国历代文豪，李白的形象最近狂人。陈寅恪疑心他是胡人。

李白不缺钱，缺一顶像样的官帽。富商向官府靠拢，是秦汉以降绵延两千年的传统，庶几近于全民族的集体潜意识。官比钱大，避免了金钱的单纯发力，遏制了自私与贪婪的疯长，维系了百代大局——士农工商的价值排序。

如今商风的大起，主要是生产技术发达所致。需要防范的是：商业型人格独大。

李太白非常想做官，但不能从基层做起，像孔明那样一步登天又很困难。腰缠万贯的李太白为什么老想走仕途呢？看来是那个集体潜意识作用于李客，李客传于李白。

拥有那么多的钱，待在天府之国不是很惬意吗？妻妾成群，儿女绕膝……可是李白练就了一身本事要干大事，要“大济苍生”“游说万乘”，他相信自己有皇家的血统，像杜甫和李贺。杜甫的母族与李姓王室或有瓜葛。

李白的第一桩婚姻不乏政治动机，他娶了已故丞相许圉师的孙女为妻，定居湖北的安陆，生下一儿一女就跑掉了。儿子取名伯禽，与周公姬旦的儿子同名。女儿叫平阳，也许他会联想汉唐的两位平阳公主。书童曰丹砂……总之，李白尽量让自己身边的人与物不同凡响。他在安陆一带先后待了十年，称“酒隐安陆，蹉跎十年”。一封接一封的求职信写给裴长史、厉长史、韩荆州，诗云：“生不用封万户侯，但愿一识韩荆州。”在荆州的官场传为笑谈。他在大街上拦厉长史（副州官）的车驾，差点挨鞭子，幸好他身手敏捷闪开了。与其有关的年谱中没有拳打官员或剑指衙役的记载。

“朝叩富儿门，暮随肥马尘。”杜甫求官的辛酸经历，以另一种心态在李白的生活中反复上演。李白是天天碰钉子也要神气活现的，也许会短暂郁闷，几乎瞬间反弹。这倒不是因为他脸皮厚，他是真郁闷，“举杯消愁愁更愁”，喷发而为一系列杰出的诗篇。李白式的短暂郁闷是个谜，相同的傻事他会干上十几遍，相似的大话恐怕要重复百遍。复杂的官场谁理他呢？没人理他。他的求职信被众多官僚扔进垃圾桶，可惜了那一手狂草书法。

李白在安陆，名气不大，笑话不少。

“世人见我恒殊调，闻余大言皆冷笑。”李白说大话的样子想必很有趣。有一些场合，人们可能会认为他是个有学问的江湖骗子。

酒隐安陆，隐不出个名堂来，于是李白奔向长安，隐入了终南山，那儿离皇帝近，离宫别馆连成片。此间他三十来岁，已经有了些名气，结识了若干高官。也许老丈人帮他搭建过交往平台。唐朝兴这个，处士须干谒。老丞相张说的儿子、驸马都尉张垍，让李白去玉真公主的别馆晋见公主。张垍说，皇帝（唐玄宗）的妹妹玉真公主痴迷李白的诗作。李白一听脑子炸了，那可是金枝玉叶、修道多年的玉真公主啊。

烟雨茫茫终南山，李白狂奔西南麓，一口气奔出二十多里，一路上念头追念头，快如闪电：公主喜欢我哪一首诗呢？她崇尚老子的《道德经》还是庄子的《南华经》？抑或她偏爱西汉淮南王的《淮南子》……

李太白疾如秋风，冲到别馆一看，傻了，别说玉真公主的丽影，连个鬼影都没有。偌大的园子乍看像一座废园（原本就是废园，李白不愿相信）。雕梁画栋飘着蛛丝，池塘边乱草疯长，野物逃窜，怪鸟惊飞……然而李白的心中已经装下了玉真公主，挥之不去。公主的美丽是不用说的，公主的道行当与李白在伯仲之间。

匆匆忙忙的李太白走遍了别馆，双目炯炯，淋得像落汤鸡，脑袋瓜却像一台处理器，把废园的细节处理掉了：他相信不久前玉真公主的香车宝马到过这里。

想见公主的强烈意愿，赶走了李白良好的直觉。山风隐隐约约送来了脂粉味儿。

这个有胡人特征的男人决定等候。秋雨连绵无所谓，玉真公主很重要。一个金枝玉叶，胜过五十个韩荆州。他收拾了一间正屋住下，寻思那绣房原是公主的卧室，因为雕床尚有余香。“美人在时花满堂，至今三载留余香。”李白闻美人余香的功夫很可能天下无匹，丽人的芬芳居然三年不散。现在，他正追寻玉真公主的芳踪。

书童丹砂唠唠叨叨，抱怨厨房干不完的脏活累活。杂面馍吃光了，酒坛子喝空了，得去山下的小村，打浊酒买粗粮，再买几根蜡烛……夜深山寂寂，雨丝还在飘，李白换了一身道衣，琴案前焚香默坐片刻，冥想公主居终南山的日常举止，“思与公主化”。他弹奏伯牙的《高山流水》，暗想玉真公主是钟子期。

丹砂嘟嘟哝哝，裹衣纳头便睡。

没人知道李白在公主的别馆等了多久，也许十天半月。天刚刚放晴，转眼又刮来了一场山雨，淅淅沥沥。李白《玉真公主别馆苦雨赠卫尉张卿二首》，充满了吞吞吐吐的埋怨：他拿不稳，那个卫尉张垍是不是在捉弄他。长安的贵族和官僚拿寒士取乐，乃是百年之常态。“厨灶无青烟，刀机生绿藓。”他不得不和丹砂一起生火做饭，打柴火，揉杂面，呛灶烟。“弹剑谢公子，无鱼良可哀。”

战国时代四公子之一的孟尝君，门下三千客，贵客出有车食有鱼，而李白三十来岁自困于深秋时节的终南山，进退失据，凄风苦雨，食物粗糙，顿顿喝寡酒，“沉沉忧恨催。清秋何以慰，白酒盈吾杯。”眉山人管这情形叫“狗舔油锅”：舔又烫，不舔又馋。

张垍贵为驸马爷，李白曾经向他父亲张说呈献过诗赋，展露才华。李白有些怀疑张垍了，却不肯撤离别馆。白天他爬到高高的树上眺望，夜里徘徊于悬崖边，一声长啸，丹砂以为他要跳崖……睡里梦里的玉真公主啊，正如《长相思》：“美人如花隔云端。上有青冥之长天，下有渌水之波澜。天长路远魂飞苦，梦魂不到关山难。长相思，摧心肝。”

佳人难觅，佳作却是意外的收获。他于秋雨中苦苦等候，等出了《长相思》，“美人如花隔云端”。这首诗未必写玉真公主，终南山的宫观别墅一座接一座，香车美人如云。春秋多佳日，长安的名媛淑女鱼贯而来，其中当有十六七岁的杨玉环。

李白第一次奔长安，先后两次隐于距京城百余里的终南山。据安旗先生的《李白年谱》，终南山的西南小山有玉真观残存的碑碣，上有楼观全图，“玉真观”三个字尚依稀可辨。

世事如烟，一飘千年。李白的这股“烟”，一万年飘不断……

学者们一般认为，玉真公主确实很欣赏李白的才华，李白四十二岁进宫做翰林学士，就是得益于玉真公主的美言和道士吴筠的推荐。李白做翰林待诏两年，当与公主见过面。他会铆足劲儿为公主写诗，可惜诗已不传。李白的作品，散佚十之八九。张垍是李白命运中的灾星，他捉弄李白的可能性很大。此人后来投靠叛贼安禄山，当上大燕国的丞相，安禄山败，张垍落了个身败名裂的下场。

李白隐于终南山期间，玉真公主的别馆早已废弃，张垍多半知道。他怂恿傻乎乎的李白去别馆等候公主，把李白苦等多日的事讲给别人听，引得别人笑掉大牙。

李白的傻劲儿确实少见，比如他痴迷神仙，遍游名山，到处夸海口，满世界乱窜，扬州一年散金三十万，一觉醒来发现自己成了穷光蛋，于是凄然落笔："床前明月光，疑是地上霜……"古今人杰有个共同的特征：一条路走到黑，"咬定青山不放松……任尔东西南北风"。李白待在公主别馆的傻样儿颇可爱，绵绵秋雨一如他的思绪，灼人的目光"咬定青山"，任凭山风呼啸，"我自岿然不动"。

公元731年前后，那一场终南山的秋雨，将李白异于常人的形象托起。

李白自言："三十成文章，历抵卿相。"他在长安敲那些权贵门，受尽嘲讽与捉弄，大半年的时光，多少负面情绪，归为一声长叹："大道如青天，我独不得出。羞逐长安社中儿，赤鸡白雉赌梨栗……"自视为管仲、孔明的李白，跟长安的市井泼皮赌梨栗，在北门打起来了，一人独战数十人，被泼皮打得鼻青脸肿，险些丧命。"北门之厄"的故事后面再讲。年轻的杜甫到长安曾参与市井赌博，却道："有时英雄也如此。"

李白的修炼具有特殊性。他不管什么修炼不修炼，只是求名，求官，求仙，求好诗，求美人。生命冲动一气呵成，能冲多远他也不知道。

冲刺过程中所有的阻力都叫修炼。

"安能摧眉折腰事权贵，使我不得开心颜。"李白四十岁以前辗转求官，再三靠近"摧眉折腰"的边缘，方有如此之浩叹。苏轼云："百年不易满，寸寸弯强弓。"李白敢于戏弄唐玄宗，敢于青睐杨玉环，痛斥显贵权臣，盖因其自由奔放的生命力所致。李白不复杂，复杂他就变成李林甫了。他一生三次奔长安，头一次冲得最厉害，落差也大，宛如高高的喷泉落珠溅玉，化为锦绣诗篇，《将进酒》《蜀道难》均为这一时期的作品。

任华说："李翰林平生傲岸其志不可测，数十年为客，未尝一日低颜色。"

人人都会傲岸，人人的傲岸有不同。李太白多头并进的狂傲世所罕见，所以一代又一代的中国人仰望他，仰之弥高。皇权覆盖的时代下，民族缺少自由精神，于是，缺啥想啥。李白千年不变的可爱，盖因此焉。而皇权的崩溃总是伴随着巨大的血腥。魏晋时代有人的自觉，却源于汉室的衰微，群雄割据，"有枪就是草头王"。此系中国历史之悖论。

李清照："谁怜流落江湖上，玉骨冰肌未肯枯"

李清照是山东济南人，生于11世纪80年代，长于大明湖畔趵突泉边，大约十六岁，随父迁居汴京。父亲李格非，系苏轼门下后四学士之一，官居礼部员外郎。李清照的童年和少女时代生活幸福，婚后养尊处优。在济南，她早慧，博览群书，能诗能琴。她面容清瘦，个头高，很有骨感美人的韵致。其倔强的性格像她父亲，晋唐宋文豪们又引领着她的独立性。她不用奔场屋（科举时代试士的场所），走仕途，傲骨未经磨损。她嫁给宰相赵挺之的儿子赵明诚，琴瑟和谐，日子滋润，小两口展玩书画，寻觅金石珍品，发不尽思古之幽情。赵明诚是金石学家，"集古录一千卷"的欧阳修之后，宋代数他藏品最丰，具有出众的鉴赏眼光。

东京（汴梁）御街的阔绰园子，有着良好修养的美妇人我行我素，敢于顶撞正在变得邪恶的公公。宋代以孝治国，远较唐代为甚。赵挺之在朝廷是拳打脚踢的好手，回家却不能"气貌威严"，因为李清照不吃他的那一套。赵府几个儿媳妇，李清照的嗓门儿最高，但不会无理取闹。她写下的一些词，被京城的道学家们视为有伤风化的"艳词"。她喝绿蚁酒，踢球，穿戴随意，有时还赌一把"关扑"——宋代流行的游戏。李清照天足穿大鞋，每日在园子里闲逛，犹如林黛玉和史湘云的合体。兴之所至时她还会放声歌一曲，三寸金莲的妯娌们对此惊愕不已。

李清照拉着丈夫逛十里御街，随口哼出《减字木兰花》："卖花担上，买得一枝春欲放……怕郎猜道，奴面不如花面好。云鬓斜簪，徒要教郎比并看。"宰相府的少妇斜插春花招摇过市，与夫君当街调笑，抛头露面，这简直不成体统——道学家们恨声连连，集体上书宰相大人，强烈要求她遵守妇道。然而李清照对公公的提醒、训斥一笑置之。忍不住的时候，她还要反驳强势的公公，史载：她与赵挺之“时有龃龉”。

年轻的夫妻如胶似漆，女词人的缱绻情愫掩饰不住，“无奈诗魔昏晓侵，绕篱欹石自沉音”，晨起凭雕窗，她写下了一首《丑奴儿》，双颊赤红如同朝霞。小脚妯娌溜进她的书房偷看了，出门大呼小叫，直奔婆婆郭夫人的住处。偌大相府一百多口人，须臾传遍，甚至传到大街上去了，好事者还书于大相国寺的墙壁。李清照居然把夫妻事写进了新词！

“晚来一阵风兼雨，洗尽炎光。理罢笙簧，却对菱花淡淡妆。　　绛绡缕薄冰肌莹，雪腻酥香。笑语檀郎：今夜纱幮枕簟凉。”菱花：指铜镜。檀郎：情郎，以檀香木喻可心郎，宋人常见。

一个长期“守活寡”的妯娌顿足道：“《丑奴儿》真真丑死了，把床上发生的事情都写明白了，艳词，浪语！汴京传开去了，咱堂堂赵府哪里还有些儿颜面？皇帝陛下知道了咋得了？”

然而骄傲的李清照更有《渔家傲》，上片云：“雪里已知春信至，寒梅点缀琼枝腻。香脸半开娇旖旎，当庭际，玉人浴出新妆洗。”艳语跃然纸上。理学盛行之时，李清照敢写这个。李清照玉人出浴，堪比华清池的杨玉环，只是杨丰腴，李清瘦。绰约多姿一焉；未生孩子一焉。李清照早期的词写得十分好，有两个原因：赵明诚磨勘三年宦游远方，她以浓情之身守空房，郁闷难解难排；她未能做母亲，得以专注浓情轻愁，在郁闷的深处绽放词语之花。笔者曾两次写李清照，发现了这一点。如果她生下一堆儿女，爱得手忙脚乱，以母性取代诗性，或许我们今天就读不到那些绝妙好词了。

幸好中国有个李清照，填补了文学史的空缺，婀娜之身不让须眉伟男。李清照以下，找个三流女诗人也难。她写《词论》，甚至毫不客气地批评苏子瞻、柳耆卿、欧阳永叔。她格外推崇婉约派宗师秦少游。

小词《如梦令》：“昨夜雨疏风骤，浓睡不消残酒。试问卷帘人，却道海棠依旧。知否，知否？应是绿肥红瘦。”两情浓烈之际，思念丈夫的女人日日抱着孤枕而眠，别是一种锤炼。古语讲伤心人别有怀抱，李清照把女人的伤心怀抱写到极致。

汉语表达之凝练，西方人若能欣赏，一定瞠目结舌。汉语笼罩下的华夏文明，人与自然，才能如此水乳交融，美感横陈。

“安排肠断到黄昏”，这辛酸语，却令人想起若干年来无数异地打工的夫妻，想起数不清的年纪轻轻离异独居的女人，想起大龄不敢嫁的数以千万计的女性……

赵明诚磨勘结束，李清照大展欢颜，日日换新装，变发型，乌发斜插鲜花，唤作“花步摇”，美给丈夫瞧。伉俪风流不消细说。赵明诚贵为相门子和朝廷命官，却始终不考虑纳妾，置偏房生儿子，以免“不孝有三，无后为大”，这是为什么呢？赵明诚与汴京千娇百媚的官妓们也无染，下班就回家，这又为何？此二者，另文详叙。

宋徽宗玩天下玩腻了，突发奇想玩起了战火——宋、金联手，“吃掉”契丹，金兵扭头“吃”大宋，屠刀切下了中国北部。李清照的命运被拦腰切成两半。1127 年之“靖康南渡”时，陆游才生，岳飞已二十五岁，而李清照已年过四十。

宋人跟着吓到尿裤子的宋高宗千里大逃亡，滚滚人流中有李清照和赵明诚。夫妻俩逃到建康（今南京），过了两年，石头城发生兵变，李、赵又跟着高宗的銮驾奔向安徽池阳（今贵池区）。不久，兵乱平息，高宗返回建康。赵明诚任湖州知州，疾赴建康，李清照暂居池阳，守着几大间屋子的珍贵文物。

《金石录后序》记载了两人在池阳江头的离别场景：“六月十三日，始负担，舍舟坐岸上，葛衣岸巾，精神如虎，目光烂烂射人，望舟中告别。”

目光烂烂射人，是李清照刹那间留下的印象。兆头不好。丈夫的神色异于往常。李清照深夜徘徊于池阳的官舍，忐忑不安。七夕，她填了一首《行香子》，其声近于哀号：“星桥鹊驾，经年才见，想离情、别恨难穷。牵牛织女，莫是离中。甚霎儿晴，霎儿雨，霎儿风！”天有不测风云，人有不祥直觉。

至亲至爱者相隔千里，却能意念相通，据说现代物理学已经宣称要破解这个谜。

赵明诚病倒建康城，也许是中暑，引起了若干并发症。李清照踉跄赶去时，他已经奄奄一息。女诗人的天都垮了。好端端的男人，忽然变成了一座坟。

未亡人李清照痛不欲生，词语和泪吐：“小风疏雨潇潇地，又催下、千行泪。吹箫人去玉楼空，肠断与谁同倚？一枝折得，人间天上，没个人堪寄。”阴阳永相隔，彼此无消息……而方块字的间隔功能，乃是缓释一切疼痛的良药。苦难中的李清照抬起头来，写下《夏日绝句》：“生当作人杰，死亦为鬼雄。至今思项羽，不肯过江东。”

寥寥二十个字，出离愤怒，矛头直指宋高宗和一大群峨冠博带的逃跑主义者。赵明诚的死，与皇帝的闻风而逃有关。苦难接踵而至：十一月，金兵攻陷洪州（今江西南昌），宋高宗撒腿再逃，李清照又一次卷入数十万逃难的人群，向南再向南，逃杭州、越州、明州、定海、温州，《金石录后序》：“出睦（建德），又弃衣被。走黄岩，雇舟入海，奔行在，时驻跸章安，从御舟海道之温，又之越。”驻跸：皇帝留住之地。之：前往。

过去几十年一直养尊处优的李清照，披头散发三千里，乘舟车逃了一百天。亡夫之痛未消，灾难忽又从天而降：数以万计的文物运出洪州后全部“蒸发”。押运文物的将军是赵明诚的妹夫，官居兵部侍郎。也许文物遭金兵洗劫一空。李清照痛不欲生，那可是数不清的国宝啊，亡夫一生的心血啊。单说徐熙、吴道子、杜甫、李公麟、苏东坡、宋徽宗、蔡襄、蔡京、米芾等的书画墨宝，件件价值连城啊！赵明诚和李清照曾在山东青州生活了十年，拮据窘迫也未曾卖过一件。玩赏古物，精神性压倒一切。其时，仅米芾的一幅字，就抵得上开封城的一座豪宅，遑论苏东坡、黄庭坚、宋徽宗的书画珍品。

李清照遥跪赵明诚的亡灵，泣血斑斑，凭谁也扶不起……

而在波涛汹涌的大海上，李清照写下豪放杰作《渔家傲》，上片：“天接云涛连晓雾，星河欲转千帆舞。仿佛梦魂归帝所，闻天语，殷勤问我归何处？”中年美妇美得相当从容了，何以如此？汉语经典给了她力量。庄子活在她的血液中，唤醒了她的文化本能，下片云：“我报路长嗟日暮，学诗谩有惊人句。九万里风鹏正举，风休住，蓬舟吹取三山去。”

诗与思接轨，人与天地齐一。

清代学者黄了翁点评《渔家傲》：“浑成大雅，无一毫脂粉气，自是北宋风格。”黄了翁说对了一半，纵有脂粉气也没啥不好。李煜、李清照的早期词作脂粉香浓，照样佳作连连。

海上风涛连天。数月来难以名状的揪心剧痛，却不能让李清照一头栽下海去。这耐人寻味，其间隐藏着中国文化的密码。人把自己放到宇宙当中，以万物的生死荣枯为参照，所有的痛苦都会慢慢平息。历代先贤，例子太多。前提却是永不停息地修炼。

今之伤心女人，不妨细想李清照。

南宋定都杭州，称临安。官僚集团不可遏止的腐败习性在江南继续："西湖歌舞几时休……直把杭州作汴州。"一个名叫张汝舟的官员来到杭州，向李清照百般示爱。垂暮的美妇人承受不住，自由的女人要享受身心自由。她坠入情网，冒着舆论的挞伐改嫁了姓张的男人，岂料落入"毒蜘蛛"精心编织的蛛网——老江湖张汝舟骗财骗色，暗里吞掉李清照珍藏的古物，并且辱骂她，殴打她，恫吓她，于绣床边、雕窗下、古树旁，一次次拳脚相加，"遂肆凌侵，日加殴击"（李清照《投内翰綦公崇礼启》）。饶是李清照骨头硬，如何打得过张汝舟？昨夜软语温存，今日大打出手——这太惨了，呢喃变呻吟，雪肤见血痕。我们的词人却不哭。她没有一滴泪。

再婚仅一个多月，李清照毅然宣布离婚，把张汝舟告上了官府。杭州、越州轰动了。离婚案一波三折，惊动了皇帝……最终张汝舟流放，李清照入狱。

宋代的婚姻法律严格遵循礼教，妻子状告丈夫，打赢了官司却要判刑两年。

李清照经人疏通，狱中只待了九天。她盛装出狱，穿一款月白色长裙，在小弟李迒和几位女友的陪伴下，走过"风帘翠幕、参差十万人家"的杭州城。她的衣饰、发型、步态、佩玉，连同她野性内敛的平静目光，成了杭州人津津乐道的话题。她的词集叫《漱玉词》，南人北人同声吟唱。她的婉约与豪放，她对各种情绪的细腻捕捉，并将复杂的情绪化入自然的无穷脉动，了无痕迹，使她登上了"中国第一女词人"的宝座，永戴桂冠，未来也不可能受到挑战。《漱玉词》滋润女性的心灵，好似兼有驻颜美容之功效。

在最艰难的日子里，她写下长调《声声慢》："寻寻觅觅，冷冷清清，凄凄惨惨戚戚……梧桐更兼细雨，到黄昏、点点滴滴。这次第，怎一个愁字了得！"

词语荡漾心之涟漪，词语掀起情绪的波澜，词语也能疗伤，慰藉灵魂。

萨特获诺贝尔文学奖的主要作品《词语》，说尽词语的宏大与微妙。

萨特为何拒绝诺贝尔文学奖？倒是值得今天的中国作家细思量。中国作家，焉能瞄准西方的标准写作？此系题外话。

李清照的苦难与国家的苦难同步，她深入自己也就深入了时代。她的生存格局大开大合，潮起潮平，归于一片光风霁月。五十岁以后她长住杭州，居小楼，日子过得精致，流连于美饰、美器、美酒、美词，“酒阑更喜团茶苦，梦断偏宜瑞脑香”。

她美过了六十岁，款款美向七十岁。多少往事涌现，逃难，亡夫，失宝，再嫁，挨打，入狱……而词语收尽这一切：“谁怜流落江湖上，玉骨冰肌未肯枯。”

“冰清玉洁”这个词，形容李清照最为恰当。她像一道清丽而温润之光，照耀中国千年。

曹雪芹：“举家食粥酒常赊”

曹雪芹只活了四十来岁，这是华夏子孙永远遗憾的一件事情：那么伟大的作家，堪比万里长城的人物，生命为何如此短促？另外，他四十岁以前就写完了一百二十回本的《红楼梦》，这部百科全书式的作品，可谓空前绝后。年轻的曹雪芹为何懂得那么多？“披阅十载，增删五次。”可见他二十几岁就开始动笔，“十年辛苦不寻常”。

古往今来，辛苦的人多如满天繁星，为什么曹雪芹的辛苦不寻常？单讲他留给人间一部伟大作品是不够的，在浅阅读惊人泛滥的今天，我们应当知道，曹雪芹的旷世伟业究竟“伟”在何处。

曹雪芹是在富贵窝中成长的，和南唐后主李煜一样，“长于妇人之手”。曹公名霑，雪芹是他后来的自号，取自苏轼贬黄州的诗作：“泥芹有宿根，一寸嗟独在。雪芽何时动？春鸠行可脍。”霑，谐音“站”，曹雪芹小名占姐儿，是希望这曹家嫡传独苗不病不灾的意思。曹氏家族的男人们都在为仕途拼搏，占姐儿在脂粉堆中快活自在。幼年童年的他被装扮为女孩儿，每一个毛孔都浸润在女性优雅的世界中。从他的文字和行为看，却是雄性十足。这一点很重要。

后来他别号梦阮，对魏晋时代狂放不羁的阮籍颇为向往。

俗话说，三岁看大七岁看老，曹公是典型。“女儿都是水做的”，而男人一概是须眉浊物，这是曹公的发现，在两千年男尊女卑的礼教大潮中，这具有唯一性。换言之：他发现了富含历史能量的“铀矿”。这一发现源自性别分裂：这个喜欢脂粉的男孩儿并不自视为男孩儿，他以女孩儿的清爽目光打量世界之为世界，直到受父亲的高压才迫使他的双眼投向男性世界，几乎自然而然看见了种种肮脏、龌龊与邪恶。

巨大的矛盾，无穷无尽的内心冲突，类似强对流天气，使曹雪芹在漫长的书写中成为曹雪芹。他用一管廉价毛笔，幻化出风雨雷电。外在的因素是抄家，荣华富贵转眼成空，“蛛丝儿结满雕梁”。曹府被抄时，曹雪芹十六七岁。是这内外两股绵绵不断的大力合铸了曹雪芹。没人知道他读过多少书，“杂学旁收，过目不忘”，更没人知道他何以能洞察各阶层的生活，连老妈子吵架、小丫头拌嘴也让我们端详。《红楼梦》写了九百多个角色，涉及社会生活的各个领域。主题明确：向男权社会和盘端出女性的价值，写出她们的美好、自尊与受压迫、被毁灭。“悲剧是将人生的有价值的东西毁灭给人看。”（鲁迅《再论雷峰塔的倒掉》）曹雪芹的笔下，“千红一哭，万艳同悲”。投井上吊抹脖子的红颜女子比比皆是。林黛玉追求自由恋爱是悲剧性的，“一年三百六十日，风刀霜剑严相逼”。

记得我念初一时读完《红楼梦》，真是五内翻腾，半天回不过神来。一部好书，对人的影响力不可估量。对这部皇皇巨著的解读几乎不可能穷尽。一百多年来，研究“红学”的队伍中，国学大师、文学巨匠如云，显赫的名字可以列出一长串。

毛泽东说：“《红楼梦》要读五遍。”

古代写小说是不入流的，“小说者流，盖出于稗官野史，街谈巷议”。但小说的元素在人类的穴居时代已具雏形，形象思维渊远而流长。《诗经》《史记》不乏场景描绘和心理刻画。司马迁也善于虚构细节。小说有民间的沃土，千百年强劲生长，例如书场文化在全国各地的发达。小说的不入流，盖因官方不屑一顾，尽管官员们也许私下读得很起劲。曹雪芹写小说的风险在于：遭人白眼、不能养家糊口。他二十岁左右成家，没过多久妻子去世，续弦曰芳卿，家住北京的西山村落，芳卿生一子，小名叫方儿。也许她又生过女儿。家里当有其他人，比如芳卿的亲人。一家好几口，单靠曹雪芹这根顶梁柱。

曹雪芹一度做过宫廷画师，卖过亲手扎的风筝，摆过泥人摊，制作漆器、石器、玉器是一把好手，干木匠活很是利索——这个多才多艺的男人要挣钱养家并不难。他可以教私塾，开药方，撰写对联，代人写书信，乃至算命卜卦，操办婚丧事，做八旗子弟的陪读、陪玩或是豪门清客，总之，他谋生的手段非常多。

曹氏家族垮掉了，还残存着一些社会关系，如果他加以利用，拿毛笔的手也用作敲门手，生活会过得滋润，到时子孙满堂，皆大欢喜——曹雪芹是曹家唯一的嫡子。

可是他居然写起了小说。

每天守着破窗，写呀，写呀。早年生活的记忆太深，印象太深，感慨太多，表达的欲望渐渐成了最大的生命冲动，灵感的火焰越烧越旺。《红楼梦》初名《情僧录》《风月宝鉴》，一部中篇小说的规模，像一支勘探宝藏的小分队。后来，宝藏显露了更多的宝藏，恰似宝山越挖越高，书稿由作家的“红颜知己”脂砚斋命名，曰《石头记》。

曹雪芹在书写中成为曹雪芹，换言之，他的精神伟力在方块字搭建的殿堂中茁壮成长。“语言是存在的家。”语言的抽象功能，乃是人之为人的决定性标志。美好的女性受压迫，群芳散尽，越是自尊、自主、自强，她们越是悲凉无助，男权社会浊浪滔天……曹雪芹一头扎进去，重现了时光，重构了时光。重构意味着超越。

深谙此道的普鲁斯特说：“唯有失而复得的乐园才是真实的乐园。”

普鲁斯特患有哮喘病，畏寒，长期关在屋子里，写下法国人顶礼膜拜的巨著《追忆逝水年华》。雪芹先生身体好，在二百多年前的北京城能八方游走，去他想去的任何地方，可是他坐在陈旧的书桌前，日复一日地挥舞着红肿的满是冻疮的手。以他的性格猜想，他写字的速度比较快，书风或近草书。金陵十二钗，金陵十二副钗……风情各异的女子联翩而至，她们的音容笑貌宛然在目。“琉璃世界白雪红梅，脂粉香娃割腥啖膻”“意绵绵静日玉生香”……需要指出的是，《红楼梦》绝不是一场富贵旧梦。

伟大的小说写在旧皇历的背面，一本又一本。先生哪有余钱买稿纸，用的笔砚也普通。旧皇历上的宫殿渐渐金碧辉煌。回忆，回思，过去的时光如黑洞般吸牢作家的目光。几百人的喜怒哀乐涌出笔端。贾、史、王、薛四大家族的荣与衰，荣国府，宁国府，数不清的生活场景恍若梦境。

脂砚斋重评《石头记》：“作者本意，专写末世。”

曹雪芹是一位批判现实主义作家。

雪芹先生身不由己了，吃与穿退居次要。艺术不可思议的魔力吸附于他。

表达就是生命的本身。泉水要涌出来，这是没有办法的事情。地热涌出的温泉呈喷射状，抵达了沸点。沸点却能反衬冰点，《红楼梦》冷热交融，阴阳互生，耸峙为中华民族之精神奇观。

曹雪芹洞察了华夏女儿两千年的辛酸史，红学家们历数的十几种专史（馔肴史、服饰史、器皿史、节庆史、婚丧史、优伶史之类）要放在其次。这是惊心动魄的，洞见本身闪烁着真理之光，“曲终觉天风海雨逼人”（陆游评苏轼之词）。

凭借司马迁、曹雪芹、苏东坡等文化先贤，我们得以理解德国大师海德格尔的著名论断：艺术把真理设入自身。

“穷且益坚，不坠青云之志。”曹雪芹年复一年在破纸上过日子，一己之身体验着芸芸众生，其乐无穷。伟大作家的一天，堪比寻常人的一百天。生命首先是要由强度来衡量的。回行之思自动谋求着表达。血液时时刻刻在沸腾。尼采津津乐道的美神与酒神，每日造访我们的小说家。他昼夜徘徊于庭院，令人联想起罗丹雕刻的昂首苍穹的巴尔扎克，联想起三十多年前为电视剧《红楼梦》作曲的王立平先生。王立平是懂得曹雪芹的。一曲《葬花吟》，堪称绝响。

20 世纪 80 年代，中国的作曲家们尚能在质朴的状态中创作。其后，指向灵魂、深入心灵的好歌渐少，21 世纪初叶，几乎寥若晨星。文艺界有铜臭味，假风格混淆视听……好在我们已有足够的理由期待，这个局面能在不久的将来得到扭转。

好作家能够深入感觉的内部，重新定位现实生活。什么叫现实？这绝不是自明的东西，它需要强力追问。人过了一天，并不意味着拥有这一天。追忆，反思，领悟，是无穷无尽的，错综复杂的，即使在九十岁的时候回忆孩提时代，还会有新发现、新感觉，知识、阅历、身体、心境都在变化。比如躺在床上想事儿，与起床后想同一件事会有差异，为什么？意志力变了，情绪也变了。没有人能够完全拥有自己的过去，拥有一半也难。所以，记忆是人类永恒的黑洞——三年前笔者思及了这一层。

西哲尝言：一切回忆都有批判的意味。这话是说，回行之思直指当下与未来。“回行之思”是海德格尔的常用词。

十年三千六百天，曹雪芹守着破窗写呀写呀，他究竟图个啥？事实上，他的写作生涯远不止十年。这里，艺术冲动直接是生命冲动。吾爱吾家，但更爱真理。或者说，艺术－真理的召唤与指引让曹雪芹神魂颠倒，亿万体细胞全部充盈了。作家的每一刻都兴奋着，喜怒哀乐混杂。破窗变了雕窗，雕窗又结满蜘蛛网。灵感照亮了荣宁二府的每一个角落。不难想象曹雪芹伏案写作时的那双眼睛，那颤抖的手，那喧嚣与禅静交袭的灵魂……兴奋，乃是包括动物在内的生命饱满度的唯一指标，而艺术创造是抵达恒久兴奋的最佳渠道。艺术不伤人，也几乎不消耗能源。艺术提供了激活感觉的无限的可能性。我们重温尼采："艺术是生命的伟大兴奋剂。"

我们的天才作家越写越穷，偶尔卖掉几幅字画，换来散碎银子。曹雪芹没有名气，卖字画要碰运气。遭人白眼的事情时有发生，他当即还以白眼，"白眼向人斜"。脂砚斋形容为"眉立"。阮步兵的狂傲，苏东坡的坚韧与旷达，三十来岁的曹雪芹兼而有之。

敦诚、敦敏两兄弟是先生的挚友，尽管他们不富裕，却时常接济柴米。北京西山小村的酒肆，常常挂着曹雪芹的酒账，敦诚、敦敏兄弟俩不知为他付过多少次。后来又有张宜泉，几十里路也要拐过来，看看小酒肆有没有曹雪芹的账单。这些人都是《红楼梦》的幕后英雄，历史会永远记住他们。1980 年的《红楼梦学刊》，有一幅《雪芹归村图》，先生傲雪而立，旷野一片白茫茫。那幅设色水墨画，我至今记忆犹新。

有一天，远道而来的敦敏访曹雪芹不遇，题诗于酒肆的白壁："野浦冻云深，柴扉晚烟薄。山村不见人，夕阳寒欲落。"又一天，敦诚带了积攒的二十两银子来，曹雪芹远游未归，他把银子交给了芳卿，在曹家的柴门外伫望，直到寒阳落山。

相传，才华横溢、慧眼独具的脂砚斋是曹雪芹家的常客，她与芳卿情同姐妹。据考证，芳卿能写诗，能画画。曹雪芹的书房叫悼红轩，是脂砚斋起的名。

二百五十年前的北京，冬天真冷，真漫长。城里城外多见厚厚的冻土层，夏日不能解冻。敦诚、敦敏兄弟留下来的诗作多写冬季，只因曹雪芹的冬天最难过。棉衣棉被，烤火的木炭柴火都是问题。吃得太简单，热量远远不够，而写作消耗脑力，比体力劳动的消耗更多。于是作家大量饮劣酒，御寒也充饥。年关过后，越发青黄不接，家里总是面临断顿的危险，米面缸子经不住舀。芳卿含了辛酸持家，把吃干饭改为吃稀饭，偶尔才有几个杂面窝窝头。丈夫总是把窝窝头留给方儿，说是在酒家喝过酒了。其实他饿着。饿更冷。大观园里的姐妹们锦衣玉食，燕窝鱼翅乃寻常，而生活中的曹雪芹，冬春时常食不果腹。他写呀，从早到晚不停地写。柴门外的雪花不停地飘。双手上红肿的冻疮，从十一月要持续到四月，“冻疮发时痒难禁，两手相搓未敢停”。先生手中的廉价毛笔掉到地上，躬身捡起来，羊毫已结冰，插入口中含化开，十根指头像冰棍。肚子咕咕叫，他摇摇明知空荡荡的酒葫芦，进厨房灌几口冷水，抹嘴喘大气。他望望另一间柴房里正在逗方儿的妻子芳卿……“贫贱夫妻百事哀”。

敦诚为我们留下了一首极珍贵的《赠曹雪芹》：“满径蓬蒿老不华，举家食粥酒常赊。衡门僻巷愁今雨，废馆颓楼梦旧家。司业青钱留客醉，步兵白眼向人斜。何人肯与猪肝食？日望西山餐暮霞。”举家，看来是指一家多口。举家食粥的辛酸，直叫人潸然泪下。曹氏家族颓败，北京、南京的大宅子蒙尘已久，曹雪芹去凭吊，去追忆，徘徊于废园与旧馆，思绪万端。他自幼爱吃炒猪肝，如今困顿已久，谁买给他吃呢？林黛玉、薛宝钗、史湘云，持蟹下酒喜先尝，而作家喝着村酿寡酒，欲尝一片猪肝而不得，只能呆望西山餐暮霞。

中国最杰出的小说家，在这种困境中写作，一写十年。脂砚斋含泪点评：“字字看来皆是血，十年辛苦不寻常。”《红楼梦》从初稿到定稿，增删五次。

孔子、孟子、庄子、墨子、左丘明、孙膑、屈原、贾谊、商鞅、张骞、司马迁、建安诸子、华佗、“竹林七贤”、王羲之、陶潜、惠能、玄奘、王维、李白、杜甫、韩愈、李贺、李煜、王安石、苏轼、辛弃疾、李清照、李时珍……中国的文化先贤多为失意者，中国的精神价值多为失意者、困顿者、坚韧不拔者所创造，历代王公贵族与高官巨贾，罕见杰出者。笔者出此语，是经过慎重考虑的。这个现象值得学者教授们写专著探讨。苏东坡做朝廷大臣的年月写不出传世杰作。白居易、欧阳修晚年蓄妓成瘾。日子舒适了，大脑趋于迷糊，心思纠缠人事，精气神向下，朝着单纯的肉欲化。

此间有中华文明的特殊性，尚待仔细考查。英国哲学家罗素写《闲散颂》，试图证明西方的精神价值主要是由有闲的富裕阶层所创造。中国显然不是这样。历代豪族富商，骄奢淫逸是常态，是主流。民间有“富不过三代”的说法。家道中落，方有英才出世。

物欲横流，精神委顿，这是放诸四海而皆准的铁律。是的，铁律。东方西方，概莫能外。物欲汹汹之辈，必定无休止地算计自然、进攻天地。

人的废掉，与大地不可逆转的荒漠化相比，终究是一件小事。大地，乃是维系子孙万代幸福生活的唯一的大地。

伟大的曹雪芹冻饿交困，死于1763年的除夕夜。方儿患病夭折于先，曹家断了唯一的子嗣。鞭炮声中，漫天鹅毛雪，灵床上的作家寿衣单薄，只怕黄泉路上他依旧寒冷，十指冻如冰，硬如铁。敦诚、敦敏兄弟凄然写挽诗："四十萧然太瘦生，晓风昨日拂铭旌……"

据红学家考证，曹雪芹圆脸，微胖。早年的山珍海味如同萝卜小菜，为他打下结实的底子，然而四十岁时瘦成了一把骨头。我们的曹雪芹瘦成了一把骨头……

逝去的时光是曹雪芹的黑洞，他却如黑洞般吸引着华夏儿女，除非中国人回望汉语经典的能力持续下降。今日之《红楼梦》是未完稿，比之断臂维纳斯有过之而无不及。脂评："书未成，芹为泪尽而逝，余尝哭芹，泪亦待尽。""读五件事未完，余不禁放声大哭。"

让我们在除夕夜想想曹雪芹吧，想想他那只握笔的满是冻疮的手。

鲁迅先生的八块银圆

鲁迅先生的幸福童年，《社戏》《从百草园到三味书屋》等文章中有生动的写照。绍兴是水乡，乌篷船摇来摇去，穿过一座座精致的小桥，荡起鉴湖的碧波。这地方古称越州、山阴，数千年人杰地灵。谢安、谢灵运、王羲之、陆游、周恩来……鲁迅纪念馆的杨春女士告诉我，绍兴的文物数量在全国的地级市中名列前茅，文保单位密集分布，地上地下古物丰富。河南的洛阳、陕西的咸阳也如是。

鲁迅本名周树人，有两个弟弟，周作人和周建人。母亲鲁瑞，先生的笔名取自母亲的姓。家里的保姆曰长妈妈，很亲切的称谓。长妈妈虽不识字，知道的乡俗民风却很多很多，比如人死了，要说人老了；不可从晾衣服的竿子下走过，那是要生病遭灾的；吃稀饭要搅，走滑路要跑……祖母、母亲、长妈妈温柔呵护着小鲁迅的生长。绍兴的乡下有个安桥村，村里有鲁迅的外婆家，他时常跟着母亲和长妈妈去，乌篷船摇啊摇，摇到有闰土哥的安桥，执钢叉的闰土哥月下追野物，矫健的身影跃过草垛，蹚过鱼虾成群的小溪。安桥村的小伙伴比野地的野物还多。

外婆老远看见了蹦蹦跳跳的乖孙子，笑眯了双眼，花白头发迎着田野上的熏风飘。

江南鱼米之乡，富庶而祥和。生活之意蕴温柔地覆盖着。

农耕文明的美丽画卷，持续一亿年不难。

历代大文豪多有早年丧父的经历。家道中落，催生了一颗颗敏感的心，又因为妇人们的呵护，比较仁慈，文豪而兼高官者，大抵正气充足，找不到一个邪恶之辈。我在写《品中国文人》的过程中，捕捉到了这一历史现象，再次求证于方家。

鲁迅十三岁那年，家里出了大事。在北京做官的祖父犯了科场案，锒铛入狱。家里的银子送出去疏通关节，以免老爷子秋后问斩。那一个套一个的关节却是无底洞。银子哗哗往外流，全家人每日惶恐不安。祖父栽了，父亲病了，小鲁迅开始奔药铺，跑当铺，瘦小的身子朝着高高的柜台，收下稀奇古怪的药方，承受当铺老板嘲弄的眼神。患水肿病的父亲终于不起，先生后来写道："父亲的死，使我想了很多事情。"

鲁迅的旧学功底扎实，家学开列的书单出自祖父的手。家学渊源，源自中国千百年的"耕读传家"，今日已难以为继，一切都快餐化了，文化断裂、生活断层，希望以后会好起来……鲁迅先生启蒙早，既有先天的灵性，又有后天的勤奋。汉语艺术"润物细无声"，层层包裹敏感的心，蓄势待发，伺机破土。

阳光少年遭遇了阴暗而漫长的日子，倔强的性格再三反弹。先生初名樟寿，字豫山（后改字豫才），百草园嬉戏的小伙伴就叫他"雨伞"，三味书屋的学生也这样叫。下雨天一片雨伞，叫绰号的人更多，向空中抛雨伞，一张张小脸笑得不怀好意。豫山同学怒目而视，不大管用，他跟人打架，头发一根根立起来。

周豫山辍学了，自尊心受到同学的刺激，因而自尊更甚，不去三味书屋旁听。脾气也大了，弟弟周作人贪玩风筝，他一脚把风筝踩烂，后来为此歉疚了许多年。凡此种种，不一而足，倔强的性格渐渐成形，意绪曲折反复，赢得了内心纵深。

古今中外的人杰，早年的内心纵深是个重要指标，也许是首要指标。意志力遭遇了障碍才得以强化，感觉的触角因刺激而伸向四面八方——叔本华的一本书《作为意志和表象的世界》中有论述。而电脑前成长的一代，数以千万计的嗜网成瘾者，惰性滋生，自卑与自傲纠集，意志力的提升和感觉的细化双双被打了折扣，生命质量堪忧。

叶圣陶说："在同时代人中间，鲁迅先生的确比别人敏感，有许多事，别人才有一丁点儿朦胧的感觉，他已经想到了，并且想得比别人远。"

天才儿童，阳光少年，碰上了生存落差，鲁迅就开始成为鲁迅，恰似曹雪芹失掉荣华富贵之后开始成为曹雪芹。单纯无碍的阳光性格罕见杰出者。破败人家的子弟则通常有两极：要么破罐子破摔沦为泼皮流氓，要么强化意志勇于奋起。

鲁迅先生的十三岁，是个转折点。三味书屋的学业一度中断，母亲隐忍的种种悲哀掩饰不住。生存的落差在无穷的生活细节中显现，敏感的灵魂逐一接纳。有时候，抗拒那些颓败的生活细节，反而能接纳更多。

对中国的文化先贤来说，生存落差是常态。

鲁迅十八岁时离开绍兴去南京，念实用型学校，当时是被人瞧不上的。母亲只能给他八块银圆，沉甸甸揣进衣兜。四十岁的母亲头发已花白，家境困顿五年，母亲操碎了一颗心。鲁迅先生上路，默默记下了母亲的面容和叮嘱。先生的坚韧，覆之以母性的仁慈。此二者，向来是杰出人物不可或缺的特征。“无情未必真豪杰。”

鲁瑞于1943年谢世，享年八十六岁。《鲁迅书信集》中，写给母亲的信占去许多篇幅，叩问金安，恭敬之至，体贴日常生活，无微不至。母亲的长寿，首先是因为鲁迅先生的细心照料。先生至孝，却反感统治者别有用心大肆推广的《二十四孝图》……

鲁迅在南京念的是官费学校，待了四年，先念水师学堂，后转矿业学堂。爬桅杆，下矿井，鲁迅和其他学子一样肯吃苦耐劳，尽管他并不喜欢这两种职业：当水兵或是探矿师。脑子里转的事情多，思考型的青年面色沉静，就连身在二十丈的矿井深处也会凝神思索。周树人同学的各科成绩优秀。“上午‘声光化电’，下午‘子曰诗云’”，学校奇特的课程设置倒是利于文理双修。南京的冬天冷，零下十几度。八块银圆他省着用，舍不得多买一件冬衣。冬去冬又来，总是同一件旧棉袄，破了自己补。棉絮板结了，且不管它。父亲卧病的眼神，母亲飘在风中的几缕白头发，两个念书的弟弟，长妈妈，安桥头的外婆……家里的一切都被他搁在心中。鲁迅先生后来很欣赏中唐的李贺，李贺诗云：“己生须己养，荷担出门去。”大丈夫要有担当。这也是中国男人千百年的特色。

为了家，远离家。想想若干年来数以亿计的农民工吧。

鲁迅先生因为猛吃辣椒御寒，伤了胃，埋下了病根。银圆似乎永远花不完，绝不写信向家里要钱。刻苦学习，八块银圆将来要变成八百块，八千块，甚至更多。鲁迅受钱的压迫持续到东渡日本留学的七年，从十三岁算起，前后约十六年。先生的日记中有不少日常开支的明细账，钱的古字叫泉。然而先生的生命冲动始终弥漫着精神性。这有悖于缺啥想啥的常理。如果“泉”字在生活中放大，膨胀，占位，周树人就不会成为仙台的鲁迅。这个来自绍兴的知识青年，自我超越的能力是惊人的，后来，他又把矛头对准中国的智识阶级，戳穿五花八门的“精神胜利法”，描画“丧家的、资本家的乏走狗”……

鲁迅先生从来不小视钱，与戏台上羞羞答答不言利的书生迥异。从先秦到汉晋唐宋的文化先贤们，大抵能够直接面对金钱，然而，钱在生活中的大面积占位是不可思议的，连宋代的改革家王安石都不认可。反传统的鲁迅归属于这个传统，文化基因一目了然。鲁迅的反封建，乃是平衡封建权力运行的极端化。此一层极端重要。

瘦削的青年在南京捂紧银圆狂吃辣椒，目注严复翻译的《天演论》，思考物竞天择的进化论，面对柔弱的大众，胃火与热血一同燃烧。他在街上走，总是步履匆匆，拖在脑后的黑辫子要翘起来。反封建的大脑却要拖着一根封建“尾巴”，荒诞的感觉日趋强烈。清兵入关有规定：留头不留发，留发不留头。

救国。这理念渐渐成形，压倒了出人头地的求学初衷，或者说，二者合而为一。在饱受列强欺凌的世纪之交，中国的有志青年都想救国，实业救国，教育救国，黄金白银救国，坚船利炮救国，匕首刺杀救国……鲁迅作为优秀的官费生，被派到了日本东京的弘文会馆，上课不断移前席，总是听得聚精会神。他带头剪辫子，符号性的坚硬短发初亮相，全校哗然。他率先自由恋爱，尽管恋爱以失败告终。鲁迅的挚友许寿裳曾经撰文，说“寄意寒星荃不察”里的那个“荃”，实指某个女性，也许是个日本姑娘。求偶受阻，他精神高扬，升华而为“我以我血荐轩辕”的爱国情操。

弗洛伊德有个判断：艺术是欲望的升华。

鲁迅偏爱厨川白村宣扬艺术论的著作：《苦闷的象征》。

精神、身体、物质生活的三重苦闷，锤炼着周树人君。他去了仙台学医，师从博学而和蔼的藤野先生。学医救国也是郭沫若的选择，同时不乏对将来的生计的考虑。鲁迅痛恨庸医，对中医有偏见，后来挖苦医死他父亲的中医。他选择西医，正是由于他亲身经历的中医，可见亲身经历也会导致盲点，如鲁迅这样的视野广大者也未能免。

仙台待了一年半。周树人君的住所距仙台医学专科学校不远，邻近一所监狱。破屋破窗，破床破蚊帐，开头几天他夜夜打蚊子，用煤油灯的火苗烧蚊子；早晨起床，又拍得满手的蚊子血——都是周树人君的血。食物粗糙，难得打一回牙祭。深夜才回到破屋，躺到床上，听一大群蚊子在蚊帐之外的愤怒喧嚣，回忆藤野先生亲切的面容。

“扶桑正是秋光好，枫叶如丹照嫩寒。”

1931 年的鲁迅先生，回忆世纪之初在日本的留学生涯，调子是明朗的。

众所周知的是，在仙台的鲁迅受到日本人鄙视“支那人”的强刺激。一个“支那”学生，居然在骨学、神经学、血管学、解剖学、细菌学的课程上都取得好成绩，这可能吗？日本学生纷纷怀疑周树人考试作弊，有人写信质问他，要他忏悔。而电影屏幕上的中国人，个个膀大腰圆，一片神情麻木，赶着去看同胞被砍头，争相伸长鸭子般的颈项，挖鼻孔，挤眼睛，互相传递兴奋的表情……鲁迅心都紧了。民族的救亡，首先要救灵魂。满街的行尸走肉，“病死多少是不必以为不幸的”。他决定弃医从文。

1906 年，鲁迅到东京，师从章太炎先生。吃穿住虽简陋，但精气神十足。他“赴会馆，跑书店，往集会，听演讲”，在精通了日语之后，又如饥似渴地学俄语、德语，狂读西方人文经典。他办起了杂志，挑灯熬夜写文章。

精神界之斗士，全副武装初上阵，真金置入烈火。

鲁迅先生的绍兴五年、南京四年、日本七年，历经国内的困顿到国外的艰辛，却长成现代中国丰碑式的人物，这个现象要反复掂量。这表明了人的精神潜能之无限。鲁迅精神的饱满，大异寻常之辈。八块银圆的精神附加值无限。母亲苍凉的目光赋予了他起点。长达十六年的物质拮据，反而催生蓬勃向上、坚硬如钢的生命体，这说明什么呢？说明物质生活的重要性被大大夸张了。总有人在夸张。主要是西方人，强推资本逻辑、单纯瞄准利润的那些人。曾几何时，符号消费（概念消费）甚嚣尘上，一款坤包几十万元，一个女人恨不得拥有一千条品牌裙子……金钱的恶性占位让精神的轨迹变得虚无缥缈，让生活的完整性、生活之意蕴层受到严重威胁。而比人的贫乏、“生命的阴暗麇集”更可怕的，乃是土地的荒漠化。荒漠化一旦彻底形成，连“可怕”都无从谈起。

鲁迅吃得少想得多，住陋室拍蚊子，不改其志，活得异常充实。按一般逻辑，长达十六年的物质窘境，他应该反弹为追求骄奢淫逸，至少谋求衣食无忧。事实上恰恰相反。

看来，所谓的物质窘迫对人的精神考验是要打问号的。

回溯内部感觉才能够判断日常生活。分秒昂扬，何谈窘迫？物欲汹汹，遮蔽太多。那些一味追求现实的人，终于追到自己的眼皮子底下，追到牌桌上去，现实收缩为牌桌酒桌，生命中只剩下几场牌几瓶酒……笔者曾经探究“现实的位移”，即是此意。

颜回的“一箪食，一瓢饮，不改其乐”，真是令人神往啊。孔子最爱颜回，爱的理由充足。各国的孔子学院，应当把这一点设为重要课题。其中有华夏文明的核心价值：富贵不能淫，贫贱不能移。人杰之为人杰，先贤之为先贤，不因别的，只因他们比普通人释放了更多的精神潜能，生存少一些板结。鲁迅关注尼采讲的超人，而超人反指末人。

人的全面发展，今日是个难题。

鲁迅先生的八块银圆早用光了，但是母亲期待的眼神始终挥之不去。铜板一个个花出去，买书，买辣椒，买馒头……困顿的感觉一掠而过，迅速转化为精神力量，超越了沮丧，消灭了自怜。生存的向度决定了意识的向度。八块银圆符号化了，却是朝着生存的敞开，朝着本源意义上的自强不息。“心事浩茫连广宇”，与钱多钱少关系不大。毋宁说，活得越朴素，反而有利于感觉的丰富。鲁迅深知这一层。

为何深知？盖因文化的“固有之血脉”。

鲁迅的奋斗目标是成为个体。唯有坚实的个体方能洞察一盘散沙的民族，唯有觉醒的个体才能看见昏睡的庸众。他把中国诊断为“沙聚之邦”，热切希望“沙聚之邦”能“转为人国”。西方资本主义则把人钉死在单一的消费图景上，把人的可能性掏空，先把人变成吃光一切的蝗虫，然后掏空这个星球。思想家鲁迅两面作战。政治家孙中山则瞄准西方的贫富悬殊，在《三民主义与中国前途》中非常精当地指出：“文明有善果，也有恶果。……欧美各国，善果被富人享尽，贫民反食恶果，总由少数人把持文明幸福，故成此不平等的世界。”

20世纪初，年轻的鲁迅在东京发出追问：“事若尽于物质矣，而物质果足尽人生之本也耶？”这追问，比孙中山的发现更进了一步，返回了庄子：“物物，而不物于物。”

鲁迅亮出了他的战斗口号：“掊物质而张灵明，任个人而排众数。”

为此，先生奋斗了一生。

沙聚之邦如何转为人国呢？鲁迅在《文化偏至论》中给出了答案：“明哲之士，必洞达世界之大势，权衡较量，去其偏颇……外之既不后于世界之思潮，内之仍弗失固有之血脉，取今复古，别立新宗。人生意义，致之深邃，则国人之自觉至，个性张，沙聚之邦，由是转为人国。”著名的拿来主义发端于此。

又如何指认物欲的泛滥？鲁迅写道：“林林众生，物欲来蔽，社会憔悴，进步以停，于是一切诈伪罪恶……乘之而萌，使性灵之光，愈益就于黯淡。”

鲁迅是在旧学的功底中眺望新文化。华夏民族几千年的文明，向来对物欲高度警惕。神性、诗意、风俗、道德，融合而焕发性灵之光，平衡着物欲巨大的内驱力，抵御它，严防它恶性占位。

有趣的是，专注于精神价值的鲁迅先生，后来大把大把地挣钱，薪水、版税数额大，他半开玩笑地对朋友说：“母亲给我的八块银圆，翻了许多倍，很划算。”

他在厦门、广州当教授，在北京买房子，又迁到上海一住十年，居室明亮，食不厌精，坐小汽车看电影。有钱就花钱，一切自然得像花开水流，云飘云驻，没有一丝暴发户的痕迹。或者说，距离形形色色的暴发户十万八千里。

先生的吃穿住行，止于向好。每天抽四十支左右的劣质香烟，好烟是为朋友们备下的。书桌前没有沙发，因为身子舒适，大脑就趋于迷糊。他有保持体力劳动的习惯，例如砸煤、包书，常累得一身臭汗。夜里吃点饼干，常常一个人喝闷酒，守着伟大的思想家宿命般的孤独。战士的姿态始终不变，依然分秒必争，“要赶紧做”。

鲁迅先生为重建民族之魂耗尽了心血。先生的葬礼，是那一时期最为隆重的民间葬礼。先生的遗体上覆盖着三个大字：民族魂。

鲁迅二十几岁就锤炼为鲁迅，多少人仰之弥高。

毛泽东："自信人生二百年，会当水击三千里"

1918年，二十五岁的毛泽东在北京大学图书馆当助理管理员的时候，月薪八块银圆，多用来买书，吃穿简单。八块银圆不算少。北大教授杨昌济替毛泽东介绍了这份工作。图书馆的主任是李大钊，校长是蔡元培。《红星照耀中国》（曾译名《西行漫记》）中，记载了毛泽东在延安对斯诺的谈话："李大钊给了我图书助理员的工作，工资不低，每月有八块钱。我的职位低微，大家都不理我。我的工作中有一项是登记来图书馆读报的人的姓名，可是对他们大多数人来说，我这个人是不存在的。在那些来阅读的人当中，我认出了一些有名的新文化运动头面人物的名字，如傅斯年、罗家伦等等，我对他们极有兴趣。我打算去和他们攀谈政治和文化问题，可是他们都是些大忙人，没有时间听一个图书馆助理员说南方话。但是我并不灰心。我参加了哲学会和新闻学会，为的是能够在北大旁听。"

此间的毛泽东，时常向李大钊请教，又邀请蔡元培、陶孟和、胡适之分别在北大文科大楼谈话，主要谈论学术和人生问题。

毛泽东的求知欲和阅读量是惊人的，此前在长沙的几年也如此，并且踊跃参加各种社会活动，主编《湘江评论》，写文章抨击时弊。大脑的高速运转有强健的身体作支撑。笔者拜读多卷《毛泽东年谱》，每每掩卷而叹。自少年时代起，毛泽东珍惜着每一天的分分秒秒。

"文明其精神，野蛮其体魄"，青年毛泽东高度赞同的这句话，盛传至今。

毛泽东的家境比较富裕，小名石三伢子，九岁起读私塾，先读《三字经》，后读《幼学琼林》《论语》《孟子》《中庸》《大学》。毛泽东记忆力强，悟性高，能够口诵心解。他白天参加一些田间劳动，夜里帮父亲记账。他在十岁那一年逃过学，跑出家门躲了三天。十三岁时，他开始读《精忠传》《水浒传》《三国演义》等，并练习书法。毛泽东早年的书法有扎实的楷书功底。十八岁他到长沙，考入湘乡驻省中学堂。这是 1911 年，毛泽东在同学当中率先剪掉了辫子。辛亥革命爆发，清王朝即将垮掉。同年 10 月底，毛泽东投笔从戎，当了驻长沙起义新军的一名列兵，接受了一系列严格的军事训练，摸爬滚打不落人后。他每月的饷银大都用来买书报，贪读不厌。次年他退出军队，继续求学，在专业的选择上举棋不定，先后报考过警察学堂、肥皂制造学校、法政学堂等，均不满意，最后以第一名的成绩考入湖南全省高等中学校。他读孟德斯鸠的《论法的精神》(又译《法意》)，读卢梭的《社会契约论》(又译《民约论》)，读赫胥黎的《天演论》和亚当·斯密的《国富论》(又译《原富》)。他头一次发现了一张世界地图，引起极大的兴趣，反复细看。

十九岁的毛泽东看世界地图，他心里想些什么呢?

1913 年，二十岁的毛泽东考入湖南省立第四师范学校预科，一年后，这所学校并入湖南省立第一师范学校（以下简称湖南一师）。校园生活紧张而活泼。高大英俊的毛润之活跃在运动场，待在教室和图书馆又安安静静，脱颖而出成为学生领袖。一师的校长张干，滥收学生的十元杂费，毛泽东发起了驱逐张干的学潮，迫使其辞职。

1950 年，毛泽东在与徐特立、谢觉哉等人的谈话中说："张干这个人，很有能力，很会讲话，三十几岁就当第一师范校长，不简单。原来我不高兴他，我估计他一定要向上爬的。他要爬上去是容易的，结果没有。解放前吃粉笔灰，解放后还吃粉笔灰，难能可贵。"毛泽东把张干请到中南海做客，设宴款待，并恭请张干坐了首席。1950 年和 1963 年，张干分别两次收到毛泽东的亲笔信……

1915 年 9 月，毛泽东以"二十八画生"之名向长沙各校发征友启事，希望结交能刻苦学习、意志坚定、随时准备为国捐躯的青年，并以此名作演讲，写文章。六年后的 7 月，二十八岁的毛泽东出席在上海举行的"中共一大"，十二位代表的平均年龄为二十八岁。又过了二十八年，毛泽东作为中华人民共和国的开国领袖进入北京。

围绕毛泽东的一生的确有一些神秘数字和现象。据 2014 年出版的《指点江山——毛泽东诗词故事》记载，清代乾隆年间的举人戴炯，在《中湘韶山毛氏二修族谱》中有个惊人预见："湘之西有韶山，山峻以复，泉洁以长，茂林修竹，云气往来，中可烟火百家，田畴沃壤……夫山水秀绝，必生奇才。韶山虽不在中州往来之地，赋客骚人所不到，必将有秉山川之秀、追踪古先生其人者，为国之华，为邦之望，使人与地俱传。"

人杰地灵，于此为甚。

1917 年，毛泽东在《新青年》发表《体育之研究》，提出学生当以德、智、体三育并重，批评学校课程繁多又不重视体育："吾国学制，课程密如牛毛，虽成年之人，顽强之身，犹莫能举，况未成年者乎？况弱者乎？"

我小的时候，书包是很轻的，上学放学的路上总是玩儿着走。中小学生的体育锻炼非常普遍。无论是球类运动还是田径运动，人人踊跃争当好手。男孩儿下河游泳，个个是浪里白条。当时盛行的游泳花样有十几种。八九岁的小学生在大岷江里扑腾，破浪千余米，寻常得很。

而当下的孩子们书包之沉重，令人揪心。我曾在公交车上问过一个念初一的学生，他的书包重达二十七斤，并说班上有三十多斤重的。可怕。年年减负，年年重负。非要学那么多所谓的知识吗？起早贪黑学来的东西，大部分却注定要被忘掉。人生最最宝贵的童年少年，被密如牛毛的课程霸占了。在莫名的力量催逼之下，稚嫩的生命被算计，被切割，儿童活蹦乱跳的本真状态受到几股大力的挤压：待在水泥笼子里；走在机动车之间——出家门、校门就失掉安全感；远离自然的丰富；容易陷入网瘾；书包年年重如山，背也难不背更难……

二十四岁的毛泽东在《体育之研究》中指出，生而强者，如果"滥用其强，不戒于种种嗜欲，以渐戕贼其身"，终会由强转为弱；而弱者，如果"深戒嗜欲"，"勤自锻炼"，久而久之也会变为强者。这与后来的"星星之火，可以燎原"的论断是一致的，发展而为一系列杰出的政治和军事思想。后来极而言之：你打你的原子弹，我打我的手榴弹。

先哲有云："物极必反，否极泰来。"

毛泽东知行合一，说到就要做到。而在做的过程中往往会领悟更多，知与行良性互动。毛泽东读了那么多书，却深知"尽信书，不如无书"，远离了本本主义。实践，认识，再实践，再认识，以至于无穷。

1917 年夏，毛泽东和同学萧子升漫游长沙、宁乡、安化、益阳、沅江五县，历时一个月，行程九百余里，不带一个铜板，沿途写对联送人以解决食宿，所到之处，受到农民的欢迎。他们饱览自然风光，了解当地的风土人情和社会各阶层。次年春，毛泽东复与蔡和森沿洞庭湖东岸及南岸，经湘阴、岳阳、平江、浏阳，游历半个多月，了解社会情况，读“无字书”，详谈组建后来影响很大的新民学会。

古人推崇“读万卷书行万里路”的游历方式，从春秋战国就开始了。步步丈量大好河山，寸寸贴近山水自然，活得天宽地阔，人对春夏秋冬、草木鱼虫、奇风异俗的感受，也会变得细腻而丰富。十里不同俗，隔山不同音。新奇的东西纷至沓来。太阳每天都是新的。车行，舟行，马行，步行，速度之慢与感受之细成正比。现在坐飞机坐高铁方便了，速度上升数十倍，感受的差异性却在下降，支撑感觉的亿万体细胞撑不圆满。现代人难以摆脱的无聊，盖由于感觉层面的贫乏。目的性太强，兴奋点推高，功利心太甚，势必封杀感觉，将能够生长百草千树的沃土，变成植物单一的盐碱地。大学校园，满是暮气沉沉的青春面孔。要重返朝气蓬勃的质朴状态，真是举步维艰。

感觉丰富了，人才会持续兴奋。生命的饱满度大于生命的长度。生命既有饱满度又有长度，当然更好，比如老子、庄子、孔子和毛泽东。

青年毛泽东在长沙日复一日地锤炼着，他相信“身心可以并完”，这与孟子讲的“吾善养吾浩然之气”完全相通。毛泽东的成长是本土性的，他守护着中华文明的核心价值，剔除了文明进程中有害的东西。在湖南一师，他的历史观、道德观、教育观、体育观、妇女观逐步成形。哲学为其提供了广阔的视野，使其修身抵达了很高的境界。时代风云际会，人生步步紧凑，“一万年太久，只争朝夕”。毛泽东起于青少年时期的巨大的生命张力，确实令人叹为观止。质朴的、生机勃勃的状态始终如一。1917 年 9 月 16 日，他与同学张昆弟游览湘潭昭山，夜宿昭山寺，在交谈中讲了一段话：“西人物质文明极盛，遂为衣食住三者所拘，徒供肉欲之发达已耳。若人生仅此衣食住三者而已足，则人生太无价值。”这与世纪之初鲁迅在东京讲的“掊物质而张灵明”如出一辙。毛泽东对张昆弟说：“人之心力与体力合行一事，事未有难成者。”张昆弟对毛泽东的“心力说”极为钦佩。

湖南一师开展德、智、体优秀学生的“人物互选”活动，考察六个项目：

敦品（敦廉耻，尚节气，慎交游，屏外诱），自治（守秩序，重礼节，慎言笑），胆识（冒险进取，警备非常），文学（长于国文辞章），才具（应变有方，办事精细），言语（长于演讲，论辩应对）。毛泽东的言语、敦品在全校得票第一，其中胆识一项的得票为他所独有。

胆与识是有内在联系的，有胆才有识。敢为天下先，才会有先天下之智。懦弱之辈不可能洞察时代的脉动。

“自信人生二百年，会当水击三千里。”几十年以后，七十三岁高龄的毛泽东还畅游了武汉长江，拍浪数十里。

1921年，毛泽东在《新民学会会务报告》中说：“‘如何使个人及全人类的生活向上’，乃是一个迫待讨论的问题。”生活向上，力争身心并完，严防物欲拖着肉身下沉。

《毛泽东年谱》记载：“毛泽东在湖南一师期间，十分重视体育锻炼，依季节的变化，进行冷水浴、日光浴、风浴、雨浴、游泳、爬山、露宿、长途步行和体操、拳术等各种体育活动。他认为这些方法，既锻炼身体，也锻炼意志。他曾在日记本上写道：与天奋斗，其乐无穷！与地奋斗，其乐无穷！与人奋斗，其乐无穷！”

身心并重，有字书和无字书并读，小我与大我并进，古之大贤亦如是。

1925年秋，三十二岁的毛泽东写下雄视百代的豪放长调《沁园春·长沙》：“独立寒秋，湘江北去，橘子洲头。看万山红遍，层林尽染；漫江碧透，百舸争流。鹰击长空，鱼翔浅底，万类霜天竞自由。怅寥廓，问苍茫大地，谁主沉浮？　　携来百侣曾游，忆往昔峥嵘岁月稠。恰同学少年，风华正茂；书生意气，挥斥方遒。指点江山，激扬文字，粪土当年万户侯。曾记否，到中流击水，浪遏飞舟？”

“峥嵘岁月稠”，恰似毛泽东一生写照。

今日中国的青年学子们，都能背诵这首词才好。

1958年，毛泽东曾在文物出版社刊印的《毛主席诗词十九首》书眉上作批注：“击水：游泳。那时初学，盛夏水涨，几死者数。一群人终于坚持，直到隆冬，犹在江中。当时有一篇诗，都忘记了，只记得两句：自信人生二百年，会当水击三千里。”

卷二

食

民以食为天。华夏民族的食物精细化足以上溯到几千年前，食材何止万种，烹调技术无限多。中国人味蕾之发达称冠全球，未来也不可能受挑战。

古今优秀人物中，不乏饮食文化的推动者，他们享受美食又创造美食。他们另一个共同的特征是主张节俭，严防奢靡，呵护大地的生长力。

孔子：“食不厌精，脍不厌细”

中国人的衣住行，受西方影响大，衣和行受益较多，而互相分隔的居住方式利弊参半：保障了私密空间，妨碍了交往空间——邻居这个词，大抵已经死掉，彼此之间老死不相往来的格局，恐怕未来数十年难以改观——但愿不要更糟糕。好在最为重要的食，受国外影响最小。这使本土性的生活方式尚能持续。我的一些移居国外的朋友，都抱怨那些汉堡包三明治之类，日复一日吃得吐清口水。他们回国的第一件大事就是要吃个痛快。到四川来吃地道的川菜，回锅肉、鱼香肉丝、宫保鸡丁、东坡鱼、东坡肘子、东坡扣肉……文雅的吃相也顾不得了，筷子夹不停，吃得日长三斤，说是回美国、加拿大、澳大利亚，再吐清口水减肥。

农耕文明七八千年，中国人把吃的艺术发挥到极致。八大菜系，各因地域、风俗的差异而缓慢形成，食材何止万种，烹饪的方法无穷无尽。饕餮是神话传说中的贪吃之兽，“好吃嘴”（眉山土话）苏东坡自号“老饕”，一生踏遍半个中国，吃遍了大江南北。

“厨师”一词，古已有之，尊称的意味明显，与百工区别开来。

“食不厌精，脍不厌细。”《论语》中讲孔圣人饮食习惯的这句话，影响甚巨，为千百年的食物精细化推波助澜。中国人味蕾之发达，肯定是全球之最。西洋人哪能分辨五花八门的肉丝、肉片、肉丸子。如同汉字之状物、会意、象形，传神、精妙到毫厘，同样独步世界。语言的分化与食物的细化显然具有同构关系。

这种同构关系尚待深入考察，本文聊备一说。

“语言是存在的家。”华夏民族首先栖身于汉语，汉语巨大的凝聚力始终维系着大一统的总方向，百折不回。其次便是吃。有此二者，中国人将永远是骄傲的中国人。

孔夫子的开源功劳甚大，《论语》的一些话，常见注家们相反的解释，镶入不同的生活传承。“食不厌精，脍不厌细”也属于此类。有儒者认为，这句话恰恰表明孔子的日常饮食不讲精细。李泽厚教授的《论语今读》两说皆备，不过，译成白话文，他倾向于前者：“饮食不嫌精，鱼肉不嫌切得细。”接下来还有李译的一大段话：“饭菜馊了，不吃。鱼肉腐烂了，不吃。变了颜色，不吃。发臭，不吃。没煮熟，不吃。季节未到，不吃。杀牲不对路，不吃。没有合适的调料，不吃。肉虽然多，不超过饭菜。酒虽然不限量，但不喝醉。过夜的酒，街上卖的肉，不吃。不离开吃姜，但不多吃。参加公家的祭祀，祭肉不留到第二天……吃饭时不交谈，睡觉时不讲话……座席摆得不正，不坐。”

所谓“经礼三百，曲礼三千”，于日常生活有各类详细规定。孔子在礼崩乐坏的春秋末期想要重建秩序，梦见周公，“克己复礼”，不避烦琐。也许含有极端针对极端的意思，纠偏之后，再来纠正自身的偏颇。

孔子在鲁国做过几年官，大多数时候以教学为业，收取学生的十条干肉，也收大雁和野鸡。年逾半百之后，有十四年的光景，他带着弟子们周游列国，颠簸于道路，有时被尊为上宾，有时活像一只丧家犬。吃粗食也讲究礼数，饿肚子照样气定神闲，琴音丝毫不乱——儒家创始人的风度倾倒后人。曲阜的孔家有大银杏，传说孔子曾在此设杏坛讲学，弟子三千，贤士七十二。每年收到的“束脩”吃不完。秋冬之交，银杏树黄叶儿飞飘，白果照眼。白果是上等食材，炖母鸡味道鲜美。四川有句俗语：“白果炖母鸡，吃得笑嘻嘻。”

孔子打猎，钓鱼，射鸟，“钓而不纲，弋不射宿”，即不用渔网捕鱼，不射归巢鸟。家里常有的肉食当有多种，搁在橱柜里发臭了，于是要倒掉，不会送给穷家弟子。“己所不欲，勿施于人。”孔子是出了名的长人，胃口较大，由于大脑不停地运转，吃肉也多。鲁国的另一个长人阳虎送孔子一头蒸小猪，看来阳虎知道孔子偏爱蒸熟的乳猪。半肥瘦的猪肉补脑，据说这也是毛泽东爱吃红烧肉的原因。苏东坡在湖北黄州（今黄冈市黄州区）发明的“东坡肉”“东坡肘子”，肥而不腻，极爽口，如今是北京“眉州东坡酒楼”的两道招牌菜。中国的各类先贤，尤其是文化先贤，他们脑细胞的活跃度高，估计肉食者多，肉食量偏大。这与眼下餐桌上丰盛的“饲料肉”是两码事。

孔子给饮食定下烦琐的规矩，把生霉的食物倒掉，前提是吃物丰富。倒掉的食物用以喂猪，喂鸡鸭鹅，腐肉变新肉，良性循环。弟子们代劳，老师不用亲自动手。弟子问以农事，老师就说，“吾不如老农”“吾不如老圃”。躬耕的隐士们嘲笑孔夫子四体不勤、五谷不分，夫子不生气，站在田边含笑赞许。“六十而耳顺。”

老师“食不厌精”，弟子们自然追随，这些弟子到各诸侯国去做官，又加以发扬光大，吃东西慢条斯理。颜回穷，偶尔吃一回肉，也要把肉切细，把调味酱弄得可口，把食器摆正。实在馋慌了，这位弟子拿着弹弓去射鸟，燃起野火烤来吃，吃相文雅，不疾不徐，唇齿余香三日不散。善于经商的子贡有钱，吃得讲究，他招待同窗们，大家用餐时不说话，但闻筷子碰食器和牙齿咀嚼的声音。子路皱着眉头吞美味，因为他老想开口谈感想，却要遵守“食不言，寝不语”的师训。宰予瞌睡多，吃着吃着睡着了……

到了收获白果的时节，白果炖母鸡的香味儿会飘到原野上。圣人喝点酒，一般止于微醺，于是三千弟子均无酗酒者。后世的儒者尊崇先师孔子，饮酒限量，个性张扬的艺术家们大抵例外。李泽厚说中国的酒徒少，并无西方人推崇的酒神精神，颇有见地。中国的民间饮者众，酿酒的高手遍布城镇与乡村，酒鬼却有限。儒家提倡谦谦君子的温文尔雅。诗人、艺术家往往反其道而行之，剧饮，豪饮，狂饮，这股力量在一定程度上平衡了士大夫的中规中矩，注入宝贵的男儿血性、大丈夫野性。

烤、蒸、炒、煎、烩、焖、炖、烧、煮、炸……自夏、商、周三代以降，各类烹调法早已分得很细，培养着中国人的精致味蕾。虽然远古的情形难以考证，但可以展开合理想象。而孔子那个年代，美食及相应的青铜食器已广泛流行。

孔子修订的《礼记》有云：凡宴席礼仪，带骨的熟肉放左边，切好的块肉置右边；饭食要放在客人左面，汤置于右；肉丝、烤肉靠外放，酱醋靠里放；姜葱搁于酱醋旁，酒浆等饮料放右边……主人带头并招呼客人吃块状肉，然后逐一吃掉各种肉。主人未放下筷子，客人不能以酒漱口……不要将骨头扔给狗吃，不要专吃一种肉……卤肉可以用牙齿咬断，干肉则须撕开，吃烤肉不要大块大块地往嘴里塞……

后来水泊梁山的英雄好汉们大块吃肉，是专与官府的饮食习惯作对。

几千年前的中华民族孜孜以求美食，今之西洋人依然瞠乎其后。

“舌尖上的中国”美则美矣，爽则爽矣，这些年来却造成惊人的“舌尖上的浪费”。中华民族勤俭节约的传统，大量的食客早已忘得精光，倒掉的食物足以堆成一座珠穆朗玛峰。近年来官员的奢靡之风收敛，官风焕然一新。民间随处可见的浪费却有衍成恶俗的趋势，名目繁多的乡村宴饮，餐桌上的肉盘子不堆几层不罢休。家家户户拼上了，借钱也要大吃大喝。城市的奢靡带动乡村，一支支专业的烹调队伍游说八方，怂恿乡民搞排场。

一斤肉通常由五斤粮食转化而成，舌尖的奢侈，年复一年地消耗着大地的生长力。化肥的连续性追加使用，农药、除草剂、抗生素、催长素、膨大素、谷物干燥剂，乃至各种药品……比比皆是。

“化工农业”一词应时而生，令人一见心惊肉跳。

一切都将要指向大地最后的承受力了吗？但愿我们是杞人忧天。多年前，中科院的老院士在央视二频道喟叹：“长江流域的水产资源只有（20 世纪）50 年代初的千分之一。”

苏东坡曾言：“良农惜地力。”

毛泽东教导我们：“贪污和浪费是极大的犯罪。”

我们这代人的青少年时期，以及我们熟悉的父辈祖辈，勤俭节约是不须夸耀的美德，流布于空气中。现在“节约”二字，几羞于启齿。与之相呼应的一系列传统美德，像西部冰川一样不断退缩（有中科院 2014 年提供的数据为证）。物的贪欲如同诡异的气温年年上升，浪费花样层出不穷。古代的浪费是极少数人的专利，现代的奢侈却是万千人众的追求。

消耗大地的狂潮若不加以遏止，那后果，恐怕谁也不愿意看到。

《舌尖上的中国》这一类注重追求收视率的电视节目，负面效应真是不小。吃，吃，吃……“吃货”一词，多地流行，互联网盛传。某些汹汹吃货们，不以为耻，反以为荣。

蝗虫飞呀飞，飞来就落定，落定一切都吃光，然后转移新地方。

很多疾病都是吃出来的。坊间有一句可供参考的流行语：“吃得好，死得早。”

如果孔夫子看见时下的婚宴、丧宴、寿宴、红蛋宴、谢师宴、坝坝宴、动土宴、乔迁宴、升迁宴、接风宴、祭祖宴、农村添新物的“火炮子宴”（极端者，买一把扫帚也要放鞭炮摆酒席）……那堆积如山的八大盘加十大碗，那倒掉的食物再起一座大山，他老人家将做何感想？文质彬彬的中庸圣人定会出离愤怒，瞪眼欲裂，作狮子吼。

魏武帝曹操："食不过一肉，衣不用锦绣"

曹操字孟德，小名阿瞒，生于东汉末年的官宦人家，自幼锦衣玉食，心里却有浓重的阴影——他祖父曹腾（曹嵩的养父），是个人所不齿的大太监。曹操小时候常被人骂为"阉人遗丑"。父亲曹嵩长年在外地做官，曹阿瞒受父亲的拘束少，于是胆大妄为，呼朋引类，飞鹰走狗，类似汉高帝刘邦早年的光景。少年曹操结交世家子弟，如袁绍、袁术等，同时领导一群乡里泼皮，谯城（今安徽亳州）二杆子——滑如泥鳅的二杆子们并不好弄。曹操驾驭泼皮恶棍二杆子，为日后驾驭文武百官打下了某些基础。而这个基础，学者们未能加以深思，虽然一千七百多年来评论曹操的人数不清。

精英曹操与泼皮阿瞒是同一个人。这个人读过很多书，在兵法、诗赋、音乐、书法、围棋等多方面具有良好的素养，却又伙同袁绍夜劫漂亮新娘，"抽刃劫新妇"，大闹乡村婚礼，扛了新娘子夜奔，好色面孔初亮相；据说他十岁时扑入谯水，与大鳄鱼奋战；十五岁，刺杀恶迹斑斑的太监张让，像他后来刺杀董卓的预演……曹操是九张脸的曹操，正邪参半的曹操，立志要叱咤风云的曹操，不怕辜负天下人的曹操。这个"姿貌短小"的男人嗜书如命，古琴艺能出众，志存高远，气吞万里如虎，同时偷鸡摸狗，打架寻衅，游荡百里。曹操自身的混乱，与即将来临的汉末乱局高度合拍。唯有这种合拍，方能朝着治世的方向做出有效的努力。所谓乱世枭雄，当具备洞察乱世、参与乱象乃至制造乱象的本事。

如果曹操不混乱，人格不分裂，就很难旋入历史舞台的中心。

汉末皇室衰微，皇权悬空导致四方英雄豪杰竞起，各类人物个性疯狂张扬。魏晋风度催生了标志性的"建安七子""竹林七贤"，对此，学者们至今还津津乐道，并且估计在以后相当长的时期内依旧乐于回首。然而人的个性的伸张多因乱世，这里有华夏文明的特殊性。

秦末、汉末、魏末、晋末、隋末、唐末、北宋末……均现“人的自觉”，成千上万的士子个性张扬了，豪雄并起了，天下却生灵涂炭。

从民族的大局考虑，中央集权是有效的。从这个角度看，曹操一统天下的雄心值得称道。曹操晚年说：“设使国家无有孤，不知当几人称帝，几人称王。”

今之学者教授，应当具备历史大视野，不必纠缠于个性解放、自由主义之类。个人的自由是小自由，若自由过度了，丑态百出，危害甚广。尤其是在无根性生存大量复制的当下，近现代的西方大哲、大作家、艺术巨匠，大多数是批判西方的。批判，乃是否定性的批判。

谯城的二杆子都是吃货，屁颠屁颠地跟随着他们的阿瞒哥，“捉手请交”，“争拜马蹄”，吃香的喝辣的，追逐俏村姑，仿效“劫新妇”。曹操率领这些人闹够了，想闭门读书、沐浴弹琴了，撵得那些吃货鸡飞狗跳。第二天，吃货们嬉皮笑脸地又来，苍蝇蚊子臭虫般趋奔腥味儿。曹操奈何不得，只好吩咐下人杀鸡或宰鹅。但有个规矩，一次只捕杀一种家禽或家畜。这规矩，二杆子们嘻嘻哈哈又传开去，说是阿瞒哥定下的。

希望成为“治世之能臣”的青年曹阿瞒，跟二杆子绝交是不可能的，他自己就是痞子头。精英气不避痞子气，并且吸纳痞子气，曹操开了先河。养气也包括养邪气，把“亚圣”孟子“养浩然之气”的训诫撇到一边去。此间显现了曹操式的生存直觉。海德格尔尝言：“善是恶的善。”反之亦然。学富五车不足以霸占曹操，霸占是说——故纸堆弄出个冬烘学究来；琴、棋、书、猎的倾情投入也不能霸占他；二杆子吃货更不能左右他的生存向度。

在自卑与超越的复杂过程中，曹阿瞒慢慢成长为曹操。

曹氏家族有的是钱。曹操的父亲曹嵩，买大官花过一亿钱。

阿瞒哥喜欢喝酒，“何以解忧？唯有杜康”。

他好学，好酒，好色，熬到二十多岁终于结婚了，娶妻丁氏，无子。复娶刘氏，生子曹昂。再纳卞氏为妾，生子曹丕、曹植，一个文学家“生”了两个文学家。后来妻妾的队伍日益壮大，十几个老婆忙着为他生儿子，生女儿的老婆无计，这还不包括他在民间的偷香猎艳。他穿梭于各房，将御女术和统治艺术结合起来，后者发端于当年做痞子头的不乏美好的时光。他会怀念那些鸡鸣狗盗的家伙，而为了政治名声，为了凸显九张脸中的某一张脸，他又必须远离他们……

领导泼皮队伍，驾驭老婆队伍，曹孟德游刃有余。何以如此？盖因他行事的风格大刀阔斧，且能把握分寸。历代人杰鲜有例外。曹操三十岁做了济南国的国相，济南所属十县，他一口气撤掉了八个县令，因为这些县令上通朝廷的太监，下连地方豪强，长期鱼肉百姓，生活奢靡无度，“奢侈日甚，民坐贫穷”。他又大刀阔斧禁淫祀。济南国曾是西汉城阳王刘章的封地，刘章死后三百余年，祭祀他的庙宇竟有六百多座，每年的祭祀活动要耗费大量的祭肉，各级官员“烹杀讴歌”，坐拥牛羊肉山，数月吃不完。商人从中捞钱，小民因之而赋税沉重。曹国相一声令下，六百座庙宇消失了，庶民欣欣然奔走相告，分祭肉捧回家。撤县令，拆祭庙，薄赋税，分祭肉……前后不过半年时间，曹操触动了大面积的官商利益，摸了几十只老虎屁股，名播长安、洛阳。

由于担心报复，眼观六路的曹操称病回了老家，做了一名隐士，《让县自明本志令》自序曰：“于谯东五十里筑精舍，欲秋夏读书，冬春狩猎。”

历朝历代，一旦出现大面积的官商勾结，利益固化，必然导致民怨沸腾。

志在天下的曹操必须向利益集团发起进攻。他隐居谯城的远郊，是为了赢得更大的名声，伺机重出江湖。隐士，“岩穴之士”，隐入山林越深，“显”的空间越大。三国时代的高人们玩这一手颇厉害，诸葛亮、庞士元堪称典范。卧龙凤雏，名垂天下。这个话题后文详谈。

曹操自幼意志力强，少年任侠放荡，十处敲锣他九处在。弱冠之年（二十岁）不治产业，“故世人未之奇也”——没人拿他当回事。加上在贵族交游圈中挥之不去的自卑心理，他特别渴望别人拿他当回事。二十岁“举孝廉”踏上仕途后，从议郎（学者的官职）、县令到济南国相，他专干轰动性的大事。干完了大事做隐士，他“以泥水自蔽”，出则纵马打猎，弯弓射狐兔，入则醇酒妇人，优哉游哉。

曹嵩敢花一亿钱买下太尉一职，招来朝野舆论的攻击，可见曹操的胆量有遗传基因的缘故。他的直觉强于父亲，胆量上升为胆识。乡野莽汉有胆量，形成胆识却不易。曹孟德有文化。多方面的文化修养倒是强化了他的野性，也让他划出了理性的边界。这个人很牛的，小时候霸气十足，大了求贤若渴，于是他像一块吸引力超强的大磁铁。

隐居谯东精舍的日子，曹操已是妻妾成群。她们姿貌各异，身心需求不同，既考验他的体魄，又检验他在二杆子中间悟出的平衡术。曹孟德触类旁通，优游于各房，恩威并施，一般不发脾气，偶尔大发脾气。后庭花姹紫嫣红，她们争奇斗艳，却大抵相安无事，纵有吵吵嚷嚷，不会传到户外去。

有能力打天下、治天下的曹操，此间治理妇人们，可谓得心应手。

丁氏爱吃鸡，刘氏喜鹅肉，卞氏每饭吃三种以上的肉，包括熊掌，杜夫人偏爱炙烤的野味，曹操本人常吃火性大的鹿茸鹿血。众口难调，如何是好？

曹操有办法。妻妾们聚餐时，他吩咐先上羹汤喝个半饱，然后再上肉食与美酒，由每饭三肉减为二肉。后来又减为一肉，节庆日增一肉，这在魏国都城许昌的贵族妇人中间流行开来，俨然新生活运动，节日宴饮叫作“啖二肉”。有些女吃货盼二肉、想二肉口水直流，却并不敢悄悄弄二肉，坏了曹丞相定下的规矩。“吃货”一词，通常是个中性词。

卞氏可以例外，一饭三肉改为日食三肉，因为她生下了三个不同凡响的儿子……

谯东吃饭肉少菜多，羹汤鲜美，酒歌飞扬。曹操痛饮杜康酒，月夜舞于庭，演唱自己的第一篇佳作《对酒》：“对酒歌，太平时，吏不呼门。王者贤且明，宰相股肱皆忠良。咸礼让，民无所争讼。三年耕有九年储，仓谷满盈。斑白不负载……爵公侯伯子男，咸爱其民……犯礼法，轻重随其刑。路无拾遗之私。囹圄空虚，冬节不断。人耄耋，皆得以寿终。恩德广及草木昆虫。”冬节不断，指冬至后不判死刑。汉代刑律如此。

青年曹操显然是个政治理想主义者，追求仓谷满盈，路不拾遗，官民同乐，老少皆欢。

曹操的诗歌，女眷们孩儿们都能听懂。他喜欢的汉乐府民歌，古诗几十首，妻妾们争诵。“孔雀东南飞，五里一徘徊……”曹操抚弄古琴，杜夫人弹琵琶，丁氏、刘氏兴来翩翩起舞。年幼的孩子们嬉戏于回廊庭树。

食案旁说故事，言笑自若。曹操肚子里的故事跟他浓密的胡须一样多。妇孺们听得津津有味，几十双筷子停在空中。孟德幽默时，可令“一桌喷饭”，小孩儿拿筷子迭敲杯盘。

吃东西的精神附加值高，我们小的时候有深刻的体验、美好的记忆。端着饭碗走东家窜西家，一起吃，豆瓣和饭也香喷喷，遑论猪油盐巴炒饭。个个吃得包嘴儿包嘴儿（眉山土话，类似狼吞虎咽）。想肉、盼肉、说肉，遥思过年才有的九大碗，腊肉、香肠、枕头粑、醪糟蛋……于是才有严格意义上的大快朵颐。活在期待中的人面目生动，俗话叫作有盼头。平日里挑食的孩子也不少，譬如我自己，一直不吃肥肉，一丁点儿都不行。家里六口人，父母的工资合起来只有七十多元，尚须供养永寿镇上的老家婆（姥姥）。好在市场上的鱼虾和黄鳝价格便宜，也不用肉票。四川人通常不吃泥鳅……

吃的精神附加值非常、非常重要，以免人们沦为饭桶。法国人在家里吃大餐，往往可以吃上七八个钟头，席间热烈谈论各种各样的话题，艺术、哲学、政治，俨然以话下酒。

德意志民族至今保持休耕的传统。俄罗斯、美国都是农业出口大国。而英国，几十年来的食物浪费惊人，尽管这个星球上有数以十亿计的人吃不饱……

中国的古代严防浪费型的吃货疯长，酒池肉林、酒囊饭袋、饭桶、行尸走肉一类的词流传了千百年。老子《道德经》云：“五色令人目盲，五音令人耳聋，五味令人口爽。”

毋庸讳言，今日之酒囊饭袋真多。

平心而论，一顿家常饭专心吃一肉，至多二三肉，荤素搭配，更能享受肉的美味。若有四肉五肉，乃至七肉八肉，肉的味道就互相抵消了，味蕾会陷入一片混乱。且不谈饲料肉、激素肉的问题，为什么八肉九肉十几肉，俨成若干年来一些城市和乡村之恶俗？

曹丞相尚且“饭不过一肉，衣不用锦绣”，他的一床被子要用十年，即使缀满补丁也舍不得扔；“衣轻”（穿丝织品）而已，不用锦绣。女眷们向他看齐，铜雀台偶有锦绣，主要是为了表演歌舞。《三国志·魏书》：“太祖御军三十年，手不释卷，登高必赋。”懂得精神价值，肉身也能飞升。文臣武将们长期追随他，质朴之风吹遍了中原。力大如牛的猛将典韦，每饭只一肉，尽管他能一顿吃掉一条肥猪腿。在蜀国、吴国，质朴者同样引领时尚。诸葛亮“非淡泊无以明志，非宁静无以致远”。而今天的某些食客会闷头闷脑地问：“致远干啥？跑到天涯海角去，还不是为了海吃一通？”

古代中国士农工商的价值排序，今日学者不妨深思。现代商业发展起来，有技术高度发达之背景，但是，断断不可独大。工业文明、商业文明，要懂得回望敬畏天地的、崇尚节俭的、至少持续了七八千年的农耕文明。否则，麻烦大了。

怀素和尚吃鱼吞肉

狂草书法大师怀素，盛唐时代的湖南永州零陵县人氏，少时家贫，出家做了小沙弥。他在家里断断续续吃过几种肉，对肉食几近于崇拜。怀素进了城东的书堂寺之后天天素食，青菜芋头，芋头青菜，吃得直吐清口水，想肉想断肠。怀素和尚个头小，与魏晋名士刘伶有一比，体轻，食量大。他五六岁出家，十年“肉压抑”，时有反弹。家在二三里地外，他半夜跳窗跑回去，急匆匆寻找有腥味儿的东西塞进嘴巴，吞得上气不接下气。吞完了，和尚哼着山歌返回山门，被埋伏多时的师兄师弟捉个正着，押送交给方丈惩罚，抄五十卷《金刚经》《断酒肉文》或挑一百担水，砍几百棵白菜。

怀素的楷书亦见功力，当与抄经有关。

怀素《自叙帖》云：“经禅之暇，颇好笔翰。”由于他“屡教不改”，隔三差五要溜出去偷腥，常常被罚抄经卷。书堂寺藏书不少，其中包括汉代碑帖、二王父子的真迹。怀素学王羲之的庄严气象，学王献之的潇洒风流，渐渐觉得不过瘾。一股莫名的力量在体内奔突，催他变书风。《自叙帖》是怀素名帖之一，后人竞相题跋。

十年馋肉，这力量太大，意识里装不下，外溢到白日梦中。

怀素盯寺院的麻雀盯半天，直接把麻雀盯成一块烤肉。斑鸠、野鸡、沉甸甸的肉画眉，简直叫他头晕目眩，垂涎三尺，心怦怦跳。20 世纪 90 年代，我在眉山多悦镇见过一妇女，面对满桌的肉食，她紧张而又局促，面孔紫胀，双目如射又低眉，拿筷子的手不停地颤抖……怀素和尚的馋肉，恐怕有过之而无不及。怀素这法名，应该是方丈给他起的，叫他怀想素食，不要馋肉。他也再三下决心约束自己，却始终控制不住对肉的无限向往。怀素和尚要怀肉。他走一趟零陵县城的市井俗家，怀中揣了熟狗腿潜回书堂寺，藏入柴房，夜里抄经时，闪入柴门啃几口，兴奋得低吼。岂料师兄净远窥探已久，又把他告了。老方丈气极，指着怀素说："老衲叫你怀素，你、你、你……偏偏怀肉！"

"怀肉"二字，不胫而走。零陵书堂寺大大小小的和尚，把怀素唤作怀肉。

怀素本姓钱，漫长的空门时光却是兜里无钱，嘴馋眼馋。他砍白菜时端详白菜虫，掰竹笋时细看拇指大的笋子虫，乃至拨弄屁蛋虫、退退虫、金壳壳虫……虫子是可以吃掉的，吃的方法有多种。鱼虾、鸟蛋、地老鼠、嫩麻雀，他偷吃两回挨罚一回，屡罚屡吃劲头不减。藏肉的地方穷尽了想象力，比如瓦片下会有一条干鱼，墙洞中有芋荷叶子层层包裹的熏斑鸠。书法日益精进，佛经越抄越多，永州、潭州（今长沙）的信徒们远道而来求一卷佛经，书堂寺香火旺盛。怀素犯禁怀肉，却没有被赶走，这恐怕是主要原因。方丈又必须惩罚他，以免"一粒耗子屎坏了一锅汤"，影响宝刹的庄严、信众的虔诚。

怀素的个头长到一米五左右，再难往上长了，但脑袋瓜非常好使。怀素先是青睐刘伶，后来瞄准了李太白，逢人便说英雄豪杰的个头可以矮小，李白是雄证，暗示李白的身高只五尺许。他抄写李白的诗歌，视李白为知己，托长沙和尚搜集李白的狂草书法。李白草书的风格乃是"横风疾雨"，宋代王安石与之相似。

怀素年复一年地以小楷抄佛经，抄够了，于是越过行书直接奔向了草书，并且是狂草，如横风吹柳条，疾雨打芭蕉。半夜三更他想肉想得尖叫，向壁狂舞羊毫笔，一个字大如斗，三个字写满墙，写完了又以石灰抹掉，异日再来涂抹。月光下他独舞于静静的寺院，蹦跳台阶，倒挂屋梁，不可思议的艺术冲动反复撩拨他瘦小的身躯。体轻能量足，他越蹦越高，为后来在京城长安万人围观的书法表演打下了基础。

怀素十九岁，做出了一个重大决定：告别书堂寺，回家种芭蕉。那时大约是公元 744 年。

怀素和尚太想吃肉喝酒了，多年的肉压抑、酒压抑、狂草书法的压抑，三种压抑合力催他还家，但不还俗，依旧是穿袈裟持锡杖的光头和尚。他不种地，却为何种芭蕉呢？哥哥疑惑不解，怀素安慰说："且放心吧，肉会有的，哥哥你、你的老婆也会有的。”

兄弟二人种了一万株芭蕉，搭了一个棚子，号曰“绿天庵”，劳作之余跷着腿儿乘凉。全城的人纷纷赶来看稀奇，不知道怀素和尚要干啥。芭蕉可不是经济作物。问他时，他笑而不答，摆出一副隐士的样子。他砍下芭蕉叶，小小身子躺在阔叶之下，细微的鼾声应和鸟鸣蜂唱。可是他忽然破叶而出，拔地而起，向空大叫三两声，然后抄起大笔，在晒得半干的芭蕉叶上写起字来。零陵人释然了：原来和尚种芭蕉是为了干这个。

书堂寺练就的功夫，抓嫩麻雀学来的灵巧劲，使这光头和尚“嗷嗷嗷”不绝于耳。不仅是做广告，他似乎天生像猴子，从一棵树跃向另一棵树，凑近阔叶俯身狂书，跳开几步端详，短叫，长啸，挠耳朵。兴来一挥百叶尽，纷如晴空泼雷雨。

识得书法妙处的乡贤评价说：怀素的草书不减张长史。

张长史指张旭，张旭的草书与李白的诗、山东裴旻的剑术，时称“天下三绝”。

过境永州的官员绕道来零陵，观看怀素上人写芭蕉。唐宋士大夫文化修养甚好。怀素的名声和芭蕉林一块儿传出去了，求字的人渐多，南来北往的商贾们也乐于附庸风雅。怀素越发人来疯，远走浏阳、衡阳、长沙，短身材操着如椽大笔，与夏云奇峰共舞，舞到日落黄昏，满天星辰。醉墨欲铺天河。

古代艺术家身在自然的万千形态中，并无向自然学习的概念，没有对象化思维，没有主观客观的二元对立。辨析这一点非常重要。犹如我们的童年，每一个体细胞都与草木鱼虫裹成团，却未闻环境生态这一类字眼，从来只说一棵草，不说热爱大自然。人是大自然当中的一员，却没有自然这个概念。

“醉来把笔狞（一作猛）如虎，粉壁素屏不问主”，怀素见不得人家户的屏风、粉壁、树皮、院墙，拿笔便题字，有时赚来一顿酒饭，有时被人家斥骂撵走。后来他漫游江南访问“茶圣”陆羽，“茶圣”写下《僧怀素传》，云：“时酒酣兴发，遇寺壁、里墙、衣裳、器皿，靡不书之。”

唐代书壁成风，中唐的白居易从长安到江西，凡三四千里，沿途看见自己的许多诗篇由民间好手书于各处，包括桅杆与风帆。一般不发酒疯的苏轼，书写于黄州陌生村户的板壁、院墙，几番挨骂，差点挨打，自云“书窗涴壁常遭骂”。

中国的艺术家，倒有几分酒神精神。

话说怀素于芭蕉林中写满意了，便会叫道：“把肉来，把酒来！”

退笔如山，“笔冢”又是个赚眼球的东西。

他专吃好鱼，鲥鱼、鮰鱼、河豚，称“长江三鲜”。求字的官绅开始排队，送美酒，送银子。动笔前他摸摸自家秃头，有别于张旭以长头发搅大墨缸。怀素有表演的天赋，尖叫，腾挪，钻阔叶呼呼睡，破叶子哗哗出，乌云滚滚的雷雨天长啸绿天庵，鬼火闪烁的漆黑夜醉卧笔冢间。狂僧、怪僧、奇僧、酒肉和尚，这些夸张的名号有利于传播名声。北宋文坛领袖欧阳修很是看不惯，斥其为追奇逐怪，“为书而书”，“弃百事而以书法为事业……怀素之徒以是”。苏轼写诗骂曰：“颠张醉素两秃翁，追逐世好称书工。何曾梦见王与钟，妄自粉饰欺盲聋……”“王”，指王羲之，“钟”指钟繇。苏轼在另一些场合又表扬怀素：“然其为人倪荡，本不求工所以能工如此。”

怀素写字，性情是个引领，“意在笔先”。苏轼称其不求工书，可见怀素未必为书法而书法。十九岁的他不复敲木鱼，告别了晨钟暮鼓，回家种下万棵芭蕉，干起了专业书法家的行当。此事当有掂量。全国的寺庙那么多，工书的和尚寺寺不缺，唯有长沙的怀素走上了这条充满未知的路。他凭借良好的直觉行事，有六七分把握就开干。十年馋肉，半夜偷腥，何不敞开肚子大吃一通，索性做个酒肉和尚？书堂寺的抄经和尚，又打下了名声的基础。这位狂草书法家，与吃肉关系大。

怀素二十三岁，把李太白吸引到零陵的芭蕉林来了。

这一年的李白五十九岁，在流放夜郎的途中遇大赦，狂喜而返，“千里江陵一日还”。李白在长沙听说零陵有个怀素上人，书法了得，行事古怪，于是专程造访。永州太守卢象是李白的朋友，安排了舟车，派人先去零陵通报。时在夏季，大风刮得老树折腰，“诗仙”走进了一望无际的芭蕉林，东走西瞧，看了有名的绿天庵，看了插满大小废笔的笔冢，横竖不见传说中的怀素和尚。

李白朗声道：“和尚作甚古怪？”

唯有风吹芭蕉叶，射入林子的阳光斑斑驳驳，却听隐隐有鼾声。李白巡视周遭，仍觉纳闷，不知鼾声从何而来。地上横七竖八摆着巨大的芭蕉叶。似乎有人窃笑。李白转悠半个时辰，不耐烦了，抽身欲走，忽见一个半裸光头短汉破叶腾空，尖叫两声，轻轻落下地来，双手合十道："翰林学士驾到，贫僧怀素失礼！"

那和尚话音未落，忽从几个方向涌来了人群，不下二百人，携酒肉者众，儿童蹦跳追随，猫儿狗儿兴奋。阅人无数的李太白有些傻眼了。怀素悄悄踮脚与他比身高，兀是矮了几寸。众哗然。怀素平素的吹牛不攻自破。不过，他开始亮出真本事，操了大笔，在一片芭蕉叶前跳来跳去，狂草七绝《赠汪伦》："李白乘舟将欲行，忽闻岸上踏歌声……"

但闻"唰唰唰"下笔声，引得看客们惊叹。李太白目如射电，将怀素草书的每个笔触瞧仔细了，末了，叹曰："藏真（怀素法号藏真）上人名不虚传！"

接下来吃酒啖肉，怀素三两口吃掉一条大鱼，咬碎鱼刺和酒吞；又撕下了半只烤鹅，吃得满嘴流油。众惊骇。李白笑曰："右军（王羲之）一生爱鹅，若知你这般吃鹅，定不肯于冥冥中点拨你。"怀素答曰："右军是右军，怀素是怀素。他爱鹅，我爱吃鹅，亦是一种因缘。"

怀素一向有点傲视王右军，时人评论："怀素似不许右军得名太过。"

怀素与李白比酒量，各饮百杯美酒"醉洞庭"，观者皆色变，饮者谈笑自若。卢象太守笑呵呵地亲自把盏。日头落下了，万千芭蕉叶子醉舞东风，煞是壮观。双方再饮五十杯，堪堪比成平手。但李白已年近六旬，二十多岁的怀素甘拜下风。

诗仙参观挂满条幅横幅的绿天庵，一步一叹，醉写长诗《草书歌行》："少年上人号怀素，草书天下称独步。墨池飞出北溟鱼，笔锋杀尽中山兔……起来向壁不停手，一行数字大如斗……湖南七郡凡几家，家家屏障书题遍……"

李白的这首诗传到中原、江南，怀素声名大噪。

年轻的怀素向李白看齐，宣称漫游十万里。大丈夫志在天下，好男儿奔向长安。家乡虽好，荆楚更好，中国好得不得了。踏遍山山水水，于是回望家乡更像家乡。八百里青草湖（洞庭湖），怀素戏水的身子比一朵浪花还小。"极目楚天舒"，"波撼岳阳城"。

行僧怀素的一支笔写来好酒好肉。他在长安拜访颜真卿，下江南与陆羽畅游，远走岭南数千里，兴冲冲去找著名书法家徐广州，却碰了官场大钉子，顿顿喝粥，饿得前胸贴后背，秋风古道踉跄而返……狂草书法的跌宕起伏、裹风挟电，与生存的波澜壮阔向来是同构的。苦闷、焦虑不可或缺，然后才有向上的、强悍的生命律动。

写《茶经》的陆羽是个奇人，大怀素四岁。《陆文学自传》云：陆羽“结庐于苕溪之滨，闭关对书，不杂非类。名僧高士，谈宴永日”。

这位鼎鼎大名的“茶圣”一旦出游，必是盛况空前：“凡所至之邦，必千骑郊劳，五浆先馈。”陆羽的故事以后再讲。陆羽写过《怀素传》，记下了怀素的生平事迹。

怀素的草书宝典《食鱼帖》写于长安：“老僧在长沙吃鱼，及来长安城中多食肉，又为常流所笑……”和尚吃肉，自是可笑，何况他不是一般的吃肉。“怀素”之所怀，唯一苦笋耳，其余皆“怀肉”——僧袍中的肉与笔总是不分离。人瘦，字瘦，肉要肥。常吃苦笋有利于打通肠胃。年年长足于道路，肌骨强健雄赳赳。写狂草大字又是个体力活，包括必不可少的腾挪尖叫，消耗热量与热情。“忽然绝叫三五声，满壁纵横千万字。”他在长安别出心裁的书法表演，万人空巷。

怀素上人有两大特点，一是吃，二是狂。本文单讲他的吃。另外，他是个名播南北的酒仙，曾经“一日九醉”。写字俨如飞沙走石，忽然倒地鼾声大作……所有这些都不乏赚名头的考虑。其行固然类似杂耍，却登上了大雅之堂。唐代三百年，士子们的眉目轩昂，举止潇洒，例子真是数不过来。怀素草书的源头性冲动之一是为了吃肉。他几十年吞下一座肉山，却始终伴随灵魂的飞升，并未沦为普通吃货。

大师晚年，也写小字了，《小草千字文》臻于化境，明朝书家董其昌借用孙过庭《书谱》中的一句话评价他：“通会之际，人书俱老。”骄傲的怀素针对王羲之和王献之说：“二王父子真草，虽尽善尽美，却未能收尽狂草一路。贫僧闯出新天地！”

“好吃嘴”苏东坡：“啖美河豚，值那一死”

中国古代先贤，苏东坡吃的故事最多，今人写下的专著有好几种。依我看有三个原因：苏轼在西蜀眉山长大，置身川菜发源的中心地带；宋代有了印刷术，信息量大增；苏轼做官四十年，一生行遍“半中国”，舟车长驶几十万里，利于他遍尝美食，创造美食，推广美食。除开民间隐藏的饕餮之徒，苏东坡的吃，最具千年不散之色香味。

成都平原千里沃野，俗称川西坝子，所谓天府之国，主要指这一片。该地海拔四百多米，雨量充沛，气候宜人。浩瀚的岷江四季奔腾，千帆竞渡。眉山在成都之南百余里，今有王影聪先生首倡的城市口号：“东坡老家，快乐眉山。”为何称“快乐眉山”？首先是因为吃食丰富，手工烹调的花样无限多。靠近岷江的城市中心，更有三千亩“东坡岛”湿地公园，全国罕见。另，除“三苏”父子的三个公园之外，近年又添二百亩“苏母公园”，纪念苏东坡的母亲程夫人。旧城的百余亩古祠堂、古园林，则因宋代的苏家“五亩园”而起。

程夫人出自眉山的首望之家，自幼锦衣玉食。她嫁给不算富有却善于花销的苏洵，生下一堆儿女，成活了三个。女儿苏八娘嫁入程家，十九岁受婆婆虐待而死。苏、程两家，因之断绝往来。这使程夫人长期隐忍着疼痛。她顶着邻里的闲言碎语，在眉山城西纱縠行开了一家布庄，赚来银子供两个儿子念书、丈夫出蜀远游。苏轼的乳娘任采莲、苏辙的乳娘杨金蝉是她的好帮手。三个女人用点点滴滴的辛劳支撑着“三苏”父子。他们念书和赴京赶考，花费银子如流水。我时常想到她们的生活细节，特别是识大体、隐忍持家的程夫人，心里总是感动。程夫人只活了四十八岁，她目睹了丈夫的“游荡不学”，长时间“耿耿不乐”。程夫人生前却并不知道两个儿子将出类拔萃。有些学者认为程夫人是中国古代“四大贤母”之一，她的事迹比孟母、岳母更多，透出日常生活的坚忍与温馨，强化了苏氏家族的书卷气和道德氛围。

眉山市建苏母公园，真是善莫大焉。

苏轼为官的仁慈，受母亲的影响大。他的好吃，也跟妈妈亲手做菜有关，后来到黄州，他常常念叨“春鸠烩芹菜”“茄香肉丸子”、烤乳猪和脆皮鱼。蜀中的美味佳肴应有尽有，单是一道看似寻常的鱼香肉丝，做工极讲究，大厨们不敢轻易夸口。国内有“川菜王”之称的眉山王家渡人氏王刚先生，对我讲鱼香肉丝的诸般妙处，讲得我垂涎三尺。回锅肉、盐煎肉、酱肉丝、凉拌鸡、宫保鸡丁、卤肥肠、粉蒸肥肠、清烧母鸡、清烧江团、红烧黄鳝……恐怕三百种数不完。孔夫子没到过四川，如果他去了，一定会说：“蜀人才叫食不厌精，丘也惭愧，丘也惭愧啊！”

四川的小吃更是冠绝天下，蒸的、煎的、煮的、油炸的，我小时候喜爱包子油条，痴迷三角粑、肉疙瘩、白糖酥卷……每次吃包子，总要蹦几蹦，唱一曲《沙家浜》或《智取威虎山》。好东西就是不能经常吃，切不可误入某些歧途，要遵循味蕾的规律，要保持舌头的敏感。眉山有句老话叫“少好吃”，意思是少才好吃。直到 20 世纪 80 年代，川西坝子的各类小吃仍是选材严，做工细，包装简单。我们吃爽了，吃惨了，吃舒服了，犹如中小学耍惨了，耍安逸了，天天耍到黑摸门，而学习成绩照样好，德智体美劳……

苏东坡童年不是十分顽皮，偶尔疯一回，“狂走从人觅梨栗”，七八月弄潮大岷江。对于吃东西，他也不大放纵，但是，非常享受。妈妈做的菜、乳娘做的菜，后来王弗夫人、王闰之夫人做的菜肴，弥漫着一辈子受用的亲爱之情。所谓吃的精神附加值，情感记忆是重中之重。

我写此文时正临近春节了，想起当年妈妈亲手包的汤圆，大年初一的早晨，那白酥酥的甜汤圆、肉汤圆，不禁热泪盈眶（多少年多少次了！）。

谨以此篇献给妈妈的在天之灵。

苏子瞻二十岁时赴京应考，又两度走水路回眉山丁忧，加起来，居家乡二十五六年。川西坝子培养了他精致的味蕾。他天性豪迈，而豪迈的雏形是由着性子来。偷吃邻家树上的鲜果，用桑木弹弓打鸟，临江悠然钓鱼，骑牛卧读圣贤书。他是性格决定命运的典型。苏序、苏洵、苏轼，祖孙三人的豪爽性格非常相似，如果他们同时走在眉山的石板街上，恐怕身姿无二致，包括具有魅力的眼神和爽朗的笑声。

苏东坡一生有“三多”：多欲，多慈，多思。后二者平衡了前者。苏子由比较内敛，官场上大抵进退有术，深藏不露，做官做到副宰相（参知政事）。

从苏轼的诗文看，他爱吃鸡、鱼、猪肉，说不清他更爱哪一种。书法有“墨猪”之说，肥而微有骨。他的体质当属湿热型，酒量小，年轻时“饮少辄醉”，中年以后往往“把盏为乐”——酒宴上玩玩酒杯而已。这有点蜀人讲的狗舔油锅的意思，舔又烫，不舔又香得让人嘴馋。公鸡易生风热，古代的鸡又不是饲料鸡，叫年鸡，非月鸡（所谓一个月长大的鸡）。宋哲宗上台后，六十岁的苏东坡被贬到岭南，不顾举家困顿，远近募捐加自掏腰包，为惠州人造了东江上的两座浮桥，分别叫作东新桥、西新桥。惠州人欢呼雀跃，“三日饮不散，杀尽西村鸡”。他吃鸡肉吃到犯痔疮大出血，犹称鸡肉好香好香，再贬海南时亦如此。苏辙写信，屡屡劝他少吃鸡，他哪里肯听。当初在湖北黄州，因鸡肉吃多了，四十多岁的男人卧病几十天。外面传他因病西去，害得远方的朋友们号啕大哭，要来黄州奔丧；宋神宗和王安石也吃不下饭。苏轼老是吃鸡，事情闹大了。

在惠州，他狂吃火性大的荔枝，“日啖荔枝三百颗，不辞长作岭南人”。杨玉环大吃荔枝没事，坡翁不行。他的多欲，升华而为艺术，佳作有如八月里的钱塘江潮。

苏子瞻视富贵如浮云，平生不卖一幅字画，即使是在黄州举家艰辛、开垦东坡的日子。所谓“君子固穷”，苏轼轻描淡写。在这个“贫贱不能移”的大前提之下，他放纵口舌之欲。《初到黄州》：“自笑平生为口忙，老来事业转荒唐。长江绕郭知鱼美，好竹连山觉笋香。”有趣的是，他发明美食，均在遭贬倒霉之时。他在黄州倒霉透顶时，发明了东坡肉、东坡鱼，命名了“元修菜”……在汴京城做高官七八年后，他的腰围都因吃变大了，山珍海味像萝卜青菜。人也不兴奋，自言“三年光景六篇诗”，而且篇篇庸常。此间，他下朝的习惯性动作是自摸肚子。王朝云说：“先生一肚子不合时宜！”苏大学士听了，捋须哈哈笑，说：“唯有朝云能识我。”苏翰林、苏龙图（龙图阁学士）、苏三品，官阶连连上升，而生命律动流于庸常。后来他慨然写道：“问汝平生功业？黄州惠州儋州。”

苏轼遭贬黄州四年半，一变而为苏东坡。“上可以陪玉皇大帝，下可以陪卑田院乞儿。”中国古代，能出此语者，恐怕只有苏东坡。元气淋漓，艺术灵感如井喷。此翁广泛接地气，接成了地仙，映照天马行空、鲲鹏展翅的天仙李白。黄州人称苏东坡为“坡仙”。

且看“坡仙”露宿桥头的形象：“照野弥弥浅浪，横空暧暧层霄。障泥未解玉骢骄，我欲醉眠芳草。可惜一溪风月，莫教踏碎琼瑶。　　解鞍欹枕绿杨桥，杜宇数声春晓。”障泥：垂于马腹两侧，用于遮挡尘泥的东西。

苏轼被贬三州，加起来十年整，其间有趣的、值得玩味的生活细节多如牛毛。

元丰八年（1085），由于宋神宗去世，高太后摄政，四十九岁的苏轼复起于黄州，“量移汝州”。量移是平级调动，苏轼被调到离汴京比较近的地方。苏轼游庐山，写下著名的《题西林壁》；复去金陵的蒋山拜会退休的王安石，抛开各自的政治主张，两人连日交谈甚洽。王介甫送走苏子瞻，于山风中喃喃自语：

“不知更几百年，方有如此人物。”

苏东坡从高邮、泗州玩儿到常州，足迹三千里，举止一派天真，像个大男孩儿。“谁似东坡老？白首忘机。”白首忘却机心，哪像现在的一些年轻人，黑发浓机心重。东坡词云：“门前流水尚能西，休将白发唱黄鸡。”他买田宜兴，打算终老于湖山，“来往一虚舟，聊随物外游”，又写《橘颂》，是为宋代行书之宝典，真迹今犹存焉。

且说苏轼卜居常州，常州的士绅奔走相告。时在三月，“竹外桃花三两枝，春江水暖鸭先知”。却有个土豪曹通判对苏轼不服气，宣称：“苏轼一罪臣耳，何足道哉！”这曹通判很担心苏轼抢了他的风头，以一个外来人，轻松夺得民间领袖之宝座。曹通判设一局，请苏轼去他家吃饭，备下了两种菜，一曰美河豚，二曰蠢猪肉。如果苏东坡不敢吃美河豚，那就献上肥嘟嘟的蠢猪肉，让“东坡肉”“东坡肘子”的发明者贴上“蠢猪肉”的标签，并且，还要留下一幅“墨猪”书法，供宾客玩赏戏谑。

河豚的内脏有剧毒，弄不好要吃死人。

这一天，曹通判的家里高朋满座，土豪云集。清烧河豚摆上了大餐桌，“好吃嘴”苏东坡坐了主宾席，左看右看，迟迟不下箸。这东西他听说过，没吃过。中毒咋办呢？河豚的烹调极考究，万一曹通判暗中做了手脚呢？即使药不死，当众药翻了，也是常州的头号新闻，堂堂苏东坡大折颜面，江南江北怕是都要传遍……苏子瞻一再皱眉头，曹通判脸都笑烂了，以试探的口吻说：“要不撤下美河豚，端来子瞻兄情有独钟的蠢猪肉？”

苏轼不答，紧盯盘中的河豚，脑门子冒虚汗。曹通判一挥手：“蠢猪肉把来！”

苏轼说：“且慢。”

他夹了一块河豚，再看，再闻，仍是决心难下的样子。屏风后面的一群曹家人挤眉弄眼。曹通判笑道："子瞻还是不敢吃。"苏轼说："不敢死。"座中有土豪高叫："人言东坡豪士，却来常州拉稀！"

曹通判趁机打趣："黄州吃干，常州拉稀。"

一桌子的人笑得前合后仰。然而在哄笑声中，苏豪士开始吃河豚肉了，吃了一坨又一坨，那腮帮子鼓得……，那嘴角的汁水流得……。以曹通判为首的常州士绅以及土豪们，那眼珠子凸得……。屏风两边的曹家人，那口水吞得……

曹通判探了胖头问："我家河豚，味道如何？"

众人忙问："苏密州，苏湖州，苏徐州（苏轼曾担任三个州的太守），别只顾着吃啊，常州的美河豚端的美不美？大学士大文豪，金口玉言呐！"

苏轼不答，不笑，不停筷子。他长脸丰腮（有眉山三苏祠元代临摹的东坡画像为证），坚齿大开，直把盘中的河豚吃光了，才徐徐道："值那一死。"

此言一出，常州人雀跃争传，又从北宋传到南宋，从中国传到外国。此语出自苏轼晚年的自传体笔记《东坡志林》。看来，苏轼颇能卖关子，玩玩曹通判和众土豪。其实他是有备而来。他是美食家兼药物学家，了解河豚的精血毒性。河豚产于江海交汇处，年年清明节前，河豚未入海时，肉丰而味美，兼具江团鱼的鲜嫩和豚肉的嚼头，只要烹制得法，是可以放心享用的。即使中了毒，也有民间的解毒法，比如喝下自己的几口"中尿"（掐头去尾）。江南市井有俗语："厕所旁边吃河豚。"另外，苏轼备下了芦根汤，专解河豚毒，可保万无一失。汉代的名医张仲景有过相关记载。

苏东坡讲河豚讲得头头是道，满座的贤达与土豪听得津津有味。曹通判面红耳赤，连称："曹某伏（伏通服，宋人常用）也，伏也，这常州贤达的头把交椅，非东坡先生莫属！"

苏东坡赋诗云："粉红石首仍无骨，雪白河豚不药人。"

石首指鲍鱼。石首若无骨，美河豚大补。常州人从此放心吃河豚，春暖花开相告曰："值那一死，值那一死。嘿嘿嘿，值那一死！"

苏东坡与美艳的王朝云吃"长江三绝"的故事，又让常州人讲了近千年。

此事容后再表。

王安石“吃政治”

王安石，字介甫，是北宋的一位奇人，其声势浩大的“熙宁变法”，改变了历史的走向。宋人笔记称：“介甫，牛形人也，故敢为天下先。”而司马光绰号司马牛，在治国的理念上一直与王安石作对、顶牛，后来做宰相，“尽废新法”，让赋闲金陵的王安石郁闷至极。苏东坡既反对王安石，又抵制走了另一个极端的司马光，俨然英勇的斗牛士。北宋政坛，两头牛和一个斗牛士之间的故事，是最为惊心动魄的篇章。

本文单讲王安石的吃。

“介甫终席不饮，包公不能强也。”包公年长，且名满天下，却劝不下王安石的一杯酒。司马光当晚写日记：“某以此知其不屈！”其实，别说包拯，只怕仁宗皇帝也劝不下王介甫一杯酒。这事发生在元祐年间，王安石三十多岁，做着京城的高官，主管三司度支（财政支出）。宋代的京官与地方官区别大，待遇、社会地位不可同日而语，地方官调往汴京，同僚贺曰“改官”。

介甫不饮酒，不与官妓盘桓，拒绝御赐的好房子，藐视上流社会的社交圈。此外他比较邋遢，几个月不换衣裳，很少洗浴，鞋子破破烂烂，束着老农民的腰带在御街、朱雀大拱桥溜达；官袍总有异味儿，还会蹦出几只虱子来——这名士派的生活习性，王安石保持到晚年。熙宁年间他做了百官之首，年轻的神宗皇帝对他言听计从，满朝文武仰视他，他那些令人咋舌的日常习性倒是有增无减。苏洵写《辨奸论》，认为王安石心藏大奸。

老处士苏洵脾气大，说话说过头了。这篇文章被载入《古文观止》。

“囚首丧面，而谈诗书”，介甫为何这样呢？朝廷的宰相为何带着虱子上朝？中国历代宰相，王安石堪称古怪第一。以笔者观之，有三个原因导致他的古怪：一是小时候随父亲宦游千万里，风餐露宿，蓬头垢面，饱一顿饿两顿，穿戴像个小叫花子，熟悉了虱子臭虫跳蚤；二是技术层面的政治智慧；三是天性倔，“拗相公”的绰号流传至今。

“扪虱而谈”是魏晋士人的风度。唐宋士大夫，追随者众。北宋的政坛又有长达一百多年的宽松局面。王安石身上的虱子传为趣谈。

《资治通鉴》的作者司马光说：“介甫大才，只是名士风度有点过。”

王安石在孩提时代就牵着父亲的衣襟舟行江南，远足西蜀，过八百里秦川，登秦岭栈道，入剑门关，惊叹剑门关七十二峰，峰峰向北。连月跌跌撞撞，吃尽了苦头。也许父亲有意锻炼他。橦梓道上他跌个嘴啃泥，父亲盘坐石头上看他，逗他，挖苦他，永远不会伸手拉他。蜀道艰难，忽风忽雨忽雷电，小男孩儿颤巍巍走过荒山野岭，时闻鬼哭狼嚎。黄昏投宿寺庙或山野人家，胡乱塞饱肚子，次日睡得正香，复被严厉的父亲拽了上路，半睡半醒一拖十几里。清代人辑的三大本《宋人轶事汇编》，讲王安石甚多。

有时候方圆百里荒无人烟，父子二人吃完了干粮，只好爬树摘野果，惹得树猴集体抗议。饿肚子，想吃食物时，哪管虱子跳臭虫咬。偶尔捉住一只野兔，射杀一只野鸡，生了野火烤来吃，大快朵颐，烫得哇哇乱叫。王安石对父亲说：“等我将来做了大官，我要吃遍汴京城的好东西！我天天去逛大相国寺！”

后来他紫袍加身，题诗于大相国寺：“三十年前此地（一作路），父兄持我东西……”

开封府的大相国寺又是贸易场所，可容万人买卖。鲁智深倒拔杨柳，就在那个地方。汴京开放集市，每月八次。坊市相连，不像唐朝坊与市相隔。唐朝一定品秩的官员还不许去市场。官尊而商贱，宋代稍好一些……

王安石像怀素一样多年肉压抑，一旦放开了肚子，吃相有点难看。他可顾不了那么多，埋头猛吃，又埋头弓腰蹿着走路，埋首于书卷不辨晨昏。王介甫有两个“三不”，一曰不畏天命，不管人言，不守祖宗法度；二曰不洗澡，不饮酒，不进社交圈。

欧阳修则戏称“介甫三埋头”：埋头吃，埋头走，埋头狂读诸子百家。

仁宗皇帝后期，朝廷度支判官兼“牛形人”王安石正当壮年，食量大如牛。

每天思考国家大事，给皇帝写万言书，石沉大海。仁宗在位四十多年，对国家的未来深谋远虑，决不会轻易变更祖宗法度。王安石的心思，宋仁宗洞若观火。一年年过去了，王安石的变法主张落不到实处，他只好上朝憋着，下朝吃肉。夜里掌灯读书，几案上总有一盘手抓肉，羊肉或牛肉。因为脑力消耗极大，需要肉食的补充。

黄庭坚说："王介甫终日目不停转。"王安石的这副模样活像阴谋家，不过，他谋国不谋家，他为官的一切出发点都是好的，希望赵宋王朝国运长久。

精力充沛的王安石，每天读书到寅时（后半夜），徘徊于草树纷披的庭院，仰望星空想问题，嚼着牛羊肉或肉干。"一日二肉"，十年不废。由于拒绝官场的宴饮和深夜独处，他养成了自己吃肉的习惯。据说三斤牛肉，他一顿能吃个精光。他对猪肉的兴趣有限，尝戏谑苏轼："子瞻爱猪肉，前世恐为猪友。"苏轼笑曰："介甫疼虱子，前生当是虱子王！"

宋仁宗在宫中设宴款待臣子，王安石"忝陪末座"。韩琦、富弼、范镇、欧阳修、包文正等一群重臣谈笑风生，王安石沉默寡言，只一味吃着鹿肉熊掌，咀嚼有声，腮帮子鼓起。包公侧目而视。范镇摇头。

左相韩琦忍不住发话："介甫啖肉吧嗒嘴不太好吧，天颜在上，焉能放肆？"

王安石不理睬，继续大嚼。仁宗皇帝好奇地瞧着他。患近视眼的欧阳修以目视之，示意他尊重韩琦宰相。司马光坐在他旁边，暗暗拉他的袍袖。他吞下一块鹿肉，喉结凸出，又顺手抹嘴巴，油手顺便挠挠肩膀和腹部。

皇帝一笑置之。韩琦的脸色就有些难看了。

当初韩琦做扬州太守，王安石是他的下属。二人不和，官吏皆知。王安石当面顶撞上司，弄得韩琦下不来台。早晨衙门点卯，王安石经常迟到。有一天他冲到衙门，歪戴官帽斜穿官衣，嘴里还塞着半块冷馒头，气喘吁吁地吞咽，喉结触目。同僚纷纷窃笑。堂上高坐的韩太守冷冷地说："年轻人，我劝你趁精气旺多读几本书。"

介甫顿时脸红筋胀，却一声不吭。同僚们又笑。韩琦的言下之意，是王安石把精力用于狎妓了。扬州历来繁华，官妓私妓甚多。其实王安石夜里读书用功，天麻麻亮才上床打了个盹儿，顷刻惊起，抓个大馒头，以百米冲刺的速度冲向太守府……韩琦错怪他，他也不解释，只在日记中写下九个字：“韩琦貌美，余一无可道。”

北宋的老贵族韩琦生得相貌堂堂。王介甫面黑，自以为不漂亮，所以对貌美的男人有些瞧不上。扬州是他初入仕途的“磨勘”期（磨炼，勘察，一般三年），上司的评语直接影响前程。王安石却对韩琦漠然视之，可见其执拗性情和异乎寻常的自信。

此间，韩宰相在宫中当着仁宗皇帝和朝廷大臣的面，仍然拿末座的“区区王安石”没办法。他那著名的美髯乱飘，漂亮的面孔由红转青，由青转灰……宫娥们歌舞侑酒，“唇不包齿”的欧阳修情不自禁哼小曲。范镇击节，包公赞赏，司马光面无表情。

王安石睡着了，鼾声应和了树梢的蝉鸣。

宴罢，皇帝复赏臣子们去后花园钓鱼。时在仲秋，御池残荷立翠鸟，小风送爽金桂飘香。蜀人范镇是个性情中人，钓了鱼乐得笑哈哈。司马光与欧阳修笑谈历史。欧阳修是《新唐书》（合撰作品，欧阳修为作者之一）和《新五代史》的作者，也是文坛领袖。包公神情恬淡，闲适垂钓，跟那个坐镇开封府的铁面府尹判若两人。韩琦玉树临风，抛钓丝的动作随意而漂亮。老臣富弼待在皇帝的身边，说一些庆历年间的往事。“天下无事近百年”，这是王安石在写给皇帝的长信中讲的一句话。君臣和谐，朝野大抵无事。

御池的拐弯处，王安石坐于虬曲的柳树下，一卷经书在手，鱼竿闲置对斜阳。他观书入神了，满脑子尧舜禹汤，似乎看不见近在咫尺的本朝皇帝。看书要吃东西，手边却只有搁在玉盘中的几十颗球状鱼饵。他用细长的手指抓了鱼饵塞进口中，咬碎，咂舌，模样惬意极了。侍钓的宫女太监有些茫然，不知如何是好。王大人的指头蘸了口水翻古书，“目射纸上”，继续伸手拿球状鱼饵，一颗接一颗地吃。耸耸“牛背”，蹭蹭古柳树。市井的形容词，这叫磨皮擦痒。多半是栖身官袍的虱子们活跃了。

仁宗皇帝“视之良久”，搞不懂这个王安石。介甫吃下一半了，看样子要把鱼饵吃光。皇帝扭头再瞧他。欧阳修想扇他耳光。韩丞相拿白眼射他。“牛形人”照吃不误。

王安石皇宫垂钓吃鱼饵，是北宋政坛的经典故事之一，意味深长。北宋百余年，没人这么干。介甫什么意思呢？难怪苏洵写《辨奸论》，想要戳穿他。这个“牛形人”是一头怪牛、犟牛、猛牛，又是一头懂得谋略、深藏不露的“智牛”，年纪轻轻就有了一整套自我推销的方案，有板有眼，滴水不漏，并且学问大，律己严，判狱、理财卓尔不群。宋仁宗老看他，原因在此。司马光对他崇拜得五体投地，目为圣人复出。王安石当政，推出一系列疾风暴雨般的新法后，司马光才大吃一惊，宣布与他绝交……此系后话。

王安石以吃鱼饵吸引仁宗的注意力。他学姜太公稳坐钓鱼台。皇帝只是好奇，仅此而已，赐予王安石的东西，多牛羊肉。介甫奉旨吃肉，京师传为笑谈，包括他随身携带的虱子，露出鞋子的脚趾头，老农民似的旧腰带，大庭广众下反手挠痒痒的动作；包括他拒豪宅，拒美女，拒社交，拒顶头上司……王安石的吃穿住行，显然带了政治符号的意味。

苏东坡吃味道，王安石“吃政治”。仁宗皇帝的态度在他的意料中。他等待，反正他有的是时间。而老皇帝已经日薄西山了。

不久的将来，一代奇人王安石要大展宏图。

卷三

色

康有为说：『色之感目，有电相吸摄，故好之最甚。』好之最甚，冲力最强，却又受到社会道德的广泛约束，于是迸发而为千姿百态，大大强于动物的求偶过程。羞涩乃是人的特征。禁忌生诱惑。本我与超我之间有着永不停息的拉锯战。孔夫子强调思无邪，将好德与好色相提并论，有其深意在焉。

弗洛伊德：『艺术是欲望的升华。』

孔子见南子

孔子五十五岁，离开鲁国去卫国，见卫灵公的夫人南子，闹出一段故事来。

南子长得漂亮，但是名声不好，善窈窕，“美而淫”，并且恬不知耻。历朝历代，卷入政治的漂亮女人大都名声不好。孔子入宫见南子，隔着珠帘听她行大礼，蜂腰弯曲，佩环声动。孔子与南子谈了些什么，我们不得而知。孔夫子周游列国，在卫国先待了十个月，一度跟随南子和卫灵公的车驾招摇过市。于是，有人不高兴了。不高兴的人名叫子路。

孔子门下七十二贤，子路以勇猛著称，说话很直率，年少时爱打架，不止一次打过大他九岁的孔子。子路认为老师见南子是一件不光彩的事，有失风范。孔子一听急了，指天发誓：“予所否者，天厌之，天厌之！”意思说假如我和南子做了不该做的事，让老天爷厌弃我吧。接下来，孔子又说了一句著名的话：“吾未见好德如好色者也。”言下之意，夫子本人好德胜于好色。康有为注云：“食色，性也；德行，非性。”

性指人的自然属性。康注又云：“色之感目，有电相吸摄，故好之最甚。”

五十多岁的孔子为何对子路发毒誓呢？小故事蕴含大问题。整部《论语》中，这类故事少见，后世的儒家学者为此吵吵嚷嚷两千余年。南子是很多人眼中的红颜祸水，她以国君夫人之尊，与权臣私通有年，乱了政坛规矩，坏了社会风气。孔子是杏坛讲学的一代宗师，天下公认的道德楷模，为什么要去见“红颜祸水”呢？他还跟在南子的后面招摇过市，神色奇怪，像是吃了迷魂药，引发市民夹道而观。孔子近两米的个头，他冲着南子的婀娜背影，招摇起来是何形状？子路追随孔子的时间最长，除了保护老师，就是质疑老师。这一次的质疑颇厉害，代表了一部分弟子的意见。于是，老师急了。

孔子十九岁时娶宋国的女子为妻，生一子叫孔鲤。据说孔子的这位夫人后来跑掉了，大约忍受不了丈夫的那一套繁文缛节，什么“食不言，寝不语”，“割（肉）不正不食，席不正不坐”……规矩一大堆。孔子“克己复礼”，脑子里装满大道理，忽略日常生活的原生态与丰富性，就他的宏大志向而言，这可以理解。但女人们对他敬而远之也在情理中。

我多年拜读孔圣人，发现他的言论一旦涉及女性，批评多，赞赏少。

孔子除了梦见周公，是否还梦见生活中的漂亮女性呢？鲁国的女人，诸侯国的女人，体貌风姿各异。他删定的《诗经》，第一篇“关关雎鸠，在河之洲，窈窕淑女，君子好逑”，生动描写民间爱情。他又说：“诗三百，一言以蔽之，思无邪。”这句话给《诗经》定了调，后世引用亿万次。他的一句“不学诗，无以言”，将《诗经》抬到了无以复加的高度。思，包含了男女之思，只要思无邪，孔夫子就肯定，可见未经删削的《诗经》，当存不少“思有邪”。

孔夫子和自己的夫人讲究“食不言，寝不语”，却跑到卫国见南子，讲了一堆好听话，并且行叩拜大礼。南子扭扭水蛇腰，翘翘兰花指，隔帘美目闪闪烁烁，“巧笑倩兮”，孔子心如止水是不可能的，心里微波荡漾，皮肤或许发麻。

孔子面对妖艳的南子是否思有邪呢？食色，性也。“亚圣”孟子加以发挥：“饮食男女，人之大欲存焉。”孔子先后奔卫国若干次，见南子有几次？众人都说南子不轨，淫乱祸国，她一笑置之，还堂而皇之讲给别人听，包括某些风流细节，红唇皓齿闪烁其词。卫国的朝野一片愤怒：是可忍，孰不可忍？拥美无数的卫灵公始终装聋作哑，任凭夫人红杏出墙，开端性地把南子用作政治斗争的棋子。

开端性是说，南子因孔子的密室拜见而名声大噪。历代的权力斗兽场，大抵会找个漂亮女人背黑锅，承担骂名，比如汉代的赵飞燕、唐朝的杨玉环。

孔子对弟子发毒誓，却不曾讲过南子的坏话。换言之，艳冶放纵的南子并未给他直接留下坏印象。也许他会梦见南子，这叫缺啥想啥。渐近耳顺之年的孔夫子管得了意识，管不了自己的潜意识。据《史记》，孔丘是父母野合而生的，样貌奇丑，头顶中间凹下，故名丘。这一层他真不好讲，心里有阴影，长期不能消。妻子吃饭睡觉得憋着，情话不能吐，家语不能讲，柴米油盐不能唠叨……她受不了，终于跑掉了。

春秋战国时代的女性相对自由，《诗经》中的女子，举止清新，尚有自主的空间，低眉顺眼者少，自甘卑贱者少。她们受不了丈夫的时候要逃跑。

孔子长年奔波在外，为了干大事而远离声色，却蛮有经验地说：“唯女子与小人为难养也，近之则不逊，远之则怨。”古往今来的学者曲为之解，为孔子辩护，费力不讨好。李泽厚先生认为孔子看女性看得比较准：近她，她不谦恭，远她，她抱怨。

孔子对女性的矛盾心态是明摆着的，他对她们，横竖有些吃不透。他具体接触的女性，青睐他的寥寥无几，白眼对他的占了多数。南子尊敬他，青睐他，叩拜他，何况又生得那么漂亮，“转动照人”，于是他就紧跟她的车驾，迷迷瞪瞪过闹市，接受卫国人的礼赞与斥骂。这个故事，林语堂拿去发挥，写了独幕话剧《子见南子》，嘲讽孔夫子，引发一段公案，蒋介石派人彻查，教育部部长对演出话剧的曲阜师范学生态度严厉。而鲁迅先生写文章力挺林语堂，调侃压制学生的孔门后裔。

孔子是全民族的伟大孔子，又是日常生活中的孔子，二者有时候殊难调和。他对女性的认识有盲点，后人出于皇权的需要放大他的盲点，搞男尊女卑，夫为妻纲，男女授受不亲，乃至存天理、灭人欲，害莫大焉。孔子是源头性的人物，光明如日月，毛病也多，不必替他隐讳。尊孔疑孔驳斥孔，都有必要。自诩为仲尼式大贤的李白说：“我本楚狂人，凤歌笑孔丘。”李贺、李商隐，都对孔夫子多有不敬。

鲁迅先生有文《在现代中国的孔夫子》。礼教害中国女性两千年，流毒甚广。

我外婆缠过小脚，在眉山的永寿小镇过马路时，她老人家总是颤颤巍巍。苏东坡那个年代，一些地方弃女婴、溺杀女婴衍成恶俗，例如山东的密州、湖北的鄂州。苏轼不喜欢二程理学，耗尽半生心血作《论语说》，这位文化大师兼生活大师当质疑过孔子，可惜今已不存。曹雪芹的《红楼梦》，破天荒以寓言式的风格书写美好女性的毁灭，“千红一哭，万艳同悲”。曹公蔑视形形色色的须眉浊物，为女性呐喊，惊破了多少封建耳朵。

到新中国，女性才彻底翻了身，“妇女能顶半边天”。男女平等可不是说故事。

当权钱价值观流布市井之时，女性的自主再次成了问题。而女性的自主一旦丢失，必呈光怪陆离，悲剧、闹剧、荒诞剧层出不穷。

孔夫子有性苦闷，而南子艳名太盛。性苦闷会衍生很多不易察觉的东西，性的放纵亦然。性放纵更糟糕，害人害己更甚。孔子见南子，耐人寻味。历史长河中有无数人拿这个故事做文章，观点对立者唇枪舌剑，恨不得挥老拳打一架。

西学东渐百余年，在现代学人的视野中，孔子轻视女性导致百代之恶果，已成定论。圣人有缺失，伟人有毛病，但不掩其光芒。古希腊的柏拉图、苏格拉底是西方哲学的源头性大师，此二人也瞧不起女性。近代德国的大哲学家尼采蔑视女性更露骨，声称："你要到女人那里去吗？别忘了你手中的鞭子。"英国的伯特兰·罗素因此大为恼火。

孔子每日三省自身，却看不见自己的性苦闷，摸不到黑暗中盘根错节的潜意识。梦里频频现身的艳冶南子被周公边缘化了。周公占位，南子无踪。不过，孔夫子强调思无邪，把好德、好色放到一起掂量，表明他意识到色力之永恒，走进了好德与好色的张力考量中，并且已经有所思，只是思到中途而已。人类的一切禁忌都会生出诱惑来。社会规范与个体欲望、本我与超我之间，展开的是一场永不停息的拉锯战。

西哲云："我知道我不知道。"孔子一味朝着大视野，把身体处理成盲区，《论语·乡党》专讲孔子的日常生活，无一字提及男欢女爱。汉儒宋儒又发扬孔子的人性遮蔽，切断思无邪，设男女之大防，试图掌控天下人的身体。清朝入关后的三百年，于此更是推为常态。欲望的收缩预设了欲望的膨胀。中国历史，这是主线条之一。

儒学的创始人再拜风流成性的卫灵公夫人，在今天，庶几是个隐喻：双方能量互补，又相互抵消；道德不可固化，欲望不能放纵。

曹孟德猎艳的劲头与发动战争的动机

曹操“姿貌短小”，袁绍、袁术等世家子弟高大英俊，一群少年伙起玩耍，斗鸡走狗，有时候也打架。曹操吃了胳膊短的亏，总结经验教训，专攻袁氏兄弟的下三路，将牛高马大的袁绍奋力拱翻，扑倒，然后退开几步叉腰大笑。他到处吹嘘，十岁下谯水搏击蛟龙（鳄鱼），谯城的贵族子弟和市井泼皮全都听得一愣一愣。

顽皮的男孩儿一般性晚熟，曹操并不例外。犹如我们念小学初中时，关注异性者寥寥，天天忙着玩儿，太忙了，“天上都是脚板印”，根本没工夫感受女生，即使是同桌眉目姣好的她。“班花”“校花”一类的词，20 世纪 70 年代大抵是没有的。对异性的憧憬有个漫长的朦胧期，这对人类来说，极端重要。缓慢生长的性意识方为人之特征，与直奔主题的动物区别开来。而眼下互联网见缝插针的、赤裸裸的色情画面，正在大规模威胁着这种隐秘而美好的异性憧憬。电子产品制造五花八门的循环刺激，抢眼球，争点击量，原本源于西方式的资本逻辑……

且说曹阿瞒很有一股痞子劲。英俊少年袁绍，携美少女招摇于市，众目睽睽之下“拥美入室”，曹操忽然羡慕得紧，狠劲勃发，眼珠子都要蹦出来了。他搭讪谯城之东的漂亮女郎，送人家稀罕东西，奈何人家不理睬。他转而讨好乡下的俏村姑，一面念《诗经》“氓之蚩蚩，抱布贸丝。匪来贸丝，来即我谋”，一面贼眼瞟向羞答答的桃花面。然而娇憨的村姑并不懂“氓之蚩蚩”，她逃之夭夭了，笋条条的丽影闪入青青杂树林……袁绍对曹操说：“阿瞒，你长得歪瓜裂枣，连村野女子见了你都要吓跑，哈哈哈！”

事实上，曹孟德的五官不难看，只是皮肤有点黑。他有个特别难听的外号“阉人遗丑”，于是怀疑自己近于丑八怪。谯城的玩伴当中，谁英俊他就小瞧谁。袁本初（袁绍字本初）“面如冠玉”，举止潇洒，风流倜傥，类似后来北朝的独孤信，“侧帽风前花满路”，陌生女郎见了要尖叫。曹操鄙夷说：“袁本初胆小如鼠，鼠辈耳！”

曹孟德十七岁忽然好色了，恐怕是受了袁绍携美招摇的刺激。二人自幼较劲，这回本初占了上风。孟德溜达到谯城的郊野，踏春花，沐艳阳，远眺青山绿水，甚是郁闷。有一户人家击鼓吹笙，正在迎娶新娘。贺喜的人说，新娘子美得跟天仙似的。曹孟德一听，愣在了当场。他心生一计，拔腿就跑，直奔袁绍家的府第，如此这般讲了一通。

袁绍一拍脑壳：“好呀，好呀，咱俩今晚就干！”

夜幕降临了，但见月光下一高一矮的两条人影，伏茅草，爬斜坡，蹚溪水，窜向那户正举行婚礼的人家。宾客如云。袁绍怯场了，想打退堂鼓。

曹操笑曰：“本初果然鼠辈，一只退退虫。嘿嘿，退退虫！”

袁绍一咬牙：“我是退退虫吗？你是屁蛋虫。干！”

弯弯月儿下，野地黑乎乎。曹操和袁绍“潜入主人园中”，突然齐声高叫：“有窃贼，有窃贼！”参加婚礼的数百位宾客一涌而出，“魏武（曹操）乃入，抽刃劫新妇”（引自《三国志》）。那曹操扛了一百多斤重的俏新妇，向野茫茫的郊外狂奔，新妇晕过去了。曹操的力气大，由此可见，尽管他自称十岁搏鳄鱼有夸张的嫌疑。那袁绍跟在曹操的屁股后头跑得跌跌撞撞，失脚栽入土坑，刹那间大呻吟，横竖爬不起来了。袁绍“惊叫唤”（蜀中语）：“我的骨头断了，腰杆折了，哎哟哟疼死我也。”曹操唤他起来，他在坑中爬来爬去，一声惨叫：“全身的骨头折了呀，如何起得来？阿瞒你救救我，那些人捉了我，定要大卸八块！”

曹操急中生智——疯玩的少年更能急中生智，良好的直觉、灵动的身心带来瞬间决断。原野上火把乱舞，捉劫妇贼的人群东奔西寻。

扛着新娘的曹孟德高叫：“窃贼在此！”

深坑中的袁绍突然抓住藤蔓一跃而起。曹操的激将法，一激成功。

曹操伙同袁绍夜劫新妇，后文如何，那可怜的新妇被劫往何处，史料未载。

曹操从此名声大噪，袁绍灰不溜秋，一度羞于见人，自信力下降。谯城的浪荡青年说："阿瞒哥真厉害，智勇双全哩，本初一坨臭牛屎！牛屎堆堆大，小小秤砣压千斤。"

后来的官渡之战，曹操以两万人击败袁绍的十几万人马……

曹操二十多岁成家了，"于谯东五十里筑精舍……欲以泥水自蔽，绝宾客往来之望"。他隐居谯东大约一年半，然后出去做官。若干年间他妻妾成群，丁氏、卞氏、刘氏、杜夫人……先后为他生下了许多儿女。他不知足，偷香猎艳的勾当时有重演。

汉末皇室衰微，天下大乱，英雄奸雄起四方，曹操于陈留散家财，拉起了一支数千人的队伍，东征西讨，镇压黄巾起义军，又招降纳叛，势力渐大。建安元年（196），曹操战宛城，打张绣。宛城属于荆州，是个战略要地。曹操率领精兵强将打进城去，一马当先跑没影了。众将寻他千百度，却原来，他忙着寻找一个艳名远播的女人，这女人是张绣的婶母，据说艳冠荆州，目光温婉，举止十分典雅。

一个人极不浪与极浪，似乎有某种同构关系。曹操一头扎进了温柔乡，与张绣的婶母百般缠绵，天天昏天黑地，战争的杀气让位给了脂粉气。

门外，大将典韦持戟守着，谁也不许打搅主公的好事。

岂料那张绣鬼得很，网罗城中的残余部卒，袭击曹操，攻他个措手不及。典韦战死，他的长子曹昂亦战死，那漂亮女人不知去向。曹操猎艳，这一回吃亏吃大了，带着箭伤逃回老巢许昌。次年，曹操再度发兵打张绣，打了个平手。

建安四年（199），曹操与袁绍对峙于官渡（河北与河南之间的军事要地，位于许昌之南二百里）。张绣、贾诩来投，"孟德大喜"，拉着张绣的手不肯放，仿佛几十年的老友重逢。曹操和张绣结成了儿女亲家，共同对付袁绍，只字不提死于张绣之手的猛将与长子，也不问张绣的美艳婶母。

曹操的目的性极强，为了宏大的战略目标，一张脸上合乎时宜地长出了九张脸。时代怎么乱，他就怎么乱。这是理解曹操之为曹操的一把钥匙。刘邦、赵匡胤、朱元璋与曹操多有相似之处，不按常规出牌，意志力远胜一般人。

曹操不混乱，则很难洞察乱世的规律，很难旋入历史舞台的中心。以乱制乱是他克敌制胜的法宝之一。时代弄潮儿，必须对潮水的起伏、水下的暗流了如指掌。

曹孟德与时代乱，复与女人乱，盖因这位“乞丐携养”的“阉人遗丑”自卑心理根深蒂固，深入了潜意识，生根、发芽。他猎艳的劲头一直高涨。庞大的老婆队伍中缺一位绝代佳人，这与“盖世英雄曹操”不大匹配。在宛城他和张绣的婶母卿卿我我、如胶似漆，到头来损爱子折爱将，闹了个大悲剧大笑话……曹孟德连日狂饮杜康酒，憋着异乎寻常的色心。据说他发动官渡之战的动机之一是为了夺甄氏——当时颇具艳名的女人，袁绍的儿媳妇、袁熙的妻子。甄氏貌若天仙，或可称中国版的海伦。

古代的征战，夺美人也是常态。江山美人是连在一块儿的。

曹操大战于官渡时，年近半百了。袁绍大败，吐血而亡。曹操到袁绍的坟前哭祭亡灵，安慰袁绍的妻子；掉头纵马去了邺城，兴冲冲寻找大美人。不料他的儿子曹丕捷足先登，把生米煮成熟饭，迅速将甄氏据为己有，“涉其庭，登其堂，游其阁，寝其房”。

马背上的曹丞相傻了眼。这可是万万没想到的。步入袁府，他魂不守舍的样子，让左右愕然。官渡之战打了两年多，极惨烈，毕竟袁绍的兵马数量十倍于曹兵。曹操拼死拼活拿下了河北，却失掉了梦寐以求的甄氏。这不仅是美色问题，更关涉面子问题——他从小在乎别人的评价，自卑感根深蒂固。

甄氏前来拜见，欲言又止。曹丞相一时说不出话来。未能到手的大美人更显得风姿绰约，风中裙裾轻飘，标致的面容羞涩可掬，乌发有匆忙整理的痕迹。曹操一言不发，五内翻腾，直欲当庭长啸。那曹丕垂手站在一旁，“难掩得色”。

曹操胡乱讲了几句话，自己都听不清，然后转身走人，鼻孔喷闷气。旁边的史官记下了，曹操叹曰：“今年破贼，正为奴。”

甄氏嫁给了曹丕。后来曹丕称帝，甄氏做了皇妃，以仁孝敦厚著称。她对曹丕始终不冷不热。当年曹丕冲进袁府霸占她，这耻辱，她铭记在心。“冷美人”冷若冰霜，曹丕奈何她不得。曹丕将曹操生前的爱妾一概收入他的后宫，其扭曲心态，犹胜乃父。相传，才高八斗、风流蕴藉的曹子建进入甄氏的内心，占据了她的心房。她把用了许多年的旧玉枕悄悄送给曹植。曹植名篇《洛神赋》，闪烁着这位旷代佳丽的影子。

甄氏三十几岁被曹丕赐死，原因不详。

曹操抢美夺艳的劲头高，关羽看上的一位女子也被他夺去，弄得云长“心不自安”。这个细节见于张作耀的《曹操传》。他费尽心思要收罗关羽，却惦记关羽钟情的女子。此事表明，目标明确的曹丞相也会犯糊涂。如同董卓为一侍女与盖世名将吕布闹翻，拿长戟掷向吕布。“小不忍则乱大谋。”好在曹操犯了糊涂能及时醒悟，大谋未乱。

江东二乔，大乔嫁孙策，小乔归周瑜，曹操以号称百万之众征东吴，当与二乔无关，不过，《三国演义》中的诸葛亮以曹操觊觎小乔来刺激周瑜，足证曹操的色心色胆天下皆知。赤壁之战，数十万曹军一败涂地，而打败曹操的两个年轻人英俊潇洒至极，周瑜“雄姿英发，羽扇纶巾，谈笑间，樯橹灰飞烟灭”；诸葛孔明“身长八尺，面如冠玉，……飘飘然有神仙之概”。曹操逃回许昌，半年闷闷不乐，卧病一个多月。打败他的男人偏偏长得有模有样，举手投足跟美神一般。周瑜轻挥鹅毛扇，大破曹军如卷席……

曹阿瞒久违的自卑感又来了，头剧疼，辗转病榻苦呻吟，疑心太重，看谁都像刺客，把请来的名医华佗杀了。

曹操一生好色，几乎不写情诗。曹丕要写。曹子建的情诗更是多传世之作，如《美女篇》：“美女妖且闲，采桑歧路间。柔条纷冉冉，落叶何翩翩。攘袖见素手，皓腕约金环。头上金爵钗，腰佩翠琅玕。明珠交玉体，珊瑚间木难。罗衣何飘飘，轻裾随风还。顾盼遗光彩，长啸气若兰……”

魏晋时代的采桑女子也长啸。所谓“人的自觉”，女子受其惠。

曹操逐鹿中原，平定了北方，“烈士暮年，壮心不已”。汉高帝刘邦有绝色的戚夫人，西楚霸王项羽有虞姬，汉武帝刘彻有倾城倾国的李夫人，而曹操选择的十三个老婆当中，并无一位国色天香。张绣的婶母像个女特务。甄氏，他迟了半步。大乔小乔的绝代容颜，他连见都没见过……惭愧啊，“何以解忧？唯有杜康。”郁闷啊，“对酒当歌，人生几何？”他时常听曹子建的配乐唱诗，不听曹丕屡献的得意诗篇《秋胡行》，也许对曹丕抢先一步夺甄氏耿耿于怀。立曹丕为王储，则显示了他的雄才大略。

不可否认的是，曹孟德争霸天下，猎艳、拥美的劲头起了助推的作用。

光棍诗人兼基层小官白居易与《长恨歌》

白居易字乐天，三十五岁当上周至县的县尉，类似县公安局的局长。这一年他还打着光棍儿。古代的男子二十几岁未娶就羞于见人了。白居易的好朋友元稹又是个登徒子，绯闻不断，一度跑到成都与大他十几岁的薛涛闹姐弟恋，西川、东川闹得沸沸扬扬。《西厢记》里爬墙幽会崔莺莺的张生，原型就是元稹。“待月西厢下，迎风户半开。拂墙花影动，疑是玉人来。”中唐的诗坛，“元白”并称，“元”在前“白”在后。白居易听元稹讲一桩桩艳遇，心里暗暗的不是滋味。他追求长安的官家女儿杨氏，没有结果。他缺钱，脸皮子薄，爱惜《赋得古原草送别》得来的名声，一般不去京城的章台妓馆。苏州人顾况曾经调侃他的名字：“长安米贵，居大不易。”

考中进士的白居易到京畿周至县做县尉，对上级不卑不亢，对草民细民比较体恤。《观刈麦》一诗，透露出他的底层情怀，后来当了京城大官，仍写火药味很浓的《秦中吟》《新乐府》系列诗篇，矛头直指各类“权豪”，对骑在百姓头上作威作福的官僚集团毫不留情。这是白居易的可爱处。他确实心忧社稷，牵挂苍生，尽管他的沉郁不如杜甫，悲悯不如苏东坡。他的《琵琶行》写得非常好，《长恨歌》也出色，但是，这首盛传千余年的爱情长诗也有不少问题。

唐宪宗元和元年（806）年底，白居易、陈鸿、王质夫三个人逛周至县城外的仙游寺，品茶饮酒，听山风，观瑞雪，步松针，说起五十几年前的唐玄宗、杨贵妃，慨然而叹。王质夫对白居易说：“夫希代之事，非遇出世之才润色之，则与时消没，不闻于世。乐天深于诗，多于情者也，试为歌之，如何？”白居易答应了。他才高，多情，情爱之躯又长期闲置，于是回官舍写起来了。灵感烧烫了双颊。白天上班走神，夜里情思奔涌，细致入微地想象杨玉环的情与貌。“回眸一笑百媚生，六宫粉黛无颜色。”

杨玉环二十三岁入宫，到三十七八岁，犹能让七十多岁的唐玄宗专宠，后宫三千，“粉色如土”，这究竟是什么缘故呢？白居易要用他的诗笔歌颂老皇帝的深情。主题先已设定，然后大胆抒情。“春寒赐浴华清池，温泉水滑洗凝脂。侍儿扶起娇无力，始是新承恩泽时……”华清池的泉水艳波荡漾，水滑喻凝脂。“芙蓉如面柳如眉，对此如何不泪垂？”白居易行文至此，潸然泪下，自己感动了自己。半夜三更他披衣出门，布满天幕的寒星闪烁着杨玉环美丽的双眸。“七月七日长生殿，夜半无人私语时。在天愿作比翼鸟，在地愿为连理枝。天长地久有时尽，此恨绵绵无绝期！”

杰作问世了。王质夫激动得大呼小叫，抄写长诗数十遍。陈鸿作传奇《长恨歌传》。李、杨之恋成定局。清代洪昇的《长生殿》，把这动人的爱情故事搬上戏台推向民间，几百年长演不衰。白居易想象的东西影响了历史。

历史的真实果真如此吗？我们来细看。杨玉环是蜀人，十岁跟随叔父杨玄琰出川，十七岁嫁给李隆基的儿子、寿王李瑁，做了六年的王妃后，她被玄宗弄到宫中做女道士，障人耳目。《长恨歌》说：“杨家有女初长成，养在深闺人未识。天生丽质难自弃，一朝选在君王侧。”诗人把寿王李瑁拿掉了。杨玉环和年轻的寿王长达六年的婚姻生活，被白居易一笔勾销，他又堂而皇之撒谎，“养在深闺人未识”。稍晚的李商隐作《龙池》，写寿王失掉杨玉环的无限痛苦，足以证明杨玉环和寿王的夫妻恩爱。

皇权遮天蔽日，尤其是晚年的玄宗，荒淫无度，纵容奸相李林甫、杨国忠二十多年，祸国殃民。一场“安史之乱”，使得唐朝的五千万人口锐减至一千多万，华夏民族以此为转折衰落二百年，至北宋才有转机。白居易对玄宗祸国的大事视而不见，寿王妃杨玉环的痛苦他也不管，一门心思站在皇帝的立场上抒情，大抒特抒，以其非凡的艺术感染力蒙读者，蒙了千余年，制造了巨大的历史盲点。

鲁迅先生曾经打算写一部关于杨玉环的长篇小说，估计要推翻白居易杜撰的爱情神话。

杨贵妃侍君王十多年，也许有过两情相悦的时光，其间因忤逆皇帝，两次被赶出宫去。她的丰腴之身未能生孩子，是皇帝不让她生吗？三十多岁了，她还经常跳难度很高的霓裳羽衣舞，“长得君王带笑看”。唐玄宗完全不顾她的感受，命令她笼络安禄山，收大她十几岁的安禄山为干儿子，行洗儿礼，场面颇不堪。玄宗倒觉得好玩儿。

杂胡安禄山的体重三百三十多斤，“面带猪相，心头明亮”。老昏君则越来越像个糟老头，十五年不出长安城，开元早年的励精图治荡然无存，恶欲膨胀，为老不尊，“不要脸加勇敢”，干“扒灰”的龌龊事，置亲生儿子炼狱般的痛苦于不顾。他叫杨妃去笼络安禄山，做一头大肥猪的干娘，哪管杨妃的厌恶、恶心。昏君兼糟老头的气息，不那么好闻的。正人君子养正气，昏君奸臣纳邪气。李隆基又屡与梅妃、胡姬等厮混，大量吞服那些摄取精血的药丸子，及助情花、燃情果之类药物。他淘虚了，生病了，老迈之躯散发着腐朽的气味儿，病榻上挺尸似的。杨玉环小他三十几岁，“善文辞，通音律”，“举止娴雅，转照动人”；舞蹈如梦如幻，“昭阳殿里第一人”（杜甫）。而艺术引领人的自由天性，使人的自觉成为可能。舞蹈激情，野性难驯。兼之这位蜀中成长的女子喜欢火性大的食物，如雄鸡、荔枝、鹿茸；酒量奇大，不输给酒仙李太白。更兼她曾经多年浸润于年轻男子李瑁的清新气息，她会缺啥想啥。她会向往年轻，追忆年轻。她会渴望风流俊迈。她会再三忤逆不可一世的、“天颜嗔怒”的君王。做不做皇后，她不在乎。所谓“贵妃醉酒”（也是梅兰芳的名作），我怀疑她另有苦衷。她嗜酒，是因为长期的寂寞、无助、孤独，她是清醒的女人，知道自己无非是个宫中的超级玩物，龙床上的尤物。李白倒是理解她：“解释春风无限恨，沉香亭北倚阑干。”

杨贵妃倚栏杆，拍栏杆，醉栏杆。咫尺宫墙抹掉了她的远方，宫墙的后面没有世界。这里，不妨联想里尔克的诗篇《豹》。杨玉环何以吸引唐玄宗？或者说，老皇帝为何年复一年地揪住她不放？一个重要的原因，就是她野性难驯，而不是双方的所谓爱情。唐玄宗的枯藤手不断纠缠她玉一般的肌肤。日子再过下去，一味纵欲的昏庸皇帝越发老掉牙了，拄杖走秋风，天天吐黑痰，张口浊气多，她还得承欢侍宴、辗转侍寝！表面上备享荣华的杨贵妃，却哪有未来可言？她膝下连个儿女都没有。

法国哲学家萨特对人有个界定：人是人的未来。弗洛伊德反向强调：人是人的过去。杨玉环的过去是青春寿王，未来是龙袍糟老头，她两头受堵。

由于《长恨歌》主题的先行设定，白居易坚决要把杨妃与君王搞成生死绝恋，从阳世爱到阴间，爱到地老天荒。这太过分了，杨玉环泉下有知，断断不会认同。再让她朝朝暮暮伺候糟老头，她会乐意吗？谁希望她非常、非常地乐意？三十五岁的白居易。

天宝十四年（755），安史之乱爆发。次年，三十八岁的杨玉环被高力士奉旨缢死于马嵬坡。她只求礼佛而已，没有去乞求唐玄宗。她知道，乞求也没用。她太知道了。老皇帝的面子要紧，不会为了她的性命去恳求哗变的六军将士。她要死了，皇帝不作为。那几滴眼泪算是送她上路。临终前她从容礼佛，没有一点生离死别的味道。史料对此毫无记载。

李商隐《马嵬》质问道："如何四纪为天子，不及卢家有莫愁？"一纪为十二年，唐玄宗在位四十五年，约为四纪。洛阳女儿莫愁，天生丽质，嫁入普通的卢家备受呵护，幸福了一辈子。《马嵬》二首，指斥唐玄宗身为君王，却不能，也没有保护自己的妃子。为什么不保护呢？性命攸关的事情，要追问到底。李商隐把至尊的皇帝与鸡马牛等畜类并列入诗，愤怒之情溢于言表，受到《玉溪生诗醇》的笺注者王汝弼先生的赞扬。

李商隐对皇帝的态度，与白居易很不同。二人的价值观有明显的差异，但私交不错。白居易去世前，指定李商隐为他写墓志铭。

三十五岁的基层小官兼光棍儿诗人白居易，思想感情囿于体制，写下《长恨歌》，在很大程度上虚构了一桩爱情神话，衍生了无数的文化事件，影响力殊难估量。更让人诧异的，是一千多年来民众对虚构的默认，对谎言的宽容。看来，历史隐匿的东西太多，杨玉环只是冰山一角。《长恨歌》传到长安洛阳，白居易名声大振。他当上了翰林学士，终于娶杨氏为妻，名、利、色三丰收。不知道他在周至县埋头写长诗的时候，是否暗藏利益驱动。

白香山活了七十六岁，官至太子太傅，从二品，四十年享艳福，后期蓄妓成瘾，人所诟病。中唐异常复杂的官场，他能保持士大夫的良知与远见，冒着风险写大量的政治讽刺诗，指向利益固化、阴险百端的官僚阶层。做地方长官，他为小民谋福祉。治理杭州卓有成效。他调离苏州时，万民哭送，刘禹锡写诗形容："苏州十万户，尽作婴儿啼。"

白居易对异性美的渴望，类似北宋的欧阳修，二人的性情也接近，易生情，泪腺发达。十年情憋，导致白居易情感大喷发，写下一系列表达男欢女爱的诗篇。《长恨歌》堪称古代爱情长诗之最，情力更兼色力，可谓异彩纷呈，作为艺术品欣赏是好的，作为历史真实记录，则另当别论。

从整体的创作来看，唐朝最佳的情爱诗人当属李商隐。

李商隐："全家罗袜起秋尘"

"昨夜星辰昨夜风，画楼西畔桂堂东。身无彩凤双飞翼，心有灵犀一点通。"李商隐字义山，号玉溪生，其若干《无题》诗多写爱情、艳情，盛传至今。《夜雨寄北》一首，想念远方守望他的妻子王氏，情深而言简，汇入秋季漫天飘洒的巴山夜雨，二十八个字，字字珠玑，直叫人一吟三叹。"君问归期未有期，巴山夜雨涨秋池……"

李商隐的艳情诗、爱情诗为什么写得如此出色？本文尝试作一解。

唐宪宗元和七年（812），李商隐生于河南荥阳。他五岁识字读书，启蒙比较早，从三岁起，就跟随宦游的父亲辗转于江南，"浙水东西，漂泊半纪"，半纪为六年。十岁突然丧父，家道中落，陷入一片惶恐，小男孩儿的天垮了，紧张而迷惘的目光日趋内敛，日益催生敏感的神经。人生识字忧患始，家道中落郁闷多。郁闷会形成不易察觉的内心褶皱，将在未来漫长的时光中缓缓打开。当代法国哲学家德勒兹讲，人生就是十几个褶皱打开的过程。而大多数褶皱形成于童年期。直到生命终结，没有人能把所有的内心褶皱完全打开。大哲大贤也做不到。这反而使人生的意义成为可能。

人的生存，永远不可能被量化。弗洛伊德的精神分析学，非常重视人在五岁以前的身心状态，研究口唇期和肛门期。中国的民间，有"三岁看大，七岁看老"的说法。

李商隐小的时候，从河南到江南，舟车千万里，漂泊浙水东西，极目中原的苍茫大地与吴越山水。做六品官的父亲在镇江死去，后果很严重。母亲的连日号啕撞击着李商隐稚嫩的心。镇江待不下去了，母亲拖着一群儿女"扶棺返乡”，沿途凄凉，草木惊心。李商隐从十岁起就开始了困顿生涯，后来追忆：“四海无可归之地，九族无可倚之亲……人生穷困，闻见所无。”迁徙、读书、丧父、穷困，这个范式般的四重奏回荡于李商隐的早年生活。这些元素是如何对李商隐起交互作用的，对后世学人永远是个谜。李商隐的内敛、多思、敏感、倔强，由此而发端。换言之，他失掉了好家境，赢得自己宝贵的内心褶皱。古代一切优秀艺术家的童年少年，都有此褶皱，褶皱又因人而异。凡为严格意义上的艺术家，没有一个是当下常见的浅表性生存、快餐式生存、嬉皮笑脸式生存。

六年多的江浙生活，吴风越俗浸润，吴侬软语悦耳，吴姬越女初照眼，这对于李商隐来说，可能有异于中原一般小孩儿的情色启蒙。

少年李商隐埋头苦读，因为他是长子，将来要承担起家里的重担。情色启蒙埋入了皮下。老家荥阳有一位堂叔父，念过京城太学（最高学府），学识渊博，享有孝子兼处士（未仕的读书人）的巨大声誉。他拒绝了聘他做高级幕僚的一方大员，在方圆百里引起轰动。为何拒绝？因为他要照顾患病的母亲，“亲侍汤药二十年”，以教书为业。堂叔父成了李商隐的偶像，渐渐填补了父亲在他心目中的崇高位置。

大约十六岁，李商隐在“处士叔父”的带领下，远游东都洛阳，进入文章大家的超级沙龙。他惴惴不安地拿出自己的习作，大家们传看后，都感到惊讶。有个白胡子老头竟然对李商隐说：“老夫今生是写不过你了，但愿来世投胎，做你儿子吧！”

这老头是白居易，朝廷重臣兼文坛领袖，誉满天下。此言一出，长安洛阳疯传。

杜甫盛赞李白，韩愈专程拜访昌谷县的少年李贺，白居易高看十六七岁的李商隐，名满天下的欧阳修对二十来岁的苏轼几近崇拜，这在时下，听上去像神话传说，像藏着某种阴谋……

有了名气的李商隐进入退隐丞相令狐楚的府第侍读，类似家庭教师，待遇不错。侍读也陪玩，陪猎，野地里的活动半径大。令狐公子们趋美奔艳，布衣教师只能在一旁观看，不时垂下寒士谦卑的眼睑。“情种子”破不了土，开不了花。名媛淑女、香车宝马，近在眼前又远在天边。她们踏青扑蝶、荡秋千，她们粉面含春、香气袭人……一介寒士抱惭做着白日梦，想入非非而已，夜里拥抱着枕头，看月亮思嫦娥。

令狐府三年，情蔽一千天。

豪门的丫鬟也生得齐整，其中有个锦瑟姑娘，对眉清目秀的李商隐有好感。二人于大庭广众悄传情，目光相接一刹那，“咚咚咚”地心跳不止；花园里擦肩而过时，面红耳赤，走出老远才回首驻足，然后，各自去了。春花谢了，心花还在开。

入夏，李商隐情蔽如故，“情放”很艰难。月宫里满是寂寞嫦娥的影子。“嫦娥应悔偷灵药，碧海青天夜夜心。”刘贡父作《中山诗话》，记载了令狐家的侍婢锦瑟。李商隐和锦瑟姑娘互相暗恋大半年，偶有情话，吞吞吐吐。情细胞无限活跃，爱意的表达却类似罗兰·巴特的《恋人絮语》，曲折而幽暗，单纯又复杂。两性之间的意识向来是人类意识中最为活跃的区域，脸红、心跳、战栗、痴迷、癫狂，乃至几十年的同窗暗恋，白发萧萧羞于启齿，单相思要带进坟墓去，做鬼也相思。

“问世间情为何物？直教人生死相许。”问之所问，永无终结，却传递了恒久不变的爱之情态。这是人的特征。眼下这个特征正在淡去，希望不要土崩瓦解。曾经有部电影《山楂树之恋》，用一场冒牌的质朴爱情扭曲了20世纪70年代，唯一关心的只是票房。

李商隐与锦瑟姑娘终于冲破心理障碍，开始幽会了，秋夜残荷池塘边，呆望天上水中的月亮，吐字如呓语，目光迷离。双双呆若木鸡，靠近十分艰难，引力表现为斥力。手指绕过树枝，在黑暗中扭扭捏捏探索着，像是身体派出的小股先头部队。指尖一碰，闪电般缩回，宛若火力侦察。沉默。忽然间玉齿闪烁，讲出来的都是梦话。情意飘忽、缠绵。李商隐的身子无端抖上了，炽热的恋情抵达了冰点。鲁迅命名，这叫“火的冰”。锦瑟姑娘低眉弄裙带，纤纤玉指微翘。李商隐一瞥之下，闭目喘息，“义山直欲长啸荷塘”。那微翘的指头映入了灵魂，烧烫每一个毛孔。哦，时间静止了……两双燃情手终于互相缠绕了，吐气如秋兰，断断续续吐出了一点心事。爱意袒露了，欣悦穿透了全身数以亿计的体细胞。后来李商隐反复追忆，觉得自己在令狐府的池塘边待了大半夜。事实上没那么久，心理时间改写了物理时间。

令狐府查夜的老婆子在池塘的另一端尖叫，惊走了锦瑟姑娘。她身份卑贱，不敢造次。李商隐伫望那婀娜丽影仓促消失，迷迷瞪瞪回他的房间，从头细品味，再三停留于某些销魂的细节，比如目光与手指的紧紧缠绕。

他一夜无眠，抱枕呢喃。

情初放。情又蔽回去了，双方蓄积着更大的能量。李商隐挑灯夜读书，准备赴长安应考。十年寒窗苦啊。这可是头等大事。考不上哪有红袖夜添香？他已经有了一些名声的铺垫，又靠着令狐楚大人，“倚豪门”，很有希望金榜题名。唐代的科举考试，此二者是有用的。士子们的漫游风气与此有关。

二十岁的李商隐偕同令狐公子打马去长安，锦瑟躲在下人房里目送他。

令狐公子考上了，李商隐名落孙山。“长安有男儿，二十心已朽。”令狐绹做了京官，青袍耀眼，布衣李商隐打马回洛阳，伤心八百里。他觉得愧对荥阳的家人，愧对母亲巴望他出息的眼睛。为了挣钱养家，他继续做令狐楚的家庭教师兼幕僚。然而，锦瑟姑娘嫁人了，卑贱者身不由己，她只托人留给李商隐一方绢帕，上书“锦瑟”二字。诗人看呆了，连日心灰意懒。“春心莫共花争发，一寸相思一寸灰。”几十年以后，七律《锦瑟》横空出世：“锦瑟无端五十弦，一弦一柱思华年。庄生晓梦迷蝴蝶，望帝春心托杜鹃。沧海月明珠有泪，蓝田日暖玉生烟。此情可待成追忆，只是当时已惘然。”

陆游追忆唐琬的《钗头凤》，也是写于暮年。

令狐楚复出，做了太原尹（地方长官），李商隐继续他的游幕生涯，走洛阳，居太原，阅山东。“将军樽旁，一人衣白。”这位令狐前辈诗瘾甚大，诗文集一百三十余卷，中晚唐第一。年轻的李商隐在令狐府学到不少东西，包括实用性才干。唐宋六百年，读书人通常有三条出路，一是考进士，二是做地方大员的幕僚，三是教书收学费。李商隐加倍用功不舍昼夜，二十一岁再赴长安场屋竞争，再度落榜。这对雄心勃勃的才子来说是很要命的。二十四岁，他第三次拼搏长安，归于一声悲叹。仕途之难，难于上青天。

李商隐隐入王屋山脉中的玉阳山，自号玉溪生，借隐扬名。这是汉晋唐的士子们玩了千余年的老把戏，像李太白，玩得异常投入，闹了许多笑话。连绵起伏的玉阳山多设宫观，常有达官贵人的车驾，类似长安城外八十余里的终南山。李唐皇室的义昌公主是个女道士，她的道观就在玉阳山。跟随公主的一位颇具艳姿的宋道姑，和英俊修长的玉溪生好上了，双双一见钟情。

按唐律，女人不可二嫁，比宋代严厉多了，于是道姑多起来。单身的公主，每年遣出宫的宫女，大户小户人家的寡妇们，纷纷披上了“水田衣”。男子趋之若鹜，争拜三清宫，暗拜石榴裙。礼教的重压之下，两情相悦挡不住，暗流涌动艳波。李商隐和宋道姑暗里约会于道观，缱绻二十天。义昌公主发现了，醋罐子大摔。也许这位上了年纪的公主对李商隐有想法。骄傲的玉溪生嗤之以鼻。义昌公主气极，棒打鸳鸯散，拽了宋道姑返回长安。可怜的宋道姑，她一步一回头……

锦瑟姑娘之后，这是李商隐炽热的恋爱第二次中断。燃情的日子刚开头，忽遇瓢泼大雨。憋、恨、惆怅。往日的情景涌现。“相见时难别亦难，东风无力百花残。春蚕到死丝方尽，蜡炬成灰泪始干……”没有爱的巨大疼痛，哪有如此力透纸背的诗语？

李商隐在玉阳山隐不出个名堂来，于是出山了。在洛阳，他的堂兄李让山居家高吟他的《燕台诗》，隔墙却有耳，听醉了。“醉诗”的人叫柳枝，大约是个小家碧玉。她推门惊问：“谁有此？谁为是？”——谁写的诗？写诗的人是谁？李让山一笑答曰：“此吾里中少年叔耳！”唐代的青年男子称叔，女子称大娘。

好个柳枝姑娘，“手断长带，结让山为赠，乞诗……”由李让山引见，李商隐与柳枝当面相约，三天之后，于洛阳情侣们常去的溅裙水正式见面。柳枝说：“后三日，当去溅裙水上，焚香以待，与子俱过。”唐代的民间女子追男儿，此为一例。上述引文，出自李商隐自己的笔记。可是三天后他爽约了，表面上的原因是朋友们的恶作剧，拿掉他的衣物，使他出不了门，却可能另有隐情。洛阳的一个大佬早就看中了柳枝，柳枝匆忙约李义山，原因或在此。冬天，诗人已在长安。“雪中，让山至，且曰：‘柳枝为东诸侯取去矣！’”东都洛阳的那个大佬已将柳枝接走，据为己有。

年轻的李商隐两大意志：求仕，求美。求仕三落榜，求美三颓唐。真可谓“一寸相思一寸灰”。

屈指二十年，情憋李义山。这与白居易的生存情态有相似之处。吴越的情爱启蒙，玉阳、洛阳谋求邂逅，强有力的优良种子破土艰难，开花受摧残。李商隐和白居易的个体差异很明显，他的性格接近李贺。令狐楚的府中他待了七八年，近距离阅美无数，却跟他毫不相干。他被养尊处优的佳丽们处理成盲点。于是，“地火”奔突，孕育着一系列不朽的诗篇。

理解李商隐，此为紧要处。舍此似无二途。

厨川白村：“艺术是苦闷的产物。”弗洛伊德：“艺术是欲望的升华。”

二十六七岁的李商隐滞留长安求功名，结识了一户李姓的官宦人家，可能是作为短期侍读，陪那些公子哥儿和妙龄少女。又是咫尺天涯的群芳诸艳，莺声燕语不绝于耳。大才子奄拉脑袋垂下睫毛是常态了。白衣之辈，谁会青睐？还得陪着她们秋游长安的曲水。诗人黯淡落笔：“家近红蕖曲水滨，全家罗袜起秋尘。莫将越客千丝网，网得西施别赠人。”

“全家罗袜起秋尘”，我读了那么多的唐诗，这类句子仅见。秋尘，芳尘，艳尘，太有趣了。杜甫“暮随肥马尘”，李商隐颠颠地追秋尘。莫非芳踪所到之处，溅起的尘土也芬芳四溢？这可“色”到家了。诗人的真实感受就是这样，秋尘胜春花，尘光映霞光。

英国人霭理士的大著《性心理学》，由国学大师潘光旦先生翻译，注释中历数中国古代形形色色的恋物癖，未及李义山的“恋尘癖”。

如果我们的诗人恋爱顺利了，哪有那些传了千年的锦绣诗篇？艳情、爱情，剪不断理还乱……“刘郎已恨蓬山远，更隔蓬山一万重。”

诗语顿挫如杜甫，写情诗，并不咿咿呀呀抒情。爱到末路才会无病呻吟，变态成常态，像若干年来那些病毒般扩散的流行歌曲。李商隐关注国事，目注苍生，痛恨奸佞，热爱亲朋，眷恋山山水水，奇男子的儿女情怀也打上了这些烙印。生存是个整体。情诗有情爱之外的别样元素。日后在官场，他针对贪官庸吏发出了异乎寻常的怒吼。

李商隐二十七岁第四次试于礼部，终于榜上有名，看上去前程似锦，娶一方大员王茂元的小女儿为妻，王氏美而贤。夫妻点点滴滴的恩爱入了骨髓，故事曲折而生动。

李商隐为王氏写下了伟大的爱的诗篇：《夜雨寄北》。

苏东坡：“佳人相见一千年”

苏轼十九岁娶眉州青神县的王弗，过了十一年，王弗玉殒香消于汴京。他写《江城子·乙卯正月二十日夜记梦》是为了悼念王弗的。苏轼三十岁，回眉山丁父忧，期满，继娶王弗夫人的堂妹王闰之。王弗知书，王闰之识字，先后两位夫人的文化修养有明显的区别。王闰之更熟悉柴米油盐，这也很重要。后来苏轼遭遇“乌台诗案”，以湖州太守之尊锒铛入狱，举家惊怖。闰之夫人一把火烧了苏轼的许多文稿、墨宝，并且叉腰立船头，跺脚骂曰：“是好著书，书成何所得？而怖我如此！”——写书有啥用呢？把我吓得要死！

而在漫长的时光中，王闰之作为妻子和母亲的形象，总的说来是好的。湖州船上的烧书事件，也情有可原——强行登船搜查的官兵把她吓蒙了。

王朝云是苏轼的侍妾，钱塘人氏，初不姓王，她的名和字是苏轼起的，起于何时无考。“玉人家在凤凰山。”宋代杭州的府衙在凤凰山下。这位杭州小姑娘以歌伎兼丫鬟的身份入苏家，琴棋书画皆通，又读书，礼佛，向善，五六年间出落得珠圆玉润，融入了大文豪的家庭氛围。苏轼纳妾，当在徐州太守任上，时年约四十三岁，王朝云十六岁，有他的编年词作《三部乐》为证。宋代的官员纳妾成风尚，胜过唐朝。苏轼比较节制，史料称：“苏轼性不昵妇人。”苏轼做朝廷大臣的年月也讲过这类话，自称“声色独完人”，家里不蓄歌伎，缺唱歌用的牙板。这个中国历史长河中屈指可数的全才，一生的生命喷发点太多，不会囿于佳丽姿色，与柳永、晏殊、张先、欧阳修等人不可并论。

苏轼出乌台的监狱，千里贬黄州，长达四年半，命运的低谷反指艺术的高峰，前后《赤壁赋》《念奴娇·赤壁怀古》《定风波（莫听穿林打叶声）》等一大批佳作问世，被称为“天下第三行书”的《黄州寒食帖》也作于黄州。其时，王朝云是绽放于伟人身旁的一朵鲜花。苏轼字子瞻，王朝云字子霞，完全是情侣的称谓。苏轼昵称她“蓝小袖”，看来她喜欢穿蓝色的短袖衣裳。全家开垦东坡麦田，五月里，子瞻先生割麦子，“唰唰唰”，子霞提着竹篮子来“饷田”，“蓝小袖”在一阵阵的江风中，俏足踏过青青田坎。先生饿了，吃饭狼吞虎咽。先生饮酒醉矣，随口吟：“谁能伴我田间饮？醉倒唯有支头砖。”子霞坐田坎，轻抚躺在青草上小憩的子瞻，玉指插入亲爱者浓密的黑发……建议今之油画家以此作图。油画的视觉冲击力更强。

“遥想公瑾当年，小乔初嫁了，雄姿英发……”莫非小乔不嫁，周郎英姿不发？古今学者，未曾追问过这个颇有意思的问题。豪放词的巅峰之作，忽然提到小乔，什么原因呢？很可能，苏东坡正处于和王朝云的热恋期，狂恋期。公瑾有小乔，子瞻有子霞，否则，以苏东坡雄视百代的性格，不太可能写小乔。

黄州有一座栖霞楼，子瞻携子霞常去登临，远眺大江两岸的风物。后来朝云染瘴疠，三十四岁死于惠州，坡翁步步哀号：“此会我虽健，狂风卷朝霞！”崇佛的子霞葬于惠州西湖之栖霞寺。此系巧合还是天意？王朝云下葬后的第五天，墓前出现了五个巨大的脚印，俨如佛迹，苏轼亲眼所见，并作《惠州荐朝云疏》，记下了这件事。

苏东坡在黄州艺术创作井喷，有两三个重要因素，佳丽王朝云是其中之一。闰之夫人做饭，下田，医牛，把好酒藏起来，以备好客的丈夫不时之需。日常的温馨美则美矣，却不足以激发他井喷般的艺术激情。谁的贡献大？王朝云。佳人日夕在身边，苏东坡更容易抵达兴奋状态。古今中外的艺术家例子太多，大哲如罗素、海德格尔也不免如此。

林语堂的《苏东坡传》未能提及这一层。盖因林语堂先生长于国学而短于哲思。

唐宋士大夫讳言家中事，宋代似乎好一些。西方的诗人们有了爱情马上要歌唱，中国古代的诗人更多把诗笔转向歌舞伎，全宋词一万首，俯拾皆是。苏东坡写王朝云的诗词多达十几篇，此于唐宋文豪，相当罕见。从杭州、济南、徐州，写到黄州、扬州、常州，越写越多；被贬惠州近三年，写朝云的佳作直如东江的潮水。请看子瞻为子霞祝寿：“万户春风为子寿，直到沧海起扬尘。”

王朝云显然是苏东坡艺术创作的幕后英雄之一。有些事，苏轼自己不好讲，我们来替他讲。他在朝云的墓志铭中写道：“事先生二十有三年，忠敬若一。”坡翁被贬岭南，王朝云与他共患难，毫无怨言。她的一生，“敏而好义”，向学向善向美。

时隔九百多年，我们向她致敬。

苏轼被贬黄州的第三年，王朝云生一子，取名苏遁，眉眼酷似东坡，抓周单抓纸和笔。“摇头却梨栗，似识非分耻。”顶级文化大师，或有生理性的文化和道德基因。此间的朝云疼爱儿子，胜过爱东坡，每天抱着她的遁儿亲不够唤不停，转悠麦田、雪堂、南堂、临皋亭——所有这些遗迹，今之湖北黄冈市均有纪念物。王朝云母乳充足，遁儿吃不完，苏东坡掩了门悄悄吃，吮乳头，依稀有婴儿相，仿佛时光倒流几十年。他小时候吃母乳，又有健硕的乳娘任采莲，吃奶的时间可能比较长。受母性的长期浸润有利于仁慈之心。中国的文化先贤多有恋母情结，尽管套用弗洛伊德的概念未必妥当。

苏东坡四十九岁起复于黄州，夏天去金陵拜会王安石后，船行江中向芜湖，大热。七月二十八日，未满周岁的苏遁病死，朝云大恸，恨不得追随遁儿向阴间遁去。苏轼写五言长诗云：“吾年四十九，羁旅失幼子。幼子真吾儿，眉角生已似……归来怀抱空，老泪如泻水。我泪犹可拭，日远当日忘。母哭不可闻，欲与汝俱亡！故衣尚悬架，涨乳已流床。感此欲忘生，一卧终日僵……”

二十二岁失掉爱子的王朝云，其状之惨，谁也不忍心去详细描述。

子瞻细心照料她，喂羹汤，诵《心经》……他下决心永远告别官场，买田于常州的宜兴。等朝云的身子慢慢将息起来以后，可再生孩子，重拾母爱。苏轼屡向朝廷上表致仕（退休），也是为朝云考虑。泗州、扬州、常州……舟车转了一大圈，朝云的脸上渐渐有了笑容。她天性活泼，歌喉舞姿俱称一流，高挑婀娜的身子与伟岸挺拔的苏轼颇般配。

上海王水照教授考证过苏轼的身高，当在一米七五左右。苏辙更高一些。

子瞻与子霞努力再生孩子，扬州、常州吃得挺好，满面红光。去高邮的那几天，秦观陪着恩师，杀鸡宰鹅煮咸蛋，高邮的咸蛋很有名的。苏轼原本是个短髯红脸的汉子，面孔“极渥且丹”，喝点酒红得像夕阳。朝云的俏脸是一朵开不败的红牡丹，十余年后，她依然是“素面翻嫌粉涴，洗妆不褪唇红”。平时她不化妆，天然的肤色让皇宫赐予的脂粉盒显得多余，粉盒长期不用，专与尘埃亲近。她素面已是“长春花”（坡翁赞语）。子瞻、子霞以两张红润脸庞，出双入对，携手扬州著名的平山堂（欧阳修所建），并辔常州绿野，画船流连扬子江。闰之夫人也不大吃醋，对此，苏轼写诗表扬过她。

朝云后来一直未能受孕。莫非殇子之痛太甚，影响了她的生育？这又是一次沉重的打击。王弗夫人生苏迈，王闰之生苏迨、苏过，王朝云唯一的孩子苏遁升了天堂。她半夜流泪，背向她亲爱的子瞻；逢年过节不复歌喉婉转，弹琵琶隐隐有凄凉之声。琵琶是她的绝活，十二岁“琵琶绝艺”，她名动杭州城。

儿子是古代女人的立身之本，是代代相传的集体潜意识。朝云之伤，弄不好就会伤及五内。这个节骨眼上，东坡爱她疼她照顾她，无微不至。仁慈的官员、体贴的丈夫、杰出的诗人、严谨的学者、伟大的父亲、至孝的儿子，此六者合而为一的人，在西方历史上大约是找不到的。难怪世纪之交，法国的《世界报》评选苏东坡为“千年英雄”。

子霞何幸也，子瞻朝朝暮暮在她身边，日常生活的细节，他般般考虑周到，“意在朝云之先”。互联网上，时有南北的女性发宏愿：来生愿嫁苏东坡！由女声独唱的歌曲《我爱苏东坡》，曲调优美动人……王子霞在苏子瞻的精心呵护下渡过了难关，迈过了平生第二个大坎，“俏动足”又开始奔跑绿野了，逗草弄花扑蝶了。任妈（任采莲）曾用眉山话形容她回头俏、偏头俏、埋头俏、仰面俏。春天来了，她最喜唱：“花褪残红青杏小，燕子飞时，绿水人家绕。枝上柳绵吹又少，天涯何处无芳草……”中秋节，她琵琶弹唱：“明月几时有，把酒问青天，不知天上宫阙，今夕是何年……”连不谙词歌的闰之夫人都听入迷了，脱口道：“子霞，你唱得条声夭夭的，好听惨了！”

苏轼逃官如小儿逃学，几次逃不掉，终于重新戴上了乌纱帽，半年内从七品升至三品。高太后重用他，那就干吧，“以身许国”原本是他一生中最为强烈的意志。辛勤的工作之余是快乐的生活，萨特尝言：“严谨的工作之外，生活应当是一连串的赏心乐事。”苏东坡最倒霉的时候也能欣欣然，并且，毫不做作。如今蟒袍加身，大名垂宇宙，朝野共仰，年纪才五十出头，享受生活的能力无人可比。我称他为“生活大师”，全国苏轼研究学会原会长张志烈教授曾表赞许。

王朝云青春玉颜，品貌才艺享誉美女如云的汴京，获黄庭坚称道，秦少游填词歌颂，司马光私下语人：“子瞻好福气，老夫今世唯羡慕耳。”后人于惠州西湖之六如亭书写对联，以苏轼的口吻说：“唯有朝云能识我。”她知他、爱他、崇敬他，他疼她、护她、环绕她……双子星互相旋转，爱意染得天河醉。

这一年的端午节快到了，开封城外好风光，子瞻携子霞畅游三日，名词《浣溪沙·端午》问世：“轻汗微微透碧纨，明朝端午浴芳兰。流香涨腻满晴川。彩线轻缠红玉臂，小符斜挂绿云鬟。佳人相见一千年！”碧纨：碧丝衣。端午节也叫女儿节，宋代风俗，出嫁的女儿穿新衣新鞋回娘家时，途中或脱鞋赤足，嬉戏奔跑，入溪水浴香兰。她们的头上斜挂着驱邪的小符，玉臂缠了象征吉祥的红丝线，郊野花花绿绿的一大片，迤逦向远方。

朝云自幼离开了钱塘的父母，无娘家可回。这内心情感的细微处，苏东坡看得见。

什么叫体贴？看得见才叫体贴。什么叫呵护？看得细才叫呵护。苏子瞻向王子霞发出了爱的宣言：“佳人相见一千年！”翻遍唐诗宋词，类似的句子几乎没有。

由于古代现代的遮蔽，艺术作品后面的“红颜贡献”被大大收缩了。尤其是唐宋，官伎们竞争才色很激烈，六百年不衰。官伎一般不卖身。礼教是朝廷的意识形态，道德覆盖广袤的民间。官员比例小，影响面大，士农工商的价值排序罩着大局。士大夫活得面目亢奋，但大抵有个底线，道德像空气一样无处不在，平衡了欲望之舞。

笔者回思苏东坡向王朝云发出的爱情宣言，凭借史料，思及他和她细腻的生存情态，当然会有想象，毕竟《史记》也不乏想象和猜测。朝云“事先生二十有三年”，她的故事还多，细节生动感人。苏东坡的著名长调《三部乐》，自喻西方（印度）的维摩诘大菩萨，把她比作菩萨身边的散花天女。“美人如月，乍见掩暮云，更增妍绝……”

漫天落下的花瓣，冉冉飞升的女神。

她在岭南惠州溘然仙逝，绝美之花凋谢了，“高情已逐晓云空，不与梨花同梦”。

卷四

智

道家的智慧主要着眼于人与自然的关系，儒家智慧注重人际关系，此二者，乃是历史进程中的核心价值。智慧是多方面、多层次的，会因受阻而形成更大的冲击力、更多的显现方式。动物的智慧并不超出它的身体，而人类相对发达的大脑干涉身体过头，强力意志太甚，于是往往『聪明反被聪明误』。

古代杰出人物的智与不智的故事，同样惊心动魄，本卷将其纳入眼帘。

张子房的道家之智

老子五千字的《道德经》，在全球的发行量仅次于《圣经》。西方大哲关注他的程度，远在孔子之上。作为人类智慧的巅峰产物之一，老子本人的事迹可不多。东周王室衰落，连国家图书馆的书籍也散落在民间。老子骑牛出函谷关，应关吏之请留下了五千字，然后飘然不知所终。传说他活了一百多岁，是仙界的太上老君。唐宋以降，中华大地上布满了祭拜他的道观。老子对无、虚、静的思考，指点着历史进程中的有、实、动。儒、道、释相异相生，产生的张力不可穷尽。而在人与自然的关系日趋紧张的21世纪，老子的智慧作为消费主义、技术主义的反向指引，作为人性贪婪最有效的解毒剂，可望形成虚无总揽实有、无为平衡有为的滚滚大潮。道法自然、天人合一，乃是这个星球至高无上的人类共同价值。社会规律、资本逻辑、技术创造，必须服从自然的至高法则。

“自然”一词，深藏着华夏祖先的智慧：是它本来所是的那个样子，是河流的天然弯曲使河流成为河流。如果把自然视为“存货”（海德格尔），那就麻烦大了。如果打着欲望的旗帜，向自然无休止地索取，破坏、侵占成常态，那后果是不用多说的。

大地的命运将是所有人的命运。

二十几年前我写过关于刘邦的故事，对张良非常感兴趣。这个人物像老子和庄子一般难以琢磨。姜子牙兴周八百年，张子房（张良字子房）开汉四百年，实在是仰之弥高的高人。想不透，自然也写不透，但尝试着靠近他的愿望始终未变。本篇拟以二三细节，再次打量张良。

张子房原是韩国的世族子弟，司马迁见过他的画像，“余以为其人计魁梧奇伟，至见其图，状貌如妇人好女”——原以为他魁梧奇伟，其实他貌如好女。这倒是符合道家的柔克刚、弱胜强的思想。张良年轻时脾气也大，带了一名刺客，于河南的博浪沙刺杀灭掉六国的秦始皇，扔一百二十斤重的大锤，却只砸了秦始皇的副驾。秦兵大搜索，子房仓皇逃走。这事儿传得天下皆知。于是有黄石公在下邳的桥上三次扔鞋、张良奔桥下三次拾鞋的故事。

黄石公说：“履我！”张良乖乖地把鞋子穿在老人家的脚上，穿了三次。故事的结局，是懂得忍耐的张良获得了一部《姜太公兵法》。

秦末汉初，儒术未能独大，诸子百家的学说尚处于争鸣的阶段。但张良那颗“战略级”脑袋生长迅速。张良究竟读了多少书，今已无考，也许类似后来高卧隆中的诸葛亮，只是“观其大略”而已。一个人看书，重要的是悟，严防死读书——汉语典籍浩如烟海，有无数的岔道通向故纸堆、死胡同。张良有亡国之恨，有复仇之志，他需要克服的是他自己。黄老之学以无形制有形，正好克服他的血气之勇，内化他的强烈意志，犹如坚铁转化成了铁水。

张良散家财起义，人马不多，和刘邦的四千人走到一块儿了，两个男人都具有水的特征，灵动不拘，充满变化的可能性。二人的外形差异大，刘邦颇有男子汉气概。毛泽东也推崇刘邦，说“老粗出人物”。行事大刀阔斧的刘邦识字不多，是个老粗，也不大喜欢读书人，却能吸引当时三个最优秀的人物——张良、萧何、韩信，其中的缘故值得研究。细瘦如楚地女子的张良庶几可称“老细”，“老细”指点“老粗”，“老粗”言听计从。可见刘邦的老粗也是表面现象，不是本质性的东西。粗中有细，粗与细的搭配精确到毫厘。刘邦的脏话粗话张口就来，逮谁都骂，唯独没骂过张良。他知道张良的分量。

张良的举止飘然，单薄的身子经不住大风刮，行军南郑的途中被刮下了山坡。刘邦大笑，张良慢慢爬起来，白净的手指拂去尘土。刘邦嗓门大，张良音量低，萧何讲话慢条斯理的，韩信沉默如同一棵树——他在项羽的帐下做过执戟郎。刘邦和萧何是江苏沛县中阳里的同乡，彼此知根知底。萧何月夜追韩信，为汉王刘邦追回了一个横扫千军的统帅。韩信带兵，多多益善。韩信是张良从彭城带过来的。楚强汉弱，张良就挖楚国的墙脚，把人才挖走。韩信自知才高，奔项羽不受重用，投刘邦也被冷落了一段时间。他跑掉了，萧何把他追了回来。

初，刘邦攻下秦都咸阳，一头扎进了温柔乡，大享艳福，但张良劝他还军霸上，约法三章，赢得关中的民心。刘邦很听话。项羽自封西楚霸王，一把火烧了三百里阿房宫，鸿门宴上又不听从范增的计谋，放走刘邦。项羽太强大了，区区刘邦不值一提。刘邦带着人马远走汉中做了汉王，据巴蜀之富饶，养精蓄锐，韬光养晦。

关中的百姓怕楚军，思汉军。项羽这个人，一旦攻城便要屠城，一次坑杀秦军降卒二十万。

七十多岁的范增看刘邦看得很准，知道刘邦早晚有一天要从汉中打回关中，与项羽争天下，于是对他重点设防，并将楚军的主力留在关内。这样一来，刘邦“还定三秦”（关中）的战略受阻，他五十多岁了，从一介布衣做到汉王也知足了。然而张良献计：烧绝秦岭上的栈道，以麻痹楚军，伺机东还，一举拿下关中。当时的关中也称“天府之国”“金城千里”。刘邦一听有道理，说：“烧就烧吧。”

张良烧栈道三百里。那残存的古栈道我去过两次，依山岩凿孔而建，厚厚的木板上能走车马辎重。山高林密，野物乱窜。远望隐隐仿若汉初的风流人物闲步白云端……

看上去瘦弱的张良带了彪悍随从出南郑，走一路烧一路，火光映红了山谷，豺狼虎豹远走。项羽放心了，刘邦也放心了。栈道一烧，汉军不能东还，楚军难以西进。刘邦至少可以坐稳汉王的位置。此系张良献计的底线收益，刘邦听得进去。

齐王田荣造反，项羽率领大军远征。汉军还定三秦（项羽封的三个诸侯王，将关中一分为三）的最佳时机到了。大将军韩信出奇兵，老弱兵丁明修栈道，主力部队暗度陈仓，神兵从天降，三秦遂定。陈仓的那条小道是张良访问猎户得知的，是军中的最高机密。烧栈道又修栈道，不独为楚军所笑，亦为汉军将领抱怨，战功赫赫的樊哙大骂张良韩信，骂得越凶，张良越是捋须而笑。一代高人谋划着长远，连樊哙暴跳如雷的细节都考虑到了，目光锁定大局，出敌不意，让强大的对手捉摸不定。

所谓虚能致实，盖指“汉初三杰”之首的张子房矣。

汉四年（前202），楚汉相争到了最后阶段，以韩信为首的六十万汉军十面埋伏，围十万楚军于垓下（今安徽境内）。双方连月恶战，死伤惨重。项羽的八千子弟兵骁勇异常，个个如狼似虎，极大地鼓舞了楚军士气。汉军也无计可施。那张良着一袭道袍，登上山顶夜吹箫，声声皆楚曲，大批汉军歌而和之。战事胶着百余日，楚兵疲惫，缺吃少穿，突围又突不出去，思乡之情像突然袭来的传染病。张良横洞箫于高坡，在皎洁的月光下，在呜咽的山风中，一袭长袍的他状若神仙或鬼魅，悠长的箫声如泣如诉。汉军将士们低沉的歌声掠过人仰马翻、尸骨横陈的沙场，钻入楚军的中军帐。

司马迁写道："夜闻汉军四面皆楚歌，项王乃大惊曰：'汉皆已得楚乎？是何楚人之多也！'"张良轻松一招，四两拨千斤，击败"力拔山兮气盖世"的项羽。

西楚霸王自刎于乌江，年三十一岁。"貌如妇人好女"的张子房，楚歌一曲，轻取霸王，把以柔克刚用到了极致。

刘邦得了天下，为定都的事犯愁。刘敬劝他定都长安，而汉王帐下的文臣武将多是山东（今陕西华山之东）人，想定都洛阳。刘敬势单力薄，叹息连日。真理往往掌握在少数人手中，而少数人却拗不过大多数。刘邦举棋不定。这时候，张良出面讲话了，三言两语讲透定都长安的几个好处、建都洛阳的几个坏处，一锤定音，定下汉朝的四百年基业。群臣仍有不满意的，叽叽喳喳像麻雀叫。张良语音细，手势简单明了，他说话时，刘邦的长身子前倾，两只肥厚的大耳朵竖得高高。谁敢打岔，刘邦就骂娘。

天下既定，论功行赏，裂土封侯，刘邦让张良自择齐地三万户。齐地的富庶犹胜关中。武将们闹砸锅了，他们出生入死血战沙场，有些将军浑身是伤，到头来不及衣冠整齐、毫发无损、只管摇动三寸不烂之舌的张子房。岂止不及，还差得远呢，刘邦封的万户侯没几个。樊哙、彭越、周勃、英布、曹参……这些大块头的元勋很有意见，闹了一阵子，把目光转向韩信。韩信不表态。他钦佩子房先生，却对千里外的齐国有不便启齿的想法——韩信这个人，打天下私心重。多半跟他早年寒碜的流浪经历有关，乞食漂母，忍辱去钻市井泼皮的裤裆，从军后又长期不受重用。

武将大闹。子房默然。刘邦发话了，说："夫运筹策帷幄之中，决胜于千里之外，吾不如子房。"刘邦这话讲得有水平，和张良、萧何、陈平等人相处的时间长了，也能善文辞，抓住要害。论萧何的功居第一，他又讲了一段妙语，说武将是猎狗，萧何是猎人，猎狗怎能与猎人争功呢？众将哗然：原来他们不过是一条条猎狗……

刘邦熟悉各个层面的社会生活，性子野，悟性高，讲话一针见血。

等众将的喧闹声渐弱，张子房对刘邦说："陛下用臣计，幸而时中，臣愿封留足矣，不敢当三万户。"于是，刘邦封张良为留侯，食邑一万户。留：今江苏沛县东南。

知足常乐，退一步海阔天空，张良的这一退其实也是进，进入庄子式的齐物与逍遥。齐地三万户，留地一万户，对并无野心的张良来说，实在看不出有什么区别。群臣争功，他不争，这才是最大的区别。道家的虚静之智，毕竟高人一筹。韩信、英布、彭越，后来皆因不智，下场不好。战神一般的韩信被吕后杀掉了。连丞相萧何也犯了功高震主的毛病，经幕僚指点，主动干坏事进监狱，才避免了灾祸临头。

萧何居然干坏事！刘邦听汇报，龙颜大悦……

汉六年（前200）的分封闹了很长时间，"上（高帝）已封大功臣二十余人，其余日夜争功不决"。有一天，刘邦出洛阳的南宫，看见那些文臣武将聚于沙堆七嘴八舌，随口问："他们说啥呢？"张子房答："他们谋反。"刘邦惊问："天下安定了，为何谋反？"子房答："不少人犯过错误，担心受诛，所以要谋反。"刘邦忧虑道："如何是好啊？先生替我拿主意。"子房反问："陛下自起义以来，最恨谁？"刘邦切齿道："雍齿，数尝窘辱我，我欲杀之，为其功多，故不忍。"

子房正色对曰："那陛下就封雍齿为什邡侯吧。"刘邦一愣，旋即笑了，"于是上乃置酒，封雍齿为什邡侯……群臣皆喜曰：'雍齿尚为侯，我属无患矣！'"分封事皆大欢喜。

所谓大道至简，别人看见复杂，张良看见简单。

张良既是局内人又是局外人，妙就妙在这里。他似乎有分身法，一般人却哪里做得到？

苏轼《留侯论》曰："观夫高祖之所以胜，而项籍（羽）之所以败者，在能忍与不能忍之间而已矣。项籍唯不能忍，是以百战百胜而轻用其锋。高祖忍之，养其全锋而待其弊，此子房教之也……太史公疑子房以为魁梧奇伟，而其状貌乃如妇人女子，不称其志气。呜呼，此其所以为子房欤！"张子房的内柔外刚，司马迁不大理解，苏轼却理解。苏轼写此文时才二十几岁。他觉得，张子房貌若好女才正常，魁伟刚猛如项羽，则不正常。

什么叫志气呢？柔弱之人的志气倒是胜过了力能扛鼎的壮汉。

张良的身体不大好，这也使他看上去更像一个柔弱女子。从洛阳到长安后，他杜门谢客，养生一年多，辟谷，专吃植物的液体，弹琴，读书，郊游。这么好使的脑袋只用来欣赏自然美景。找他问政的人总是找不到他。先生着道袍，登木屐，采草药，访高士，“云深不知处”。先生要从历史的舞台上彻底消失，不写书，不传兵法，不收弟子。他基本上做到了。后来刘邦专宠戚姬，想换掉太子，吕后十万火急，几番问计于张良，张良推不过，才为吕后指点了一步妙棋，引出商山四皓辅佐太子，阻止了刘邦的任性。

张子房在上朝的时候对刘邦讲过一段话，总结自己：“家世相韩，及韩灭，不爱万金之资，为韩报仇强秦，天下震动。今以三寸舌为帝者师，封万户，位列侯，此布衣之极，于良足矣。愿弃人间事，欲从赤松子游耳。”赤松子：传说中的神仙。张良的儿子字不疑。后千余年，苏东坡的犹子（侄子）叫苏不疑。东晋王羲之的妻子郗璇，字子房。郗子房追慕仙子般的张子房，艳冠石头城，美到八十多岁，犹与人笑谈皮肤的弹性……

道家的智慧是优游于万事万物之间，逍遥复逍遥。鲲鹏飞得很高，俯向人间大地。一切智慧都是“切于人事”。所谓虚无缥缈，盖因常人执于事物，囿于眼皮子底下，目光难抵高人之境界耳。张子房洞察人性之幽微，看刘邦很透彻，伴君数十年，如师如友。他也不去劝告韩信、萧何、英布在政治斗争的旋涡中当如何如何。各安天命吧。

张良私欲少，这与秦末汉初人头攒动的竞争局面是不合拍的，而没有这种万人争雄的局面，刘邦也不可能打败项羽，缔造汉代江山。私欲的旺盛乃是常态，少欲才是异态。张良先生有足够的能力生活在别处。

汉初人杰如云，张良高蹈于所有的人杰之上，所以他才会说：“欲从赤松子游耳。”

“松下问童子，言师采药去。只在此山中，云深不知处。”

张子房的智慧再往上走，便是神仙了。

汉高帝刘邦的瞬间之悟

汉高帝刘邦“起于细微”（司马迁语），初名刘季，原是沛县中阳里的一名浪荡少年，与汉末的曹操一样“不治产业”。勤于农事的父亲经常骂他。后来他老骂别人，大约受了老爹的影响。他呼朋引伴、斗鸡走狗，活动半径大，思维日益扩展。他生得相貌不凡，“隆准而龙颜，美须髯，左股有七十二黑子”。他驾驭了一群混混、泼皮、二杆子，整天玩得不亦乐乎。食汉禄的司马迁形容他时罕见地用了“无赖”一词。

中阳里的寡妇门前，总有刘邦晃来晃去的身影。由于秦朝连年打仗，还有修万里长城，男人的数量大减，各地寡妇剧增。刘邦软泡硬磨很有一手，王媪、武负（妇）、袁姣……正史野史记下了这些女人的名字。中阳里的痞子头，猎艳的高手，不起眼的小吏，整天混吃混喝，居然娶了大户人家的女儿吕雉为妻。

是何缘故？有个细节。

吕雉的父亲吕公因避仇，寄居沛县的县令家，“沛中豪杰吏闻令有重客，皆往贺”。沛县管人事的官吏萧何，站在大门前代收贺礼。刘邦时为泗水亭长。秦制，县以下设乡，乡下每十里设一亭，以地名作亭名，置亭长一人。萧何带了拖腔重复一句话：“贺礼不足千钱者，坐堂下，坐堂下……”秦汉时代的人倒是不羞于说钱。刘季在朱门外的人群中，眼珠子迅速打转。萧何瞥他一眼，抿嘴笑笑，复念：“贺礼不足千钱者……”刘季跨前一步，朗声道：“贺万钱！”司马迁在叙述这个故事的时候，插入五个字：“实不持一钱。”

刘亭长大摇大摆而入，“吕公大惊，起，迎之门”。吕公善于相面，盯住刘季的面孔看了又看，刘季说啥他都相信，入迷了，钱不钱无关紧要。萧何在旁边说起了风凉话："刘季固多大言，少成事。"这位后来的汉丞相看谁都不走眼，只错看了刘邦。

忠厚守成的人不易识别滑头的能耐，二者的生存轨迹南辕北辙。

刘邦吃喝高兴了，豪宴上照常跷脚打腿，笑骂众宾客，谁在沛县有头有脸有架子，他就骂谁。他说的脏话很难听，颇具创造性，仿佛他不是区区亭长，而是堂堂沛县令。他展示左股的七十二个黑痣，摸摸不同凡响的鼻子和胡子，举止"豁如"，非同寻常地大气。吕公抵近瞧他，围着他的高大身躯打转，越来越感到他的面相隐隐贵不可及，于是，一拍大腿决定了，当众宣布，把小女儿吕雉嫁给刘亭长，"愿奉箕帚"。

这个轰动性事件，汉代人津津乐道四百年，至晋唐宋仍余波不息。

十余年后，刘邦在河南的芒砀山中，手提三尺剑斩蛇起义，"乱世英雄起四方，有枪就是草头王"。从东游西荡、骗吃骗喝到大言不惭迎娶豪门女，再到拉队伍攻强秦，刘邦的秉性得以伸展，痞子精神得以发挥，骂人治人吸引人的本事渐渐大起来。

可能循规蹈矩的少年儿童难成大器。小时候活蹦乱跳有利于身心灵动，培养瞬间的直觉。身体知道很多事情，身体知道的事情有时候比大脑还多。大脑对身体的干预要拿捏分寸。直觉这种东西，现代心理学是捕捉不到的。

刘邦既能夸海口，又有实干精神，他把对立的东西统一起来，悟出了朴素的辩证法。

南征北战的峥嵘岁月中，多亏了紧要关头的几次瞬间之悟，使刘邦终于战胜了几乎战无不胜的强大对手，立于不败之地。

五十岁的刘邦打进秦都咸阳，老毛病犯了，醇酒妇人云里雾里。秦宫佳丽多。猛将樊哙想把刘邦拉出温柔乡，挨了一顿臭骂，闷头闷脑去找张良。张良入秦宫谏曰："沛公欲一时之酒与色否？"刘邦一拍脑门子，醒悟了，秦宫的珠宝美女原封不动；又还军霸上，约法三章，严明纪律，对秦人秋毫无犯。秦中的吏民奔走相告。"秦人大喜，争持牛羊酒食献飨军士。沛公又让不受……人又益喜，唯恐沛公不为秦王。"

布衣刘邦不爱财，打仗得来的金银财宝散予属下，类似《水浒传》描绘的山东"及时雨"宋江。后来陈平用离间计，一次就带金四万斤，搞乱了楚军，气死了范增。贵族出身的项羽倒是抠门儿，出手不大方，韩信、英布等一批猛士，从楚营投了汉营。

韩信率领的大军所向披靡，攻下了齐地七十座城池，派信使见刘邦，想做假齐王，刘邦一听火冒三丈，开口要骂娘，张良赶紧在桌子底子踢他一脚，他醒悟了，改口说："要封就封真王，封什么假王！"

俗话说，卤水点豆腐，一物降一物。大丈夫气派的刘邦到了张良跟前，嗓门马上就低了。事实已经证明了张子房的大智慧，还将继续证明。刘邦不管三七二十一，凡是张良讲的，一概听从。如同听萧何讲后勤，听韩信讲征战，他的耳朵就长时间竖起，平时东张西望的眼睛一眨不眨，凝神倾听，痞相荡然无存。

汉军由弱转强了，由战略防御转入战略反攻，项羽害怕，在广武山（今河南荥阳东北）这个地方与刘邦达成了协议，"中分天下，割鸿沟而西者为汉，鸿沟而东者为楚"。刘邦很知足了，要遵守和议，率军西归。不可一世的霸王屈尊求和，刘邦心里真是说不出的受用，昼夜唱歌，梦里头都能笑醒。这个节骨眼上，他目光短一寸，背离了事物的法则和他自己的秉性，傻乎乎，要向宣称守约的项羽看齐。

张良进谏，说："什么协议不协议的，打过去！"若干年后，另一位伟人如是说："宜将剩勇追穷寇，不可沽名学霸王。"

项羽神勇而不智，鸿门宴放虎归山，又中了陈平的离间计，怀疑七十多岁的范增受贿，把范增气走了，他也负气不去追……到头来一败涂地。王公贵族往往把面子看得重，布衣则不然，提炼了痞子精神的布衣刘邦更善于及时醒悟，听张良一言，大军东进攻楚军。严格说来，至圣先师孔夫子也有一点痞子精神，刚与匡人签约，转过身就毁约，弟子们大惑：道德君子不是要讲诚信吗？后世儒者阐释为"权"：权宜。原则性和灵活性，孔夫子都要。当然，这种解释也给投机分子留下了空间。

刘邦为什么能醒悟呢？因为他的目光只差一寸，如果差多了，他就醒不过来，就会去听其他人的意见，把张良的高见撇在一边。痞子刘季与汉高帝刘邦并非两个人，打天下的过程中，痞气转化为正气、浩气，赢得了民心，顺应了历史潮流。他讨厌儒生的酸腐，把竹简当柴烧，但张良看书，足智多谋的美男子陈平看书，他就不敢轻视。

有一年，高阳（古乡名，今之河南杞县境内）的儒生郦食其求见，刘邦让两个女人替他洗脚揉脚，爽得“哎哟哟”地叫，都不正眼瞧郦食其。郦食其昂首站在洗脚盆前讲了两句话，他就赶紧穿鞋，待以贵宾之礼。郦食其献计，解决了他正在发愁的粮草补给。

广武山楚汉两军对峙，刘邦历数项羽的十条罪状，“项王大怒”，楚军发射弩机，隔数百米射中刘邦的胸部，血流如注。“汉王伤胸，乃扪足曰：虏中吾指！”左右迅速传话，以稳定军心：“楚军的利箭只射中了汉王的脚趾头！”

其实伤得不轻，刘邦回营帐就倒下了，七尺男儿痛得哼哼唧唧。那弩机射的箭远比一般的弓箭厉害，如果距离稍近，胸部就穿透了。汉军的将领们忙着安慰，伺汤药，张良却强拉刘邦出帐劳军，走遍了数十里营寨，“以安士卒”。刘邦累到半夜，箭伤加重了，移成皋，养伤数月，毫无怨言。“状貌如妇人好女”的张子房可没有一点妇人之仁。而病榻上的刘邦被人一拉就起来，忍着剧痛去劳军，表明他意识到安慰士卒、稳定军心的重要性，关键时刻很听话。

几个生存细节足够了——这是刘邦生命中的灿烂瞬间，足以战胜强大对手的瞬间。张良踢他，拉他，叫他撕毁协议，不许他卧床呻吟，他立刻就懂了。响鼓不用重锤，说的就是刘邦。张良作为第一谋臣，作为帝王师，可谓君臣相得，垂范后世。

“夫运筹策帷帐之中，决胜于千里之外，吾不如子房。镇国家，抚百姓，给馈饷，不绝粮道，吾不如萧何。连百万之军，战必胜，攻必取，吾不如韩信。此三者，皆人杰也，吾能用之，此吾所以取天下也。项羽有一范增而不能用，此其所以为我擒也。”司马迁几乎用白话指出了刘邦成就大事的秘诀。

刘邦有自知之明，有知人之智，人杰用人杰，共谋开汉的大业。大业既成，上下欢欣。在洛阳的宫殿里为年近九十岁的刘老太公祝寿时，刘邦的痞劲儿上来了，笑问其父：“当年您总骂我不治产业，夸哥哥能干。现如今您看看，是我刘季的产业大呢，还是吾兄刘仲的产业大？”

汉十二年（前196），六十岁的刘邦回到沛县中阳里，大宴父老乡亲，酒酣起舞，高唱《大风歌》：“大风起兮云飞扬，威加海内兮归故乡。安得猛士兮守四方！”

军事天才韩信：少一智，灭三族

淮阴即今之江苏淮安，韩信生于斯长于斯，家贫，却能读书习武，看来是个破落人家的子弟。他穷得叮当响了，吃了上顿愁下顿，依然佩剑游走于街巷，神情肃然，俨如春秋战国的游侠。演员张丰毅扮演过韩信，形象应该比较接近。韩信差不多是个流浪汉了，以手按剑的身姿冬夏不改，雄赳赳走在自己对古之高士、猛士的想象中，对街头的行人视若无睹。淮阴的泼皮们认为这个人的脑子有问题，当街拦他，逗他，模仿他，故意支脚绊倒他，拿肩膀撞歪他，然后一齐大笑，脸挨脸笑得不怀好意。

韩信不生气，我行我素。泼皮们得寸进尺，有一天不让他走，其中一个痞子头挑衅说："吓，利剑要喝血！我这脖子横竖有点痒，砍我脖子你敢不敢呀？侠士剑客要动真格的，砍我吧，刺我吧。不然，就从我的胯下钻过去！嘻，看你韩信今天是砍还是钻……"

全城的二流子闻讯奔来，团团围住韩信，打口哨的，扔果皮的，闹嚷嚷不亦乐乎。痞子头脏兮兮的胯裆大开，又将颈项伸得像鸭脖子。二流子们即兴唱起顺口溜："砍呀砍，钻呀钻，砍脖子大英雄，钻胯裆王八蛋！王八蛋，嘿呀嘿呀，王、八、蛋！"

潮水般的哄笑声中，那痞子头的癞皮颈项格外醒目。手起剑落，身首异处……韩信摇了摇头，闭目吸一口气，忽然伏地钻过了胯裆，弹尘，拂袖，扬长而去。

韩信穷，又折了侠士的名头，在淮阴的日子越发艰难了。他不事农桑与商贾，坚决活在自己对古代猛士的想象中。半夜读兵书，闻鸡舞长剑。肚子每天咕咕叫，辗转乞食，遭人白眼。当街钻胯裆付出了沉重的代价。男儿膝下有黄金，跪天跪地跪父母，韩信却跪了淮阴泼皮，爬过臭气熏人的胯裆。

好在他爬行的速度比较快，否则，那痞子头的两条腿会夹住他的脑袋不放。

韩信常去淮水上钓鱼填肚子，运气好吃大鱼，运气不好喝西北风。一个漂洗衣物的妇人可怜他，常常给他东西吃。《史记·淮阴侯列传》的一些现代注释，称"漂母"为老母，恐不确。很多年以后，韩信功成归故里，漂母尚健在。说明当年漂母应该不算太老。

青年韩信对淮水畔的漂母感激涕零。

天冷了，鱼不好钓了，韩信转而寄食于亭长家，继续读书练剑，几个月吃白食不干活，赖着不走。亭长的老婆恶言恶语将他赶走……屈辱笼罩着韩信的精神世界，磨炼了他的意志，落入典型的自卑与超越的模式，埋下了日后反弹过当的伏笔——褶皱的最后一次打开将是悲剧性的。

韩信去从军，追随项羽，做了一名执戟郎，天天持长戟肃立于将军的帐外，跟木头人没啥两样。他给项羽写了几封信，惊人的真知灼见，比如讲张良火烧栈道是个阴谋，奈何霸王的智谋，与其伟岸的身貌不符。

韩信跳槽，转投刘邦，千里迢迢进南郑，复被汉王轻视。一群下级军官作奸犯科，韩信也卷进去了。事发，杀了十三个人，轮到斩韩信时，他高叫："汉王不是想要夺取天下吗，安能杀壮士？"监斩的夏侯婴奇之，松绑，与之一席谈，"大说（悦）之"，马上报告了汉王刘邦。刘邦当天找韩信谈话，仍然看不出这个钻过胯裆的男人有什么特异处，胯下受辱之辈，何以自称壮士？刘邦在这件事上可能有先入为主的偏见。

韩信升治粟都尉，管理军中的粮草，应该说不错了。汉丞相萧何和他交谈过几次，"大奇之"。萧何待人温和，不像刘邦动不动要骂人，见客还洗脚。韩信这才打开了话匣子，滔滔不绝。那时候军心并不稳，栈道一烧，沛公还定三秦的战略目标不啻空中楼阁。几十个军官逃跑了，包括有名的战将。

入夜，韩信骑马溜了。萧何闻报大惊，快马加鞭，抄小路月夜狂奔，把韩信追了回来。刘邦亦大奇，与韩信接席长谈，才发现此人果然了得。司马迁记载的这次谈话韩信所说不足百字，却堪比诸葛亮的《隆中对》。其中，韩信评价项羽：平时对属下仁爱有加，部下有病痛，他哭哭啼啼，可是一旦涉及分封事就婆婆妈妈，官印拿在手里都磨坏了，他还舍不得出手，“忍不能予”。韩信总结项羽，只用了八个字：匹夫之勇，妇人之仁。

汉王听这一席话，大喜，要设坛拜韩信为大将军。

张良止之曰：“不急。”

军中先放出消息，要拜大将军云云，于是周勃、灌婴、樊哙等许多战功显赫者都抱着希望。汉王宣布之日，所有的战将全傻了，今人叫作“大跌眼镜”。胯下小儿，逃跑都尉，居然，居然……然而韩信治军的高明，却不下于战国时代的孙膑。半年，众将皆伏（服）。老弱修栈道，奇兵出陈仓，一举定三秦。韩信又亲率大军攻齐，连下七十余座城池，未尝一败，被封齐王；攻下赵国五十余座城；杀了项羽手下的头号猛将龙且。垓下一战，韩信指挥六十万汉军围困十万楚军，以绝对的优势兵力绞杀项羽。

项羽势大之时，曾经派人游说韩信，韩信一笑置之。他早就把项羽看透了。

天下定，刘邦改封韩信为楚王。齐王是韩信自己要求封的，改封楚王也不错，楚地广袤千里，自古富庶。可是韩信不高兴。刘邦让张子房自择齐地三万户，子房不受，只愿做个留侯。这件事未能触动韩信。攻无不克、战无不胜的韩大将军，看来兵书读得多，老庄读得少，也不去请教张良先生。他带了怨气赴封地，视美女无颜色，食佳肴缺滋味。金碧辉煌的楚王宫里，他还想着长安的未央宫，“求意志的意志”常态化了。次年韩信谋反，被告发。陈平设计，刘邦“伪游云梦泽，会诸侯于陈，楚王信迎，即因执之”。

被抓起来了。昔日楚王今日囚。

齐人蒯通几番摇唇鼓舌，煽动了他的反意，却被提上囚车，押解洛阳。刘邦问他究竟能带多少兵马，他回答：“臣多多益善。”他还进一步认为，刘邦至多能带十万兵。刘邦笑问：“你带兵多多益善，怎么为我所擒？”韩信说：“臣不过将兵而已，陛下善于将将……”

刘邦开国之初分封的若干诸侯王，韩信第一个谋反，开了一个很坏的头。但刘邦念他打天下功高，非但没有治他的死罪，反而改封其为淮阴侯。这算仁至义尽了。淮阴是韩信的故乡，他衣锦荣归，车驾浩浩荡荡。

当年做楚王、都下邳时，他曾派人找来淮水上的漂母，赏千金，报答她的施舍。又找来那个市井痞子头，问这问那。痞子头吓得尿裤子，叩头如捣蒜。楚王韩信哈哈一笑，环顾众将领，表扬痞子头：“此壮士也！如果没有胯下之辱，我也不懂得那个忍字。”

淮阴侯韩信的这个忍，却是典型的小忍。此间他待在汉都长安，发不完的牢骚，常常称病不上朝。满朝文武谁不上朝啊？韩信搞特殊，摆架子。刘邦暂时不让他到封地去，当有改造他的臭毛病的意思。蒯通的妖言在他的脑子里回响。司马迁写这个齐国人蒯通，用墨颇不少。韩信并不缺少报恩、忠君的念头，然而辩士蒯通引古说今大论滔滔，把单纯的军事脑袋搅糊涂了。韩信没事干，每日闲溜达，总去老部下的住处，听一番奉承话，喝几杯美酒，心里便舒坦，第二天却是牢骚更甚，“怏怏不乐”，落入了恶性循环的心理模式、情绪模式。张良、萧何、陈平这些人的府第，韩信是不去的，因为去了要当学生，摆不了开国元勋的架子。“汉初三杰”，韩信只是老三。汉高帝刘邦多次强调这一点。也许淮阴侯脾气上来，对子房先生都不服气：“齐国城池七十多座，赵国城池五十余座，龙且，项羽……靠三寸不烂之舌能拿下吗？要靠实力，靠实力，实力非虚力！”

虚无、虚静的力量，不独古代的韩信不懂，今天不懂的人更多。

樊哙原是屠狗匠，自追随刘邦以来，一直对攻无不克的韩信敬若神明，言必称大王，自称臣下。樊哙的低姿态是发自内心的，韩信高傲的姿态同样发自肺腑。韩信常去找樊哙，大抵是找感觉，听恭维，讲那些年沙场征战的故事：某一战如何如何。阔嘴猛牙的樊哙诚惶诚恐，毕恭毕敬，“哙跪拜送迎，言称臣，曰：‘大王乃肯临臣！’信出门，笑曰：‘生乃与哙等为伍！’”生：一辈子。

淮阴侯的思想问题越来越严重了，思维有了局限，视野也开阔不了。沙场征战的胜绩困住了他，蒯通的妖言迷惑了他。刘邦的宽大为怀，张良的道家风度，近在咫尺又远在天边。他竟然再一次谋反，与巨鹿太守陈豨密谋于长安，想来个里应外合，推倒汉室江山。结果，复被告发——告密者是韩信的家臣。其时刘邦率军亲征陈豨，吕后用萧何计，把韩信骗到宫中五花大绑。“吕后使武士缚信，斩之长乐钟室……夷信三族。”夷：灭。

丞相萧何曾有恩于韩信，所以萧何的话韩信不会怀疑。于是韩信受诛，父、母、妻三族，估计不下数百人，旦夕之间死于韩信愚蠢的念头。吕后下手极快。以仁厚著称的萧何做何感想，史料无记载。刘邦班师回长安，“且喜且怜之”。

若由刘邦来处置韩信，多半不会杀他。司马迁叹曰：“假令韩信学道谦让，不伐己功，不矜其能……于汉家勋可以比周、召、太公之徒，后世血食矣！”伐：夸耀。血食：杀牲取血，享受祭品。

如果淮阴侯韩信有一点道家智慧，退一步真能海阔天空，功勋可比周公、召公、姜太公。三族代代荣华富贵，子孙绳绳，而不是男女老幼血淋淋的人头满地滚。可惜了。

秦末汉初，争强斗胜之风大盛，武将们几乎无不如此。天下定而此风不息。刘邦封的若干个异姓王几乎都谋反，俱遭灭族之灾。可见单一的意志是危险的。老子、孔子、庄子能看见单一，而严格意义上的智者总是寥寥无几。老子拒绝介入具体的历史进程，盖因历史有着巨大的、不可测量的偶然性。

连宇宙的生成与毁灭都是这样，何况区区人类乎？

赵匡胤的战略性决断

刘邦开汉四百年，宋太祖赵匡胤建立的大宋王朝持续三百年。两朝大约相隔一千二百余年，一些历史性智慧成形了。赵匡胤是洛阳人，据说初生之时有一道金光入室，环绕如龙；又传说他躺过的龙爪树树荫下寸草不生。他生得彪悍，性情豪爽，喜读书，善枪棒，少年时代就走南闯北，广交社会上的各类人物。有个兄弟叫赵光义，即后来的宋太宗。兄弟二人深夜对饮时发生的一桩事，“烛光斧影”，太祖暴亡，乃是宋史最大的悬案。

五代十国五十多年的割据，至北宋重归一统。赵匡胤原是后周皇帝柴荣手下的禁军将领。后周的都城是开封，开封城外四十里有个陈桥驿，一个普普通通的驿站。周世宗柴荣崩，幼主立，是为恭帝。赵匡胤与禁军中的铁哥们儿发动陈桥兵变，废掉恭帝。这帮禁军的铁哥们儿，人称“义社十兄弟”。宋代官史称：赵匡胤一觉醒来，发现自己已黄袍加身，大惊——其实兄弟们串通好了，把他搬上龙椅。赵匡胤控制的军队进入开封城，兵不血刃，“市不易肆”，市民照常买卖。军事政变不死人，历代不多见。

赵匡胤定国号为宋。他曾经在宋州（今河南商丘）担任归德军节度使，羽翼渐丰，于是念念不忘这个宋字。

赵宋立国之后，宋军又经若干年的南征北讨，血染山河，南北遂定。笃信佛祖的南唐后主李煜抱恨而降。蜀主孟昶骄奢淫逸，连溺器都是金子做的，十几万蜀兵不战而溃。艳名远播的花蕊夫人愤然写诗：“十四万人齐解甲，更无一个是男儿！”蜀破，花蕊夫人为赵匡胤所获。宋太祖江山美人兼得，然而螳螂捕蝉，黄雀在后……

宋军大将曹彬、王全斌在攻城略地的过程中用尽了手段，后者更以残暴著称。打荆楚时，王全斌下令削过千余俘虏的鼻子，命其血肉模糊打前阵，敌军大骇，兵败如山倒。这一招，王全斌学曹操。官渡之战，曹操打袁绍打急眼了，胜负毫发之间，兽性大发。

孟子尝言，人的本性，“其异于禽兽者几希？”

打天下，既需要仁义之师，也需要虎狼之师。仁义得民心，虎狼所向披靡。二者的效用难分高下，结合起来就能打胜仗。赵匡胤以武力结束了五代纷争的乱局，但此时却需思考两个比战争更为棘手的问题：如何治国？靠武人行吗？

后者的答案是否定的。

自唐玄宗天宝十四年（755）安史之乱以来，中央集权削弱，藩镇割据，朝廷内斗不休，五代又群雄并起，二百年未得治世（司马光讲过这类话）。宋太祖赵匡胤怎么办？他手下的兄弟们早已养成虎狼之性，弄不好就坐大一方，不听招呼，甚至串通一气扯起叛旗——赵匡胤本人就是干这个起家的。

“五代干戈，四海瓜分豆剖……”（李清照）开国元勋易犯骄傲自大的毛病，汉初的韩信是典型，封了楚王犹不知足，谋反被擒，刘邦再封他淮阴侯，他又反，最后横扫千军的军事家被斩杀。盛唐的三镇节度使安禄山荣华至极，他享用的奇珍异宝连唐玄宗都没有，还是要谋反，二十万大军杀奔长安抢龙椅。安禄山、史思明都没有好下场，包括他们的儿孙。“权力欲”害死了多少人。安禄山的儿子安庆绪也要做皇帝，派李猪儿暗杀了安禄山……

权力裹挟人。权力的欲望根植于每个生命体。山里的和尚也要争袈裟，抢馒头。

武人的生存路数，几乎决定了他的一生，他很难不骄矜。骄矜的后面是骄横。韩信大将军闲居长安，总是摆出一副瞧不起人的样子，羞与身经百战的樊哙为伍，细想非常可笑。韩信还不是一般的武人，他有文化，是杰出的军事战略家。

宋太祖赵匡胤深知这一层：功勋卓著的将军们难治。他和曹操一样读了很多书，行军打仗手不释卷，因之而目光长远。刘邦不大读书，却对学富五车的张良和陈平言听计从。宋太祖身边有个开国丞相赵普，史称赵普学识非凡，智慧出众，“半部《论语》治天下”。赵普进谏，常常直取要害，说话不好听。但是赵匡胤必须耐着性子听。事后证明，赵普差不多每次都是对的。丞相带了好头，官员就来仿效。

从杀气中走向龙椅的赵匡胤能反观自身，能推己及人，又总结了汉晋唐武人坐大的历史教训，看问题很清晰明了。战功赫赫的将军差不多个个任性，有些人已经开始乱来，骄奢淫逸，凌侮文臣，鱼肉百姓，他必须解决这个生死攸关的大问题。

怎么解决？他昼思夜想，踏雪访赵普，关起门来谈半天，定下了一个重大举措。

赵匡胤的这一举措不单惠及宋代，在历史长河中也有着巨大的符号意义。

史料称之为“杯酒释兵权”。

宋太祖威加海内，一代英主的地位大致稳固了，一日，他召集武将们宴饮，畅谈军旅生涯，讲那些永远讲不完的战斗故事，强化珍贵的战争记忆。这些将领都是太祖的老部下，包括义社兄弟、禁军（中央军）首领，都是血雨腥风一起走过来的。

酒酣耳热之际，太祖发话了，佯称自己并无御天下的才德，建议另推一人坐龙椅。毫无心理准备的将军们一个个大惊失色，不知如何是好，齐刷刷地跪下。赵匡胤玩的这一手，意在强化忠君的氛围，虽是玩小手段，却是有大智慧。有时候细节会决定成败。氛围这种东西，对所有人都有影响，也许顶级的智者如老子庄子是例外。武人大抵粗猛，思维面相对窄。

赵匡胤一手制造的那个历史瞬间，值得再三玩味。有一些老部下泣不成声，朝龙椅叩头，发誓一辈子对太祖皇帝忠心耿耿。

有了上述精心设计的场景，赵匡胤宣布了重大决定：让将军们解甲归田，或是出任地方大员，总之，交出手中的兵权。爱将们傻眼了，面面相觑。这就叫“飞鸟尽，良弓藏”吗？接下来是不是要“狐兔死，走狗烹”呢？他们紧张，惶恐，互相猜疑。却有人率先表态，坚决拥护皇上的决定——这是事先安排好的第二招。其他人谁敢不表态呢？但口服心不服的将军并不少。让他们即日交出兵权，离开心爱的军队，离开出生入死的兄弟们，等于割他们身上的肉啊，等于拿锥子刺他们的心！

龙椅上端坐的宋太祖一言不发，表情不怒自威。一百年后的名臣富弼有名言："人主好恶，不可令人窥测；可测，则奸人得以附会。"

人君，必须显得莫测高深。

汴京宫殿里的气氛紧张得要命。战将们个个六神无主、战战兢兢。太祖暗忖火候到了，慢吞吞开了金口，讲了一番话，大意说人生短暂，拼杀了几十年的将军们何不享受生活，置田产，造华屋，蓄美女，儿孙绕膝，其乐融融。

猛将石守信一拍脑袋："皇上讲得对呀，是应该及时行乐！"于是，附和者众，包括杀人如麻的王全斌。

殿外偷听的丞相赵普捋须笑了。

且听大殿高坐的宋太祖赵匡胤又说，皇室的公主们愿与开国元勋的儿子联姻，永结上下之好……将军们受此恩宠，伏地三呼万岁。君臣联姻的目的，是巩固上层建筑，也埋下了形成利益集团的隐患。北宋的开国元勋们于半个时辰内，受惊复受宠，刚猛无敌的硬脑袋让太祖三拨两弄，都转过弯来了。脾气再大、功劳再高的人也得服从形势。

两年以后，一切风平浪静，将军们爱上了声色犬马，赵匡胤与赵普的密谈才解密——

宋建隆二年（961），太祖问丞相："唐末以来，皇帝换了十姓，兵戈不息，原因何在？"

赵普答曰："方镇太重，君弱臣强而已。只要削其权，制其钱谷，收其精兵，天下自然安定。"

史家们称，这是赵普为强化中央集权制定的三大纲领。寥寥几句，道出治国的真谛。皇帝与丞相完全合拍，三大纲领得以实施。一系列细化的措施、法令相继出台。文武大臣、地方大员的权力受到各种形式的限制，皇帝也不能为所欲为。例如仁宗朝，四个中书省的给事中，可以联名驳回圣旨。

宋太祖赵匡胤重文抑武的战略性决断，维系了国家的长治久安。两宋三百年，农工商繁荣，人口大增。士大夫空前踊跃，尤其是北宋，名臣如云。宋太祖立下国法：不可杀士大夫。广开言路为立国之本。太宗、真宗、仁宗、英宗、听政的高太后，谨遵这一国法。自秦汉以降，如此对待士大夫的君王是极其少见的。宋太祖的不肖子孙如宋哲宗、宋徽宗辈，也不敢违背国法，只敢对他们看不顺眼的言事者动用酷刑，削鼻断舌斩手足，流放了一大批贤臣——北宋一百六十多年的江山毁于宋徽宗。

抑武的副作用是军队的战斗力下降。而承平日久，生活世界丰富，形成巨大惰性，军队自会消磨战力。安禄山反叛时，“中原百年不识刀兵”。北宋如果没有那个“矜小智”的皇帝宋徽宗，也不会败于金国，失掉辽阔的北方，变成南宋。

削藩，收兵权，制钱谷，鼓励士大夫大胆言事，赵匡胤的治国之智超越了汉唐的君主。真宗朝和长达四十二年的仁宗朝乃是鼎盛期。太监声音小，外戚不干政，边将坐不大。太后皇后们大抵没有私心。名臣星罗棋布，犹如恒星闪耀于历史的天空：寇准、范仲淹、包拯、富弼、韩琦、范镇、欧阳修、张方平、王安石……以及年轻的苏轼、曾巩等。而唐玄宗在位四十五年，前期励精图治，后期祸国殃民。李林甫这种口蜜腹剑的败类之尤，居然在唐玄宗手下做了十九年的丞相。

赵匡胤立国后一直想迁都长安，因为开封平旷，乃四战之地。赵光义坚决反对。其实，赵匡胤心中隐约不安：赵光义在汴京有了势力集团。考虑迁都，也是为了拆散这个集团。可惜手足之情遮蔽了他的政治洞察力。

有个细节有些蹊跷。在后花园，一名宠妃摘花献给皇上，赵光义在侧，突然拔剑，砍掉了妃子摘花的那只玉手，血流了一地，众人惊惶不已。太祖愕然。不动声色的赵光义谏曰：“陛下英明，当远离声色。”

赵光义却是个色中饿鬼，劫妇摧花无数，强暴李后主的妻子小周后；暗中勾搭太祖宠幸的花蕊夫人，欲将花蕊夫人据为己有。太祖大怒，吼他几句又罢了。

赵光义当众砍断妃子的手，什么意思呢？赵匡胤也不去深想。危险在向他逼近，他浑无知觉，尽管历史上有过太多杀兄弑父夺龙椅的事件。赵光义砍断宠妃的手，诱奸花蕊夫人，反对迁都长安，此三者，使其明里暗里的党羽们更猖狂。篡位的阴谋紧锣密鼓。终于在一个大雪纷飞的深夜，赵氏兄弟二人对饮于深宫，烛光摇曳，帷幔间，影影绰绰。远处观望的太监宫女，忽听一声撕肝裂肺的惨叫。

是夜，宋太祖驾崩，年仅五十岁。赵光义黄袍加身，是为宋太宗。“烛光斧影”的故事，在宋代只能悄悄讲，流布于民间。此事容后细表。

赵匡胤杯酒释兵权，成功抑制了武人称雄，防范了边将骄横，限制了汉唐以来开拓疆域的皇家意志。北宋没有大的内乱。一百多万军队自保江山绰绰有余。立国百年时，血气方刚的宋神宗上台，三朝老臣富弼警告他：“陛下临御未久，当先布德泽，愿二十年口不言兵，亦不宜重赏边功，干戈一起，所系祸福不细！”苏轼上书止战，言辞更激烈：“好兵者必亡！”宋神宗下令进攻西夏，先后损兵六十万。这个意志力强大的年轻人闻战报，当庭大哭，染疾不起，只活了三十八岁。宋徽宗更愚蠢，联金攻辽，结果被金人吞掉北方的大好河山。

赵宋开国皇帝的智慧维系了一百六十多年，而大宋国势式微，似乎也是历史发展的规律。

卷五

勇

勇是血气之勇，勇生智，智生勇，往复循环。所谓大智大勇、智勇双全，恰好显现了二者之间的辩证关系。严格意义上的勇士都有智慧和仁慈的支撑，他们的庙堂英姿和民间故事可歌可泣。勇与智一旦剥离，勇与慈一旦相背，大大小小的悲剧就会上演。莽勇、匹夫之勇，古往今来何其多也！

西楚霸王项羽："力拔山兮气盖世"

智与勇有时相背，有时相连。血气之勇往往生智慧，因为后者并不是静态的。亢奋乃至偏执的激情状态亦能催生大智慧。西哲如尼采、福柯几近癫狂，他们对人类处境的思考直如狂风暴雨，证明了真理的偏执形态。这里有一个问题：什么叫偏执？由此进而追问：何谓人类理性？近现代的西方大哲对所谓人类理性多有质疑。

在我的印象中，项羽的血气之勇冠绝古代，他指挥的楚军力克强秦，力克诸侯，横扫八方，历七十余战，差一点就战无不胜。勇生智，智生勇。没有出神入化的战争智慧，哪有如此的盖世神勇？项羽和罗贯中笔下的吕布、关羽不可并论，后二者只是赫赫战将，用刘邦的话来说是"功狗"。项羽打仗悟出了"万人敌"，智勇双全，却跟韩信一样少一智，功败垂成，身首异处于乌江。这也难怪，秦末汉初风云激荡，更高的智慧悄然登场，至柔克至刚，举手投足之间，置酒笑谈之际，化盖世神勇于无形。

本文尝试用几千字的篇幅为项羽画像。瞄准三五个生存细节，一窥霸王全豹。

《史记·项羽本纪》："项籍者，下相人也，字羽。初起时，年二十四。其季父项梁……项氏世世为楚将，封于项，故姓项氏。"下相：今江苏宿迁西南。季父：叔父。秦灭六国数十年后，六国的复仇复国之志未减。"楚虽三户，亡秦必楚。"

《史记·项羽本纪》："项籍少时，学书不成，去；学剑，又不成。项梁怒之。籍曰：'书，足以记名姓而已。剑，一人敌，不足学。学万人敌。'于是项梁乃教籍兵法，籍大喜，略知其意，又不肯竟学。”项羽对书本的轻视一如刘邦。后人云：“刘项原来不读书。”他们倒不是文盲。项羽读兵书也不大用功，略知其意而已。我估计他天生异禀，一目十行，摄其精髓。诸葛亮读书“观其大略”，心领神会足矣。

毛泽东讲过：“一上战场，所有的兵法都忘光了”；又有军事名言“在战争中学习战争”。

项羽身长八尺余，“力能扛鼎，才气过人”。很难想象这样的男人会抠字眼死读书。血气太足，天生神勇。据说他的双眼有四个瞳仁，曰重瞳。项羽一旦怒吼，胆子大的后生也吓得屁滚尿流。他的手上似乎总是提着敌军将领的首级。

秦始皇游吴中的会稽，车驾浩荡几十里，秦卒个个凶悍，长戟如森林，项羽在观望的人群中轻蔑地说：“彼可取而代也。”项梁大惊，“掩其口，曰：‘毋妄言，族矣！’”

刘邦做泗水亭长时，去咸阳出差，也见过秦始皇出游，叹赏曰：“大丈夫当如是也！”

项梁以八千精兵起义于会稽，项羽为先锋。渡江而西，再渡淮水，收英布、蒲将军等，得六七万人。项羽转战千里攻襄城，“襄城坚守不下。已拔，皆坑之”。坑：活埋。他坑杀的不仅是襄城的守卒，也包括十五岁以上的男丁。项羽屠城坑卒自此始。

所谓神勇，暴戾是其中的一大元素。秦将白起曾经一次坑杀赵军四十万，创历史之最。乱世杀气盛，兽性高涨。士卒攻城艰难，常常连月浴血，拿下了城池死伤无数，于是烧杀抢掠，以泄兽性。此其一也。其二，以此震慑下一座城池的守军和百姓。

项羽的军队所向披靡，短短两三年，荡平大部分诸侯。恶战秦将章邯，大胜，活埋降卒二十万于新安（今河南渑池）之南。项羽坑降卒的理由简单：免除俘虏造反。他这一坑，坑坏了他在关中的名声。上将军宋义形容他：“猛如虎，很如羊，贪如狼。”很：倔强执拗。项羽杀掉宋义，逼楚怀王封他为上将军，后来又阴杀楚怀王。古人讲的王道与霸道，项羽单单取霸道，不识王道为何物。他宣称识字只是为了记住姓名；尊范增为亚父，又疑其不忠，对他有二心。项羽重瞳欲裂吓坏了多少人，看人才，却比刘邦差得太远。张良火烧栈道，韩信曾写下千字长信提醒项羽：其中必有诈。项羽哪里肯信，韩信彻底失望了，弃楚奔汉，去了南郑。

刘邦先一步攻入咸阳，“财物无所取，妇女无所幸”，还军霸上，并约法三章。这些举动引起范增的高度重视。但项羽不重视。不重视是因为他眼界小，看不远。此时项羽拥兵四十万，刘邦仅十万。灭刘，机会千载难逢。范增抓住机会设下鸿门宴，使项庄舞剑，意在沛公。项羽谈笑风生，他对沛公刘邦的态度是杀亦可，不杀亦可。杀鸡焉用牛刀？项羽认为自己就是一把牛刀。他的注意力集中在闯入宴会的樊哙身上——猛人通常会留意猛人，类似斗鸡专找斗鸡。

樊哙带剑硬闯鸿门宴，几近凶神恶煞，“瞋目视项王，头发上指，目眦尽裂。项王按剑而跽曰：‘客何为者？’张良曰：‘沛公之参乘樊哙者也。’”眦：眼眶。参乘：侍卫。跽：直身而跪。先秦和汉代的人席地而坐，按剑而跽，是一种警惕的姿势。接下来，樊哙喝下斗酒，瞪圆了恶目，生吃了一条猪前腿，展示自己的战斗“肌肉”，向霸王雄起。

刘邦借口“如厕”（上厕所），溜之大吉。

范增仰天叹曰：“唉，竖子不足与谋！”竖子，犹言小子。

该杀的人项羽不杀，不该杀的，他大杀特杀。韩信用八个字概括他：妇人之仁，匹夫之勇。西楚霸王所恃者，唯武力耳。雄兵四十万，天下谁与他争锋？他厌恶秦都咸阳，一把火烧了三百里阿房宫，“楚人一炬，可怜焦土”。他不考虑一位谋士定都于关中的意见，东归彭城（今江苏徐州），“曰：富贵不归故乡，如衣绣夜行，谁知之者？”那个谋士讥笑项羽沐猴而冠，项羽大怒，烹杀了谋士。可怜的楚军谋士，姓名也未能留下……

号令各路诸侯的西楚霸王要衣锦昼行，显摆给天下人看。这贵族子弟倒把面子看得要紧。布衣刘邦没有这毛病，谋士娄敬进言，张良再点他几句，他马上就决定建都于长安，赐姓娄敬曰刘敬。项羽东归时二十七八岁，就大局意识而言，这个武人确实过于轻率了。盖世之神勇，却无远见卓识。一杆枪、一匹乌骓宝马纵横天下，年复一年杀得昏天黑地，血染战袍，血光冲天，要让他的脑袋兼具不同凡响之智，难于上青天。

“纵横天下三十年”的关云长也是少一智，丢了战略要地荆州，丢了项上人头。

汉元年，韩信出奇兵还定三秦。四十万楚军大都在齐地作战。汉二年春，刘邦会诸侯兵来攻楚都，胜，入彭城，洋洋得意，“收其货宝美人，日置酒高会”，大摆庆功宴。四月，项羽的三万精兵千里奔袭彭城，刘邦尚沉迷在美人堆中。楚军势如破竹，“日中，大破汉军。汉军皆走，相随入谷、泗水。杀汉卒十余万人”，刘邦会集的五十六万人马被打得望风而逃。楚军以虎狼之势追击，“汉军却，为楚所挤，多杀，汉卒十余万人皆入睢水，睢水为之不流。（楚军）围汉王三匝”。刘邦这回死定了，哪知项羽回救彭城如此神速。三万人打败五十六万，创战争史上的奇迹，堪比东晋谢安参与的淝水之战。刘邦大哭：“张良、韩信在吾帐下，岂能一败涂地！”

其时，“战神”韩信正向齐国进军，张子房大约在韩信军中。刘邦哭爹喊娘没用了，当初入咸阳，急于享受醇酒妇人，张良棒喝他。此番入彭城，他又是醇酒妇人，左抱右拥，却于睡梦中惊起，仓皇逃出了温柔乡，连滚带爬于黑乎乎的荒野，伏地哭曰：“温柔乡泡死我也，泡死我也！”

神勇的项羽，把五十六万汉军变成了乌合之众。三万楚兵凌晨发起攻击，喊杀声四起，俨如天兵天将。火光中，巨人般的霸王一马当先，左冲右突，如入无人之境。刘邦的军心瞬间崩溃——闻霸王亲率大军掩至，几十万人马魂飞魄散，兵败如山倒，狂逃的途中又自相践踏，死无数。著名的彭城之战，此为关键处。汉军根本不知道楚军有多少人马，仓皇中以为山东的楚军悉至，铺天盖地皆为楚军。项羽的长途奔袭大收奇功。

可是这一战打得太惨了，泗水、睢水漂浮着二十多万具汉卒肿胀的尸体，夏天的太阳连日暴晒，尸臭五十余里。汉王泡温柔乡，导致汉军遭到毁灭性打击，尸骨相挤……

日近黄昏，楚军三层围困残余的汉军，势若铁桶，刘邦在劫难逃。全身披挂的项羽立于高丘哈哈大笑，声震辽阔的原野。根据司马迁的描述，霸王的身高当在一米八五以上，体重或近三百斤，全身肌肉如铁，呼吸皆杀气，一跺脚地动山摇……帐中的刘邦即将呜呼哀哉。四月的鲜花到处盛开，可怜的汉王，看见的全是血色，没有任何援军，唯有死路一条。落到霸王手里哪会有好下场？然而老天爷来救刘邦了，“大风从西北而起，折木发屋，扬沙石……楚军大乱，坏散，而汉王乃得与数十骑遁去”。天意，或许是有的吧。大风送来了汉朝的四百年江山。刘邦登基后归故里，高唱《大风歌》，显然对大风情有独钟：“大风起兮云飞扬，威加海内兮归故乡……”

次年，美男子谋士陈平诈降楚，带去四万斤黄金分赠楚将，阴（暗中）使人散布说：“范增暗通汉王。”项羽犯嘀咕了，左想右想拿不准，他的脑袋指挥战争好使，看破诡计却难。项羽用人疑心重，又不读书。范增七十几岁了，一向无二心，也不贪财，项羽忽然怀疑他，削去他的一部分权力。范增大怒，曰：“天下事大定也，君王自为之！”

头号谋士一气之下走掉了，途中背疮发，死于道路中。这事表明，范增是个倔老头，火气上来了，智商也下降。估计他辅佐项羽六七年，生不完的气，终于气死，横尸荒野……

广武山楚汉两军对峙，项羽对鸿沟对面的刘邦说：“天下匈匈数岁者，徒以吾两人耳，愿与汉王挑战决雌雄，毋徒苦天下之民父子为也！”匈匈：汹汹，形容动荡不安。刘邦对此是什么态度呢？“汉王笑谢曰：‘吾宁斗智，不能斗力。’”一个“笑”字，传神之极。司马迁的文学性描写随处可见。另外，司马迁遣词造句精准、简洁，一字抵十字。

西楚霸王真是脑袋空空，不思考。单挑，怎么可能呢？一千个刘邦也打不过项羽。刘邦讲斗智，明欺项羽智商低。汉军中响起了一阵哄笑。项羽怒，要烹杀人质——刘邦的父亲刘老太公。刘邦大声说：“你我曾在楚怀王的麾下结拜为兄弟，我父即你父，你想烹杀我父亲，好呀，分我一杯羹如何？”

项羽愕然。关键时刻，刘邦的痞子精神发挥了作用。具有骑士风度的项羽只好作罢。刘老太公后来寿至九十岁……

垓下大战，韩信指挥六十万汉军十面埋伏，一度纵马与霸王单挑，斗了几个回合，不敌，拨马便走。项羽恨透了这个钻人胯裆的淮阴小儿，乌骓马一跃几丈，眼看要生擒韩信，樊哙却来接战，攻势相当凌厉，项羽一时竟胜他不得。汉军黑压压掩杀过来。楚军退。张良的一支洞箫又吹散了项羽八千子弟兵的军心。

夜里休战，项羽不能寐，反复唱一首歌：“力拔山兮气盖世，时不利兮骓不逝。骓不逝兮可奈何，虞兮虞兮奈若何。”宝马与美人都不愿意离开他。虞姬跟随霸王五六年了，爱意入了骨髓。项羽虽然神勇，却懂得佳丽的内心，这与《水浒传》中轻视妇女的梁山英雄迥异。项羽杀人如麻，却又爱得细腻……

霸王在突围的途中迷路了，一老农恨其残暴，指引他走错方向。追兵至，项羽和他的壮士们反身再战，杀退汉军。霸王顾左右曰："吾起兵至今八岁矣，身七十余战，所当者破，所击者服，未尝败北，遂霸有天下。然今卒困于此，此天之亡我，非战之罪也。"

追兵再至，霸王掉转马头再战。最后只剩下二十八骑，冲入汉军的阵营，削掉无数的汉军脑袋，犹有二十六骑——可见项羽的部将个个骁勇。猛士的身边全是猛士，谋士一个都没有。

在项羽身上，勇与智，呈现为对立面。

项羽退至乌江，不肯过江东，对艄公叹曰："天之亡我，我何渡为！且籍与江东子弟八千人渡江而西，今无一人还，纵江东父兄怜而王我，我何面目见之？"他把乌骓马送给了艄公。汉军数千追杀到乌江，项羽徒步迎战，"所杀汉军数百人"。司马迁的记载如此，这可不是小说家之言。加上前面的战斗，项羽应一人杀死千余汉军将卒。霸王之霸气，哪怕在名将辈出的战国时代，恐怕也找不出第二个。春风杨柳乌江畔，霸王挥剑自刎，八年来头一次倒在自己的血泊中，年三十一岁。汉军五人分其尸，皆得封侯。争抢的过程中死伤数十人。

汉王刘邦厚葬项羽，"泣之而去"。汉王流的是政治眼泪。这也是曹操的拿手戏。

太史公司马迁对项羽，先赞而后责："羽……自矜功伐，奋其私智而不师古，谓霸王之业，欲以力征经营天下，五年，卒亡其国，身死东城，尚不觉寤而不自责，过矣。乃引'天亡我，非用兵之罪也'，岂不谬哉！"

血气之勇，项羽可谓造极也。军事之智，韩信独步当时。这两个英雄豪杰的命运有相似处，而视野，远远说不上开阔。单纯的争强，争勇，争利，争权，很容易使人一根筋。即使项羽过乌江东山再起，那结局也好不到哪里去，因为他的结局由性格、视野决定了。项羽以武力经营天下，五年就亡国。

今人反思项羽，不妨多针对单纯的血气之勇带来的弊端。

嵇康：与山巨源绝交书

嵇康是曹操的曾孙女婿，魏晋时代的“竹林七贤”之首，天下士子的偶像。魏晋提倡所谓“人的自觉”，嵇康是代表人物。然而司马昭之心，路人皆知。什么心呢？司马家族取代曹魏帝国的野心。曹操挟天子以令诸侯，曹丕废汉称帝，开国功臣司马懿的儿子司马昭就不能篡魏吗？——这是司马集团的想法，看似有些道理，其实不然。

曹操以战争机器终结了利益无限纠缠的汉王朝，其子孙做了皇帝，朝着治世的方向作出有效的努力，宇内大抵澄清，重生产，重教育，移风易俗，兆民受其惠。司马昭的篡魏野心是要重启乱局，与曹操的篡汉不可并论。两晋是中国历史上少见的黑暗期。加上同样黑暗的南北朝，乱世长达数百年。野心勃勃的司马昭肇其先，打开了恶之门。

嵇康官居中散大夫，人称嵇中散。以官职作称呼是古之常态，例如人们把王羲之呼为王右军。今日余波未息，如张局、李队之类。嵇康生得“龙章凤质”，体格高大，相貌英俊，喝醉酒摇摇晃晃的时候，朋友们形容他有如“玉山将倾”。他上山采药，山民以为神仙下凡。所谓的玉树临风，可能嵇中散最贴切了。平日里他言语不多，俨然一座沉默的玉山，这玉山，却是一座岩浆奔突的火山。

大权在握的司马昭，动用各种手段打压曹氏集团，架空曹睿，为他儿子司马炎称帝扫清障碍。他冷眼打量那些倨傲的读书人，同时备下了“胡萝卜”和“大棒”。士的阶层崛起于东汉，以言论造势，势力不小，对皇权有制约，足以抗衡日益嚣张的太监、武将。有名的“党锢之祸”，是皇权对士大夫的一次大规模围剿。

司马昭人在洛阳，却盯着二三百里外的山阳（今河南修武县西北），山阳有个嵇康，嵇康家有一片竹林，竹林里有一群博学而倨傲的士人，专与司马集团唱对台戏。全国的士子又仰望“竹林七贤”，对七贤的一举一动高度关注。单是首都洛阳的太学生就有数千人之众。当初曹操重教育，五百户以上的小邑都有官办学校。

嵇康写书又打铁，劳心兼劳力。向秀鼓风，刘伶饮酒，阮籍穿一条裤衩，躺在树杈上看书，王戎“恒视”夏天的太阳，阮咸吹笛子赶着几只乳猪，山涛闲溜达，远眺太行山……地理学家郦道元对嵇康家的这片竹林有过记载。李白写诗云：“懒摇白羽扇，裸袒青林中。脱巾挂石壁，露顶洒松风。”古代画工以“竹林七贤”的风采作图无数。

竹林精神，是秦汉以降最大的自由符号之一。一部《世说新语》，讲七贤的事迹甚多。

嵇康打铁二十年，竹林的聚会也持续了二十年，从三贤、五贤发展到七贤。嵇康重视养生，吃五石散，标准的体形不亚于罗丹的大卫，却并无裸体的记载。裸体最厉害的是刘伶，在家里迎客时一丝不挂，把客人吓跑，他又在秋风中裸奔于大街。阮籍偶尔裸一回。他侄子阮咸搞赤条条的日光浴，弄得村里人远远地绕道走……身体发肤受之父母，裸体首先是不孝，其次才涉及风化的问题。司马昭宣称以孝治国，他不言忠，因为他时刻准备篡魏，是个权倾朝野的乱臣贼子。竹林诸贤在孝的领域跟他作对，比如阮籍的父亲去世，嵇康带了酒肉去奔丧，在灵堂前大吃大喝，有违孝道，山阳、洛阳、许昌，传得沸沸扬扬，太学生奔丧公然仿效；号称“第一酒鬼”的刘伶为母守灵，“饮酒二斗，吐血三升”……这些贤士的怪异举动都是冲着司马昭的。

“竹林七贤”，分别来自山东、安徽、河南。

嵇中散长期打铁，养家糊口，拒绝司马氏给的高官厚禄，坚决站在曹氏家族一边，捍卫社稷的稳定。事实上他成了天下读书人的领袖。他的作品、言论和行为艺术，传播的速度比七八月的风还快。

夏季的一天，司马昭的心腹钟会带着几个人到竹林来了，“乘肥衣轻”，即骑肥马，穿绫罗，与嵇康家的寒碜破旧形成反差，显然是炫富。嵇康光着膀子打铁，淬火，古铜色的皮肤非常健美。钟会是书法大师钟繇的儿子，有战功，能著述，可谓文武双全，《三国演义》写钟会的篇幅不少。钟会更大的本领是趋炎附势。他是受了司马昭的指派，来竹林侦察动静，干间谍的勾当。嵇康没理他。竹林里但闻打铁淬火的声音。空气在烈日下流动。钟会“乘肥衣轻”，是要让嵇康瞧一瞧，啥叫荣华富贵。这个贵公子衣裾轻飘，绕着挥舞铁锤的嵇康慢慢转了几圈，一言不发。

魏晋风度，沉默是其中一种。沉默有着丰富的内容。有些高士，沉默之后一声长啸……

沉默的嵇康只用大铁锤的起落来表达内心，钟会撑不住了，转身走了十余步，余光瞟向身后。嵇康徐徐道：“何所闻而来？何所见而去？”钟会说：“闻所闻而来，见所见而去。”这简短的对话，历史上颇有名，听上去像高僧参禅。双方都是明白人，恰似武功高手，亮一招便知根底。曹魏有恩于钟氏家族，而钟会背主求荣投向了司马昭。他侦察嵇康的态度，如果嵇康夸一句他的肥马，或多看几眼他的华服，他就会进一步诱之以利，把这个天下第一名士拉向司马昭，用作司马集团的舆论工具。可是没戏。几匹肥马一溜烟出了竹林，驰向洛阳，向大将军司马昭汇报。

钟会说：“嵇康是一条卧龙，他日必定兴风作浪！”

司马昭微微一笑：“哦，哦，知道了。”

“竹林七贤”的二号人物是山涛。山涛字巨源，七贤中他的年龄最大，做官做到吏部侍郎，又接着往上爬，举荐嵇康接替他的位置。司马昭对“竹林七贤”分而治之，试图瓦解这一辐射全国的、具有政治影响力的超级文化沙龙。山涛做高官，王戎做官且爱财，嵇康也不反对。当时的形势复杂而又微妙，司马氏集团与曹氏集团暗中斗得厉害，表面上合作愉快。然而山涛举荐嵇康做吏部侍郎就莫名其妙了，竹林诸贤，多少年来贵在相知，弹琴，清议，写诗，啸声相和——有时候两个人赶大老远地见了面，盯着对方不说话，一声长啸，然后各自掉头走人。清啸与浊啸，宛如古琴音透出的正气和邪气。阮咸解乐，号称“神解”。嵇康更是划时代的音乐大师，《蔡嵇九弄》是隋朝取士的考题之一。

钟会拉拢嵇康不成，山涛又接着来这一手吗？嵇中散婉言谢绝。山巨源再劝。刘伶忍不住了，骂山涛是小人。阮籍斜睨山涛，抵近山涛的鼻子屡翻白眼。

然而嵇康把怒气压下去了，“竹林七贤”的团结很重要，不然可上了司马昭的当。山涛不知是何居心，几乎强迫嵇康去洛阳当大官，嵇康忍无可忍，爆发了。《与山巨源绝交书》是古人绝交的经典，又是力透纸背的美文。嵇康说：“偶与足下相知耳。”一句话，把两人二十年的友谊定了调。“足下傍通，多可而少怪。吾直性狭中，多所不堪。”山巨源圆通，处世的原则是两可：这也可那也可。两可的背后是并不两可的利益取向——古今之善于两可、多可而少怪（质疑）者，大多数是势利之徒，其余则因天性懦弱，做了墙头草，丛林小动物，唯求自保耳。

这些年，生活中的两可者何其多矣。

关于“两可”的现象学阐释，参见陈嘉映编著的《存在与时间读本》。

嵇康写道：“吾昔读书，得并介之人，或谓无之。今乃信其真有耳。”“并介之人”就是“达人”，四方通达，八面玲珑，有本事打通名利场与学术界，酷似眼下的一些大学教授，“精致的自私自利”（钱理群语）已成气候。

绝交书的末尾情绪趋于激烈：“足下无事冤之，令（我）转于沟壑也……一旦迫之，必发其狂疾！”信件传出去了，官员、士子紧张传阅。山涛被逐出竹林，于士林（知识界）中一落千丈。但没有资料表明，山巨源向司马昭提供过竹林的情报。两人立场不同，于是绝交不可免。但告密者其实另有其人，把绝交书中鄙薄孔丘、周公的言论加以摘录，呈送司马昭。

告密的家伙又是钟会。司马昭听汇报看屠刀——他手里有的是屠刀——却不动声色，让竹林狂士继续表演。钟会猜不透，闷头闷脑想了好几天。

“竹林七贤”变六贤了，尽管外围的贤士狂士与日俱增。向子期百般惆怅，后来写下鲁迅先生特别欣赏的《思旧赋》，刚开头，忽然收尾了……嵇康更沉默，打铁声音高亢。他上山采药，碰上大隐士孙登，孙登几十年只与动植物交流，据说从不对人讲话，舌头远比皇帝金贵，却破例点评嵇康：“你呀，你呀，才高而性烈！”

大隐士说完后升山入云霞。嵇康跃上巨石，以啸声相送。

史称：嵇中散“刚肠疾恶，轻肆直言，遇事便发”。外表温和的嵇康，小事也随和，能理解别人的处境，大事寸步不让，其内心比钢铁还要硬。

吕安是嵇康的至交之一，没事就往竹林跑，灌园，打铁，切磋学术，把美艳的老婆徐氏扔在家里。吕安不重视老婆的美貌，他哥哥吕巽就来重视了，献殷勤，徐氏与吕巽终于双双对饮，喝酒喝成了交杯酒，卸衣解带释放风流。

东窗事发，吕安大怒。嵇康出面调解，他跟两兄弟都是好朋友。他对吕巽说：“美艳妇人多的是，你何必惦记徐氏？你向吕安赔个不是，不要兄弟阋于墙，好吗？”吕巽唯唯。

嵇康转过身安慰吕安：“你哥哥一时糊涂，没事了，没事了。以后多陪陪徐氏，不要老往竹林跑。”

吕安也唯唯。哥哥干了坏事，却终究是哥哥，吕安宽恕了吕巽。吕安多年与嵇康、阮籍游，为人比较厚道。那吕巽跟钟会走得近，近墨者黑，他尝到徐氏艳冶的甜头，不想缩手。恶人先告状，吕巽杜撰故事，反诬吕安对父母不孝，钟会又暗里搭把手。

吕安下狱。嵇康愤怒。他早就看透了钟会司马昭之流，看山涛却走了眼，看吕巽又走眼。对朋友，嵇康缺少审视的习惯，宁愿看得模糊一些。大事讲原则，小事不妨圆通。

嵇康又写绝交信了，三言两语抖出桃色事件的真相，画出吕巽的丑恶嘴脸，末了写道：“无心复与足下交矣。古之君子绝交不出丑言。从此别矣，临别恨恨！”“临别恨恨”，可见其情绪状态。绝交书送出去，却收到官府的逮捕令，嵇康蒙了。

司马昭认为动用屠刀的时机到了，命令钟会罗织罪名：嵇康当年有过谋反的意图。读书人的领袖一夜间成了阶下囚，全国震惊。洛阳的三千太学生集体上书，要和嵇康一起坐牢。各地士子上书的，赴洛阳请愿的，官员、豪族求情的，络绎不绝，举国上下舆论沸腾。

司马昭觉得好玩：秀才们想造反？靠刀枪起家的曹氏皇族都被他打趴下了，区区士子想干啥？嵇康的案子闹凶了，反而可增加屠刀的震慑力。不闹可能不杀，大闹，杀无赦。钟会终于读懂了主子，连日激动不已，逢人便说司马昭手段了得……

嵇康还有一条活路：投靠司马集团。

考验勇气的时候到了。嵇康表个态，性命可保——“为狗爬出的洞敞开着……”一天又一天过去了，狱中没动静。史料记载，嵇康夜里照睡不误，并且睡得香，鼾声均匀，毫无悸动或尖叫。狱卒议论：“这个嵇中散一根筋呀，他只写绝交书，不写检讨书。”

嵇康的儿子嵇绍才十岁，他不为儿子考虑吗？做太守的哥哥嵇喜到狱中去劝他，他摇头。变节是不可能的。他不可能变成乱臣贼子的帮凶。国家乱局一开，百年不可收拾。勇气以毫不经意的方式流布了四肢百骸，以从容赴死显现。嵇康能睡能吃，写《幽愤诗》，精心布置身后事，保护小儿子嵇绍的性命。

赴刑场的那一天他破例穿得很漂亮，中散大夫的官袍反射正午的阳光，他要尽显龙章凤质。这个伟岸男人，二十年来活得非常认真，养生，节欲，劳动，面如美玉，曾经和吕安相约要活到一百岁。七尺八寸的美男子，即将身首异处，滚烫的血将从颈腔喷出。刑场的四周不下万人，嵇康要完成他最后的生命之舞，将行为艺术推向极致：用喷射之鲜血，画出司马昭的狼子野心。

《晋书》云："康顾视日影，索琴弹之，曰：'《广陵散》于今绝矣！'"嵇康的琴音丝毫不乱。三千太学生泪飞如雨。午时三刻，刽子手锋利的屠刀挥向了高贵的头颅。

《晋书》："海内之士，莫不痛之。"这部官史却又散布谎言："帝寻悟而悔焉。"——晋文帝（谥号）司马昭不久便醒悟并后悔了。谎言是有用的。司马昭杀了嵇康，还要利用这一代名士的影响力。

吕安也被杀掉了，与嵇康做伴踏上了黄泉路。徐氏终身守寡，艳姿自持，视吕巽为畜粪。次年，镇西大将军钟会于蜀中谋反，想搞独立王国，亦被杀，乱刀剁成肉泥。钟会活了四十岁，和嵇康一样。

司马迁说："人固有一死，或重于泰山，或轻于鸿毛。"嵇康拒绝附逆，他的死比泰山还重。司马昭野心得逞，邪恶的力量稳操胜券。曹魏政权只持续了五十余年。然而司马家族杀气太盛，"八王之乱"（参见《晋阳秋》）乱了十六年，司马见司马举刀便杀。到东晋，司马氏终于杀成了小姓……

竹林的聚会散了，向子期去凭吊，抚摸用得光滑的大铁锤的手柄，黯然神伤。阮步兵在行军的途中忽然停下来，面朝山阳放声大哭……何谓竹？"未曾出土先有节。"竹林诸贤，自由精神的符号留了下来，流布一千七百余年。人被权力所规定，人的反抗永不停息。历代讲魏晋风度的书浩如烟海。嵇康死了。嵇康不死。

而我需要追问的是：为什么古代人的自觉、个性的伸张多与乱世相关？

韩愈：儒者担当天下

韩愈字退之，号昌黎，中唐河南府河阳（今河南孟州）人，生于公元768年。他是古代杰出的文学家和教育家，当今的语文课文选他的作品不少。《原道》《进学解》《师说》《送孟东野序》《送李愿归盘谷序》，以及相当感人的《祭十二郎文》等，受到古今学子们的普遍推崇。韩愈的人品也受人尊重。他是一条博学而正直的血性汉子。

韩愈的家族世代为官，祖上不乏高官，不过他本人却遭遇家道中落和家庭悲剧，出生一个多月，母亲去世；三岁，父亲归西。大他三十岁的大哥韩会原本做着朝官，因得罪奸相元载，被贬到了岭南韶州（今广东韶关）。十岁的韩愈跟着兄嫂远离中原，辗转数千里到韶州，不久，韩会死于贬所。举家顿时跌入惶恐。

中唐的政治格局是中央集权削弱，皇室黯弱，藩镇嚣张。据司马光说，当时天下有五十个州不听朝廷的号令。唐德宗即位后，中原更是大乱，几个藩镇节度使自立为王，发兵攻长安，赶走了皇帝……家难国难给韩愈的童年少年蒙上了浓重的阴影。对乱臣贼子的深恶痛绝，使他的精神脉络格外靠近春秋战国的孔子、孟子。儒家思想深入他的内心，有着坚实的现实基础。朝纲大乱思大治。礼崩乐坏、生灵涂炭，让士子和士大夫们对重建秩序满怀期待。

韩愈十几岁，随长嫂郑氏避乱于江南的宣州。若干年的颠沛流离，催生一颗坚硬的心。郑氏对他无微不至，不是两三年，而是十多年，在他的坚硬中注入温柔的仁慈。此二者，应该是韩愈人格的底色。另外，我发现，历代文豪多有早年丧父的经历，多受母性的怜爱，其后做官多仁慈，这显然有内在的联系。王羲之幼年，父亲王旷神秘失踪，他受母亲、姨母和长兄长嫂的养育照顾，感慨地说："母兄鞠育，有慈无威。"如苏东坡，其童年时光难见父亲的身影，知书识礼的母亲程夫人塑造他，慈眉善目的乳母任采莲影响他。又如李煜，"长于妇人之手"，虔诚礼佛，内心充满仁厚。

韩愈视郑氏如生母。后来郑氏去世，韩愈为她守丧一年。任采莲去世，苏轼为她写墓志铭。而士大夫为家仆写墓志，唐宋不多见。

我曾试图致力于先贤们的童年探索，感到难度很大。人物的年谱涉及童年期，一般三言两语就跳过去了，再严谨的学者也常苦于年谱不细。宋代印刷术发达了，但宋人笔记千百种，涉及早岁光景的仍嫌太少。正史的记载更是寥寥数语。

没法子。凭借蛛丝马迹展开某些推测和想象，势在难免。

韩愈十年寒窗苦，未能做得人上人。求仕乃是韩氏家族的百年意志、家族的集体潜意识。韩愈称："我年十八九，壮气起胸中。"他踌躇满志奔向长安，七八年间连奔三次，榜上无名。干谒，敲权贵的门，和李白、杜甫、岑参一样敲不开。干谒的风气唐代最盛，士子们似乎并不以为有辱斯文。韩愈二十五岁时终于考上了进士，礼部放榜有其名字，大喜。"春风得意马蹄疾，一日看尽长安花。"孟郊《登科后》中的这两句，写他自己金榜题名的无限喜悦，也适合小他十几岁的好友韩愈。然而，韩进士再试于吏部，再次品尝了名落孙山的苦果，二考，三考，均榜上无名。

礼部进士多，吏部官位少，通常十选其一。

有雄心壮志的韩退之怒火中烧，接二连三给宰相们写信，"四举于礼部乃一得，三选于吏部卒无成"。他登门求见，被拒于宰相府的朱门外。不难想象他怒冲冲游走于高墙下的模样，掉头回客栈再写，挑灯奋笔疾书。他在信中甚至说，古之贤相连盗贼都能用，自己总比盗贼强吧！韩愈年轻时的莽勇，由此可见。

吏部走不通，于是剑走偏锋。韩愈转而做了地方大员的幕僚，这也是唐代士子的一种入仕途径，叫作游幕。有些人游幕到老，官阶始终上不去，备尝酸辛。另一些人渐渐出人头地，韩愈属于后者。当然，游幕的日子颇难意气风发，不乏曲意奉承和隐忍的苦涩。陪酒，陪猎，陪博塞（赌博游戏），说违心的话，写上司爱看的文字。李白上书韩荆州、李长史，杜甫献三大赋，均属此类。大贤横空出世，但出的过程中常有“摧眉折腰”的伤心体验。身高近两米的孔夫子也懂得折腰。孟子、庄子不折腰，嵇康不折腰，诸葛亮不折腰，苏东坡中进士早，也不折腰——这些人毕竟数量有限。历史进程中，杰出人物并不总是活得挺胸昂首。为了挺胸昂首，往往先要折腰。

韩愈陪猎，陪出一身丛林中的骑射本事。陪赌博受到张籍的批评，于是惭愧，洗手不干了。赌博也是需要勇气的，所谓豪赌，一场赌下来或赢千金，或输得债台高筑。日常小赌则是混光阴，把生命装进一间又一间的牌屋——关于这个，我不想多说。

韩愈干幕僚干得不错，先后从事于董晋、张建封等大员的幕府。违心的事也时有发生。坐镇徐州的节度使张建封酷爱打猎，韩愈写文章，描绘张“盘马弯弓”的矫健身姿。张的下属捉住一只白兔，韩愈赶紧附会，宣称是个吉兆。张作为一方军队主帅，忙于打球，乐于和一个名叫关盼盼的官妓儿女情长，为她建一座燕子楼。这些事，韩愈也得赔笑脸，打前站，对领导及其身边的亲信亦步亦趋。三十多岁的男人，逆境中雄起的汉子，二十年追慕孔孟风范的勇者，终于在一再压低的嗓音中浑身不自在，辞职了。未找退路而先递辞呈，他还写信责备张建封沉迷于击球。倔强秉性可见一斑。

他落职归老家，心情转郁闷，作《从仕》：“居闲食不足，从仕力难任。两事皆害性，一生常苦心。黄昏归私室，惆怅起叹音……”不过，他五年的幕僚生涯收入丰厚，曾在写给友人的信中说“方甚贫，衣食于人”，游幕后，“日月有所入，比之前时丰约百倍”。

韩愈和他的妻子卢氏，生了两个儿子、四个女儿。

韩昌黎三十五岁担任长安国子监博士，写下一系列传世文章，文名日隆，有了一批弟子，传道解惑自此始，致力于改变文风和诗风。苏轼赞曰：“文起八代之衰。”《原道》一文，流露出他对儒学的推崇，对佛教的排斥。次年他调任监察御史，职责是监察百官。他大胆言事，两次直接给皇帝写信，“极论宫市”扰民害民（参见白居易诗《宫市》），“论天旱人饥”，建议免去灾区百姓的赋税。他道明了真相，结果像白居易一样得罪了权豪。两封信递上去，一纸贬书落下来，把韩愈贬向七千里外的阳山县（今属广东）。韩愈于是拖家带口赴贬所，沿途写诗多达百余首，专程凭吊湘水之滨的屈原祠。

屈原是中国开端性的诗人，开端性地被流放。屈原的祠堂一代代受人凭吊，盖因他身后排列着一支长长的勇士队伍，其中就有韩愈。在穷荒之地阳山，他为庶民谋福祉，“政有惠于下，及公去，百姓多以公之姓以命其子”。后人把阳山改为韩邑，把阳山境内的湟河改称韩水，又有望韩桥、望韩门、尊韩堂等。这位仁慈的官员，令人联想他早年受郑氏养育的光景。勇士常有一颗悲悯之心。二者的基础性联系尚待探索。

大约一年后，唐顺宗登基，大赦天下。韩愈量移郴州，一路上访古怀幽思故乡，诗酒流连洞庭湖。同年，顺宗因身体不好退位，宪宗上台，改元永贞，起用一批官员，贬黜了“二王八司马”，其中包括刘禹锡和柳宗元。远在郴州的韩愈未受朝廷大换班的影响，迁江陵府任参军半年，复调回京城，再度担任国子监博士，官阶正五品上。韩愈时年三十九岁。四十岁，他又去东都洛阳的国子监出任博士。这三年的时间他在文学和教育领域大有建树，惠及后世。

元和八年（813），四十六岁的韩愈调任比部郎中，以郎中的身份任史馆修撰，撰写本朝史。这对他的勇气是个考验。从春秋到汉唐，史官们的命运多不好，说本朝的不是，要冒杀头的危险。几个月过去了，这位文章巨擘迟迟不动笔，受到多方质疑、嘲讽。他在一封回信中说：“夫为史者，不有人祸，则有天刑。”而在早期的《争臣论》中他慷慨陈词：“君子居其位，则思死其官。”到了利害攸关之时，勇气减一半。这对于大多数人来说是可以理解的。柳宗元的来信却刺痛了韩愈，称他身居史官不敢动笔，不如辞职算了。

韩愈终于开始写《顺宗实录》，“忠良奸佞，莫不备书”，尤其抨击当朝的小人，证明了他身为史官的勇气。

韩愈五十二岁作《谏迎佛骨表》，一片忠勇之心，几乎招来杀身之祸。此间他是刑部侍郎，官位很高了。一大家子待在京城享受荣华富贵也好多年了。可是儒家的学说早已融入了血液，孟子：“富贵不能淫，贫贱不能移，威武不能屈。”做史官提升上来的勇气又进了一步。二十几年的官场生涯，倒没有让他的胆量越来越小，而是相反，忠心耿耿为国家。

白居易写《秦中吟》《新乐府》系列诗篇，矛头直指各类权豪，也是身居高位时。士大夫的良知、智慧、勇气，唐代例子已多，宋代更多。

陕西宝鸡凤翔区的法门寺，相传有释迦牟尼的一块指骨。唐宪宗兴师动众，迎佛骨于宫禁中，供奉三日再送还。于是朝堂与民间总动员，事佛礼佛争先恐后。韩愈坐不住了，当年写《原道》就主张毁掉寺庙，放逐僧尼，并且把佛祖视为“夷狄之人”。现在他振振有词上书唐宪宗，愤怒指斥佛教徒：“口不言先王之法言，身不服先王之法服，不知君臣之义、父子之情。”他甚至说，释迦牟尼若是尚存于人世间的话，应该来朝拜大唐；何况“身死已久，枯朽之骨”，岂可迎入皇宫？韩愈建议“付之有司，投诸水火，永绝根本，断天下之疑，绝后代之惑”。韩愈把话说绝了，真是勇气可嘉。他历数三代贤君，都是未信佛而长寿，而东汉明帝以后那些信奉佛陀的帝王，“事佛求福，乃更得祸；由此观之，佛不足事亦可知矣！”

唐宪宗崇佛无可非议，只是搞得太过分了，韩退之的思考也有盲点。唐代，儒释道尚在磨合的过程中，互相碰撞，相异而相生。到宋代，这三者的碰撞趋于稳固。道家研究虚无，佛教强调善恶的因果，儒家切于人事。单纯的儒学视野显然不足以应对世界。人活着，需要更高的指向，否则，现实就会产生位移，动态性地收缩于功利主义、实用主义——眼皮子底下的纠缠没完没了。

唐朝三百年，没有大哲出现。这是一个问题。

中唐的韩愈并不知道他的不知道，他对自己确切知道的事情勇敢地加以发挥。至尊的帝王想要变成神仙，韩愈冒犯了他的核心关切。宪宗怒曰：“愈言我奉佛太过，犹可容；至谓东汉奉佛以后，天子咸夭促，言何乖剌邪？愈，人臣，狂妄敢尔，固不可赦！”

王公贵族讲情，韩愈才免一死，被贬为岭南的潮州刺史。

东汉以后的天子奉佛太过而夭折，也许恰好透露了一点佛的本意。众生平等，帝王不可因崇佛而害天下苍生。吊诡的是，韩愈遭贬，宪宗皇帝也在不久之后被刺身亡。

韩愈被贬，时在正月，凛冽的寒风卷来九重之内的寒意，满目苍凉，一腔愁绪。一人遭罪也就罢了，全家人跟他踉跄受苦。十二岁的女儿韩挐死在他的贬谪路上。付出的代价太沉重了。韩愈名篇《左迁至蓝关示侄孙湘》：“一封朝奏九重天，夕贬潮阳路八千。欲为圣明除弊事，肯将衰朽惜残年。云横秦岭家何在？雪拥蓝关马不前。知汝远来应有意，好收吾骨瘴江边。”八千里悲号号，七十天阴惨惨，痛苦在消耗着自身的能量。

三月抵达贬所，春花漫山遍野。勇士渐渐恢复了元气。儒者担当天下的情怀宛如原上草，野火烧不尽，春风吹又生。韩愈在潮州待了八个多月，兴利除弊，自掏腰包兴办学堂，为当地人做了许多好事，受到吏民的广泛爱戴。他登过的山，潮州人呼为韩山，他种下的一棵橡树，百姓亲切地呼为韩树。宋代以后，民间祭祀他的祠堂绵绵不绝。

有趣的是，韩刺史在潮州和几个和尚交上了朋友，又五次率领群僚祭拜山水，祈祷风调雨顺；写《祭鳄鱼文》，宣布食人鳄鱼的罪状，命其在七天之内回归大海，否则“强弓毒矢”以杀之。据史料，潮州的鳄鱼果然不伤人了。

也许，被贬潮州后的韩愈对天命，对神灵，有了几分敬畏。

陆游斗杀猛虎

陆游是绍兴人。绍兴也是鲁迅的故乡，徐锡麟的故乡，鉴湖女侠秋瑾的故乡。鲁迅先生的骨头硬，头发也硬。秋瑾的目光和她手中的短刀一样锋利……水乡绍兴烟柳画桥，柔波无处不荡漾，吴歌越调沁入骨髓，却不乏以坚硬著称的男人和女人。

陆游生于1125年，这一年的10月，金兵进攻北宋。七天后，陆游降生于淮水的一条船上。次年，金兵攻陷汴京，北宋亡，朝廷仓皇南迁。陆游诗云："我生学步逢丧乱，家在中原厌奔窜。淮边夜闻贼马嘶，跳去不待鸡号旦……"陆游的父亲陆宰官居京西路转运副使，母唐氏，系北宋著名谏臣唐介的孙女。唐氏酷爱秦少游的诗词，给儿子取名游，字务观。此间，岳飞二十二岁，李清照四十多岁，辛弃疾尚未出生。

陆游活了八十五岁，学剑四十年，写诗近两万首。他一生崇拜陶渊明和苏东坡，又自号"小李白"。这三个人既是文豪又是猛士，陶诗："刑天舞干戚，猛志固常在。"苏词："老夫聊发少年狂，左牵黄，右擎苍。"黄指山东细犬，猎犬中之尤猛者。李白少年习武，中年跑到山东去，向"天下第一剑客"裴旻学剑，箭法也了得，自云："一射两虎穿。"一支箭射穿了两只虎，当有几分夸张。李白不夸张就不是李白了。

魏、晋、唐、宋的士人，文武双修的血性汉子不少。诗人们仗剑远游，野性千里，庶几折射了民族的精气神。元朝的汉人备受打压。清朝持续高压，大兴文字狱，文人学者纷纷躲进了象牙塔。到近代，貌若好女的文弱书生占据了戏曲舞台。

南宋士子，由于国仇家恨，练武格外有劲。

南宋朝廷的文武百官，分为主战派与主和派，前者曰“恢复”，后者叫“和戎”。陆游的父亲是主战派，家里来的客人，多是慷慨激昂者。陆游记云：“绍兴初，某甫成童，亲见当时士大夫相与言及国事，或裂眦嚼齿，或流涕痛哭……会秦丞相桧用事，掠以为功，变恢复为和戎……志士仁人，抱愤入地者不可胜数哉。”秦桧瘦高，绰号“秦长脚”，被金兵抓去，几年后莫名其妙跑回来了，并且携带几房家眷、许多金银财宝。宋高宗不追查秦桧的奸细嫌疑，反让他在三个月之内做了丞相——这背后的玄机，历史学者只能猜测。秦桧执政，喊出“南人归南，北人归北”的口号，投降派占了上风。南宋与金签订“绍兴和约”，承认北方的大片领土归金国所有。宋高宗还必须跪迎金主的使者。宋徽宗、宋钦宗，以及高宗的母亲都在金人手上。

“靖康耻，犹未雪。臣子恨，何时灭？”靖康是宋钦宗登基后的年号。

陆游的童年充满激愤，这对他漫长的一生有着巨大的影响。韩世忠、宗泽、岳飞、牛皋、杨再兴这些名字如雷贯耳。书、琴、剑，他每日不离手，甚至在绍兴的家里聘请了武术教头。陆游对剑和长戈特别上手。陆家是绍兴的大户，一百多口人，习武的少年成群结队，寒暑不废。一个五官精致的小表妹老是跟在陆游身后，她的名字叫唐琬，是陆游舅舅的女儿。后来有个凄美的故事，发生在绍兴城里的沈园……

绍兴十年（1140），岳家军长驱直入，打到了开封近郊朱仙镇，破了金兀术（完颜宗弼）的核心战法“铁浮图”“拐子马”，对开封实行了战略包围。待几路援军一到，收复汴京如探囊取物。然而宋高宗连下十二道金牌召回岳家军，又召回韩世忠的韩家军。事态如此诡异，为什么？因为高宗并不希望收复北方：钦宗回来了，他的龙椅也坐不成，更不能让岳飞、韩世忠坐大。“秦长脚”不断向高宗鼓吹这两点，昏君点头如鸡啄米。岳飞回临安（今杭州），兵权被拿掉了，次年竟下狱，被用毒酒赐死，岳云、张宪等骁将被斩首于市。朝廷给岳飞定的罪名叫作莫须有（也许有）。《宋史·岳飞传》：“（秦）桧亦以飞不死，终梗和议，已必及祸，故力谋杀之。”秦桧有金国的背景。高宗与秦桧各打各的算盘。在朝野的一片抗议声中，昏君奸相合谋，又各怀鬼胎。二人密谋时，高宗的皇袍下暗藏匕首，以防不测。

宋朝军队最杰出的军事领袖岳飞，死于一杯毒酒。消息传到绍兴，仁人志士痛哭。陆游惊呆了，半天讲不出一句话，拔剑冲到野地，四顾茫然。这一年他十七岁。从此，陆游含恨练武愈甚。八十岁写诗云："老夫垂八十，岩电尚烂烂。孤灯观细字，坚坐常夜半。"岩电指眼睛，又说："目光焰焰夜穿帐。"李太白的眼睛也是有些射人的。"小李白"陆游目能穿帐。俗话说："练武先练眼。"八十岁双目灿灿，犹能长时间看小字，与练武、强化生存意志是有关系的。眼睛是心灵的窗户，心力大，目如刀。

陆游二十一岁考中礼部的进士，再试于吏部，榜上无名。"秦长脚"做了手脚，为了安插孙子秦埙。陆游恨不得潜入丞相府，飞身取秦桧首级。恨不得，总是恨不得。

爱不模糊，恨也清晰。古人大抵如此。

陆游三十四岁踏上仕途，三十九岁入张浚幕府，做军事参谋。此间他已经读了大量兵书，包括民间传抄的岳飞兵法。既学一人敌，更学万人敌。丞相兼枢密使（军事首脑）张浚，是主战派的首领。其时秦桧已死，高宗学徽宗撂挑子享受余年，宋孝宗在位——这是一个既自强又自卑的君主，原是赵宋皇室卑微的一员，其祖父只做过基层小官——县丞。宋孝宗的背后有个太上皇，这使他振兴社稷的强力意志得不到伸展。

正当陆游一身戎装跟随张浚踏上北伐之路时，朝廷忽然飘来一纸诏书，撤销了张浚的职务。恢复派沮丧，和戎派鼓舞。为什么？酒池肉林中的太上皇用鼻腔下令支持和戎，孝宗唯唯。八月，张大帅卸甲还乡，秋风落叶几百里，悲愤再悲愤，染疾不起，死于途中。又一位抗金名将抱恨而亡。过了二十二年，陆游怒气未消，写《书愤》："早岁那知世事艰，中原北望气如山。楼船夜雪瓜洲渡，铁马秋风大散关……"陆游的一大特点是凡事较真，放在古代也是典型的深度生存，遑论放在今天。唐琬死了几十年他还在怀念，北宋亡国八十多年，他在生命即将终结时，依然念念不忘，作《示儿》云："王师北定中原日，家祭无忘告乃翁。"

人活着，无非就是操心这个世界，小到柴米油盐，大到国家的命运。爱与恨，至死不能休……

张浚落职，陆游调走。然而事情还没完，两年后陆游在南昌通判任上遭弹劾，弹劾的理由是：陆游“交结台谏，鼓唱是非，力说张浚用兵”。台谏指言官。力求恢复江山居然有罪。宋孝宗的龙椅背后，赫然伸出另一只苍老的手……

陆游从南昌打马回绍兴，一待五年多。朝廷又想起他，命他去蜀中做官，“一官万里”，沿途每天写诗，江山风俗看不尽。次年，他又被调往川陕交界处的南郑，入王炎的幕府，做高级军事参谋。四川宣抚使王炎节制诸路人马，陈兵几十万于大散关一带，精心布置西线战役，只等皇帝下令，大举进攻长安。陆游雄心再起，一似当年在东线的淮水上，紧随张浚左右。然而，陈兵一年多，西线无战事。王炎十万火急的请战书送到朝廷，不见任何动静。见鬼了。箭在弦上不得发。元帅、将军、参谋，急得像热锅上的蚂蚁。陆游后来回忆：“我昔从戎清渭侧，散关嵯峨下临贼。铁衣上马蹴坚冰，有时三日不火食……”“三日不火食”，指急行军只能吃干粮。宋军虎视已久，金兵非常紧张，在长安城外挖了三道护城河。然而宋孝宗下旨含糊其词，龙椅的背后又有猫腻。大军消耗着粮食，眼睁睁看着宝贵的战机一失再失。陆游叹曰：“良时恐作他年恨，大散关头又一秋。”

南宋失掉两次进军的好时机：绍兴十年，岳家军进逼汴京；绍兴三十二年，宋、金隔淮水对峙，完颜雍谋杀完颜亮，金兵乱，仓皇北撤。乾道八年（1172），王炎部署的西线战役，莫非又要泡汤？据《宋史·陆游传》，王炎的战略意图由陆游出，陆游屡向王炎“陈进取之策，以为经略中原，必自长安始，取长安，必自陇右始”。

1172年大雪纷飞的冬天，战士陆游满腔怒火，黑夜里双目如炬，憋着浑身劲，发泄向何处？大散关有一只食人的猛虎，猎户们谈虎色变。樵夫、行者、猎人，被那大虫掠去做了美味，“道边新食人，膏血染草棘”。

陆游在南郑、在大散关的军营中待了近两年，英武的身影伴随着主帅王炎，足迹踏遍周遭数百里，诗集中留下许多地名。他进山狩猎是常事，常在马背上读兵书，遥想李太白、苏东坡的戎装英姿。李白五十七岁曾入永王的幕府，踏上讨逆的楼船，宣称“南风一扫胡尘静”。苏轼做地方大员，通常军政两摄，也喜欢纵马打猎，“千骑卷平冈”。兵学是苏家的家学之一。陆游写诗写不过李白，体魄和打猎的手段在李白之上。此间他四十七岁了，日食斗米，一顿饭能吃掉三斤牛肉，喝下五斤美酒。“上马击狂夫，下马草军书。”可惜只有零零星星的战事，前线的一些小摩擦。大军不能大战，陆游醉吟岳飞：“壮志饥餐胡虏肉，笑谈渴饮匈奴血！待从头、收拾旧山河……”然而陈兵几十万，几百天，旧山河也收拾不了。那就带兵进山去，收拾那只食人无数的猛虎吧。

陆游去丛林深处寻找它，伏于道旁丘后等它来，从风中嗅它的气味儿，在地上察看它留下的爪印……跟随陆游左右的秦卒不惧金兵，却怕老虎。黄土高原的汉子，能打硬仗的关中士卒，勇气输给了来自水乡绍兴的诗人。这件打虎事，陆游写得仔细：

“我时在幕府，来往无晨暮。夜宿沔阳驿，朝饭长木铺。雪中痛饮百榼空，蹴踏山林伐狐兔。耽耽北山虎，食人不知数。孤儿寡妇仇不报，日落风生行旅惧。我闻投袂起，大呼闻百步，奋戈直前虎人立，吼裂苍崖血如注！从骑三千皆秦人，面青气夺空相顾……”

陆游大喊着朝猛虎冲过去，也豁出去了。直前：中途没有半点犹豫。他自幼练武，艺高人胆大，且有锋利的长戈在手，满腔的怒火正愁找不到发泄的对象——几个因素叠加，导致勇气瞬间大爆发。那猛虎作人立，前爪抓他，奋力扑他，咆哮声压过了他的吼声，奈何长戈运神力，刺破了它的要害处，血喷如注，染红了雪白的林地——这个惊心动魄的灿烂瞬间，向后世展现了陆放翁的壮士形象。武松打虎出自小说家之言，陆游徒步杀虎却不是虚构，他在几首诗中反复提及。

彪悍的秦卒一个个吓傻了，面青气夺，你看我我看他，不敢相信这是真的。虎血流了一地，虎死如泥……山民们闻讯而来，孤儿寡妇携壶浆，拜谢陆游大英雄。军队沸腾了，那一顿虎肉吃得！王炎亲自把盏为陆游斟酒，营妓们红巾侑酒舞翩跹。

陆游望北落泪。英雄只能驱虎豹，不能收拾旧山河。

王炎被朝廷调走了，大军后撤，幕府星散。南宋第三次北伐的良机化为泡影。宋高宗退位后居然又活了二十多年，对孝宗皇帝指手画脚，用鼻腔发号施令。一切都在他让位时的构想之中，专打小算盘，精致的自私发挥到极点，要的只是奢靡：“山外青山楼外楼，西湖歌舞几时休？暖风熏得游人醉，直把杭州作汴州。”

陆游沉痛落笔：“渭水岐山不出兵，却携琴剑锦官城。”他悲凉的心情格外接近岳武穆。奉旨再去四川做官，细雨骑驴入剑门，怅望剑门关七十二峰，峰峰向北思长安。

我两次饮茶于剑门关，皆逢绵绵秋雨，细想诗人骑驴负剑的情状。

陆游此番入川，始自号放翁。打虎英雄，放浪形骸于蜀中的佳山水，成都、眉州、嘉州。著名的《金错刀行》问世："黄金错刀白玉装，夜穿窗扉出光芒。丈夫五十功未立，提刀独立顾八荒……呜呼，楚虽三户能亡秦，岂有堂堂中国空无人！"

诗人长戈奋击。诗人提刀独立。

卷六

义

义利之辩，从孔夫子那个年代一直辩到今天。利是人的本源性冲动，义是价值规范。一个人待在星球上，义的空间缺乏支撑。人要相处，义字凸显。中国古代重义轻利，也是因为汲取了太多争利斗狠导致天下大乱的历史教训。现代生活的义利并重是好的，需要防范的是利字放大，私心膨胀，恶欲嚣张。

李广、李敢、李陵与司马迁的生命冲动

陇西（今甘肃）人李广是三朝老臣了，打匈奴身经七十余战，横扫北方的茫茫大漠，长驱几千里，人称“飞将军”，匈奴人听到他的名字就想逃跑。可是李广六十多岁都封不了侯。他平时少言寡语，不懂得讨好长安的皇亲国戚。一生廉洁，“二千石（官名）四十余年，家无余财”（《史记》），得了赏赐全部分给麾下，对士卒亲如手足，可谓“讷于言而敏于行”。大漠深处，水是宝贵的，好不容易发现了水源，士卒总是先饮水。军中粮草不继了，士卒没有吃饱肚子，李广不尝食物。《史记·李将军传》：“士卒不尽饮，广不近水；士卒不尽食，广不尝食。”大军中的每一个士兵都吃上了，李将军才动筷子。沙场拼杀他一马当先，一杆长枪神出鬼没，强弓神箭无虚发。项羽再世也不过如此。

何谓盖世神勇？想想李广就知道了。

几十年了，长安举行的封侯仪式与“飞将军”无关。那么多人都封了侯，浑身伤痕的沙场老将原官不动。将士们肺都气炸了，李广默然。朝廷的许多官员私下为李广叫屈，李广不作声。匈奴人又在耀武扬威了，老将军二话不说披挂出征，所过城池，吏民洒泪相送。成千上万的人为他祈祷：杀胡虏平安归来。然而“飞将军”挥剑自杀了，血喷大漠中军帐。为什么？有人认为，是大将军卫青谋划不周，让匈奴单于跑掉了，却把贻误战机的罪名扣到李广头上。士可杀不可辱，“飞将军”的宝剑挥向了自己粗壮的脖子，三军痛哭，全国震惊，“百姓闻之，知与不知，无老壮皆为垂涕”。

可惜了，令胡儿闻风丧胆四十多年的“飞将军”！

有一条西北汉子，躲在堆满竹简的小屋里偷偷哭泣……

虎父无犬子，李广的小儿子名叫李敢，极骁勇，长期追随霍去病征战。“虎父”含冤自刎，李敢咽不下这口恶气，找个机会，把卫青打得鼻青脸肿。卫青倒显得大度，抹掉血泡子，还冲着毛发倒竖的李敢笑了一笑。然而在皇家的上林苑狩猎，卫青的外甥霍去病箭头一转射死李敢，众人惊骇，汉武帝的瞬间反应是大手一挥，轻描淡写说：“李敢是撞在鹿角上撞死的。”那位西北汉子亲眼看见了这一幕，丛林中闭目战栗，良久乃已，回家仍然回不过神来，泣血的心叩问苍天，握笔的手颤抖着伸向竹简。卫青那厮，暗中安排霍去病射杀李敢？抑或霍去病自为之？皇帝为何公然站在杀人者一边？

李敢死了，又轮到李广的孙子李陵了。有个大有名气的“贰师将军”李广利，是李夫人的哥哥，生得眉清目秀，深得汉武帝刘彻欢心。刘彻要让这个面首封侯，怎么办呢？沙场上去立功。怎么立功呢？到大宛国去抢马。又怎么抢马？李广利擦掉脸上的脂粉，着金盔金甲，带金错刀，浩浩荡荡出征了，几万人到大宛国的贰师城抢马，被几千大宛兵打得落花流水，逃到敦煌。汉武帝再给他六万人，下令调动酒泉等地的十八万人马随时驰援。这一回，“贰师将军”抢到了六十多匹大宛马，损兵折将五万人。汉武帝高兴了，为他大肆庆功，封为海西侯，食邑八千户。朝野哗然，却是悄悄的。皇帝的耳目众多，酷吏们更是凶神恶煞、杀人如麻……

李广利损兵五万封了海西侯，而李广四十年血战，击溃了数以万计的匈奴人，未能封侯，最后在大漠深处一剑抹喉。李陵感到耻辱，深深的耻辱。汉军再度远征，李广利带主力攻击匈奴右贤王，李陵率一支五千人的偏师牵制匈奴大单于，这是皇帝的意思，要确保“贰师将军”打胜仗。李陵的五千骑落入八万匈奴人的包围，血战十天，让敌人抛下一万多具尸体。李陵跃马挥枪的身影酷似他的祖父，胡儿相顾曰：“飞将军又来也！”李陵弹尽粮绝了，匈奴人潮水般涌来，这位将门虎孙不得已做了俘虏。那李广利呢，又是几万大军被一万胡兵打得丢盔弃甲，逃回长安谎报军情，讲右贤王的骑兵如何强大，他又如何勇敢，斩将夺路，杀出了重围，而李陵居然投了大单于。

汉武帝大怒，下令把李陵的母族、妻族抓起来。

文武百官不敢吱声。李广功高，李敢英勇，李陵即使投降匈奴，也可以将功折罪啊。朝堂一片死寂。那位西北汉子立于朝臣的末端，身子抖上了，有一股力量在推他。他从孩提时代就崇拜“飞将军”了，又近距离地目睹了霍去病射杀李敢。他想不通。他是读书破万卷、行路十万里的血性汉子，无论如何也想不通。多少年了，一腔心血付诸文字，被一大堆疑问逼于方寸间，去不掉，化不开。李广利是个什么东西？汉武帝还嘉奖他，唤他去御座前，亲昵地摸摸他的小白脸。群臣争相献媚，称李广利真能打呀，破了匈奴右贤王，抢回皇上特喜欢的大宛马。更有人骂李陵投敌，骂李敢竟敢拳打卫青大将军，骂李广在前线自杀动摇军心……污言秽语泼向了李家三代人。那位西北汉子持笏的双手抖得很厉害了，双唇紧闭，面色紫胀。要出事。双腿不听使唤了，要出班——跨两步站出去，表示“微臣”有话要讲。

这个西北汉子名叫司马迁，字子长，这一年四十七岁，官居太史令，秩比六百石，在峨冠博带的朝臣中微不足道。他躲在家里写一部史学大书，却从来不向皇帝汇报。皇帝也不感兴趣，《汉武帝故事》有云：“武帝宁可三日无肉，不可一日无妇女。”司马迁赞赏刺客、游侠、农民起义，他写的循吏（好官）都是其他朝代的人，写的酷吏全是汉武帝朝的人，他破天荒地把一帮佞幸的男宠写进正史，特别提到本朝的韩嫣、李延年，以男色获宠，“与上起卧”（上指皇上），全家人鸡犬升天、横行霸道。

司马迁以民间的价值观挑战皇权，蔑视不可一世的汉武帝，《史记·武帝本纪》直接写汉武帝的，只有六十多个字。

一部《史记》，“史家之绝唱，无韵之离骚”（鲁迅）。

司马迁四十岁以后才结婚，此间有个女儿，巴望生一个传香火的男孩儿。他正在写大书，将华夏的历史上溯三千年，为国人的身份认同奠定坚实的基础，这伟大的工程，非万里长城所能比，却只由他一个人来承担，并且有一点干地下工作的味道。另外，尽管他非常崇拜李广，却与李陵并无私交。他犯不着为李陵辩解，在朝堂上违拗“多欲少慈”的汉武帝，更不能斥责“贰师将军”李广利——众人巴结李广利都来不及呢，你司马迁何苦惹皇上、犯众怒？“不”的理由，一条条摆得充足。可问题是……是西北汉子四十七年的血肉之躯，血生情，情难禁。有时候身体自作主张，沸腾的血液自作主张。生命冲动显现为刹那间的言语冲动，要冲破脑袋对嘴巴的掌控。司马迁写的先秦诸子，孟子最讲义：

“生，亦我所欲也；义，亦我所欲也。二者不可得兼，舍生而取义者也。”

血性汉子的两条腿似乎自动迈出去了，汉武帝面无表情。他的嘴巴张开了，一些鲠在喉头的话终于吐了出来，大意说：李陵将军以一支五千人的偏师血战胡兵八万，杀敌万余，连最后的一支箭都射完了，做俘虏只是迫不得已……

汉武帝不高兴了，群臣侧目。司马迁讲到这儿，闭嘴还来得及。可是血液啊，血液啊，血液是地火，是奔腾的岩浆，是流布全身的义气——司马迁以史鉴人，以文化人，首先化了他自己。没办法。冲天一怒，只为人间道义。

司马迁话锋一转直指李广利，嘲弄这“贰师将军”以五万汉军的性命换来六十匹大宛马，打右贤王，明明吃了大败仗还自吹自擂，人要脸树要皮，李广利没脸没皮，是个啥东西？居然封海西侯，“飞将军”纵横天下四十余年未封侯，区区李广利，仗着皇妃李夫人，搔首弄姿，媚惑君王！

司马迁越说越来气，只差说出面首二字。朝堂大哗。李广利的小白脸一时乌青，“小鲜肉”变了“小乌肉”，手指着司马迁：“你你你你你……”

这一天，汉武帝对司马迁讲了什么话，《史记》只字不提。太史公省略的，是愤怒。当天，司马迁下狱，罪名叫“沮贰师”，沮同诅。后来的《报任安书》，写狱中的情形，字字都是血……

李陵事件尚在发酵。朝廷派一个叫公孙敖的人去大漠打探，公孙敖在匈奴军营的附近晃了一下，赶回长安报告：李陵正在帮助匈奴人训练战法。龙颜大怒。李陵一家惨遭灭门。

然而事情弄错了，替匈奴训练军队的人叫李绪。那个公孙敖邀功心切，没听清楚掉头就跑，导致长安的惨剧发生。李氏灭门的消息传到塞外，李陵哭天抢地，将李绪一刀砍死，从此铁了心为匈奴人做事，娶了大单于的女儿为妻……

狱中的司马迁有了新罪——“诬罔罪”，即欺君罔上，当斩。汉武帝却不知道为什么事情高兴了，大赦天下。司马迁死罪得免，活罪难逃：去势。除非他拿出五十万钱的赎金，否则就要被推进蚕室（去势者畏寒，刑狱生火取暖，谓之蚕室）。司马迁的家人奔走借钱，昔日的朋友大都明哲保身，躲开了。五十万钱成了天文数字。司马迁披头散发，哭天天不灵，踉踉跄跄入蚕室。面对刽子手亮出的尖刀，逼近的尖刀，一代伟人遭受震撼百代的奇耻大辱。为《史记》，他选择了活下去。

司马迁五十八岁以后从各类记载中消失了，为我们拨开历史迷雾的人，消失在历史的深处。但愿他高寿。过了三十多年，藏诸名山的、五十二万言的《史记》亮相，耸起汉代文学、古代史学的最高峰。

《史记》的战斗性从何而来？从司马迁的残躯而来。他出狱后的文字像钻石般坚硬而漂亮。钻石的成形，乃是几股大力长期挤压的结果。想想鲁迅先生的文字。司马迁的身体被阉割，却保持了精气神的独立与完整。大约与他同时代的司马相如写下了许多拍马辞赋，大抵过得滋润，财色利三丰收，精神却被皇权阉割。两个复姓司马的男人，身后都排着长长的队伍，生命冲动朝着相反的方向。而从屈原到鲁迅，一代代大文豪们，都是血性汉子。李清照的血性不让须眉。

中华民族的价值谱系是清晰的。“铁肩担道义，妙手著文章。”试问：古往今来的重利轻义之辈，如何写得出传世佳作？

李白迁葬吴指南

李白二十四岁辞乡远游，仗剑出蜀，带了一大笔钱和一个叫丹砂的书童。二十七岁娶湖北安陆的许氏，可能是倒插门，许氏的祖父做过宰相。丹砂与许氏的侍女碧桃成了亲，像戏曲故事，具体细节无考。李白的一生充满了戏剧性。而人类最出色的戏剧家也不可能想象出一个类似李白的生命体。莎士比亚也做不到。

历史本身，比一切虚构的作品更好看。

李白自称："酒隐安陆，蹉跎十年。"他以安陆为中心满世界窜，诗、剑、琴、酒，连同形形色色的朋友，生机勃勃又青春洋溢。"酒隐"一词当是他的发明，一如王维的"吏隐"。李白的剑叫龙泉剑，古琴叫孔子琴，儿子取名伯禽，和周公的儿子一样，可见其自命不凡。他是四川绵州知名的神童，十岁读诸子百家，十五岁学剑术，足迹踏遍青城道山、峨眉仙山、眉州象耳山。我小时候听父辈讲李白在象耳山遇到老婆婆的故事：只要功夫深，铁杵磨成绣花针。

李白"长不满七尺，而心雄万夫"，永远雄赳赳气昂昂，浑身棱角分明，很难把自己磨成"绣花针"。四十二岁以前，他像一片叶子在各地飘。四川、湖南、湖北、陕西、安徽、浙江、江西……寸寸肌肤贴近山水，步步丈量大好河山——这句子，我是要重复的。无限贴近万物，跟草木鱼虫裹成团，才会有感觉的丰富性。感觉的丰富性乃是一切生活质量的前提。今之许多青少年，受制于几股力量（学业、就业、电子产品、居住方式）的牵扯与挤压，生存难以敞开，感觉的层面正动态性地趋于萧条：年纪轻轻就觉得无聊、没劲，寻找刺激更无聊，并且，不约而同地积聚无聊之能量……所有这些东西的背后，都有那只看不见的手——西方人大肆鼓吹的对象化思维。李太白、杜子美、苏东坡、曹雪芹，他们生命中的每一秒钟都充盈着张力，实实在在地爱生活，爱自然，操心世界，一步一个脚印，这样的人活上几百年，也不会落入无聊加刺激的恶性循环。

如此饱满的生命体，现代人恐怕已经很难去想象了。陈嘉映在《希腊精神》一书的序言中说："和古希腊人相比，现代西方人一望而知跟残废差不多。"

从感觉出发，会破除很多宏大叙事的谎言。

李太白想要走仕途，"大济苍生"。这个意志力是贯穿一生的，直到暮年他还仗剑出庐山，登上永王李璘的战船，"过江誓流水，志在清中原"。他要参与荡平逆胡安禄山的伟大斗争，却不知李璘有野心，想要争皇位，他登上的战船原来是一艘贼船，很快就被抓起来了，五花大绑，投进江西浔阳的监狱。狱中他写信，依然大言不惭。早年他就这样："世人见我恒殊调，闻余大言皆冷笑。"浔阳狱中死到临头的李白还是李白，信中称："岂使此人名扬宇宙而枯槁当年？"李太白比堂吉诃德还要堂吉诃德，我初读这一句，大笑不止。名将郭子仪上书求情，救了他一命。

唐代商人的儿子不能走科举一途，李白又想做大官，怎么办？通过婚姻关系，通过当隐士、写好诗、海量饮酒、干轰动性的大事来达到目的，是他齐头并进的几个举措。儒家的进取和道家的飘逸，李白兼而有之。富家子弟向官场靠拢，当是父亲李客传给他的意识或潜意识。古人大抵如此，士农工商的价值排序维系了两千年，唐宋尤甚。

写诗，饮酒，舞剑，弹琴，漫游，炼丹，寻仙，李白的生命冲动呈喷发状，七彩斑斓。总目标是做官，做了大官造福苍生，但异常复杂的官场又让他不耐烦——中年李白忽然荣登翰林院，"戏万乘若僚友，视俦列如草芥"（苏轼语），表明他不谙官场术，不屑于朝廷规矩。若要把握李白之为李白，此系紧要处。生命的喷发点多，淡化了他对权力的向往。天生傲岸，艺术又强化他的傲岸。任华说："（李白）数十年为客，未尝一日低颜色。"李太白总是客居他乡，以天下为家，道路为家，或许真有游牧民族的特征。

李白求官不复杂。他单纯。从官场的角度看他，常常显得滑稽可笑。

他有一个蜀中的朋友叫吴指南，李白与之游于荆楚。八百里洞庭湖天宽水阔，"衔远山，吞长江，浩浩汤汤"。战国末期的屈子叹曰："袅袅兮秋风，洞庭波兮木叶下。”李白大发思古之幽情，“屈平辞赋悬日月，楚王台榭空山丘”。这是唐玄宗开元十三年（725），李白二十五岁，出长江三峡未久，“渡远荆门外，来从楚国游……仍怜故乡水，万里送行舟”。他在江陵遇上道士司马承祯，作《大鹏遇希有鸟赋》，自视为大鹏，翅膀激荡洞庭水，扶摇直上九万里。这位司马承祯是道教大师，武则天、唐睿宗和唐玄宗都对他礼遇有加，鹤发童颜，后面追随者众。李白把大师比作稀有鸟，与他自己不相上下。李白的自负，从童年就开始了，有一首诗写萤火虫：“雨打灯难灭，风吹色更明。若飞天上去，定作月边星。”他是太白金星的人间化身。登峨眉山他用刀剑辟路，作狮子吼，连山里的野兽都怕他。眼下的峨眉山万年寺有一种“李白弹琴蛙”，据说太白弹琴，青蛙都不叫了。“峨眉山月半轮秋，影入平羌江水流。”

能与李白游于蜀中的吴指南，应该不是泛泛之辈。古人极重交游，孔子云：“益者三友，损者三友。友直，友谅，友多闻……”李白高视阔步，后来小他十一岁的杜甫巴巴地跟他游，崇拜他，模仿他炼丹寻仙，一度失掉自我，却为了赢得新我——“见贤思齐焉”，这句话也是孔夫子讲的。

吴指南的相关资料只见于李白《上安州裴长史书》，能猜度的有两点：一是他本人不乏过人处，二是与李白交情不浅。二人大约相逢于洞庭湖畔，他乡遇故知。丹砂背着孔子琴和大堆银子。画船携妓也是可能的，剑客诗人携妓游乃是晋唐之常态。当时物价便宜，斗米十钱，而李白怀揣好几十万钱，折米数千石。全国各州县的治安也好，“行者虽万里不持寸兵”，兵指兵器。李太白气冲牛斗，纵身扑入大湖，把自己不算伟岸的身躯变成一朵浪花。时在炎夏，有时候风疾浪高。吴指南忽然死了，死因不详。

李白悲痛欲绝，且惶恐不安，这可能是他第一次近距离遭遇死亡，物伤其类，不知所措。吴指南临死前当有托于李白。李白痛哭，烈日下抚尸不起。围观的行人也抹泪。《上安州裴长史书》记之甚详：“指南死于洞庭之上，白禫服恸哭，若丧天伦。炎月伏尸，泣尽而继之以血。行路闻者，悉皆伤心。猛虎前临，坚守不动。遂权殡于湖侧，便之金陵……”禫服：素服。恸：大哭。权：暂且。之：去。李白不惧猛虎庶几可信，青城山、峨眉山、眉州象耳山皆有虎豹出没。中年的他还在山东射过虎。

朋友死了，李白泣血。接下来的几年间他没有忘记吴指南。在安陆娶宰相的孙女后结识了一些官员，写求官信，一封又一封。游黄鹤楼，兴奋异常却不敢下笔，“眼前有景道不得，崔颢题诗在上头”。他和孟浩然一见如故，送别时依依不舍：“故人西辞黄鹤楼，烟花三月下扬州……”李白也下扬州了，一年散金三十余万，等于散尽了好米三千石，干啥用呢？“有落魄公子，悉皆济之，此则是白之轻财好施也。”干了好事要说在明处，也是唐人习气，与读书人的干谒之风有关。其实扬州繁华地，薄情为时尚。那些所谓的落魄公子，恐怕多是骗财骗吃之辈，联合起来坑蒙拐骗，叫财大气粗的李白做了冤大头。李白卧病扬州城，狐朋狗友一个不来；钱也花光了，移往低级客栈，情绪低落，写下思念家乡的小诗：“床前明月光，疑是地上霜……”

李白在外面游不动了，只好游向安陆。安陆的家既是他补给的港湾，又像个客栈，一块弹向远方的跳板。李白后来在山东任城的家也复如是。他永远朝着遥远的异乡出发，脑子里装满未必切合实际的天下。大鹏焉能窝在燕雀的巢穴中？青年李白最讲义气，“三杯吐然诺，五岳倒为轻”，许下的一句诺言比五岳还要重。当初在四川某地打抱不平，“杀人红尘里”，真正的任侠之士专杀坏人，同时要怀念好人。

李白过洞庭湖，想起亡友吴指南了，下决心去营葬，把土堆中亡友的尸骨挖出来。囊中羞涩，借贷也要干。时在深秋，洞庭波兮木叶下。《上安州裴长史书》：“数年来观，（吴指南）筋骨尚在。白雪泣持刃，躬申洗削，裹骨徒步，负之而趋，寝兴携持，无辍身手。遂丐贷营葬于鄂城之东。故乡路遥，魂魄无主，礼以迁窆，式昭明情，此则是白存交重义也！”雪泣：擦掉眼泪。寝兴：泛指夜与昼。窆：音贬，下棺材也。

李白迁葬五年前死去的吴指南，那情形有点吓人。裹骨徒步也就罢了，还昼夜携持筋肉，未免夸张。但古人重义气是普遍现象，李白也不是故作义举。今天的某些人，一味活在利益的链条中，复杂万端，算计型思维发达，回思古代隔了崇山峻岭，汲取营养谈何容易。甚至回忆三四十年前质朴的日常生活，也被汽车水泥等有形之物遮蔽，被众多“知识分子”强势的言论导向搅浑，抹掉精气神的轨迹。这些年一说精神，往往招人哂笑。精神值几个钱？这令人有理由担忧：中国人辨认无形之物的能力恢复艰难。

李白上书安州的裴长史，希望裴长史举荐他为官。这封求职信，一向被视为李白生平事迹的宝贵史料。有夸张，不掩其事实基础。且看这位天马行空的诗人接着往下写：“又昔与逸人东严子隐于岷山之阳，白巢居数年，不迹城市。养奇禽千计，呼皆就掌取食，了无惊猜。广汉太守闻而异之，诣庐亲睹……”巢居：隐居。李白重义气，一千多只就掌取食的鸟儿都是证据。于是广汉太守举荐他和东严子参加科举考试，未能考中。信中再举例：“又前礼部尚书苏公出为益州长史，白于路中投刺，待以布衣之礼。因谓群僚曰：‘此子天才英丽，下笔不休……’四海明识，具知此谈。前此郡督马公，朝野豪彦，一见尽礼，许为奇才，因谓长史李京之曰：‘诸人之文，犹山无烟霞，春无草树。李白之文，清雄奔放，名章俊语，络绎间起，光明洞彻，句句动人。’”益州：今成都。刺：类似名片。最早的名片，是把文字刺于竹片，故称刺。此郡：安州。

李白这么表扬自己，可谓前无古人后无来者。幸好他是李白，否则就是自恋狂了。义士、豪士、有善心的隐士、文章奇才、天才，句句动人，能用的词语他全都用上了。李白诗写忧愁：“白发三千丈，缘愁似个长。”写不足百尺的庐山瀑布：“飞流直下三千尺。”写他梦寐以求的长安：“狂风吹我心，西挂咸阳树。”写饮酒：“三百六十日，日日醉如泥。”……可见李白的书信与诗歌风格相似。狂得可爱，不狂哪有李太白？日后进皇宫他狂得更厉害，当然也更可爱。此间上书有个背景，不少人在裴长史面前诋毁他。像他这种异类中的异类，狂人中的狂人，不受庸常之辈的围攻才是怪事一桩。

洪迈《容斋随笔》说：“神龙困于蝼蚁，可胜叹哉！”

裴长史的反应是毫无反应。安陆官场的“苍蝇蚂蚁”弹冠相庆。李白一气之下奔长安，到天子脚下的终南山做隐士去了。

苏东坡出狱第三天，冲风冒雪归葬文同

文同字与可，四川盐亭县人，《宋史》曰：“同方口秀眉，以学名世，操韵高洁，自号笑笑先生。”文与可画墨竹，北宋称第一，“成竹在胸”一词，因他而起；学问高，性情好，笑口常开，人也生得英俊，做过几个州的太守，其中包括富冠江南的扬州。文同的政声极佳，《宋史》：“同……居家不问资产，所至尤恤民事。民有不便，如己纳之阱中，必为出之而后已。”百姓的日子艰难，文太守寝食难安，犹如落入了陷阱，必掏银子，解小民的燃眉之急。苏轼做太守亦如是，民生有欠缺，“如芒刺在背”。

文与可做官主要是在仁宗朝。宋仁宗在位四十二年，布施仁政于天下，虽有某种保守倾向，却见大智存焉。“保守”二字，看来要重新掂量，保存祖先的智慧，并加以细心守护。有所为，有所不为。“不”的领域，能够发挥的空间很大，比如不扰民、不生事、不兴大狱、不搞“休克式”变法，更不妄动刀兵。宋神宗上台，政治这台车来了个一百八十度的大转弯，要这个要那个：要征利，要生事，要废除祖宗法度，要扩充武备大动刀兵。苏轼对这个强推国家意志的年轻人非常不客气，警告说：“今日之政，小用则小败，大用则大败！”又引用晋人诗句形容天子面临的危险：“盲人骑瞎马，半夜临深池。”

求意志的意志催生了多少盲动家。20世纪影响力最巨的德国哲学家海德格尔说：“人类至今仍然是行动太多而思考太少。”近现代以来的西方大哲们，对西方的疯狂扩张高度警惕，严阵以待，尤其是美国式的实用主义、技术主义、消费主义，此三者，前所未有地威胁着这个星球——人类赖以生存的家园。所谓的美国文化，一言以蔽之：就是感官文化、刺激文化、消耗型文化。这可不是华夏文明的以文化人，倒是以物化人，以异化化人。美国的大学教授们几乎不看所谓的好莱坞大片。当年汪晖先生主编的《读书》杂志，北大的刘东教授写文章，拨开了弥漫在影片《泰坦尼克号》之上的煽情迷雾：爱情至上不过是假象，是华丽蒙人的烟幕弹，一切爱情必须服从票房……

文同颇不善于盲动，他画竹子，一定要揣摩半天才下笔。房前屋后都有竹子，一年四季细心观察，风竹、雨竹、雪竹、雾竹……四川乡村的民居至今不变，前树而后竹。眉山青神县的竹编工艺品销往全世界。苏东坡写于杭州寂照寺的名言——“可使食无肉，不可居无竹”，追忆眉山故园的千竿竹。清代的郑板桥画竹，首先受惠于文同，其次受惠于苏东坡。

一般认为，苏东坡是中国写意画的开创者，而苏轼的代表作墨竹系列，师承于文同。

文与可见不得别人受穷，一见总要掏银子。即使太守俸禄多，总往外掏也不行。文家又人丁兴旺，于是年复一年的手头拮据。他也不管，“居家不问资产”。苏东坡长期高官厚禄，收入巨万，常常接济朋友，“随手辄尽”。贬谪时又称：“若问我贫天所赋，不因贬谪始囊空。”宋代的士大夫精神，于此可见一斑。从中央到地方，重义而轻利者比比皆是。政治、文化、经济空前发达的赵宋王朝，“看不见”的士大夫精神却是实打实的，不是编故事。王安石视美宅美眷如浮云。范镇散财。张方平济困。包拯疾恶如仇。黄庭坚拒绝嗟来之食。秦观爱戴倒霉透顶的老师。司马光在洛阳卖马，吩咐下人：“告诉那买家，马有肺病。”……

苏东坡的治国理念，首先看重的是道德与风俗，国家太平了，宇内清静了，民间自会追求富裕，安居乐业。历代皆然。生活的完整性大于财富追求，生活之意蕴层高于物质利益，严格节制欲望之嚣张——宋人智慧，关键在此。今日欧盟的一些国家，初现此恶端。一味财富追求，愚蠢而又危险。孟子：“上下交征利而国危矣！”

文同太守缺钱不搞钱，济穷自掏腰包，终其一生，不卖一幅字画。他是活在历史的大氛围中，义字当头，而不是利字当头。苏东坡、黄庭坚也不卖字画。书画市场形成于宋代，但沦为名利场的苗头也露出来了，文坛领袖欧阳修很敏感，严厉批评那些为书法而书法的人：“弃人间百事而专攻一书事，本末倒置矣……书法不可以为怪！”

为艺术而艺术者，在物欲太盛的年代，难免为风格而风格，为市场而市场，技巧压倒学养，此风一开，艺术沦为技术。假风格一哄而起，甚嚣尘上，例如眼下产量奇高的影视剧和流行歌曲。书画界的冒牌货更多，冒牌手段五花八门，充满怪异的想象力，制造的文化泡沫遮天蔽日。“自真风告逝，大伪斯兴。”（陶潜）挤泡沫的过程漫长而又复杂。

我旧话重提：古今优秀的艺术品都是非功利的，是生命冲动谋求着自由表达。

文与可大苏子瞻二十多岁，二人定交于陕西凤翔。苏轼去杭州做通判，文同写诗叮嘱：“北客若来休问事，西湖虽好莫吟诗。”其时熙宁变法正如火如荼，苏轼又口不择言，“制科习气”难改。在汴京，宋神宗曾经单独召见他，要他“为朕深思治乱”。

西湖那么好，大诗人哪有不题诗的？苏轼巡视杭州各县，走乡串户，进山入海，发现盐法、青苗法使当地人受穷，盐的专卖，竟使制盐的灶户吃不上盐……于是写诗写信，痛加讽刺，下笔不留情。文同的劝诫，止不住他忧民生之多艰。一个叫沈括的人暗中收集他的诗作，携去汴梁，伏下日后的祸端。沈括博学多才，是《梦溪笔谈》的作者，人品有问题。王安石对他印象不好，对神宗说：“沈括壬人，不宜大用。”壬人：小人。

苏轼由密州太守迁徐州太守，美政有口皆碑。他在工作之余试丹青，画竹石图、断山图，随意而为之，自言：“诗不求工字不奇，天真烂漫是吾师。”字不奇：书法不去追奇逐怪。不刻意求工，反而会收到好的效果。又云：“平生好诗也好画。”画画、写字，画出性情来，写出修养来。他点评文同的墨竹：“其身与竹化，无穷出清新。”

画石与石化，画山与山化，物我相融，是谓化境。黄宾虹先生画黄山，去黄山七八次，盘桓数月之久，只为体验造化的神奇，自然的万千变化。老先生久久凝望黄山的摩天巨石，身与巨石化也。这与宋、元、明山水画家的精神乃是一脉相承。可惜这种严格意义上的外师造化之功正趋于式微。另外，书画家的学养极为重要，且看苏轼谈文同：“文与可有四绝：诗一，楚辞二，草书三，画四。与可尝云：‘世无知我者，惟子瞻一见，识吾妙处。’”苏轼对“宋四家”之一的米芾有类似的评价。

古人近人凡事较真，盖源自深度之生存，一如树的年轮，缓慢生长坚硬如钢。而速成的文学艺术作品，基于浅表性生存。浅表性生存把一切高度削平，把人的喜怒哀乐处理成过眼云烟。这是西方后现代的短命狂欢：要么耗掉自身的能量，要么毁掉作为人类家园的地球——地球是毁不掉的，人类无非自作自受。

文同说："吾墨竹一派在徐州！"苏轼则言："吾为墨竹，尽得与可之法。"二人见面的次数并不多，书信往还切磋画法。宋代邮递的速度快，千里之遥，通常十日可到。

文同的一些轶事让苏轼乐不可支，比如有个崔公度，巴结王安石很有一套，"踞厕"碰上了也蹲厕所的文太守，趁机讨好。文同闭目托腮，只管拉他的，崔公度的奉承话便与厕所的气味儿混为一气，似乎直接从口中吐出来，这事载入《宋史》。

文同中年以后的画技炉火纯青了，求画的人踏破门槛。苏轼写道："四方之人，持缣素而请者，足相蹑于其门。"缣素：细绢。文同的夫人、儿媳、女儿，连同七姑八姨，自然是喜欢细绢的，无奈一家之主见此物就烦，仿佛绢帛是墨竹的死对头——竹是好东西，绢是坏东西。那些远道而来的、有背景有身份的求画者，哪里甘心空手回去，挖空心思要挤进文家的门。有一天，正在作画的文同扔笔冲出去，怒指他们手中的缣素，夺了弃之于地，骂曰："吾将以为袜材！"拿细绢做袜子，每日踏在脚底下。求画者瞠目结舌，一哄而散。

此系宋代画坛的一大掌故，士林皆知。

大画家为何不卖字画呢？李清照和赵明诚玩赏金石书画三十年，宁愿不吃肉，不戴金银首饰，也不卖一件藏品。两宋三百年，"不"的故事多。我听说吴冠中先生下楼理发只花五块钱，晚年不卖画。我又见过表演艺术家孙道临、王文娟简朴的寓所。老一辈的艺术家绝大多数不做广告、不做企业形象代言人，其间的故事却属于这年头的隐形叙事（媒体讳莫如深）。他们延续了自古以来"不"的精神，有赖他们的存在，才有大量的精品传世，才让形形色色的文化泡沫显现为泡沫。否则，泡沫倒有可能变成"精品"，假风格挤走真风格。我估计，大量文化泡沫，正在变成许多青年眼中的文化精品。

陈寅恪说："华夏族文化，历数千载之演进，而造极于赵宋之世。"宋代是中国文化的最高峰。如果文同苏轼脑子里塞满细绢，如果欧阳修司马光动不动就下笔万言，哪里还有书画杰作、史学大著？现代人不可只见光速之快，而忘掉了宇宙演进之慢。

一切优秀的东西都是慢的产物。宋代有一种“千工床”，须费一千个工才能造就。

文同晚年居陈州，时常想着知徐州的苏子瞻，每有佳作送人，则曰：“勿使他人书字，须待苏子瞻来，令作诗其侧。”诗配画，宋代以前是没有的，文同开了先河。苏轼不时收到文同寄来的作品，玩之再三，邀人同赏。河南的陈州距徐州五百里，苏轼在徐州很想抽身去一趟，奈何公务太忙。文与可的信件也不提自己的身体状况。

突然有一天，苏轼接到陈州传来的噩耗：文与可仙逝。

苏轼在徐州抗洪受到皇帝的嘉奖，又大旱祈雨得雨，亲自设计黄楼，写下绝妙小词《浣溪沙》五首，与王朝云初动情，缱绻于竹竹幽深的逍遥堂……美政、美词、美人、美食，人生正大得意，忽闻朋友死讯，顿时哭成泪人——这个细节在古代不稀奇，在今天看却不寻常，因为：深度之生存者正在日益减少。谁在乎谁的死呢？谁还为谁伤心几十年？民间尚多，这是肯定的，然而，也属于这年头的隐形叙事——为朋友的死大哭，连自己都羞于启齿。我本不愿意涉及这一话题，但是，对一个作家而言，再沉重的话题也不该回避。若干年来的耳闻目睹，太多了，在一些人的眼中，钱字无限放大，把情感挤变形，压成灰——人是利益链条中的人，长期恩怨纠缠，旷日无聊攻心，谁又能为亲朋忧伤、大恸呢？自己都活得不耐烦，哪管别人的生与死？

爱是一种能力，悲亦是一种能力。有一些地方（例如成都）却早已流行“丧麻将”，亲朋尸骨未寒，麻将声已回荡于逝者的灵前，扯皮，喧闹，点钱。

谁在乎谁的死？谁为谁伤心几十年呢？可以断言的是，浅表性生存、快餐式生存、嬉皮笑脸式生存一旦大面积流行开来，死亡这件事，势必变成表面上的大事。

实际情形如何，各人心头自知。

苏轼《祭文与可文》：“呜呼哀哉，余尚忍言之。气噎悒而填胸，泪疾下而淋衣。……夜不眠而坐喟，梦相从而惊觉，满茵席之濡泪……”接连几天，苏轼吃不下饭，人瘦了一圈，亡友文同生前的音容，点点滴滴涌上心头，堵得胸口疼。

文同家穷，只得停棺于陈州的寺庙。苏轼迁湖州太守。时在宋神宗元丰二年（1079）。

苏轼新官上任，在湖州忙得不可开交，劳形之事未毕，亡友的身影又上心头，一日若干次，不以人的意志为转移。文同并非苏轼的至交，只是众多好友之一，而苏轼已沉痛至此。七月下旬的一天，苏轼在官厅后院晾晒文同的书画，忽听马蹄声急，一帮面目狰狞的捕快闯进来。几年前沈括的告密终于起作用了，李定等人于京师上蹿下跳。苏轼被抓走，投入汴京的乌台黑狱。生性豪放的苏轼，甚至想到了死……

出狱的那一天偏遇除夕，开封城的鞭炮声响成一片，鹅毛大雪纷纷扬扬。苏轼与长子苏迈，在台卒的监督下踏上贬谪路，心境之苍凉可想而知。可是他央求了台卒，改道去陈州找苏辙，凑银子归葬文同，让文同的家人扶棺回四川的盐亭县。这念头，他早就有了。

开封距陈州二百多里，阴风怒号，雪野茫茫寒彻骨。罪臣哪有马骑，连一头驴子都没有，徒步踏雪泥，过冰河，翻冰丘，夜宿荒漠小店，灯下垂头思念亡友。

鲁迅先生编瞿秋白的遗稿时正值上海的酷暑，每天挥汗如雨，梳理，校对，一遍又一遍，叹息说："收存亡友的遗文真如捏着一团火，常要觉得寝食不安，给它企图流布的。"戴望舒千里寻找萧红的海边墓地，写下《萧红墓畔口占》……

苏轼得意时，闻文同的死讯，大恸，"泪疾下而淋衣"；苏轼遭遇了一生中最倒霉的日子，却还惦记着亡友未入土的棺材，顶风冒雪奔陈州，为亡友张罗后事，硬着罪臣的头皮辗转敲门，借了许多钱，凑足了将文同的灵柩归葬四川的路费——人工费、车马费、食宿费；同时悉心安慰亡友的数十口家眷，追忆文同的生前功业和日常生活的细节时，又泪洒灵堂。这是什么精神？义薄云天可不是说说而已。

苏轼在陈州待了十天，诸事办妥帖了，安顿了亡灵，也慰藉了自己不安的灵魂，然后掉头，再一次冲进风雪中，奔向千里之遥的黄州——罪臣赴贬所有期限。

苏东坡对这件事只偶尔提及，并不做宣扬。而我们今天要替他大声讲出来。但愿物欲的惊人泛滥有收敛之日，但愿金钱对情感的压抑不要太长久！

卓契顺、巢谷与苏东坡

卓契顺是苏州定慧院守钦长老门下的小和尚，平时傻乎乎乐呵呵的，一张圆脸，一笑一朵花儿似的。扫地种菜，打水劈柴，撞晨钟敲暮鼓，卓契顺很勤快，干一行爱一行。寺内的人，他都合得来。眉山有句老话："吃得亏，打得堆（朋友多）。"常州人钱世雄是苏东坡的至交，也是守钦长老的朋友，一日，到定惠院喝茶，说起苏轼长子苏迈的一桩烦恼：欲送家书到惠州去，却苦于脱不开身。不用说，苏迈想要送往惠州的这封家书颇重要，须托付给可靠的人。守钦长老听了，一声叹息。茶室续水的卓契顺说："我去送吧。"守钦长老摇摇头，转问天真的小和尚："你知道惠州有多远吗？"

卓契顺轻描淡写地答："惠州又不是在天上，走，总能走到的。"然后揣了苏迈的家书上路。

"君子欲讷于言而敏于行"，苏州和尚卓契顺并不知道孔圣人的这句话，也没见过苏轼，平时仰慕而已。几千里路送一封家书，他干。苏州乃鱼米之乡，惠州是蛮荒之地，翻山越岭不说，还有可能遭遇野兽、盗贼、毒虫，染上吓人的岭南瘴疠，那可是要死人的。

好个卓契顺，走啊走啊，鼓足干劲，争取日行百里。沿途托钵化缘，饱一顿又饥一顿。前不着村后不着店的时候就吃野果，饮溪水，睡树洞，躺荒草。手中没地图，和尚走了不少弯路。广东话又听不懂。他讲的苏州话别人同样听不懂。中国八大语系，南方占了七大，细分恐怕有千百种，山水阻隔的地域特征决定了方言特征。

卓契顺将至英州地界病倒了，在一户姓罗的山民家躺了半个月，稍稍见好又上路。见寺庙辄喜，因为进山门可以饱餐一顿，美美地睡僧房，夜里还能啃馒头。天下和尚本是一家嘛。小和尚的行为感动了许许多多的和尚，友谊产生了，可是要分别……卓契顺走啊走啊，回想帮助过他的山民、农民、和尚、士兵，心里升起了一股甜甜的又酸酸的滋味，眼中蓄了泪，说不清是欢喜还是忧伤。剪径的强盗截住他，搜身一无所有，乐了，倒送他两双草鞋。翻越分割岭南与岭北的大庾五岭好累呀，小和尚急着赶路送家书，夜里在岭上打个盹儿，趁着月色又起身……

屈指一算，离开苏州的定惠院已经三个多月了。

小和尚走啊走啊走啊，终于走到惠州城了，一打听，竟然人人皆知苏东坡。他过合江，走进坡翁暂时安顿于合江楼的家，看见传说中的子瞻帽和红润脸了，舒一口长气，双手合十，道一声“阿弥陀佛”，那惬意，那满足，那心底升起的欣慰，就不用多说了。可是小和尚看上去像个小叫花子，几个月人都走变形了，浑身破烂，伤痕累累，唯有苏迈的那封信包裹得好好的。苏家二十余口都哭了，“敏而好义”的王朝云哭成了一个泪人。坡翁倒视为寻常，笑问卓契顺：“你这么远来惠州，想要点什么？”

小和尚笑了笑，回答：“我要有所求，就去汴京城了。”

这一问一答，遂成千百年之经典。

小和尚在惠州住了十来天又要登远路了，苏轼手书《归去来兮辞》长卷送给他。笑呵呵傻乎乎的卓契顺，挥挥手过江去也。一切平淡得像花开水流，云飘云停。《归去来兮辞》长卷的真迹，今犹存焉。五柳先生喜欢素心人，苏东坡送此长卷，“此中有真意，欲辨已忘言”。坡翁被贬惠州两年零七个月，道士吴复古专程去看他，后来又于广州追赶他，暴病，死于中途。吴复古的儿子吴芘仲，从潮州去惠州探望父执，携物甚丰。陈季常打点行囊要从湖北动身，苏轼不要他来，写信批评老朋友：“彼此须鬓如戟，莫作儿女态也。”苏门后四学士之一的曹辅，不避官身之嫌，到惠州，陪老师兼罪臣苏轼住了一些日子，伺候起居。虔州处士王原，一叶扁舟浮江而来，陪着坡翁，居嘉祐寺七十天……

中国人啊，不妨记住这些名字，记住苏州小和尚卓契顺。

巢谷字元修，眉山人氏，生年不详，大苏轼十来岁。巢谷是浪迹天涯的人，一身本事，劳心的，劳力的，几乎什么都懂，教过书，治过病，做过将军府的幕僚，干农活不含糊，兼做木匠、瓦匠、砖匠、漆匠、补锅匠，“天干不误手艺人”。巢谷走过的地方，也许不亚于足迹“半中国”的苏东坡。想家乡了，他就回眉山待个一年半载，然后再只身出发，经水路或陆路出川。官身不自由，巢谷很自由，过着闲云野鹤般的日子。苏轼被贬黄州的第二年，巢谷飘然而至，破行囊携来两样宝贝，一是蓤菜籽，二是圣散子。苏轼种下了蓤菜，命名为“元修菜”。这圣散子，巢元修搞得十分神秘，原来是祖传的秘方，再三叮嘱苏轼不可示人。苏轼颇知医与药，有《苏沈良方》一书传世。不过，中医传统有个陋习：郎中们把药方子捂得紧，不肯轻易传给别人。所谓秘方，即是此意。苏轼当面答应了巢谷，背过身却把圣散子药方抄给了黄州名医宠安常。这叫存大义，舍去承诺的小义。后来苏轼知杭州，遭遇疫病大流行，用圣散子治疫，挽救了成千上万的人，一服药只收一文钱，“千钱活千命”，专门建了“安乐坊”——此系中国第一座慈善医院。

巢谷在黄州帮着苏家开垦东坡（麦田），筑雪堂，盖南堂，学做有名的黄州小吃“为甚酥”，开坛教育穷家子弟，也写诗、饮酒、翻跟斗，月夜泛舟于赤壁之下，笑谈当年的周郎、孔明、曹孟德。秦少游、陈季常、马梦得、古耕道……七八条汉子追随着苏东坡。陈季常居二百里外的歧亭，徒步来黄州七次，苏轼回访三次。秦观居处距黄州更遥远。米芾千里拜东坡，解决了书法总是囿于“集古字”的大问题。马梦得则有“首谋东坡”之功。一群大江之畔的素心人吃穿简单，天天开颜，与当地人打成一片。劳动，剧谈，饮茶，醉酒，钓鱼，读书，探险。东坡先生发明了“东坡肉”，巢君、元修喜先尝……

元丰八年（1085），苏东坡于黄州复起，量移汝州，接下来入汴京，青云直上，任翰林大学士兼侍读，紫袍加身（三品官的朝服）。苏子由更是官拜参知政事（副宰相），兄弟二人“内翰外相”，荣华造极也，门前车马喧嚣。然而巢谷不见了，陈季常也不来汴京。苏翰林想念他们，真想啊，却找不到他们。苏轼官运亨通之时，巢谷是从来不现身的。苏轼以朝廷重臣的身份去杭州做太守，钤辖两浙七个州的兵马，位高而权重。当圣散子药方活人无数时，苏杭州倍思巢元修，托人打听，仍不知元修兄仙踪何处。

也许巢谷正在眉山的桂香街、纱縠行、王家古渡逍遥呢。

苏轼的《眉山远景楼记》，开篇就说：“吾州之俗，有近古者三……”唐宋士大夫普遍认为古代好，当今不够好，要学习，要回望，尤其要回思尧舜时代。王安石治国，对宋神宗直接讲三代（尧舜禹）智慧，连唐太宗的贞观之治都不放在眼里。

中国民间的古道热肠多，眉山巢谷是一个。

坡翁五十九岁被贬到了岭南惠州，约三年后，再贬海南儋州。据说东坡携幼子苏过渡琼州海峡，风浪三日；船上放了一具棺木，因为生还中原的希望渺茫。唐宋贬去岭海的官员，活着北归的寥寥无几。成千上万的中土人士，为苏轼祈祷平安。杭州的苏堤上更建有苏东坡的生祠，百姓“饮食必祝”——饮水吃饭，祝福他们的“老市长”逢凶化吉，遇难呈祥……这时候的巢谷七十三岁了，须眉尽白，觉得自己筋骨犹健。他开始作准备，天不亮就练习太极拳，下岷江游泳，拍浪二十里到今之永寿镇。日食斗米。老人择期再出川，拿舟过三峡。花钱买马，马累病了换驴子，换轻舟，偶尔坐坐肩舆（轿子）。从眉山到海南有万里之遥，巢谷先生可不管。他听说了苏州卓契顺三千里送家书的故事，幽默地说：“儋州也不在天上嘛。”

风餐露宿也好，冷水充饥也罢，“老夫七十犹豪纵”，天宽地阔做美梦。巢谷过荆楚，向广东再向海南，途中也有新知旧友的热情款待，送些盘缠，当有值钱的细软，托他转给老东坡，助其度过岭南海外艰难的岁月。他的包袱里还有类似圣散子的药方和一些药物，专治瘴疠，担心儋州无药，一路上宝贝得不得了，抱着睡，几番梦中惊起，以为盗贼偷了去。荒野赶路，忽来瓢泼大雨，老人躬了身捂紧包袱，拄杖泥行十余里，跌倒爬起来，嘴啃泥，不管它。眉山人是有股子韧劲儿的，苏东坡带了好头，百折不挠。

巢谷的老迈之躯终是有些撑不住了，卧病咳嗽，烈日下踉跄而走，爬山山欺人，过河风波恶。野兽、毒虫、蛇蝎，可怕的花斑吸血大蚊子……可叹巢元修啊，不在气候温润的眉山颐养天年，偏要往蛮荒之地奔，倔呀，义呀，傻呀。一把老骨头，如何经得住千沟万坎的折腾？事实上，巢谷不愧是巢谷，几十年浪迹天涯的行者，经验丰富的背包客，自保有术，护身有宝刀。他走呀走呀，眉州青神县的硬头篁拐杖，歪歪扭扭到了梅州，见过苏子由，歇一阵子再奔路程，奔向他放心不下的苏子瞻。近了，近了，好几千里都走过来了，区区几百里不在话下。他搭了一辆牛车，进入新州（今广东新兴）境内，架了一条老瘦腿儿哼歌谣，七寸长的白胡子飘向碧空。继而眯眼小憩，晃晃悠悠的，下意识摸摸那包袱，软软的还在。夜宿路边小店高兴了，喝下几盅浑村酿，睡得有些沉了。

一觉醒来，摸身边摸了一个空。巢元修惊出浑身冷汗，问那店家，店家摇头支支吾吾。于是老人夺门冲出去了，摸黑追窃贼，在漆黑的小路上气喘吁吁。

天边泛起了鱼肚白，两条老腿还在追。这村那村地问，连比带画，又气又急……

累瘫了。气炸了。在田边颓然倒下了。升上树梢的太阳照着稀疏的头发。这个巢谷啊，这个巢谷啊……不辞万里寻东坡，死于途中。

苏子瞻、苏子由闻噩耗，隔海同声大哭。

新州乡下的好心人挖个土坑，把巢谷埋了。苏东坡写信给广州的官员孙叔静，恳请他帮助巢谷的儿子巢蒙来岭南料理后事。巢蒙从眉州到新州的往返路费、迎丧的花销，均由东坡筹集，并请同乡杨济甫转交。信中说："元修有子蒙在里中，某已使人呼蒙来迎丧，颇助其路费……旅殡无人照管，或毁坏暴露，愿公悯其不幸……死罪，死罪！"

时在宋哲宗元符二年（1099）。巢谷的儿子巢蒙素服（孝服）启程了，眉山父老相约，送至东门外的王家渡，泪洒如漫天秋雨。那古渡口的几棵大榕树，今日尚在水边，尽管它们老得不能再老了，空心了，于风雨中飘摇，却不肯死掉。老榕树见过巢谷。

卷七

学

『吾尝终日而思矣，不如须臾之所学也。』这句千古名言却有可能遮蔽思的重要性。学习再学习，思考再思考，二者齐头并进才是最佳状态，生存永远指向更高。古今大贤的学习源自爱，源自对自然与人事的深广兴趣和牵挂。而学习一味讲实用，必然会导致吹糠见米式的功利性、动态性短视。

子曰："学而时习之，不亦说乎"

读书人，是有能力影响千百年的人。权力、财富之类，经不起漫长时光的消磨。李贺诗："鱼沫吹秦桥。"秦桥那么坚固，鱼沫吹它就垮掉。老子的《道德经》五千言，远胜兆亿座摩天楼。老子的智慧，迄今为止无人超越，如同古希腊的亚里士多德，耸峙西方智慧的最高峰，以致海德格尔这样的 20 世纪大哲，总是怀疑自己的哲学与亚氏相比不过是小打小闹而已。在我们无力逼近的想象中，学究天人的老子几乎是外星人。《论语》也就几万言，穿过了两千五百多年，轻松抵达今天，并且，越过今天。

西周学在官，东周学在野——官方图书馆的藏书随着西周王朝的衰败，散落在民间，催生了诸子百家。各诸侯国的乡校应运而生，学问知识普及了，穷人家的孩子也能念书。孔子、孟子、庄子、墨子、荀子、鬼谷子……他们都是穷孩子或没落贵族子弟，终身学而不厌。他们究竟读了多少书呢？答案是没有的，但后人景仰中华民族的伟大先贤，忍不住要去猜想。据《左传》，孔子、墨子读过一百二十多个诸侯国的春秋（编年史），这还不包括其他的读物。孔子删《诗》，删掉大半，只留下三百首；编著《春秋》，修订《礼》《乐》《易》，取其精华……这表明春秋末年的古典文献已经太多了，必须弃其糟粕。

老子告诫我们："五色令人目盲，五音令人耳聋，五味令人口爽。"

前些年，乱七八糟的所谓音乐乱耳甚也，犹如餐桌上层层堆积的饲料肉、激素肉、抗生素肉、反季节的大棚菜……年年新拍的影视剧成千上万种，出版图书几十万种……造成这局面的，大抵绕不开两个字：利润。而网络百色杂呈的声光画面，把人的感觉胡乱切割，使之动态性地趋于碎片化。

如果海量的、良莠混杂的信息让质朴生活的意义悬空，让当代社会的核心价值观虚无化，那么，势必朝着“人被连根拔起”“生命的阴暗麇集”发展——若如是，生命的意思就不大了。

孔夫子早年是个穷孩子，父亲叔梁纥，或许属于贵族的最末一级：士。鲁国大夫、三大世族之一的季孙氏，根本不把以士自居的叔梁纥当回事。季孙氏的管家阳虎，摆一年一度的“飨士宴”，少年孔丘穿上士的礼服，迈着士的步子，面孔浮现士的笑容，巴巴地去吃飨士宴，却吃了一回闭门羹，快快回柴门，托腮生闷气。

叔梁纥去世早，孔丘也弄不清自己究竟算不算一个士。士，又分上士、中士、下士。孔丘徘徊于下士的边缘，再说他是偏房生的，是叔梁纥与颜氏野合的产物，一辈子羞于启齿，司马迁写《史记》，倒不为他隐讳。叔梁纥的正房有九个女儿，二房生的儿子残疾，孔丘是偏房生的，多半受过大妈二妈和姐姐们的闲气，挨过骂，甚或挨过揍，导致他对女性产生严重的偏见——两千年的男尊女卑始于孔丘。

“子曰：‘吾少也贱，故多能鄙事。’”啥叫鄙事呢？除了打仗之外的劳力之事都叫鄙事。孔丘管理仓库，兼做搬运工，干苦力活；做“乘田”小吏，领导一拨羊倌牛倌，自己也是个卑贱的放牛娃。为了跻身士的阶层，他学御车，学射箭，学算术，学音乐，学复杂的祭礼，每件事都十分投入。贫寒的家境、含糊的身份、不明不白的出身，铸就典型的自卑与超越的心理模式——此一层，也许古今学者们罕有论及。孔子艰苦奋斗，却从容不迫，这大约就是天才的特征吧。他小的时候，并非某些宋儒眼中一味地一本正经，而是劳力劳心多头并进，直觉好，悟性高，幽默感无处不在。村里村外他也顽皮淘气，钓鱼，打鸟，还打架。“六艺”之一的射，包括了耍弹弓。“弋不射宿”，不打归巢鸟罢了。

这与我们20世纪70年代玩弹弓相似，不射燕子、翠鸟、丁丁雀儿（小鸟），不瞄准羽毛太美的“红嘴绿观音”。顺便提一句，我从五岁到初中，玩过七种不同材质的自制弹弓，至今熟悉数十种鸟的叫声，对川西坝子的无边旷野有着复合型“统觉”，敏感到毫厘，亲切入骨髓——从来只说一棵草，不说热爱大自然。自然永远在手边，人与草木鱼虫裹成了一团。我的课外书，有一半是躺在柚子树的树杈上看完的，柚子花香直接飘到了今天，近半个世纪香味不减……

孔圣人“十五志于学”，三十岁就集学问之大成了。有些书要精读，有些则一目十行，另一些破竹简直接当作柴火。两千五百多年前的阅读，已需要眼光，今天需要什么？需要火眼金睛，需要沙里淘金的功夫，否则，就会被海量的出版物弄得头晕眼花。

青年孔子文质彬彬，野性收敛了，但偶尔也会打一架。例如小他九岁的子路仗着力大如牛，动不动就欺负他，用一双拳头对付他渊博的学问。他一再忍让，终于出手反击，闪电般的三两招，将子路放翻在地，又亲手扶起这个莽勇而厚道的汉子，以德服人。后来，子路做了孔子的学生兼保镖，保护老师非常勇敢。那年头，很多人是不讲理的，用拳头讲话，类似今之弱肉强食的丛林法则。

德国著名哲学家哈贝马斯曾指出："美国政府正使世界的安全度降低。"我们应当掂量，他这句话的分量有多重。哈贝马斯曾是海德格尔的学生。

孔夫子杏坛开讲，收弟子有教无类，率先打破了贵族垄断，又教与学相长，鼓励学生向老师提各种各样的问题。孔门弟子三千，简直跟秋天的白果一样多了，却是若干年后的景象。开始弟子少，鲁国大夫孟孙氏佩服孔子的学问，把两个儿子送来读书；齐景公过境鲁国，点名要见孔丘，询问治国之道，于是孔子的学生渐渐多起来，连遥远的秦国人也来听。学生孜孜不倦地学，老师诲人不倦地教，书本知识与生活知识并重，课堂教学和野外体验兼而有之，严肃、生动、活泼。孔夫子操琴，击缶，唱歌，领舞，驾车，射鸟，辨识花草鱼禽，还带了弟子们去河边垂钓，"钓而不纲"，不撒网。

仁的学说，从点滴做起。

"子曰：'君子忧道不忧贫。'"

先秦的诸子百家，大都是百科全书式的人物，既是通才又是专才。这对后世学人产生了巨大影响，很难想象司马迁、杜子美、司马光、苏东坡……读了多少书。曹雪芹享年才四十来岁，读透了书本与社会两部大书，洞察了各阶层的日常生活，放在今天是不可能的。为何不可能？尚需追问。百科全书式的人物，具备产生大智慧的基础，而古今大智慧都具有价值理性的特征。现代西方之所谓价值多元，其实是假象。人与人、人与自然的深度交流让位给利益取向。美国式的实用主义乃是典型的工具理性。工具理性的背后，潜伏着日趋张狂的非理性。追求自由的作家王小波追到了美国，一待八年，最后说："这个奇怪的国家，永远是一千度的经商热。"王小波冷冷一笑掉头回国了。中国传统文化，显然化入了这位自由作家的血液，所以他才会对没完没了的经商热感到厌恶，嗤之以鼻。享誉全球的哲学家马尔库塞写《单向度的人》，解剖的标本首先是美国人。

李泽厚教授概括古代中国人的所谓“实用理性”，依我看是有问题的。后文再谈。

孔子三十几岁时到周王朝的都城洛阳去，拜见老子，手托一只大雁作见面礼。孔子见老子，是中国历史上的一件大事，引发无穷猜想。二人谈些什么，史料只寥寥几笔。孔子在国家图书馆埋头读文献，抬头问老子，不觉时光飞逝，学问又大大长进了。老子送别孔子，说：“有钱的人临别送财物，有德的人临别送言辞……”

老子对孔子的临别赠言，参见《史记·孔子世家》。海氏有名言：“语言是存在的家，犹如云是天上的云。”人之为人，首先是因为语言，语言的抽象规定着一切具象，广义的语言保存着人类的全部智慧。孔夫子从洛阳回曲阜，对弟子们感慨地说：“鸟飞，鱼游，兽走，可是鸟被弹弓射下来，鱼被钓起，兽被捉杀，真有大学问大本事的是天上的龙啊，老子先生就是我亲眼看见的一条龙！”

老子不仅是一条龙，而且是绝无仅有的一条龙。晚年的孔子自视为麒麟。庄子则是鲲鹏。老子和庄子高高在上，却是朝着人间万象：“背负青天朝下看，都是人间城郭。”城郭里的一个“庞然大物”叫孔子，衍生了两千多年的统治术。老子既处于文明的进程之中，又置身事外，以局外人的清醒指点中华文明的进程。孔子对学生提到鸟、鱼、兽，盖有深意存焉，一味纠缠于现实而不知抽身，往往被现实困扰，甚至被抹杀。后世的士大夫懂得了这一点，能进能退，进知庙堂之高，国事之大；退亦知江湖之远，野地之逍遥。这是中国文化独有的进退体系。相反的例子亦多，不少士大夫变成了遭捕杀的鱼或鸟。

孔子见了老子之后，杏坛的学生数量大增。

“子曰：‘三人行，必有我师焉。择其善者而从之，其不善者而改之。’”夫子又不耻下问，见贤思齐。这气度，这境界，确实古今稀有。孔子是博采众长的大师，总是把别人的长处看得仔细。这对一般人而言，真是谈何容易。人在成长的过程中要赢得自信，通常需要高估自己，看轻他人，这个心理模式起于幼年，强化于少年，固化于青年。自我肯定形成源源不断的内驱力。而孔子留给人的印象，是反其道而行之，早年就能虚怀若谷、从善如流。何以如此？我估计是始于童年的压抑与反弹，苦学书本知识，苦学谋生的手段，异乎寻常地分秒必争，自卑与超越的完成大大提前了。

自身强大了，然后才能见贤思齐。古今人杰都具有这种特征。否则见贤就嘀嘀咕咕，麻雀般地叽叽喳喳，急于挪开视线，甚或加以打压、诋毁，群起而攻之。“木秀于林，风必摧之。”见贤思齐并非生活中的常态。一个民族蓬勃向上时，人们学习他人的长处、克服自身的不足相对普遍。若是世风日下，利欲熏心，他人的缺点就被无限放大了，自己的毛病就被处理成盲点。

孔圣人气质温文，文质彬彬，乃是野性内敛、强力意志内化的一种表征。历朝历代的腐儒哪里懂得这个，一味地文质彬彬，手无缚鸡之力，终于演变成戏台上千篇一律的文弱书生。“质胜文则野，文胜质则史。”史：虚浮。君子取中庸，文与质兼收。

“子之燕居，申申如也，夭夭如也。”平日里的闲居，孔夫子非常地放松、舒展，令人心向往之。这种生存情态，乃是不断向上的生命暂得休憩，唯其暂得，方显惬意，享受着身心的宁静，犹如农民干了一天的农活，美美地吃一顿喝几盅，一觉睡到天明。

我至今想念中学下乡支农割麦子，累了渴了，捧起竹缸子，咕咕咕喝社员挑到田边的老鹰茶，那才叫爽啊，那才叫痛饮啊……现代人闲的能力每况愈下，问题很严重。庸常之辈的所谓闲居，闲闲闲闲闲，闲得不打牌就打瞌睡，不网游就梦游。更有甚者，积聚无聊之能量，闲得丑态百出，状如怪虫子八方乱舞，恶搞英雄，诋毁先贤，抹黑烈士，嘲笑劳动人民。那可不是“夭夭如也”，是妖妖如也。

学习学习再学习，然后知学无止境也。“知之者不如好之者，好之者不如乐之者。”孔夫子的举一反三，触类旁通，打通了学科的分界，融会了劳力与劳心。劳力的妙处在于：紧张的念头松弛之际，倒有奇思妙想忽然冒出来。鲁迅时常砸煤，维特根斯坦喜欢做园丁，海德格尔干木匠活、滑高山雪更是传为欧洲学界之美谈，莱布尼茨酷爱修钟表，爱因斯坦弹钢琴是好手……中外的思想巨匠们、科学泰斗们，深谙动与静的辩证法。

不知静的动是盲动，不知动的静，是昏昏欲睡的前奏。

“学海无涯苦作舟”，我们的至圣先师却是乐作舟。这倒不是先苦后乐，而是苦与乐如影随形、水乳交融了。俨然一杯苦咖啡，越喝越有味道。海氏屡屡引用荷尔德林的话："思想最深刻者，热爱生机盎然。"老子、孔子、庄子、苏子，都是这样的人，巨大的诗意栖居之惯性力，足以维系几百年而生机勃勃，对生活的热情、对未知领域的探索至死方休。

人活着，无非这样了。

陆游——为善不辞心力，为学只争朝夕

标题这一句，是赵朴初先生赞美雷锋的，用于陆游也比较贴切。陆游为官三十多年，先后居绍兴五十年，一生崇拜陶潜、杜甫和苏东坡；中年又被孝宗皇帝称为“小李白”，骨子里的狂野收不住，蜀中自号放翁。他凭一己之力杀过食人猛虎，杀虎故事的传播力度，却远不如虚构的景阳冈武松。杀虎陆游，打虎武松，二者都响亮起来才好。

陆游的艺术才华不及陶、李、杜、苏，这也难怪，他崇拜的这四个人都是中国文化的巅峰人物。他的心劲之大，身体爆发力之强，倒是古今不多见。谁杀过猛虎呢？汉代的“飞将军”李广射过石虎。战士不能杀敌，陆游愤怒写诗：“逆胡未灭心未平，孤剑床头铿有声！”爱祖国，爱唐琬，恨胡虏，恨奸臣，六十年如一日。我称他为深度生存之典范。这种生存范式在今天的意义要比古代大，原因不用多说。

陆游的父亲陆宰，1126年携家南渡时，带了一万多卷书，带到绍兴乡下的大宅。陆家藏书之丰，士林皆知。北方沦陷了，大批士子、士大夫南迁，南方的文化照样强劲，名家辈出。私人藏书很普遍，北宋家学的良好风气得以延续。陆游在蜀中做过几年官，骑驴拜谒苏轼故里，惊奇眉山的孙氏书楼藏书数万卷。两宋三百年，眉山出的进士多达八百八十六名，高居全国第一，可见其读书风气。唐宋八大家，眉山占了三席。陆放翁徘徊眉山城西的三苏古祠堂，叹曰：“孕奇蓄秀当此地，郁然千载诗书城！”

浙江绍兴的陆家，书香弥漫于每个角落。陆游读书，练武，操琴，打猎，下围棋，游兰亭怀想“书圣”，倾情含苞欲放的表妹唐琬。唐琬“和羞走”，“低眉回首，却把青梅嗅”……李清照的《漱玉集》早已是少女们的枕边书、窗前书、秋千书。由于印刷术的流行，从先秦到北宋的典籍遍布书肆。城市与乡村，一年四季读书声。唐朝，李白、杜甫、白居易的诗集“家家有之”，宋代则以苏东坡的作品引领学子，“士大夫不能诵坡诗，便自觉气索”。宋孝宗甚至精读了苏东坡全集。

今日之国人，读书风气大减，真是愧对中华民族的文化先贤。很难想象一个阅读状况糟糕的民族会是优秀的民族。这不可能！好书的文化力量百倍于影像作品，遑论那些刻意制造刺激的电子产品。可喜现在国家高度重视全民阅读，期待能长远发展。

《宋史》：陆游“年十二，能诗文”。陆游晚年自述：“吾年十三四时……偶见藤床上有渊明诗，因取读之，欣然会心。日且暮，家人呼食，读诗方乐。至夜，卒不就食。今思之，如数日前事也。”十三岁的小陆游醉心于陶诗，读得不想吃饭。陶诗的风格“似枯实腴”（苏轼），枯淡而又丰腴，境界奇高，标榜百代，欣然会心颇不易。固然是因为陆游的天资好，但也表明：宋代少年儿童的阅读能力远远高于当下。

文字敞开世界，电脑收缩世界。

生活的虚拟化乃是生命的虚无化，这是铁律。

陆游二十几岁，乡试高中第一名，会试被丞相秦桧做了手脚，于是回家再用功。此间他已结婚，妻子王氏生了一个儿子，又生一个儿子，全家乐得眉开眼笑。陆游躺在藤床上看书，斜倚草坡看书，独坐幽篁看书，与二三子相约，弯弯河边看书，剧谈，遐思，畅饮绍兴黄酒。陆游像李太白、王安石一样“目射纸上”。练武先练眼。陆游的视力保持到八十多岁，犹能观细字（小字）到夜半，我估计与他练武四十余年有关。阅读八十年，他对日常生活、对天地万物的热情始终不减。

好书能把人的思绪弹向高空，好书激发的精神潜能无穷无尽，中外太多的例子早已证明。只可惜眼下的许多人，日趋活在眼皮子底下，一切讲实用，讲吹糠见米……

浙江上饶的茶山有个神秘的大诗人，名叫曾儿，不轻易见人。陆游半夜上山去学诗，“忆在茶山听说诗，亲从夜半得玄机”。什么样的玄机呢？须眉尽白的曾几是江西诗派仅存的元老，这诗派的创始人是江西修水的黄庭坚。曾几、范成大、杨万里、陆游、姜白石，这一群南宋诗人琢磨着诗歌形式，研究杜甫诗的格律与炼字，“语不惊人死不休”。不过，艺术这种东西充满了意外，陆游学杜诗十几年，倒学成了“小李白”。他骨子里的狂放不羁更接近李白。

陆游三十四岁时始做官，辗转多地，途中且歌且吟。他生得一表人才，往往单骑千里，“侧帽风前花满路”。在临安他结识了周必大，“荧荧青灯，瘦影相对……西湖吊古，并辔共载。赋诗属文，颇极奇怪。淡交如水，久而不坏……”极奇怪：探奇搜怪臻于极致。这首四言诗表明，四十岁左右的陆游依然清瘦。君子交之以义，淡如水而长期不坏。小人交之以利，利尽交绝——这是孔圣人的意思。重利者通常见面熟，那些所谓的交情来得快去得快，除非利益长期勾连。唐宋六百年，对“利”字高度警惕。儒家道家的学说首先拿“利”字开刀，坚决抑制私欲嚣张。

1166 年，四十岁的陆游于南昌通判任上遭弹劾，弹劾的理由是：“交结台谏，鼓唱是非，力说张浚用兵。”陆游是个战士，习武，学万人敌，“穷山读兵书”，一直是坚定的主战派。他主张建都金陵，让皇帝与百官直接面对江北的金兵，重振北伐的意志。宋孝宗支持张浚北伐，却遭到太上皇宋高宗的阻挠。两年前张浚落职气死了，现在，陆游的官帽丢了，从南昌打马回浙东的绍兴，匹马孤剑，踏雪留痕。驿馆外盛开着一株梅花，诗人与梅花默默相吊，黄昏凄风兼苦雨。《卜算子・咏梅》词：“驿外断桥边，寂寞开无主。已是黄昏独自愁，更著风和雨。　　无意苦争春，一任群芳妒。零落成泥碾作尘，只有香如故。”

沦陷的北方，泉下的唐琬，乃是陆游的两大疼痛，死了也要怀念。官身不存，精气神在。寂寞、孤独、无助，负面情绪交袭，冷风冻雨扑面。忧国，忧金兵铁蹄下的北方同胞，没办法不忧。痛苦绽放了词语之花。

绍兴家园的好日子还在，环境绝佳，民风朴拙。古代士人的所谓退隐丘山、掉臂林泉、“泥水自蔽”（曹操），是因为有宽广的退路，陶渊明式的桃花源无处不在。读书人生活情趣多，素心人又容易碰上素心人，避开名利场不难。现代社会不同了，素心人必须长年累月与杂心人相处，弄不好，自己也杂起来、乱起来。

陆游率领全家造房子，邻里相约来相帮，挥汗洒笑，石匠、木匠、改匠、漆匠、篾匠……湖边的新宅子落成了，“吾庐烟树间，正占湖一曲”。

诗人漫游山阴的古村落，欣然命笔，作名篇《游西山村》：“莫笑农家腊酒浑，丰年留客足鸡豚。山重水复疑无路，柳暗花明又一村。箫鼓追随春社近，衣冠简朴古风存。从今若许闲乘月，拄杖无时夜叩门。”

陆游的儿子也写诗了，做父亲的说：“汝果欲学诗，工夫在诗外。”

要操心这个世界，要爱，要恨，要牵挂，要懂得植物朦胧的欣悦：“平畴交远风，良苗亦怀新。”陆游写诗近两万首，“小李白”超过了大李白，后来他从头细读，着实感到惭愧，一口气删掉了一万八千多首，只剩下千余首。这种严谨的学风、精益求精的精神，在20世纪七八十年代还是常态，后来就渐渐不行了，人心浮躁旷日持久，容不得几条冷板凳。自私自利有精致的包装，太多的学者教授们竞相趋利，将校园变成名利场。

陆游懂医药，背着药箱转悠，有时走得远，就将药囊搭在驴背上。诗人、战士、琴手、书家、菜农、药农、州官、高级军事参谋、写《南唐史》的历史学家，此间又是游方的郎中、瞧病的大夫。陆大夫治病不收钱，吃顿浊酒而已。几十里外的病人他也去瞧。半夜有人来请，陆大夫二话不说披衣出门。天寒地冻也去，雷雨如注也去。家里有三件郎中的宝物：伞，靴，罩子灯。中年的陆游居绍兴五年，然后又踏上漫漫仕途，官至四品。六十五岁再还乡，长居绍兴二十年。回乡之初操旧业，种菜，种药，著书。乡邻喜滋滋奔走相告：“陆大夫又回来啦！陆大夫不走啦！”

陆游爽朗一笑：“活人吾岂能？要有此意存。”医德在，自会努力学医术。他又栽桑，养蚕，种药材，种胡麻，做酱，酿酒，下厨烹小鲜……年复一年，乐此不疲。

“小园烟草接邻家，桑柘阴阴一径斜。卧读陶诗未终卷，又乘微雨去锄瓜。”

这是古代中国的经典画卷，农耕文明之美，不避艰辛的诗意栖居，持续亿万年何难？而人类拥有超强的技术不过几百年，地球家园已被糟蹋成今天这个样子。七十年前，英国哲学家伯特兰·罗素发出警告：“人类要警惕两种权能，人对人的权能和人对自然的权能。”20世纪60年代，疯狂的美军在越南肆虐，罗素组建审判美军罪行的国际法庭，法国文学和哲学大师、有“人类良心”之称的萨特出任执行庭长……

回头说咱们的陆游吧，“为善不辞心力”，骑驴行医的半径越来越大，哪有退休的四品高官？乡亲们只叫他陆大夫、陆郎中、陆神医。他将救活人的意愿，化作日常行为。家里的宝贝伞、靴、灯，不知用坏了多少，花费银子不计。房子破旧了，日用拮据了，在绍兴做官的辛弃疾看不下去，想资助他，他摇头。老房子老院子才像个家，墙缝里也冒出记忆来，破窗子修旧如旧……“将军词人”辛稼轩是贵客，但村里有病人，陆游只好失陪。老人腿健，须臾间翻身上驴。“气吞万里如虎”的辛弃疾也看得有点呆了。

陆游先生八十岁了，驴背上写诗：“驴肩每带药囊行，村巷欢欣夹道迎。共说向来曾活我，生儿多以陆为名。”救活了多少人他记不清了，不记这些。但昔日的患者铭记在心，生儿女取名字，多含陆字。儿童拍手曰：“陆陆陆，陆游的陆，陆大夫的陆……”绍兴乡下十里八村，陆字一大片；学诗、学医、学武，蔚然成风。孩子们在大树的浓荫下诵读《千字文》。

眼下各地的医生，多学学陆游吧，不要把患者及其亲属搞成“资源”。

陆放翁八十几岁依旧每天看书，这与“坚持”毫无关系。对未知世界的巨大热情、永远好奇，学到死，可惜今天已近天方夜谭。多少思想博大精深的人物正在退出历史舞台。二十多年前老师们常说“书到用时方恨少”，这已经显露了阅读的实用主义苗头。眼下更甚，长年不读书的，恐怕人数不少。

陆游的书斋叫“老学庵”，暮年写《老学庵笔记》。到处都是书，搬家类似孔夫子。有朋友描述他的“书巢”：“陆务观作书巢以自处，饮食起居，疾疴呻吟，未尝不与书俱。每至欲起，书围绕左右，如积槁枝，至不得行。时引客观之，客不能入；既入不能出，相与大笑，遂名曰书巢。”

当年我工作的眉山印刷厂，有一位守厂门的张师傅，手不释卷，他看的书也非闲书；到九十多岁，老人家每天登高楼看书两三个钟头，下楼谈古说今，兴味盎然。

鲁迅："无端的空耗别人的时间，其实是无异于谋财害命的"

鲁迅先生的旧学功底非常扎实，四书五经、楚辞汉赋、唐诗宋词、传奇小说，以及绘图本的《山海经》……他在旧学中眺望着新文化，反思中国的几千年。鲁迅的文字像钻石一样坚硬而漂亮，那是各种力长期挤压的结晶。依我看，迄今为止，没有一个中国作家的文字能与鲁迅媲美，往后就更难了。农耕文明与工业文明大碰撞的炽热地带，方能产生鲁迅式的思想家。没有强劲的哲思，哪有思想深邃的作品？

鲁迅先生十八岁离开绍兴，去了南京的水师学堂，复转矿业学校，"上午'声光化电'，下午'子曰诗云'"，课程的安排颇奇特，却利于文理双修。课堂外的学习，爬桅杆七八米，下矿井二十丈；对"鬼一般工作着"的矿工印象深刻。南京的冬天冷，鲁迅吃辣椒御寒，伤了胃。手头有点钱便去买书，翻书的指头冻得通红。他作为成绩优异的官费生到日本留学七年，狂读中外经典，一度师从国学大师章太炎，听太炎先生讲《说文解字》。他精通几门外语。在仙台学医，鲁迅学神经学、细胞学、骨学、解剖学、血管学等科目，都取得了好成绩，以致日本学生怀疑他考试作弊，写了一封公开信，第一句就说："你忏悔吧。"

周树人君在仙台做出决断：弃医从文。契诃夫、郭沫若有过类似的经历。

鲁迅二十几岁就成为鲁迅，我一直对此感到惊讶。犹如诸葛亮二十五岁就成为诸葛亮。萨弗兰斯基写道："二十七岁的海德格尔发现了，他就是海德格尔。"大师们的生存密度、生命饱满度，是我们这些人颇难想象的。据说孔子三十岁时，博学仅次于老子。年轻的诸葛孔明躬耕于南阳，兼怀儒家、法家、道家、兵家、墨家、农家的智慧。

鲁迅在日本写的《文化偏至论》，发现了真理常有的偏执形态：须以极端反制极端。他把当时的中国诊断为“沙聚之邦”，封建皇权一刮风，顷刻间，人的沙漠大面积改变形状。先生希望“沙聚之邦”“转为人国”。怎么转？医学不能拯救灵魂。那么多麻木的人，“昏天黑地在社会上混”的人，“病死多少是不必以为不幸的”。他发现了个体的人，个体是沙粒的异数，大风刮不掉自主生命的朝向，“任个人而排众数”。与此相应的另一个宣言是“掊物质而张灵明”——这与庄子的主张完全一致。时至今日，鲁迅先生的洞察远未过时。精神价值的轨迹变得“渺难寻”，软实力的提升困难重重。更大的麻烦在于：作为人类家园的唯一星球，承受着消费主义、技术主义带来的、越来越不可承受的压力。

沙粒却是诡异的沙粒，物欲汹汹之辈、数典忘祖之徒，一味地崇尚西方，反而宣称自己是具备独立性的个体。

鲁迅先生读书，提倡“随便翻翻”。旧学新学坚实的功底，既有发散的趋势，也有固化的可能。海氏把思想之路比作林中路，荆棘丛生，岔道纵横。思想的探险者，中国较之西方要少，也许是老子孔子的思考力道太足。现代中国又迎来了伟大的马克思。李泽厚的《论语今读》尝言：“儒学第四期，希望能融会马克思与海德格尔。”

鲁迅的“随便翻翻”，旨在使挤在一处的大堆学问疏松，自身保持直觉，主干分明了，结实了，然后才可枝繁叶茂。诸葛亮、陶渊明、苏东坡都善于“随便翻翻”，曹雪芹杂学旁收。随便来自不随便，轻松的文字有苦涩作支撑。犹如坚硬来自柔软，仇恨源于深爱。20 世纪 30 年代的一些文学青年油腔滑调，让鲁迅先生很生气。

许广平说：“先生什么书都看的。”

先生对地质学、生物学感兴趣，对中医有偏见，因为绍兴的庸医医死了他的父亲。他讽刺梅兰芳，我的一些戏曲界朋友倒有同感。“鸳鸯蝴蝶派”的书，先生也看。他批评故弄玄虚的武侠小说。有一本《林黛玉日记》，鲁迅翻了翻说：“看它一页，不舒服小半天。”

随便翻翻，伴随着随手一扔，随手撕掉……张承志有一篇散文：《撕名片的方法》。

1927 年，鲁迅在广州中山大学做教授，月薪三百大洋。他是中山大学唯一的正教授。去银行领薪水，银行职员歪着油光脑袋看他，怀疑这个穿戴土气、不坐汽车或黄包车、手里也缺一根文明棍的男人不是大教授，打电话到中大核实。鲁迅倚了柜台，抽劣质香烟，静静等候。三百大洋当然是到手了。下月再去，头发油光的银行职员老远就堆了笑。

生活中的鲁迅，待人很温和。各地的青年写信给他，他每信必复，复信多达三千五百多封；青年寄给他的稿子，字迹潦草的也会认真看，尽管忍不住要抱怨几句。后来在上海坐汽车看电影，小汽车装不下的时候，他总让别人先走，自己倚着苏州河的栏杆抽烟，像个乡下老头；家里请客，拿珍贵的手稿不当回事，叫客人用来擦油腻；夜里写作吃点饼干；轮番亲吻许广平和年幼的周海婴……鲁迅的书信集，尤其是《两地书》，文风平和，不提“爱”字而处处有爱，透出伟人性格中的另一面。

疾风暴雨，风和日丽，都是我们的鲁迅先生。

他在广州名气很大了，于是社会名流排着队请他吃饭，名片请柬如雪片，包括政界要人戴季陶、孔祥熙。这样的一个交往平台，利益链条，鲁迅先生看不见。本质性的直观，看见的是时间宝贵，人生太短暂。他在寓所的门上留下四个浓墨字：概不赴宴。

墨宝留存下来就好了，今天可以办展览，四个字足矣，提醒那些整天忙于赶饭局的作家艺术家。鲁迅的书法，笔势内敛，绵中带骨，是无意为之的佳作。

我记得几年前有个德国汉学家说：“中国的作家到处吃饭。”

萨特讲过：“那种莫名其妙的饭局，不是人吃东西，倒是东西吃人。”

鲁迅从广州移居上海的大陆新村九号，居室明亮而整洁。一直到 1936 年去世，鲁迅未曾逛过一座公园，因为他分秒珍惜，“要赶紧做”。写作，演讲，翻译法捷耶夫的《毁灭》、果戈理的《死魂灵》，介绍珂勒惠支，发起中国的木刻画运动，挥汗编校亡友瞿秋白的《海上述林》，关注上海人的日常生活，写《上海的少女》《上海的儿童》《我们怎样做父亲》《三月的租界》……1931 年 9 月 25 日，上海文化界祝贺他的五十寿辰，他转眼就忘了，工作，工作，工作。每天抽四十支廉价的“品海牌”香烟，上等的“黑猫牌”则留待朋友们抽。上海的许多人喝着咖啡，鲁迅先生工作着。先生熟悉了上海街头的半夜、后半夜，乃至天明。有轨电车的声音夹杂着先生的咳嗽。

先生是多么爱，爱这世界上一切值得珍爱的事与物。而先生横眉执笔的那张像，叫人看不够。那份冷峻，世间罕有。面部轮廓如刀刻。他是火的冰。

萧红写道：“鲁迅先生在椅子上躺一躺，翻翻闲书，就是休息了。”

早在1912年，鲁迅从日本回国不久，由于许寿裳和蔡元培的推荐，做了教育部第二科的科长，继而升佥事，是个高级干部了，月薪丰厚，权力亦大。找他的人多起来，到教育部的办公室，到他的一条胡同里的住处，献不完的殷勤，磨不够的嘴皮子。如果他借此编织关系网，捧读书卷的手变成敲门手，作家变成敲门家，那么，多半前程远大，官运亨通，妻妾或成群。他才三十出头。但是他拒绝，拒绝了形形色色的社交，冷眼应对那一张又一张套近乎的热面孔。有些访客东一句西一句地搭讪，鲁迅木然以对，也不赶他们走，自看古书、古碑帖、古佛经。知趣的人走掉了，不知趣的还在磨，废话连篇，表情活泛，伴以奇怪的手势，几个钟头赖着不走。

人纠缠别人，算计别人，花样多得很，一如美国华尔街数以千计的金融衍生品。

鲁迅感慨：“浪费别人的时间，无异于谋财害命。”

他在北京想必是受够了无聊者的纠缠，才会出此语。长达六年的时间，他宁愿苦闷，也要守着思想家宿命般的孤独，在北京的小胡同里思想，虽然思想者也夹着公文包上班下班。人五人六的社交场合，于鲁迅先生如浮云。

唯有坚实的个体才能对一盘散沙式的群体敏感。中国，面团人太多，你好我好大家好，作揖打拱没个完：“今天天气……哈哈哈。”

封建权力运行的极端化，消灭个体，把人处理成充满惰性的群体。

1918年，白话文短篇小说《狂人日记》问世。这是漫长的封建礼教史上的第一声惊雷，也是中国现代文学的第一块奠基石。

六年积聚的能量喷发了：《药》《祝福》《孔乙己》《阿Q正传》……

鲁迅在上海十年，看不见时下热炒的十里洋场。各种面目的留洋博士、假洋鬼子，他早就领教过了。版税收入甚丰，日常生活简朴。书桌前只摆硬椅子，把身子弄舒适了，大脑要迷糊。质朴者丰富，奢华者单调。古今中外的优秀人物，包括一些商界精英，都有忽视物质生活的倾向，对精神的轨迹保持敏感。我曾言“苏东坡能看见生活”，这句话其实是说，能看见生活的人并不多。德国哲学家胡塞尔首创“生活世界现象学”，乃是针对技术与资本造成的单一的生活模式。靠几个瘾头打发一生的人，命中注定要陷入无聊、刺激、再无聊的怪圈。海德格尔再三强调："人类不可失掉与简单事物打交道的能力。"

失掉这种能力，贪欲步步推高，后果不堪设想。

鲁迅先生工作着，脑海潮起潮落。冷峻的思想家，单纯得像个大孩子。丁玲描述过鲁迅待人的羞涩。大智若愚，大巧若拙。萧红写于1939年的《回忆鲁迅先生》一文，开笔就说："鲁迅先生的笑声是明朗的，是从心里的欢喜。若有人说了什么可笑的话，鲁迅先生笑得连烟卷都拿不住了……"

上海大陆新村九号，鲁迅先生温暖的家，来访的益友一拨又一拨。"损友"几乎绝迹了。先生送走客人，回头坐在书窗前，铺开纸笔，点一支劣质烟，香烟袅袅如思绪。萧红写道："鲁迅先生知道自己的健康不成了，工作的时间没有几年了，死了是不要紧的，只要留给人类更多，鲁迅先生就是这样。不久，书桌上的德文字典和日文字典都摆起来了……"拿什么做比方呢？普罗米修斯偷火给人间以光明。

伟人不休息。伟人的犟脾气，真叫热爱着他的人毫无办法。病中的宋庆龄写信，恳请他去苏联治病，他不去。甚至不听须藤医生的劝告，不喝牛奶。许广平对萧红说："周先生人强，喜欢吃硬的、油炸的，就是吃饭也喜欢吃硬饭。"又说："鲁迅先生的头发，真当得怒发冲冠的那个冲字。"

先生须髯如戟，硬到骨头里去了。

"鲁迅的骨头是最硬的。"

1939年的萧红不忍心写鲁迅先生的死，她这样写："鲁迅先生以为自己好了，别人也以为鲁迅先生好了。准备冬天要庆祝鲁迅先生工作三十年。又过了三个月。1936年10月17日，鲁迅先生病又发了，又是气喘。17日，一夜未眠。18日，终日喘着。19日的下半夜，人衰弱到极点了。天将发白时，鲁迅先生就像他平日一样，工作完了，他休息了。"萧红的这篇《回忆鲁迅先生》，三万字一气呵成，她是一口气叫了一百多次鲁迅先生，让人丝毫不觉得重复。她向我们标示了：什么叫情力。这是感人至深的怀念文字。而戴望舒的《萧红墓畔口占》，仅几句，也是现代诗悼亡之杰作："走六小时寂寞的长途，到你头边放一束红山茶……"能怀念别人的人，亦会被人怀念。

鲁迅的葬礼，是20世纪中国最为隆重的葬礼之一。

浅表性生存大量复制的当下，人们想念亲朋、怀念逝者的能力尚存多少呢？

少年毛泽东读书时的一个念头

毛泽东一生不离书，直到1976下半年，老人家生命垂危了，还在读书，包括读英国学者李约瑟的《中国科学技术史》。年轻时他读康德，读达尔文，读泡尔生，读孟德斯鸠，读亚当·斯密，读卡尔·马克思……也读拿破仑、林肯等人的传记。红军长征和在延安时期，他在马背上、窑洞里看书，尤其爱读《鲁迅全集》。20世纪五六十年代，他用大量的精力研读马列，研读《政治经济学》以及四千万字的《二十四史》，日理万机，手不释卷。人到哪儿书到哪儿。他对哲学、逻辑学和自然科学有着浓厚的兴趣。古典诗词文赋则是他的枕边书。为了丰富少年儿童的精神生活，毛泽东认真翻阅了一千多本连环画……

一个大国领袖，又身处风云激荡的时代，如果没有大量的、卓有成效的阅读形成历史性的穿透力，哪能赢得全球性的战略眼光？毛泽东的脑海有如宽广的太平洋。

“大海啊，大海啊，永远在重新开始。”（瓦雷里）

毛泽东小时候读四书五经，但是不喜欢。他喜欢看《精忠传》《隋唐演义》《水浒传》《三国演义》。学校念经书是要背诵的，七八岁的儿童念得摇头晃脑，恍兮惚兮。儿童念错了，或是说悄悄话、做小动作，或是念着孔子孟子睡着了，老师可怕的戒尺就挥了过来。《红星照耀中国》（曾译名《西行漫记》）一书，记载了1936年毛泽东与斯诺在延安的谈话，毛泽东说：“我八岁那年开始在本地的一个小学堂读书，一直读到十三岁。早晚我到地里干活。白天我读孔夫子的《论语》和四书，我的国文教员是主张严格对待学生的。他态度粗暴严厉，常常打学生。因为这个缘故，我十岁的时候曾经逃过学。但我又不敢回家，怕挨打，便朝县城的方向走去，以为县城就在一个山谷里。乱跑了三天之后，终于被我家里的人找到了。我这才知道我只是来回兜了几个圈子，走了那么久，离家才八里路。”

十岁的毛泽东离家出走的这三天，想些什么呢？对老师的怨恨和对父亲的恐惧？而类似怨恨与恐惧的体验，大多数中小学的男生都有过。毛泽东在山谷里转悠，气呼呼奔走，吃啥呢？想念慈爱的母亲，他是否哭鼻子？天黑了，人也跑累了，小名“石三伢子”的毛泽东睡在什么地方？山风一吹，他会陡然惊醒，天上的星星眨着鬼一般的眼睛。荆棘、小树、沟壑、山包包，看上去全都变了形。韶山冲是一个有野兽出没的地方，毛泽东的父亲毛顺生外出时，曾经遇上一只老虎，倒是老虎怯生逃走了。

这三天的具体情形只有零星的记载。可以想象的是：广袤的野地给毛泽东稚嫩的身心注入了新的勇气。后来他在长沙追求“身心并完”，贪读不厌，“文明其精神，野蛮其体魄”。暴雨如注的夏日他冲上岳麓山，天寒地冻的冬季他下湘江游泳，“自信人生二百年，会当水击三千里”。后来他发动秋收起义上井冈山。再后来他写下《七律・长征》：“红军不怕远征难，万水千山只等闲。五岭逶迤腾细浪，乌蒙磅礴走泥丸……”

毛泽东看小说、故事如饥似渴，课堂上躲着老师看，夜深人静，在床上用被子遮着油灯看，干农活时在田边、山坡、墓碑旁看。美国作家罗斯・特里尔的《毛泽东传》，记载了一些有趣的细节。这部传记的中译本发行量巨大。毛泽东嗜书如命，老师的粗暴和父亲的严厉都不能阻止他读小说。不过，学了六年的四书五经，他也能口诵心解，记忆力、理解力不同寻常。晚年他强调：从孔夫子到孙中山的遗产要继承。他的两个女儿李敏、李讷的名字，则令人联想孔子的名言“君子欲讷于言而敏于行”。深谙辩证法的毛泽东以特殊的方式对待传统文化。他的教育思想始终把德育放在首要的位置。

《三国演义》《西游记》这类书，影响中国人几百年。即便是不识字的人，也会津津有味讲那些精彩故事。官府屡禁不止，像地火一样。每一个村落都会口口相传。它们是中华民族精神图腾的组成部分。只要汉语不死，这些书就会一直“活”下去，辐射力难以估量。在延安，毛泽东对斯诺说：“我很小的时候，尽管老师严加防范，还是读了《精忠传》《水浒传》《隋唐》《三国》和《西游记》。这位老先生讨厌这些禁书，说它们是坏书。我常常在学堂里读这些书……大多数同学也都是这样做的。许多故事，我们几乎背得出，而且反复讨论了许多次。关于这些故事，我们比村里的老人知道得还要多些……我认为这些书大概对我影响很大，因为是在容易接受的年龄里读的。”

这些书对他的影响是方方面面的，并且不易察觉。例如民族英雄岳飞，会在无数幼小的心灵中播下抗击外族侵略的种子。而至少近代以来的民族英雄，毛泽东的名字要排在第一位，是他领导的党和军队结束了中华民族的百年耻辱。再如《三国演义》，对毛泽东的军事指挥艺术是有帮助的。在延安写《论持久战》之前，毛泽东并未读过《孙子兵法》。他有句名言：“一上战场，所有的兵法都忘光了。”

《论持久战》所展示的哲学视野、政治视野和军事视野，具有划时代的意义，一本小册子，超越了堆积如山的军事专著。

“在战争中学习战争。”这个短句所蕴含的能量生发了灵活机动的战略战术。红军、八路军、解放军、抗美援朝志愿军，这是一支空前的、战无不胜的人民军队。它无坚不摧的力量来自本土性，最大限度地调动了人的战斗意志。

毛泽东超凡的直觉能力当起于早年。儿童及少年期，对人的一生影响巨大。九岁以前他是在外婆家度过的，一定听过许多故事。可惜对这一段漫长时光的记载太少。

毛泽东十四五岁在家务农，夜里帮父亲打算盘。父子之间的关系依然紧张。父亲指点的生活道路，毛泽东拒绝认同。父亲想让他到七十里外的湘潭县城当米店学徒，然后做生意，并且试图包办他的婚姻，让他娶一个大他六岁的女子。他的志向却是走出韶山冲，继续求学，婚姻也要自主，一定要自主。父子的冲突表现在诸多的日常细节中。老师的粗暴和父亲的专横造就他的叛逆精神。而类似的紧张场景，大多数家庭都有过。正在孕育的辛亥革命即将推翻清王朝。这一时期的毛泽东反抗着不讲理的父亲。大闹天宫的孙悟空和梁山好汉们使无数少年的心激动着。

少年毛泽东看各种各样的书，《毛泽东年谱》载：“虽然辍学，仍继续读书，读当时能找到的一切书籍，常常读到深夜。”1936 年毛泽东对斯诺回忆说：“我继续读中国旧小说和故事。有一天我忽然想到，这些小说有一件事情很特别，就是里面没有种田的农民。所有的人物都是武将、文官、书生，从来没有一个农民做主人公。对于这件事，我郁闷了两年之久，后来我就分析小说的内容。我发现它们歌颂的人物全是武将、人民的统治者，而这些人是不必种田的，因为土地归他们所有和控制。”

这一“忽然想到”，意义无限大，新中国的诞生也可以追溯到毛泽东的这个念头，几十亿人的生活轨迹因之而变化。农民长期受压迫，毛泽东为此郁闷了两年之久。郁闷意味着太多的事情、太多的社会现象，他想不通。想不通，于是要接着想。思想的种子埋下了。他和母亲一起把家里的谷子悄悄送给穷人——这可能是思想的种子开出的第一朵行动的小花。若干年以后，他写下“粪土当年万户侯”这样的句子，写下《湖南农民运动考察报告》，写下“星星之火，可以燎原”。毛泽东“农村包围城市”的战略思想，释放了千百年沉积下来的历史能量，“唤起工农千百万”，决定了中国的命运。

少年毛泽东读书时的“忽然想到”，偶然中包含了必然。读那些旧小说、听那些老故事的人何止亿万，类似的念头或许有过，却一闪即灭，没有人像毛泽东那样，为农民的问题郁闷了两年之久，后来又展开分析。念头一个接一个，环环相扣，于是生发了强有力的思想。思想又生发新的思想。

“哪里有压迫，哪里就有反抗。”

这个简洁的判断是如此杰出，让时光的流逝、地域的差异变得毫无意义。

毛泽东十七岁走出了韶山冲，带着强烈的求知欲和他所独具的思想的萌芽。他在长沙的一所中学带头剪辫子。考入湖南一师，他有半年的光景每天去省立图书馆，中午吃几个馒头，总是最后一个离开阅览室。在湖南一师的五年半，他做的读书笔记多达百万字。他选择在喧闹的街区或市场看书，以强化心力。他以各种方式“野蛮其身体”。他提倡读无字书，远足千里不带一文钱，沿途访问农民，靠一手漂亮的书法写对联换盘缠……“忆往昔峥嵘岁月稠”，毛泽东生命中的每一秒钟都充盈着张力。

单说个体生命的丰富性，20 世纪的中国，没有任何人能与毛泽东相提并论。

晚年的毛泽东对人文科学、自然科学的阅读广泛而深入，龚育之等人的《毛泽东的读书生活》一书有详细记载。谢静宜的《毛泽东身边工作琐忆》披露了毛泽东读书的很多细节。哲学思考启发了科学洞见，龚育之先生讲了一件颇有意思的事情。1977 年，在美国夏威夷召开的第七届粒子物理学讨论会上，诺贝尔物理学奖获得者格拉肖说了一段话："洋葱还有更深的一层吗？夸克和轻子是否都有共同的更基本的组成部分呢？许多中国物理学家一直是维护这种观念的。我提议把构成物质的所有这些假设的组成部分命名为'毛粒子'，以纪念已故的毛泽东主席，因为他一贯主张自然界有更深的统一。"

卷八

游

古人漫游，今人旅游，前者有足够的情绪与思绪饱满度，后者把速度和半径扩大了数十倍。不必计较古今之优劣，倒是应当提倡缺啥想啥。中国山水纵横，世界无奇不有，要紧的是培养一双审美之眼，一颗不停地向深度挺进的好奇之心。什么是环境？什么叫远方？孩提时代的丰富体验提醒我们：环境是从身体内部生长出来的环境。极而言之：五湖四海，小于一方春水池塘。

庄子的逍遥游

庄子的漫游加神游，大约举世无双。历史长河中几乎没人像庄子这么“善变”，总是能够生活在别处。“君子不器”，庄周先生为最。他是固化、异化的天敌。孔夫子固然博大精深，有时候却也忍不住要固化，梦见周公太甚，让大堆周礼缚住了手脚，“父母在，不远游”，“父没，观其行，（儿子）三年无改于父之道，可谓孝矣”，“君君、臣臣、父父、子子”之类，对后世产生了不良影响，衍生了汉儒的三纲五常，宋儒的存天理灭人欲。孔子对女性有严重的偏见，对死亡的思考也成问题。此系本文的题外话，容后再谈。

在孔孟之道统摄社会之前，中国的个体还比较多。秦汉以降，群体渐成趋势，魏晋所谓人的自觉或曰人的多元远不能代表大多数。唐宋亦然。元明清且不论。中国式的集体主义看来是天命，是悠久的汉语和农耕文明的双重产物。

庄子的意义在于反对固化。他发起了追求秩序的孔孟之道的反向运动。他自称老子的学生，经常梦见老子，猜想老子。一如孔夫子梦见周公。

《庄子》三十三篇，嘲笑挖苦孔夫子是一大主题。

庄子有个寓言，说一个人很不喜欢自己的影子，于是拼命地跑，要甩掉影子，摆脱影子的纠缠。可是他跑得越快，影子跟他越紧。他转弯，影子又跟他转弯。他跑呀跑呀，累得不行了，停下来喘口气，那影子也做出一副喘气的样子，分明是嘲笑他的无能。他怒而再跑，拼命往前冲，终于把自己累死在太阳下。其实路边就有树荫，这个疯跑的人到树荫下去歇息，影子不就消失了吗？庄子讲的这个荒诞故事，颇似卡夫卡的小说。

荒诞对应世事。卡夫卡是西方现代主义文学先驱，他的主题只有一个：工业文明带来的人的异化。他揭示了四重分裂：人与自然、人与他人、人与社会、人与自我的分裂。

人类自称万物之灵，也没有别的物种来反驳，人类（主要是西方人）自近代以来就一直自说自话，在这个星球上趾高气扬，为所欲为。西方式的“求意志的意志”常态化了，加速度消耗资源，大规模污染大地、大河、大气，掏空文化赋予人的潜能，把全面发展的人定位成消费者，钉死在技术主义、消费主义的图景上。这种一根筋的狂奔，就像庄子笔下那个疯跑的人，一心要摆脱低碳的生活，冲向高消耗。

“世界之为意志之表象”，疯跑者走火入魔，早就看不见树荫了。而西方诸国受资本逻辑的蛊惑，对灵性的轨迹、生活的多元、诗意的栖居弃之如敝屣。百年狂奔的西方人究竟要奔向何处呢？20 世纪中叶的海德格尔说：“这叫绝望狂奔。”

认真读过《道德经》的海氏，想必也会青睐庄子。

日常生活中的官员或商人，一根筋的屡见不鲜：奔仕途争官帽，累得精疲力竭了，活得人格分裂了，他还永向前，抢官帽时像疯子一般张牙舞爪，丢官帽时就跟掉了魂似的，退休落权杖，转眼他就病歪歪的；许多商人的眼睛只知反射金银的光，失掉世界的五色斑斓，商战之余，除了烧钱赌钱无事可干，“穷得只剩钱”。

庄子讲的那个神经质的“疯跑跑”，对自己的脚印也是万分厌恶，决心以飞速的奔跑摆脱它，岂知他逃得越快，地上的脚印越多。

庄子总结“疯跑跑”：“不知处阴以休影，处静以息迹，愚亦甚矣！”

严格说来，包括庄子在内的任何人都会有遮蔽。社会各色人等，各有各的遮蔽，生存的敞开只是相对而言。但是，境界的差异巨大。庄子式的智者与古今各类“疯跑跑”的差距，远远超过亿万富翁与街头乞儿，可惜迄今为止，人类未能作出有效的努力，庶几像标示商品价格一样，标示出精神境界的差异。换言之，人类只不过是进化中的人类，目前看来是智愚参半，要让老子、庄子、墨子的智慧普遍化，去掉西方式的主客体分离、对象化思维一手遮天的愚蠢，恐怕还得花上数百年，而这个千疮百孔的星球可能已经等不起了。

庄子的内心无限丰富，生平不复杂。他是宋国蒙邑人，大约在城乡接合部做着漆园吏的营生，收入不菲，三十岁左右忽然失掉肥缺，回家编草鞋养家糊口，跟穷人打堆，自己也成了穷人，有时候吃了上顿愁下顿。钓鱼打鸟，担水劈柴。草鞋、草帽、草席、草垫子……他是出色的手艺人，编得很精巧，但不收编织徒弟，不扩大经营规模，不理会妻子的唠叨，强于希腊的苏格拉底。

劳力以不妨碍脑力为界限。干活太累了，思维会不敏感。

庄子干活走神，神游八荒。尺方的墙内万物纷呈。这是游的极致。

楚威王的使者携重金来陋巷聘请他，他不去。为何不去？去了就不能逍遥，心灵也会被某种固定的社会角色所霸占。陋巷深处自有丰富的生活世界，百工杂处，菜农果农云集，提篮小贩们奔走吆喝，畸人各具谋生的高招。庄子的寓言故事中，畸人占的比例大，畸人远比身体健全的人优秀，并且充满了幽默感。“卑贱者最聪明。”

底层民众，素心人多。庄子就是底层的一员，不同的是，他的思维高蹈于所有阶层之上，宏观微观并进，游于万事万物之间，哲思泉涌。他滑如泥鳅，从每一只试图捉住他的手指间滑出去。他飘忽不定。明天吃啥他不知道，明天会想啥他更不知道——连一根折成两半的小木棍也能从中悟出永恒的科学真理：“一尺之棰，日取其半，万世不竭。”

这是物理学实验室所不能证明的，理论物理称作基本粒子。

现代常用的成语故事，出自《庄子》一书的最多，超过《论语》《孟子》。

某一天，破墙头飞来了一只蝴蝶，庄子盯上了，目光随它美丽的翅膀飞呀飞，停在叶脉上，翩翩掠过池塘。庄子盯蝴蝶盯了又盯，神思追过去了，灵魂出窍了，无限地融入对象当中去，恨不得化作轻盈的蝴蝶，惊奇它的可能性，而不会想到制作蝴蝶标本。

海氏名言：“很可能，在自然背向技术的另一面，恰好潜藏着自然的本质。”

我小时候有过类似的体验，盯着另一张脸使劲想：“怪了，我离他如此之近，为什么我不能变成他呢？”为此我闷头闷脑想了很久，使劲盯了好几张脸，包括大人的脸，小狗小猫的脸，费尽心思也盯不出一个所以然。不过，小学三年级的体验，至今印象鲜明。今天总算明白了，我盯上了一个“无”，却试图从中盯出“有”来。

一个人想要变成另外一个人，或者变成一棵树一只鸟……也许大多数童真未泯的孩子有此体验。柏格森说："远古生物在获得视觉之前，一定有一种看的冲动。"

中国的传统文化有着无穷无尽的审美冲动，源头主要在庄子。欣赏一朵花，欣赏而已，不会搞一个实验室去研究它。赞美一条弯弯拐拐的河流，但无意把它拉直、为我所用。这导致科学技术不够发达，却创造了极其丰富的生活世界。中国式的无中生有与西方不同。道德、风俗、审美，三位一体，覆盖了日常生活，融入了方方面面。谨慎使用技术，防范商人的强力意志大面积调动贪欲。孔子和老庄从不同的方向规定了人之为人，从出生到死亡，从个体到群体，形成了一套完整的体系，生也蓬勃，死也隆重。

20世纪20年代罗素来中国时曾感慨："如果没有西方列强的入侵，中国人会过得很宁静。"林语堂在《吾国与吾民》中列举了中国民间几十种充满想象力的玩法，他长居美国却批判美国。这使我想起我们的孩提时代，正处于工业文明与农耕文明的交接点上，人造物有限，初尝工业产品的甜头，电灯、电影、收音机、自行车、水果糖……生活的局面尚能自主，动手的能力强，"鬼点子"层出不穷。儿童的日常游戏与获得的生命兴奋度，十倍于今天可怜的孩子们，"天上都是脚板印，天天玩到黑摸门"，燃点低，兴趣广，永远要不够，每一个体细胞都与自然裹成团，每一秒钟都像是悬挂树叶的晶莹剔透的露珠。哦，屈指十余年，三分之一的时间都交给户外玩耍，而消耗的物质与今天的小孩儿相比，几乎可以忽略不计。

我曾写过《放学路上的九种玩法》，那只是童年疯玩的九牛一毛。

庄子式的逍遥，游于物，活得天宽地阔，我们的孩提时代是知道的——身体知道的事情比大脑更多。这才是严格意义上的身心自由。西方的对象化思维、算计型思维，正在破坏我们的自由，收缩我们丰富的、极具本土性的生活世界。

自近代以来的西方大哲、大师，几乎都是批判西方的，断然否定西方式的疯狂扩张。

想想伟大的马克思和《资本论》。想想斯宾格勒《西方的没落》。想想卡夫卡和卓别林。想想爱因斯坦在广岛原子弹爆炸后的那张照片。想想罗素针对人类的两种权能过度发出的警告。想想胡塞尔首创的、针对科技单一模式的生活世界现象学。想想著名的德国法兰克福学派。想想至今健在的哈贝马斯、乔姆斯基、米兰·昆德拉……

庄子可能是没落贵族，家里有大量藏书。他涉猎的书籍广泛，“无所不窥”。居家神游，离家漫游。活动的地域大约涉及今之河南、山东、河北、湖南、湖北。古代中国民风淳厚，十里不同俗，隔山不同音。靠着编草鞋的手艺，他八方游走，游说过几个诸侯国的君主，六十岁以后长居他的小城陋巷，不再远足了。庄子享年八十四岁，留下一部十万字的《庄子》，现存七万字，书中讲了近两百个寓言故事。

哲学家的生平，一般说来不重要。海德格尔在课堂上讲尼采，严格限于尼采的思想。“严格限于”是说：真正的大师有足够的能力瞄准思想。

庄子是一个没有年龄的人，一辈子拥有绵延起伏、密度有异的心理时间，而不是水平线单向度、均匀流动的物理时间；庄子能回流，其生存也没有朝向，似乎同时朝着四面八方。除了老聃之外，中国几千年没人像他如此灵动，如此游刃有余。庖丁解牛，庄子便是庖丁，把握了事物的整体与局部。庄子重如山，又轻得像一根灯草。庄子疾如风，又能站成一根木桩。庄子的身影忽而在深渊，忽而在云端……他留下的生命谜团，乃是中国人的永久性谜团。庄子式的神秘拢集了天地万物的神秘。

万物不能被技术穷尽。庄子意味着永恒生发。

庄子的出神之思也会对应权力，因为权力无处不在，春秋战国尤甚。《道德经》：“圣人不死，大盗不止。”礼崩乐坏催生了孔圣人。战乱频仍让思想家的脑袋高速运转。即便是尧的时代，许由洗耳的故事也到处流传。《庄子·让王》讲了一个善卷，舜帝把天下让给善卷，善卷以庄周的口吻说：“余立于宇宙之中，冬日衣皮毛，夏日衣葛絺，春耕种，形足以劳动；秋收敛，身足以休食。日出而作，日入而息，逍遥于天地之间，而心意自得，吾何以天下为哉！”舜帝的天下如何比得了庄子的宇宙？天下苍生的福祉固然极重要，但以审美的目光洞察自然、以逍遥的姿态游于万物更重要，这是从源头上解决人世间的祸福循环。人欲汹汹，恰似病毒的肆虐，审美观照是一服解毒剂。

庄子从来不消极。庄子非常积极。文明进程中的负能量有多大，庄子的意义就有多大，无穷生发盖指此焉。道高一尺，魔高一丈。二者数千年角力，彼此相反而相成。魔鬼的力量，恶之花的永恒，庄子对其有足够的掂量。老实讲，古今研究庄子的书，大都无力思及这一层。北宋的黄庭坚曾对此发出感叹。闻一多先生喜欢谈论庄子，仅得皮毛。

对于创造性的人物，必然以创造性的思维，方能与之对接。

庄子骄傲地说：“帝王之功，圣人之余事也。”圣人的正事乃是悟道，文治武功，不过余力为之而已。“道法自然”，道的显形乃是相当漫长的、循序渐进的过程。道因异化、因对立面的强大而趋于显形。此曰倒逼。当初的“道可道，非常道”，现在已经易于言说了。西哲的言说要多一些，包括众多的自然科学家。

你以什么样的方式对待自然，自然就以相同的方式回敬你，而选项之一是消灭你。

老子和庄子的符号意义不在孔子之下。

庄子观鱼，乐游鱼之所乐。庄子登山弹大鸟，忽然停弓，化身为一飞冲天的鲲鹏。庄子闲坐陋室，冥思时光之飞逝，瞥见白驹过隙。庄子命名的蛮、触两个小国，位于蜗牛角上，长期恶斗不息，伏尸数万，“一微尘里斗精神”。庄子庄严宣布：“道在瓦片下，道在屎尿中……”孔子梦周公，庄生梦蝴蝶，前者追慕周礼三千，后者要将人生的樊笼彻底打破。大大小小的樊笼多得数不清，形形色色的生存之遮蔽，连圣人老子也辨别不完。

庄子式的神游漫游，深入事物的千姿百态，将朴素的欣悦发挥到极致。这与佛祖释迦牟尼的拈花微笑殊途同归。近代以来的人则类似“疯跑跑”，但愿是以远离庄子的方式接近庄子，触底反弹。东、西方文明的大碰撞正在发生，未来几十年或可见分晓。测不准的是：备受人类折腾的星球，其承受底线在何处。同样测不准的是：自然反弹的规模、速度、方式。

朴素的欣悦完全可行，中华文明已经证明了数千年。在漫长的历史进程中，贪婪只是极少数人的专利。欲望从来没有大面积疯长，节俭的美德从来没有被弱化。眼下并不罕见的物欲嚣张之辈，必定对大自然虎视眈眈——这个且不谈，着眼于未来吧。

兴奋点迅速推高，强刺激恶性循环，制造了暮气沉沉的人，自我放纵的人，人格分裂的人，百无聊赖的人，炫富斗阔的人，不打牌就打瞌睡、不上网就上床闷卧的人，鬼头鬼脑的人，居心叵测的人，疯狂扫货的人，煽动浪费的人，沉迷投机的人，算计亲朋的人，聚集起来共同释放无聊之能量的人……所有这些人，都在庄子的视线之内。

如果一个人的目光能穿过一万年，那么，这个人就是庄子了。

庄子是各种动物和无数小虫子的好朋友，尽管他观鱼吃鱼，爱鸟射鸟。齐物，齐生死，超然物外，一切顺乎自然。“天地不仁，以万物为刍狗。”庄子以老子的口吻到处提倡无情，帮新寡的妇人扇干亡夫的坟，让寡妇尽快改嫁。无情有何妙处？无情方能游于万事万物，不沾，不滞，不执。天地之道在于四季循环，生死交替，老天爷不会为鲜花的枯萎伤心。

“天若有情天亦老”，天不老，人要向天学道。情和欲总相连，情烈欲盛，难免执着于某一国、某一事或某一理念，于是要发动战争。庄子思想的土壤之一是战乱，他倒是不提倡战争，这一点，也许西方的哲学家思考得更远。

庄子逍遥游的秘诀是免于执，这与佛说不谋而合。佛陀的方丈内，自有大千世界。

无论居家还是远游，庄子都能抵达游的本质和最佳状态。这就无所不游其极了。庄子逍遥，击中了古今绝大多数人的不逍遥，所以他合该流芳千古，矗立于东方文明的核心。“乘物以游心”，讲得多好。“得至美而游乎至乐”，可惜庄子享受的至美至乐，我们这些人享受不到。庄子能看见无，而拥有这般慧眼的人寥若晨星。

随着技术从各个方向对自然界大举进攻，庄子命中注定与现代文明越裹越紧，有朝一日来个中心开花，爆出两点普适智慧：一是审美主导生活，少伤物；二是拾起与简单事物打交道的能力。二者热聚变，摧毁那个把生命的欣悦与能源消耗直接挂钩的公式。

末了，引用鲁迅：“我们虽挂孔子的门徒挂牌，却是庄生的私淑弟子。”

杜甫的另一面：齐鲁燕赵，裘马轻狂

孔子丧家犬式的传道周游，庄子至美至乐的逍遥游，埋下汉唐宋士子游荡的伏笔。读万卷书，行万里路。李白可能游得最厉害，“五岳寻仙不辞远，一生好入名山游”，泰山、庐山、天山、天姥山、敬亭山、太行山、王屋山、峨眉山、青城山、象耳山、终南山、华山、终年积雪的太白山……似乎只差喜马拉雅山。

杜甫的漫游也复可观，一生行走不下几十万里。他喜欢马，活得像一匹老马。

杜甫字子美，河南巩县人，小李白十一岁，生长于唐玄宗开元年间。杜审言是他的祖父，所以他说：“诗是吾家事。”他的母亲去世早，姑母养育了他，当疫病同时袭击了两个小孩儿的时候，姑母更多地照顾他，她自己的孩子却不幸夭折了。这件事，为杜甫稚嫩的心注入了仁慈。姑母去世，他为姑母守孝。天宝十四年（755）安史之乱起，他拖着一家子颠沛流离到成都。仁慈广大而苦难无边。莲座上的观音菩萨手托净瓶，微笑着救苦救难，而杜甫只能皱着眉头写诗，把天下苍生的苦难收于笔端。

中国历代诗人，杜甫看穷人最仔细。他的心和维克多·雨果的心是相通的。

杜甫的早年生活幸福，衣食无忧，从兄表弟一大群，高高矮矮的。他七岁写诗，九岁练书法。父亲宦游在外，他追忆生母，依恋姑母，温情缭绕于方寸间，也调皮、贪玩。晚年回忆说：“忆年十五心尚孩，健如黄犊走复来。庭前八月梨枣熟，一日上树能千回。”眼下的许多小孩儿，一日上网能千回，失掉广袤的野地、活蹦乱跳的户外生活，失掉主动性和创造性，生存模式化，意绪平面化，他年回首孩提时代，记忆中将是一片空白：电子产品制造的画面与讯息互相抵消。这种抵消是设计好的，唯一留存下来的是经营者的利润。在这个过程中，海量的稚嫩生命被算计，被掏空，无限丰富的世界收缩成互联网。上帝拿走了儿童的乐园，又给了他一台电脑。作为工具的互联网另当别论。

杜甫自二十岁开始漫游，从中原的腹地游到江南去，游杭州、越州、金陵……一游游了四年。其间，不求仕，诗也写得少。漫游没有目的，异域风物扑面而来，思绪像风一样自由。如果杜甫立志早，一心要做官，要写好诗，那么，意志势必封杀感觉的原生态生成。

这些年若干门类的艺术，由于标新立异的心思太甚，导致感觉的世界一片萧条。慌。很多人都急于求异，结果却是趋同，陷入低水平的循环……

杜甫游回老家巩县了，向亲朋欣然讲述江南风光，足足讲了九天。在家里待了大半年，他又游出去了，像一条思念大海的鱼。他登上泰山，好诗《望岳》来找他了："岱宗夫如何？齐鲁青未了。造化钟神秀，阴阳割昏晓……"

优秀作品大都是意外的产物。"诗仙"李太白也不敢夸口：明天喝它十斤酒，写它两首好诗。杜甫漫游五年，得了平生第一首好诗。他写诗严谨，要对得起名噪一时的祖父杜审言。"语不惊人死不休。"

杜甫从齐鲁游到燕赵去了，"放荡齐赵间，裘马颇清狂"。江南四年，齐鲁燕赵又是四年，妩媚与粗犷奔来眼底，除了惊奇还是惊奇。寸寸贴近山水肌肤，步步叩访民风民俗，远行者充满了惊讶惊喜，悠长的旅途每天都迎着意外，这是现代的旅游者所不能想象的——大环境已不复存在。古代中国山水阻隔，每个地方都有老子所崇尚的小国寡民式的生活场景。

山高皇帝远，不愁桃花源。唐帝国日趋浓重的阴影，尚未进入杜子美的视线。放荡、轻狂，裘衣、宝马，这组词汇烘托了一个意气风发的杜甫。

年少轻狂，倒不用计较。青春意味着试错。几年后杜甫去长安，参与过市井之徒的赌博，不无惭愧地说："有时英雄也如此。"

年轻的列夫·托尔斯泰干了蠢事又后悔，于是写下《复活》。

晚年的杜甫欣然回望："忆昔开元全盛日，小邑犹藏万家室。稻米流脂粟米白，公私仓廪俱丰实。九州道路无豺虎，远行不劳吉日出。齐纨鲁缟车班班，男耕女桑不相失。"

这首诗，乃是唐帝国繁荣的佐证，衣食足，治安好，乡村农户也家庭和美。北宋也如是，我写苏轼，曾诧异他一生走了数百个地方，居荒村野店，过荒山野岭，未见途中遭遇盗贼的记载。开元近三十年，加上天宝的头几年，集中显现了盛唐之盛。而北宋的持续繁荣超过了一百年。宋仁宗、唐玄宗，在位都是四十多年，智慧不可同日而语。

概言之：宋仁宗懂得无为，唐玄宗后期欲壑难填，终于把帝国填进去了。

杜甫二十九岁结婚生子，妻子杨氏系大家闺秀，“香雾云鬟湿，清辉玉臂寒”。冬暖夏凉的土室（窑洞）中他幸福地生活了三年，于天宝二年（734）再度出游。他游到了东都洛阳，忽然感觉不适，“二年客东都，所历厌机巧”。洛阳是唐代的第二大城市，武则天曾建都于此。城市人口密集，欲望难免沸腾。似乎每个人都暗藏了机心。而杜甫接触的主要是官场中人。他三十多岁了，成家后的一大志向是立业，要走仕途。唐代的科举考生，名人或官员的推荐是重要砝码。洛阳普通市民，未必多机巧之辈。杜甫浪迹山水习惯了，劈头碰上傲慢的达官贵人、钻营的无耻之徒，不禁心生厌倦。山水的明亮与城市的阴暗形成反差。后来的“长安十年”，杜甫的感觉更糟糕，落第，落魄，靠摆地摊、卖药度日。“朝扣富儿门，暮随肥马尘。残杯与冷炙，到处潜悲辛。”

城市接纳成功者，排斥失败者。唐代人口逾百万的城市，只有长安、洛阳。杜甫拼搏仕途，先后挣扎于两京。他必须拼搏，像大多数士子一样。作为官宦人家的子弟，他不可能选择经商或行医。杜氏家族祖上的荣光，深入了他的潜意识。

客居东都的日子里目之所及是一连串的灰色。然而，有一个人现身洛阳，照亮了杜甫，点燃了杜甫。这个人是李白。李白从何而来？从唐玄宗、杨贵妃的骊山宫殿来，身披锦袍，人称李翰林，怀揣老皇帝赐予的大堆金子，过境洛阳城，高视阔步，目光如炬。想巴结李白的权豪多得很，名刺如雪片，李白却一眼看中名不见经传的杜二甫（杜甫排行老二），这比较奇怪。中原大地人海茫茫，两个历史巨星偏偏要相遇，并且，结伴游起来了。也许杜甫展示了他的《望岳》，谦卑地提起祖父杜审言。此间的李白对权贵已经不感兴趣了，视线掠过金銮殿，朝着山里的神仙。除了神仙，有才华的诗人也不错。

李白迷神仙，杜甫迷李白。二人一同炼丹，一同渡过咆哮的黄河，登上山西的王屋山拜访道教天师华盖君，听说华盖君死了，不禁抱头痛哭。李白炼丹入魔，吞服“九转丹”又狂拉肚子，转服杜甫熬的止泻药。

不久，高适加入进来，三个诗人一块儿漫游。后来高适的官做得很大，“为有唐以来诗人之达者”，写边塞诗，与岑参齐名。

古代谁跟谁游，可不是一件小事情。《论语》：“益者三友，损者三友。友直，友谅，友多闻……”李白至少具备直爽与多闻之长，又名满天下，玩弄过大权臣高力士、杨国忠。杜甫迷迷瞪瞪地跟李白游了几个月，自我丢失了，写诗的语气俨然另一个李白：“白刃仇不义，黄金倾有无。杀人红尘里，报答在斯须。”

优秀人物都会经历丢失自我的过程，向更优秀的人物看齐。三十二岁的杜甫跟四十三岁的李白游，连饮酒、啖肉、擦嘴的动作都像李白。李白狂，杜甫就狂。李白朝山谷长啸，杜甫亦作狮子吼。李白显摆御赐的飞龙马、宫锦袍、珊瑚鞭，拍拍杜甫瘦削的肩膀说：“杜二甫，我这宫锦袍上有贵妃娘娘留下的芳泽，美人三年留余香啊。”

高适吟诵李白为杨玉环写的佳作：“云想衣裳花想容，春风拂槛露华浓……”杜甫叹曰：日后去长安，定当一睹玉颜！几年后他写下《丽人行》。长安沦陷，又写《哀江头》，痛悼缢死于马嵬坡的杨妃：“少陵野老吞声哭……明眸皓齿今何在？血污游魂归不得。”

三条汉子纵马畅游，“醉舞梁园夜，行歌泗水春”。疾奔宋州，狂走东鲁，仗剑腰弓的杜甫俯身冲在前头，长马靴，宽腰带，裘皮衣裳映日光，手执李翰林的珊瑚白玉鞭，在旷野里扔掉皮帽长啸，清瘦的面孔迎着秋天的太阳，血脉贲张。

豪士杜甫，侠客杜甫，酒徒杜甫，风流俊迈的杜甫，目射精光的杜甫，大言不惭的杜甫……总之，杜二甫成功地变成另外一个男人了，旧我生新我。他不由自主地吸纳李白的仙气、侠气、酒气、豪气，一度染上李白说大话的毛病，而且酒量大增，否则哪有日后的《饮中八仙歌》？酒徒才是酒徒的知己。

杜甫五十九岁的生命中，有三十几年过得挺好，余下的光景时好时坏。青年时代“裘马轻狂”，一些学者要么加以诟病，要么一笔带过，其实没这个必要。没有好日子，哪来坏日子？犹如冷色来自暖色，黑暗来自光明。如果杜甫生下来就遭遇兵荒马乱，那么他会觉得世界本来就是这个样子。认识杜甫，这一点是关键。生存的巨大落差造就了中国标志性的苦难诗人，于是才能有《北征》、

“三吏三别”、《自京赴奉先县咏怀五百字》……

在山东单县一块叫孟诸的湿地，三个豪壮男人纵马打猎。野地一望无尽，大泽、杂树林、隆起的小丘、铺到天边的秋草，对应着人类洞穴时代的野性。“天高云淡，望断南飞雁”，忽而大风起，灰云铺千里。李白一度师从天下头号剑客裴旻，自称剑术第二，曾经“十步杀一人”，射箭也是少见的好手，拉强弓如满月，森林中“一射两虎穿”，时常提起汉代的“飞将军”李广，仿佛李广是他光荣的祖先。

李白射虎当有夸大事实的可能，但是此间的杜甫深信不疑。榜样的力量是无穷的。至于李白曾在蜀中杀人，当然是杀坏人。

身材魁伟的高适言语不多，望着远方沉默。

狐狸、野兔、刺猬、獾子、豺狗……叫不出名字的灰色大鸟翼展数尺，怪叫着掠过马首。杜甫肩头的苍鹰早已腾空，长喙利爪相搏，怪鸟不恋战，冲天而去。

他们在孟诸秋猎半个多月，猎物甚丰。李白持剑追赶一只中箭的狼，狼反扑，差点咬住李白的脖子，幸亏高适补一箭。野狼身中两箭，还是逃走了。渐渐四合的暮色中，受伤的孤狼嗥叫，李白长啸……夜里升火烤狐兔，炙野猪，猎手们吃得满嘴流油，痛饮宫廷美酒剑南烧春，醉了倒地而睡。李白响亮的鼾声能让豹子绕道走。次日凌晨，杜甫醒来了，月儿弯弯在天，兽骨横呈于地，不禁叹曰：“清霜大泽冻，禽兽有余哀。”

杜子美多年打猎，又怜悯那些奔腾撒欢的野物。李太白哪管这个，说：“鹰豪鲁草白，狐兔多肥鲜。”《李太白全集》涉及山林狩猎的诗篇颇不少。李白有马背上的游牧民族的特征。杜甫深广的怜悯来自遥远的童年。

古代的士子学六艺，旷野骑射是常态，保留了野性基因。这使个体生命更显丰满。

二十多年前，我曾背着一杆老式气枪，闲步踏过芬芳田野，在眉山远郊的山林里转悠，脚踩厚厚的落叶，斜穿高矮错落的坟茔，真可谓步步迷醉。更早的时候用弹弓射鸟，那反复浸过桐油的桑木弹弓，轻巧而坚实，光滑而称手，有效射程三十米，弹鸟无计，但从来不弹小鸟。打累了，找一块林中空地盘腿而坐，背靠古楠树，吃着炒花生，翻开海明威描绘他在非洲打狮子的小说，或是屠格涅夫的《猎人笔记》，契诃夫的《草原》，那份恬静，那种植入皮下的亲切感，连同穿林风和太阳斜射的光束，连同弥漫在空气中的甜滋滋的野地气味，寂静的野花纷披，蜂唱蝶舞携同远处的拖拉机……真是百年如昨。

是啊，百年如昨。人活着，总要有一些东西在记忆中坚如磐石，庶几让人于弥留之际、回光返照之时，脑际闪过的美妙之物多一些。

而眼下我是在水泥房子里，写茫茫大泽中、熊熊篝火旁的李白杜甫高适，追忆二三十年前质朴的欣悦、幸福的丛林游走，归于一声长长的叹息。所幸尚能回思民族的先贤，回望质朴的年代。再过若干年，当人造物与互联网进一步覆盖这个可怜的星球，也许连想象都会失去凭据。也许先贤将不再是先贤了，变形的目光恐怕要把他们逐一拉变形。那时，李白、杜甫、李贺是谁呢？苏东坡、辛弃疾、曹雪芹又是谁？

胡塞尔："对象之所是，取决于投向对象的眼睛。"

杜子美揖别李太白，单骑走齐州（今济南），拜访年逾七旬的北海太守李邕，这对忘年交游起来了，黑发与白发互相学习。杜甫题诗历下亭："海右此亭古，济南名士多。"李邕书法的名气在张旭和颜真卿之上，性豪放，交游广阔，挥金如土。这位盛唐人物吸引了杜甫。杜甫再度丢失自我，把旧我隐藏起来，在大明湖畔练书法，趵突泉边浮白挥毫。

杜甫的书风"硬瘦"，诗风"沉郁顿挫"，一似他坚硬的外形与内心。

不久，杜甫将去繁华的长安，结识更多的盛唐人物，生存将更高、更强、更饱满。

从几岁到三十几岁，杜甫一步步走得坚实。"群书万卷常暗诵"，诵于辽阔的中原大地，诵于彪悍粗犷的齐鲁燕赵。裘马轻狂，诗剑日夜呼唤着远方，朝向远方。浩然之气初养成，又即将面临长安官场的反复折困。中国历史的明星在锤炼中。

漫游、交游、宦游，这些字眼在古代的意味显然强于现代，天地保持神秘，万物缓缓展开。万物的强度对应生命的饱满度。一方水土养一方人，人与千百年的风俗同在。到处都有真正的他乡、真正的异域。道路的有限畅通维系了生活意蕴的无限生成。而现代的城与乡、建筑与人，皆趋于千篇一律，令人目光疲惫。这使生命的新鲜感大打折扣。

天宝四年的秋天，李白与杜甫再次相逢于山东，谈笑盘桓月余，纵马兖州访道士。杜甫面对偶像般的李白，语气变了：“秋来相顾尚飘蓬，未就丹砂愧葛洪。痛饮狂歌空度日，飞扬跋扈为谁雄？”李白淡淡一笑，他知道，踌躇满志的杜甫和他当年奔长安相似。他回赠一首《鲁郡东石门送杜二甫》，其中说：“飞蓬各自远，且尽手中杯。”

未来的“诗圣”与眼下的“诗仙”相揖别，从此天各一方，再也没有相逢。

李贺："庞门书客感秋蓬，谁知死草生华风"

河南昌谷是中唐李贺的故乡，今属宜阳县。在古代，那是一片蓬蓬茸茸的野地，乱花照眼，"细绿及团红，当路杂啼笑"，杂树间一座座坟茔触目，连昌河交汇洛河，女几山矗立着杜兰香女神的神庙。生与死近在咫尺，梦想和现实纠缠不清，人、神、鬼朝夕相处。我一度想去昌谷看看，踌躇再三，终是未行，怕失望，还是保持阅读的印象比较好。

古人云："李白仙才，李贺鬼才。"

李贺在唐代诗人中很特别，他对死亡的亲近是独一无二的，他把鬼域写得生机盎然，将病态美推向极致。死亡向来是西方诗人的主题，西哲认为：不知死，焉知生？弗洛伊德将人类的破坏性冲动与死亡本能联系起来。海德格尔《存在与时间》中对死亡的研究，让欧美学界折服至今。中国的孔夫子说："未知生，焉知死？"可见春秋时期的哲人们曾经对死亡感兴趣，展开过若干追问，而随着孔子符号的放大，这一视野渐渐缩小。除了屈原和庄子，古代似乎只有一个李长吉天生亲近死亡。现代则有鲁迅先生。

宋代学者尝言，李贺诗如同仓颉造字，能使"夜鬼哭"。

中国历史几千年，精神的探险者可不多，眼下更是少之又少。

读李贺，会有收获。

李贺年少多病，病身识字又早，这导致双重的敏感。史料形容李贺的外表："长吉细瘦，通眉，长指爪，能苦吟疾书。"（李商隐《李贺小传》）他家境尚好，父亲在外地做着九品官。家中有南园、北园，栽了许多竹子，供他题诗于竹竿上。他每天骑驴出门转悠，驴蹄后跟着忠诚的巴童。晨出暮归，沐浴朝晖夕阳，落入晨雾暮霭。饿了，吃一顿乡村野店的小酒，主仆二人言语不多。李贺有个据说是祖传的破锦囊，一直背着，吃酒也不肯解下来。途中得了诗，反手塞进去。细胳膊长长的，手指也长，指甲弯曲。他自称李唐王室的子孙，李白杜甫也这么说。三个人或有挂角亲。

朝晖满天出门去，归家驮个巨大的夕阳。微雨不废，下雪不改，乌云滚滚抬腿就走。有时候忽遇飞沙走石的妖风，李贺薄薄的身子被吹得东歪西倒，离地而飘，像一片秋叶，落下地来很享受。他在暴雨中尖叫奔跑。见闪电撞击老槐树，野水暴涨，玩似的。

“四月是最残忍的季节，荒地上长满了丁香花。”（艾略特《荒原》）

昌谷的无边野地让李贺痴迷。他年复一年漫游，从一个古村落到另一个古村落。乱草野花步步迷，荒冢枯树向黄昏。少年诗人备感惬意，背靠残留的墓碑、洞开的墓穴一坐半天，顺手摘几颗鲜红的“雷果果儿”塞进嘴里。巴童烧虫子吃。毛驴吃鲜草，嚼嫩叶，皮毛油光水滑。“昌谷五月稻，细青满平水。遥峦相压叠，颓绿愁堕地……”细青指秧苗，遥峦指远山。躬耕的农民离土地太近，失掉了某些审美间距。农夫只关心农事，对他们来说，土地只是生长庄稼的土地。诗人之思，拢集着日月星辰，招呼着牛鬼蛇神。

野地究竟有多野，李贺是知道的。他是长年累月飘浮在地平线尽头的孤魂野鬼。“秋坟鬼唱鲍家诗，恨血千年土中碧。”他九岁写诗，写到十七岁，带上他的宝贝破锦囊，去一百五十里外的东京洛阳，谒见文坛泰斗韩愈，长揖不拜，口音很奇怪。

名篇一挥而就，《雁门太守行》：“黑云压城城欲摧，甲光向日金鳞开……”

韩愈读得浑身冒汗。涉世未深的昌谷少年，写下惊心动魄的征战诗篇，不亚于高适、岑参最好的边塞诗。诗人是漫游大地的神秘者，是先知，是自然永不背叛的温柔情人。

海氏：“我们要倾听诗人的言说。”

汉语编织的迷宫犹如昌谷的野地迷宫，李贺又随身携带少年病体的怪异感受，“鬼灯如漆点松花”。他喜欢齐、梁、陈的宫体艳诗，写《苏小小墓》《贝宫夫人》《帝子歌》，沉迷于女人们的一切装饰，从金钗玉佩到脸蛋，到脚上的袜子、鞋带子。艳冶直指死亡。美好之物越美好，越是指向腐朽衰败。有个西方诗人写他年轻漂亮的妻子每天拼命擦粉，神经质地抵抗十年后才会出现的皱纹。萨特的朋友尼赞，二十岁健如牛，却对死亡忧心忡忡，总是匆匆走过蓬皮杜广场，横穿香榭丽舍大街，眉头紧锁，如赴死地。尼赞疯狂享受他能抓到手的任何东西。超现实主义诗人布勒东，把死亡通知书贴满了自家的墙壁。西哲名言："人一生下地，就足以老到去死。"海德格尔命名：先行到死。

李贺所关注的，大抵是文学史上的所谓三流诗人，李、杜、白在他的视野之外。这好比法国的高更喜欢的画家都是三流画家。

一湾水、一座坟、一朵花、一抹幽光、一场偏东雨……皆是诗人捕捉的风物。"南山何其悲，鬼雨洒空草。"满天星星眨着鬼眼睛。"香风下高广，鞍马正华耀。"古人没有环境或风景这类切割生命的概念，天地人神巫，浑然一体。现代人若是从风景的角度读李贺，哪里还有李贺。唯有生命体验方能通向生命体验。小体验也能将大体验抓个一鳞半爪。现代式的观光旅游，是人与自然剥离的产物、对象化思维的产物，旅游者被旅游业精确算计和设定。步步丈量祖国山河的张承志，讥讽那些走马观花的人是"宾馆动物"。眼下不妨加一句：照相过客。一群群地照完了，闹哄哄拍屁股走人，宣称已经拥有了某地某景，发微信显摆一通，或可叫作"占有式旅游"。

动不动就照相源于不自信，把心灵自动开合的窗户交给镜头。人的异化，此为一例。眼睛不再是心灵的窗户，眼珠子像两个机械转动的玻璃球。

李贺那双诗眼，胜过一亿个镜头。

昌谷的般般风物，几千个日日夜夜，次第奔来眼底，丰富得难以言说。驴蹄悠悠，行走方圆百十里而已，有时候差不多原地打转，"我有迷魂招不得"。

原野的面积是不存在的，半径周长也是不存在的，一花一世界，一俗亦中国。

杂学旁收的李贺，一头扎进汉语艺术的迷宫。为将来的生计，他也学孔子孟子，却是庄子的私淑弟子、屈子的异代知音。五千里楚国的鬼神巫，李长吉向往久矣。《山鬼》《九歌》《九章》《湘夫人》……

"长吉"二字，表明李贺幼年身子就弱，父母希望他长久吉祥。

少年病体的敏感，我缺少体验。我记忆中的 20 世纪 70 年代，眉山尚有几段悠长的古城墙。城墙内外，有田地、野地、湿地、坟地、自留地。单说那风吧，草风、树风、水风、熏风、云风、麦田风、坟头风、穿林风、洼地起的旋风、“平畴交远风”、大风、土墙之间劲道十足的风……人在风中啊，不沉醉也难。那可是拒绝分类的沉醉，个体生命要加以珍藏的沉醉。有一天傍晚下大雷雨，风把老树折断，炸雷滚过低空，闪电划破头顶上的乱云，我们几个少年从岷江边步行十五六里回家，一路上嘻嘻哈哈——反正浑身湿透了。暴雨中窒息的感觉真是爽啊。平日里野惯了。瓢泼大雨，稀松平常。大毒日头晒脱几层皮，稀松平常。“打体育”伤筋动骨，稀松平常。尖利的植物刺破皮肤，蜂子虫子蜇伤手、足、脸，稀松平常……哪有什么小鲜肉。女生也拒绝做温室里生长的花朵。

高尔基：“让暴风雨来得更猛烈些吧！”

嗬，难怪编草鞋极目八荒的庄周那么乐。

徜徉那些真正的湿地，逗留艳阳下荆棘铺天的沙地，心里总是如歌如酒，好几个钟头不想走。想爬，想打滚，手倒立又头蹭沙、嘴啃草……我也不知道是怎么一回事。小学中学屡试不爽，痴迷于春夏秋冬。也许野地诱发了人类洞穴时代的野性基因。是的，诱发了远古基因。由此可见，男孩儿如果不能挥洒哪怕是一点点的野性基因，那就注定不幸福。活着要学撵山狗，焉能变成圈养鸡？现成在手的东西即使堆积如山，能堆出什么呢？动物园里吃得蛮好享用空调的动物们，比它们野性十足的丛林同类幸福吗？

飞奔的撵山狗，腾空的撵山狗，目射如狼的撵山狗，能抵达物种遗传赋予它们的巅峰兴奋。是的，巅峰兴奋。

丛林野性何止百万年，人类文明不过几千年。

昌谷野地的李贺，连昌河畔、女几山下的李贺，孤独的兴奋没完没了。庄子的弟子千千万万，李贺最出色，尽管他不用读《庄子》。“斫取青光写楚辞，腻香春粉黑离离。”南园北园的竹子大都刮去了青皮，李贺就着浓墨疾书，“当其下手风雨快，笔所未到气已吞”（苏轼）。竹粉墨汁泛着腻香，春阳笼罩的李贺懒洋洋，或斜倚门板，或蜷缩胡床。他想啥呢？“若有人兮山之阿，被薜荔兮带女萝。既含睇兮又宜笑，子慕予兮善窈窕。”雾状的屈辞浸染了十七八岁的李贺，春天里的秋天：“袅袅兮秋风，洞庭波兮木叶下。”

母亲蹲菜园子喂鸡。小弟温习着经史。巴童打柴，打完了倚墙打瞌睡。

肥驴子又牵出门了，母亲郑氏叹一口气，也不说啥，说够了。

山水之间神庙处处，龙女（贝宫夫人）的神庙、杜兰香的神庙、湘妃潇妃的神庙，也许还有其他女神，几百年肌肤滑润，芳姿绰约，亲昵着春心萌动的少男少女。文庙武庙、土地庙龙王庙、佛寺以及道观，不能霸占辽阔的原野。皇权染指尚有限。宋代以后，性感女神的神庙在民间消失了，礼教大获全胜。而西方的缪斯、维纳斯女神从未退场。

李贺《洛姝真珠》："真珠小娘下清廓，洛苑香风飞绰绰。寒鬓斜钗玉燕光，高楼唱月敲悬珰。"悬珰：佩饰。《湖中曲》写少女："长眉越沙采兰若，桂叶水淇春漠漠。横船醉眠白昼闲，渡口梅风歌扇薄……"长眉弯曲的少女越过沙滩采兰若，她的形象多么清幽。他写的贝宫夫人也是长眉："长眉凝绿几千年，清凉堪老镜中鸾。秋肌稍觉玉衣寒，空光帖妥水如天。"墓中的苏小小也来凑热闹，她生前是钱塘名妓，情烈身子弱，十七岁玉殒香消。艳骨犹起舞，青冢飘浮着红花绿叶。

神女、鬼女、少女，她们联翩而来，李贺真有些应接不暇。诗人羞怯，垂下了眼睑。

昌谷的四季花木交替，李贺却没有春夏秋冬，四季早已化为千差万别的感觉。没有一朵现成的花，唯有色香的持续浮动——小孩儿和诗人的体验惊人地相似，都具有原初性、混成态。阳光气味浓。阳光在远方颤动，时光于近处呼啸。原野总是浑然一体，恍兮惚兮，也不用去辨别，更不会愚蠢地加以分类。感觉的原发地带蓬蓬勃勃，意绪何止千百种。中国式审美的奥妙在此。优游于万物之间，李贺是个典型。原野的交响曲妙不可言，"吹万不同"，永远听不够。

诗人乃是梦游人，分不清梦境与实境。细瘦的诗人李长吉走在昌谷，也是走在自己飘浮的魂魄中，走在病体的怪异感受中，走在汉语艺术拒绝测控的能量中。

目的性是散在的，浑身疯长的诗性恰好需要这种散在。求仕的意志正在成形，出门却抛到脑后。破锦囊从来不装四书五经。李贺写诗，倒是鄙夷孔子。历朝历代强大的个体，大都有质疑孔子的倾向，逃逸那黑洞般的权力，活向自由。庄子以嘲笑孔子为乐，又安排老子教训孔子。李白："我本楚狂人，凤歌笑孔丘。"苏轼："我坐华堂上，不改麋鹿姿。"人性的自由与社会秩序之间形成强对流，张力周而复始，生风生雨生雷电。

细瘦李贺盘腿坐在高高的女儿山上，冥想风流婀娜的杜兰香女神。躺在连昌河的柔波间他接着想，婉转沉水，追逐嬉戏美人鱼。男欢女爱冲力强大，最容易突破礼教的防线，打倒笑不露齿的标准，推翻夫为妻纲的传统，摧毁男女授受不亲的陈规。恋爱使人性站立。

李贺十来岁就迷恋杜兰香了，一年年靠近她的芳泽，呼吸她的腻香："团鬓分蛛巢，秾眉笼小唇。弄蝶和轻妍，风光怯腰身。"杜兰香漫步云端、凌波水上的仪态真是美极了："走天呵白鹿，游水鞭锦鳞。"

神鬼勃勃，解构礼教。自然之审美亦然，两性之相悦亦然。

此三者，或可把握"鬼才"李贺。

不能把握的是野地的无限延伸，感觉的无限细分。早晨、正午、黄昏、月夜或是伸手不见五指的黑夜，包裹着入了魔境的诗人。"无赖诗魔昏晓侵，绕篱欹石自沉音。"词语和野地互相撩拨、挑逗、激荡。细胞燃烧哧哧作响，两颊赤红，肉身承受不住。

李贺享年二十七岁，游荡昌谷野地几乎占去一半的时光。"我有迷魂招不得"，迷魂系于草，系于鸟，系于不羁的风，系于繁星万千。哈代小说《荒原》中昼夜游荡的男男女女，神秘的面孔永远神秘，浮着动人的微笑。艾略特的长诗《荒原》弥漫着神性，给现代西方文明划定边界。而21世纪新自由主义资本-技术逻辑的入侵旷日持久，欲望单刀直入，划破大地，洞穿心灵，收缩生存的地平线，抹掉生活的差异性。

《昌谷读书示巴童》："虫响灯光薄，宵寒药气浓。"破锦囊中天高地阔："大野生素空，天地旷肃杀。露光泣残蕙，虫响连夜发。"

李贺描绘秋风："幽姿任契阔。"五个字，令人联想衰杨、败柳、枯苇、飘蓬……

李贺结婚了，艳冶新娘混同了杜兰香女神。可惜学者们考证不出新娘的名字。妻子的娇躯是李贺恣意漫游的另一片原野，从脚趾头到乌云发全是好风景，乳峰宛若女儿山峰。《后园凿井歌》："井上辘轳床上转。水声繁，弦声浅。"辘轳转到床上来了，玉体婉转；水声繁喻性事，弦声浅指时光短暂，类似那个西方诗人笔下的神经质女人。

"城头日，长向城头住。"希望美妙永恒。

李贺的时间意识直接来自他的死亡意识。《苦昼短》：“飞光飞光，劝尔一杯酒。吾不识青天高，黄地厚，唯见月寒日暖，来煎人寿。食熊则肥，食蛙则瘦……”这类句子只有李贺才写得出来，李白看了会嫉妒，孔夫子看了会摇头。

再看李贺写时间：“海沙变成石，鱼沫吹秦桥。”秦桥的坚固天下无双，鱼沫可将它吹垮掉。地老天荒的爱情不过是几个瞬间，权当一日是千年。“情若何？荀奉倩。”荀奉倩是深情丈夫的代名词。李贺怪异之至，倒是不缺家庭意识，爱妻子，疼弟弟，牵挂老父母。后来弟弟被迫去江西打工，李贺揪心不已，写下动人的《勉爱行二首送小季之庐山》。

再看他描绘娇妻的《美人梳头歌》：“西施晓梦绡帐寒，香鬟堕髻半沉檀。辘轳咿哑转鸣玉，惊起芙蓉睡新足……一编香丝云撒地，玉钗落处无声腻。纤手却盘老鸦色，翠滑宝钗簪不得。春风烂熳恼娇慵，十八鬟多无气力……”视觉、听觉通向了触觉，是谓通感。李贺诗密度大，阅读当仔细。纤纤玉手伸向老鸦色，有青春红颜招呼死亡意象。

人生百年，每一秒钟都在死去。谁能忧心忡忡注视每一刻？李贺也做不到。

李贺出柴门旷日不归，瘦男肥驴移动在天边。回家蜷缩在角落里，长指爪耷拉于破锦囊，喘着气，夹杂了咳嗽，笑容虚弱。这是灵感燃烧之后的通身倦怠，连抬手的力气都没有。白发苍苍的母亲惊叫着说：“是儿要呕心乃已耳！”

愧疚的少年垂下头来。

抬眼时，门外暮色四合，模糊了他的无边昌谷。

李贺揖别韩愈：“长安有男儿，二十心已朽。”

韩愈访问李贺的具体时间无考，应该在李贺十七八岁左右。大人物的豪华车驾，碾过一百五十里泥巴路，驰入昌谷小城，引起轰动。途中遇疾雨，走了两三天，宿野店喝浑酒，睡谷草板床，夜听鼠叫蚊子唱。那一年，四十出头的韩愈做着洛阳国子监博士，文名如日中天，科场一言九鼎，到处锦衣玉食。文学大师专程叩访乡野的无名之辈，这种事古代多，而在时下听上去像外星奇谈。真风告逝久也。

李长吉的激动可想而知，来者可是一代文宗韩昌黎啊，韩愈的名望与白香山在伯仲之间。李贺的《高轩过》有云：“……入门下马气如虹。……庞眉书客感秋蓬，谁知死草生华风。我今垂翅附冥鸿，他日不羞蛇作龙。”“轩，大夫以上乘车矣。”

韩愈下马气如虹，李贺死草生华风。陪韩愈来昌谷的还有皇甫湜，名气也不小。二人“连骑造门”，以示尊重。巴童杀鸡扑鹅。李贺的母亲和妻子含笑忙碌。李贺剧饮剧谈，长爪舞东风，庞眉飞扬。布衣锦袍相接，寒士高官畅叙。韩大师醉走昌谷的原野，骑驴转了几大圈，古锦囊中无诗篇。大约在李贺面前拿不出手。韩愈的文学成就主要是散文，“文起八代之衰”。

李贺二十岁，奔长安求功名，“他日不羞蛇作龙”。

从洛阳到长安八百余里，青石路细沙路，起伏而弯曲，越水过丘，每隔五里有一根“里柱”。这是唐朝最好的、可能也是最长的一条官道。皇帝时常带着庞大的食粮集团来洛阳。洛阳四通八达，货物远比长安丰富。里柱、寺壁、屏风、船帆、树皮、石头，写满了知名或不知名的诗人的句子。歪诗总被人迅速抹掉。文化的传播方式恰到好处，歪瓜裂枣传不开，哪有媒体胡乱起哄。

昌谷肥驴一日百里，“春风得意马蹄疾”。亢奋的诗人面孔紫胀，“鼻息干虹霓”，“少年心事当拏云”。不相识的行路人他也要谈几句，遇上士子，必谈韩愈。住客栈饮它几盅，羊毫书它几笔，忽停杯掷笔，又大笑而起。半夜里抚古琴弹箜篌，《梅花三弄》《高山流水》……野地人家有知音。

李贺的音乐天赋极高。次日大雾弥天，驴蹄照样轻快，很懂得主人欢畅的心。

然而在长安出了意外。李贺自视甚高，不屑于其他的考生。在考场附近的客店他独往独来，人又生得奇怪。他已经有些名气了，且受知于韩愈，于是一些学子想巴结他，凑近搭讪，他懒得答话，转身走人。有个崇拜者抄写了他的诗歌，希望叩访他，他嗤之以鼻。崇拜者当众失了面子，恨声连连，把他的诗歌揉碎，弃之于地；这还不解恨，又狠狠扔进厕所，佳句散入粪坑。李贺抡起青筋拳头要打架……

时为京官的韩愈劝他忍着点儿，他哪里肯听。

诗人如果合群就不是诗人了。作家如果善于社交，下笔平平无奇。艺术家如果热衷营造关系网，艺术便会沦为幌子，甚或坑蒙拐骗。希望冒牌的艺术家，不要沦为骗子的近义词才好。

李贺在河南府试考得不错，却受阻于朝廷礼部的考试。秀才们联合起来把他告了，探知他的父亲名叫李晋肃，晋与进是谐音，犯了讳，不能考进士。唐朝的避讳制度五花八门，李贺被指犯了“家讳”，考进士就是不孝。长安闹开了，韩愈作《讳辩》，愤怒地指出：“父名晋肃，子不得举进士；若父名仁，子不得为人乎？”

韩愈等人奔走呼号未能奏效。李贺十年奋斗，无望于仕途。不特此也，寒窗苦读的弟弟也失掉了考进士的资格。家用日艰，母悲妻啼……十二月河南府试，李贺高中秀才，拥鼻高吟众人传抄：“依稀和气排冬严，已就长日辞长夜。”眼下在长安他如跌冰窟，一张瘦脸愁云惨雾，十条长爪垂如冰棍。杜门谢客，一度谁也不见。元稹慕名而来，被他吼退三丈，风流才子且走且抱怨：“好你个李长吉，我叫白居易先生来找你，看你的门开也不开。”

白居易没来。韩昌黎来了，仍吃他闭门羹。

他在门内揖别韩愈：“长安有男儿，二十心已朽。”

“我当二十不得意，一心愁谢如枯兰。”

绝望盛开了词语之花，一万年开不败。词语兼具疗伤的功能，词语是内心疼痛的缓释剂。方块字暗藏杀机，富含着生机……李贺待在长安崇义里的小灰屋，遥思他的昌谷。时任国子监教授的韩愈又来了，拉着他的手问长问短。

长安是李贺的伤心城市，那么，走吧，记忆中挂满了团红颓绿，矗立着女几山峰。

韩愈设家宴为他送行，京城的许多朋友赶来揖别。诗人大醉，随手一挥名篇出矣，《致酒行》疯传二百里大长安：“零落栖迟一杯酒，主人奉觞客长寿。主父西游困不归，家人折断门前柳。吾闻马周昔作新丰客，天荒地老无人识。空将笺上两行书，直犯龙颜请恩泽。我有迷魂招不得，雄鸡一声天下白。少年心事当拏云，谁念幽寒坐呜呃。”呜呃：消沉气短貌。关于这首诗，可参见徐传武《李贺诗集译注》，或是名家注释的唐诗选本。网络古典诗词的解读流于一般，希望能改进。

李贺律诗少，像李白一样不受格律的束缚。

人向何处去？西风深处是吾家——李贺看旷野永远亲切。从长安归昌谷恰好一千里。瘦马瘦男人，秋水秋波横，枯草连天。圆圆的头颅垂进西风，瘦削的背影镶入夕阳。沉重的男人，庶几享受着沉重。他习惯了。有死亡意绪垫底，一切愁、恨、悲、颓、凄、凉，李长吉照单全收。负面情绪活跃，诗歌需要它们。化蝶的庄周卸掉了生存之重，逍遥复逍遥。而李贺滞留于愁山恨海，“落红万点愁如海”。

忧愤伤了身子，伤就伤吧。

天大地大诗心大，《开愁歌》：“秋风吹地百草干，华容碧影生晚寒。我当二十不得意，一心愁谢如枯兰。衣如飞鹑马如狗，临岐击剑生铜吼。旗亭下马解秋衣，请贳宜阳一壶酒。壶中唤天云不开，白昼万里闲凄迷……”贳酒：典当秋衣换酒。壶中唤天云不开，犹言科场失败，生存展不开。纵有韩昌黎的帮助也不行。

生存的展开与否，是海德格尔哲学的核心概念。卡夫卡一生失败成为卡夫卡。

归宜阳昌谷的李贺毫无办法，举目万里凄迷，却收意外之功：诗笔随手一划，寿同天地。失败者步步成大功。《京城》：“驱马出门意，牢落长安心。两事谁向道？自作秋风吟。”牢落：沉寂苦闷。两事指功名。去年来长安驴蹄轻快，今秋归昌谷马首低垂。日行二三十里，岔道信马由缰，不问古村落。再三咀嚼着痛苦，反复品尝着绝望。从孟秋走到暮秋，李贺差不多走了两个月，愧对家人哪。日夜用功的弟弟、折柳望夫的娇妻、母亲、姐姐、巴童……归途中的李贺情绪饱满，尽管都是负面情绪。他是痛苦的老朋友了，他是忧伤与惆怅的难兄难弟。情绪的浓度决定了视野。杜甫：“感时花溅泪，恨别鸟惊心。”而以现代式的心境看原野，看崇山峻岭，所有的意绪如蜻蜓点水，过眼云烟。人有内心纵深，山山水水才有纵深。比如我们疯狂嬉戏的当年，哪有“风景”二字？人在野地中，野地在无限的感觉中。人的内心纵深与大地之广袤野作一团，互相深入，互相持久深入。生存当如是也，即使活上三百年五百年，亦能回首早岁光景如昨天。

我不避重复：感觉的丰富性乃是一切生活质量的前提，古今皆然。

李贺回家了，母亲杀鸡为他补身子。弟弟听他一番讲述之后，咬咬牙出门去，有泪只偷潸，从此收起圣贤书，帮老母种菜喂猪，手头的笔换成肩上的锄头扁担。做哥哥的，看了心酸。妻子当众是笑兰，背后是泣兰。诗人吞吃她掉不尽的泪珠。

“雪下桂花稀，啼乌被弹归。”李贺这只“啼乌”，被长安权贵的弹弓打回来了。“啼乌”与“泣兰”相对，“镜中双泪姿”。

整个冬季，李贺软语温存，抚慰着妻子。春天去了女几山，向杜兰香女神叩拜求子。七天后夫妻俩携手下山，闲坐野水旁，说起了苏小小。妻子优美而灵动的双足插入绿波，却说她自己会早夭，李贺笑道：“那我寻你的艳骨去，青冢风流，新坟老坟一千年……”

唐宪宗元和六年（811），李贺再走长安，担任太常寺卑微的奉礼郎，从九品小官。韩愈替他张罗的。两次赴京两千里，驴蹄轻快，却并不发为歌诗，莫非天降奇才，只要他吟咏颓唐？中唐的政治生态日下，各利益集团盘根错节、恶斗不休，帝国的衰败已成定局，或可叫它“颓唐”。小官李贺在大堆的祭器、祭礼间憋着，叹曰：“臣妾气态间，唯欲承箕帚。”小老婆似的被呼来喝去，“憔悴如刍狗”。刍狗：草扎成的狗，喻卑贱者。

唐朝官员的脸不那么好看，包括号称盛世的开元、天宝年间。李白杜甫，吃亏太多。李贺仰人鼻息八百多天，憋出诗篇六十余首。

“扫断马蹄痕，衙回自闭门。”

崇义里的小屋满是药气、酒气、鬼气，他撑着。有韩愈的提携，他的官阶也许会慢慢上调。一切只为昌谷的家。半夜一灯如豆，将诗人徘徊的影子投到斑驳墙上。墙上的影子、斑点、图案，把思绪弹向高空。长安高官如云，文章大家穿梭，而精神的伟力，却由一个居住在崇义里的毫不起眼的病男来喷发。每有新作，韩大师必读。

名篇《梦天》：“老兔寒蟾泣天色，云楼半开壁斜白。玉轮轧露湿团光，鸾珮相逢桂香陌。黄尘清水三山下，更变千年如走马。遥望齐州九点烟，一泓海水杯中泻。”齐州，犹言九州。三山指蓬莱、方丈、瀛洲三座神山。“齐州九点烟”“海水杯中泻”，这是什么样的想象力？

《李凭箜篌引》：“吴丝蜀桐张高秋，空山凝云颓不流。江娥啼竹素女愁，李凭中国弹箜篌。昆山玉碎凤凰叫，芙蓉泣露香兰笑……”中国指中原。素女：伤感多愁的霜神。李贺的诗，比宫廷的头号乐工李凭弹奏的表现力更强。一句“张高秋”，李凭琴声的巨大张力已先声夺人。湘娥、素女、芙蓉、香兰、女娲、神妪，倾听箜篌的多为天女与花神。凤凰叫，老鱼跳，瘦蛟舞……唐诗写乐声，此诗无敌。

元和八年（813），李长吉病归昌谷，揖别韩昌黎，永别长安城，再次踏上通往洛阳的那条官道。“发轫东门外，天地皆浩浩。青树骊山头，花风满秦道……细绿及团红，当路杂啼笑……”时在三月，野花到处乱开，举目凄迷。

总是他一个人，总是漫漫古道。

“香风下高广，鞍马正华耀。独乘鸡栖车，自觉少风调”，寒士对那些豪华马车很敏感，觉得自己乘坐的鸡栖车太寒酸了。穷人对富人很敏感，丑女对花容月貌很敏感，病弱的人对体魄强健很敏感，自古而然。李贺失掉了前程。他是长子，背负着昌谷老宅的一家子，祖上的荣光也来压迫他。弟弟的沉默，弟弟垂下的头，弟弟偷洒的泪……诗人预先想象弟弟远走异地打工：“小雁过炉峰，影落楚水下。”又称弟弟为“江干幼客”。

瘦马拉着鸡栖车咿咿呀呀，未来被堵住了。男人最怕这个，他才二十来岁。一通浓眉之上，头发白了一半。“长歌破衣襟，短歌断白发”，诗笔如刀。

娇柔百端的妻子又将如何？“冷红泣露娇啼色。”没法往下想了，心堵。

春天的原野却刮着无尽的秋风。西方诗人唱道：“不羁的秋风哟，你吹，你吹……”

失掉未来的李贺唯有死路一条，所以，鬼来了，男鬼女鬼、瘦鬼肥鬼、树鬼山鬼、织布鬼、思乡鬼、战场的饿鬼。“低迷黄昏径，袅袅青栎道。月午树立影，一山惟白晓。漆炬迎新人，幽圹萤扰扰。”树立影，山白晓，都是死亡意象。漆炬、萤光，皆喻鬼火飘移，旧鬼来迎新鬼。幽圹：坟墓。

死路也是李贺的生路，生存的展开唯有诗境。李贺的病，说到底是情病，敏感病，“存在的疾病”。以世界之大，只有词语才是他的栖身之所。鬼域一派生机勃勃。

“女巫浇酒云满空，玉炉炭火香冬冬。海神山鬼来座中，纸钱窸窣鸣旋风……呼星召鬼歆杯盘，山魅食时人森寒……”其中“炭火香冬冬”，乃是通感的典型表达。歆：神鬼享受祭品。那些沙场饿鬼可就惨了：“左魂右魄啼肌瘦。”

李贺在归途中经过一个叫沙苑（今属陕西大荔）的地方，方圆百余里荒无人烟，像是噩梦的美妙延伸。唐初，这里曾置沙苑监，牧民为朝廷牧养牛羊。唐高祖李渊曾在此建了一座行宫：兴德宫。唐太宗李世民多次驻跸于此，豪华车盖迤逦，铜铁剑戟森森，美女纵酒，武人夜歌。可是不到两百年，这座兴德宫已是面目全非，雕梁画栋蛛网纵横，断壁，颓墙，老树，枯井，荒草中的几只狐兔，蹿上斑驳兀立的雕塑。

诗人着迷了，踩着瓦砾，徘徊于百丈废宫，踏入疯长的野草。昔日羊欢马叫，眼下沙风低回。春水春树呈现了肃杀景象。时间在这里显形：唐宫如秦桥，小风将它吹倒掉。白日见鬼："百年老鸮成木魅，笑声碧火巢中起。"鸮：猫头鹰。木魅：树精。"野水泛长澜……无人柳自春……"野水，柳树，都有自足之势，不劳人的目光去唤醒它们。

李贺喜欢这鬼地方，打心眼里喜欢。荒凉美、颓唐美、残缺美、病态美，美得叫人眼花缭乱，美得肌肤隐隐作痛。诗人贪婪地呼吸着，于荆棘丛中毫无目的地寻找着。没有任何概念化的东西。理性灰飞烟灭。古人讲过：李长吉"妙在荒唐无理"。

理性的权威是现代性的盲点之一。

瓦砾间拾起一根银簪，枯井旁发现了半截短剑和残缺的铜镜……荒原的上空，时光跳着舞，阳光刺眼。"南风吹山作平地，帝遣天吴移海水。"沧海桑田的意象，出自这位中唐的短暂者（人）。"天上几回葬神仙，漏声相将无断绝。"相将：连续。

哈哈，神仙也要死。时间的利齿咬死神仙……

李贺坐了下来，倚靠斑驳的颓墙，极目荒原，倾听着寂静，双腿没入半人高的野草。这是他生命中的最佳位置，不期而遇的位置。一个人很热闹，老红、细绿、烟紫、嫩白、瘦青、肥黄……跳跃的色彩逼人眼目，拨动心弦。历史聚于当下。许多小虫子在地上爬，占领了一根尺许长的白骨。汉武帝的骨头？唐太宗的骨头？

李贺咧嘴笑了笑，思绪随风荡开了，破锦囊耷拉在鸡栖车上。兴德宫，大明宫，连同汉代的宫殿楼阁，碧瓦红墙今何在？

李贺微闭目，似乎睡了一觉。耳边响起了某种节奏。那些小虫子还在爬，触须乱抛。伸向荒草深处的两条瘦长腿，看上去很有些异样了。青苔，青苔和青苔。呼吸有点快了，两颊开始泛红。但是老有经验的年轻诗人不着急。玩玩，玩玩这幸福的时刻吧。

上帝温柔地注视着这位细瘦的诗人。

舒服，爽啊，高峰体验在即。瘦诗人歪了头，举目迷离。白日梦拉开了序幕。词语上路了，词语像呼啸的回风，穿颓墙，掠衰草，转古道。词语袅袅上青云，词语缓缓下高广。长爪间呼呼有气流，通眉下的黑眼睛熠熠生光。他还是不着急，细长手指捏了一根草，放进嘴里慢嚼。在这紧张而又懒洋洋的时刻，天地人神聚到了一个点上。

直觉告诉他，这回的来势比较猛。偌大的沙苑燃起来了，小火烧成大火，烧向天边。

云端的车轮声隆隆而来。百代杰作《金铜仙人辞汉歌》问世，李贺自序：“魏明帝青龙元年八月，诏宫官牵车西取汉孝武捧露盘仙人，欲立置前殿。宫官既拆盘，仙人临载，乃潸然泪下。唐诸王孙李长吉遂作《金铜仙人辞汉歌》。”

全诗如下：“茂陵刘郎秋风客，夜闻马嘶晓无迹。画栏桂树悬秋香，三十六宫土花碧。魏官牵车指千里，东关酸风射眸子。空将汉月出宫门，忆君清泪如铅水。衰兰送客咸阳道，天若有情天亦老！携盘独出月荒凉，渭城已远波声小。”

茂陵：汉武帝陵。秋风客：秋风里的匆匆过客，指汉武帝刘彻。土花：青苔。清泪如铅水，言泪之沉重。渭城即咸阳。刘彻生前多么霸道，死后一堆滞骨，“刘彻茂陵多滞骨”，三十六宫长满暗碧的土花，鬼火飘忽。注李贺诗的清代学者王琦对此表示不满：“以古之帝王而渺称之曰刘郎，又曰秋风客，亦是长吉欠理处。”王琦的言下之意，要把汉武帝写成春风客才好。天本无情天不老，李长吉多情，病体更兼滚烫的诗心，对事物高度敏感。酸风射眸子，恰是多情者易受伤的最佳写照。

温庭筠：“自古多情损少年。”苏东坡：“多情应笑我，早生华发。”

人是血肉之躯，血生情，情难禁。人要想问题，思也禁不得。沙苑所在的荒原，昌谷所在的野地，两大块烧成了熊熊的一片，野火吞千里。据说写完这首诗以后，李贺白发已萧萧。“天若有情天亦老”，这句子，李白杜甫不能道。毛泽东深有感触，直接写进他的诗篇《七律・人民解放军占领南京》：“天若有情天亦老，人间正道是沧桑。”

多谢韩愈一片心，多谢长安洛阳之古道，中唐李长吉几度往返，乐陶陶，喜滋滋，阴惨惨，悲号号。一代鬼才，情绪之饱满，思绪之诡异，立境之雄奇，千余年间一焉。唐太宗、武则天、李隆基的御驾走过多少次？区区皇家排场，哗啦啦散入呼啸而来的秋风，摧枯拉朽的秋风。艺术是生存之镜。艺术让生存饱满。且看荷尔德林、里尔克、叶芝、卡夫卡、策兰、兰波……艺术的强度直指生命的强度。

华夏文明不死，长吉诗篇长在。

《春归昌谷》："少健无所就，入门愧家老。"活着就是牵挂着。"辞家三载今如此，索米王门一事无。"现实层面的李贺，真是辛酸泪一把又一把。美丽的妻子先他而去了，艳骨寂寞半年多。弟弟毅然走江西。家，空了。李贺第三次远离他的昌谷，投韩愈的侄子、潞州（今山西长治）官员张彻，两年后张彻被调走。他靠山山崩，倚水水流，拖着纤弱病体去了八百里洞庭湖，凭吊了屈子，归昌谷，漫漫归途中一路咳嗽着。

回家后，他卧床不起，一口口吐血，应了母亲当年的惊呼："是儿要呕心乃已耳！"

李长吉的嘴角挂了红笑，寻他的娇妻去了。"花枝草蔓眼中开，小白长红越女腮……"诗人携了妻子的纤纤玉手，同登上帝为他造的白玉楼，细瘦身玉树临风。

唐诸王孙李长吉，口吐病态美，一声声空前绝后。

今日之中国学子，读他几首才好。

柳永：“今宵酒醒何处？杨柳岸晓风残月”

唐诗宋词的能量犹如铀矿，不能被穷尽。这是一个谜。包括音乐、书画、建筑、器皿在内的古典艺术保持着她的神秘，拒绝一切形式的消费主义。如果未来的某一天人们不再欣赏她，那就意味着：人被艺术抛弃了。如同伤害自然的人将被自然抛弃。西方消费主义的狂奔，必须加以遏止。

2015年6月5日，联合国秘书长潘基文在世界环境日致辞时呼吁：“人类消耗自然资源的速度，远远超过地球可持续提供资源的速度，改变目前的消费模式刻不容缓。”

刻不容缓！

中国的传统文化以审美的姿态对待自然，以质朴的姿态对待生活，拓宽精气神的境域，限制物欲的过度，这是她彪炳于这个星球的首要价值。我十几年来说得够多了，但是，还要说下去。“战斗正未有穷期。”

宋代商品繁荣，市民社会兴起，单是汴京的酒楼就有三千多，汴河两岸万家灯火，御街的早市、马行桥的夜市，人如织，车如龙，此情此景由《清明上河图》可见一斑，士农工商的价值排序却始终如一。士大夫精神罩着朝野大局。商业型人格不能越界膨胀，不能左右道德与风俗，更不能渗透民众的心理。

柳永的《八声甘州》，开篇先声夺人：“对潇潇暮雨洒江天，一番洗清秋。渐霜风凄紧，关河冷落，残照当楼。”画面感太舒服了，苏东坡点评：“唐人佳处不过如此。”

柳永字耆卿，中年做过余杭县令、屯田员外郎，人称柳屯田；又因家族的排行，称柳七。诨名柳三变。他一生都在路上，水路陆路，最后死于道路，妓女们凑钱安葬他，年年相约去他的坟头凭吊，纤弱而卑贱的脂粉群落哭作一团，时称“吊柳会”，从北宋延续到南宋。他是福建武夷山人，葬于江苏镇江，生卒年不详，可能活了七十多岁。

柳永是表现“羁旅情愁”最出色的词作家之一。权威的宋词选本选他的作品，一般仅次于苏东坡和辛弃疾。在我的阅读印象中，柳永一直在转身，从一个城市到另一个城市，从小舟到画船，从瘦马破车到雕鞍高轩。人清瘦，寡言词。他虽长期混迹于烟花巷，倒是没有多少油嘴滑舌——精英文化垫了底，家族意识垫了底。柳永的父亲柳宜在南唐李后主手下做过大官，南唐灭，转仕于赵宋。柳永的早年生活大约有过好光景，他却不想提起。

“永日无言，却下层楼。”

柳永有时候整天无言。情绪饱满的人通常话少，中外皆然。德国的里尔克常常几天不说话，举止安详，周围的人却能受到他的感染。福柯在巴黎与朋友们一起喝咖啡，从午后沉默到黄昏……沉默中的表达能力，古代近代常见，生存碎片化的当代人遥不可及。好莱坞电影中，美国人总是叽叽喳喳，美式英语早已趋于油腔滑调（国家固化之表征），废话追废话滚动喉头。当初的西部牛仔片可不是这样。早期的好莱坞懂得沉默的艺术。

柳永沉默久，转身快，走得远，离愁别绪多。“念去去，千里烟波，暮霭沉沉楚天阔。”

何以如此？我们来看个究竟。

柳永寒窗奋斗，礼部放榜无名：“黄金榜上，偶失龙头望。明代暂遗贤，如何向？”汴京盛传的这首《鹤冲天》，使柳永栽了大跟头。词中还宣称：“才子词人，自是白衣卿相……风流事，平生畅！青春都一饷。忍把浮名，换了浅斟低唱。”

白衣，犹言布衣，官员衣青、绿、紫。三年一次的礼部考试，柳永两度落榜，于是发牢骚。牢骚发得太好，表达了落第士子普遍的心声，于是，传到皇宫里去了。宋仁宗龙颜震怒，大笔一挥：“且去浅斟低唱，何要浮名！”

柳永第三次进京考进士，把自己考闭门了。

宋真宗（赵宋第三个皇帝）《劝学歌》：“书中自有黄金屋……书中自有颜如玉。”柳耆卿要鹤冲天，起早贪黑连冲九年，到头来落个鸟坠地，“垂翅客”（李贺语）的苦闷可想而知。他是数万名考生中的头号倒霉蛋，浪迹青楼的坏名声又朝野皆知，还传到江南，传到他的家乡武夷山。

吃亏吃大了，回家没面子，滞留汴京缺银子，店家催银子跟催命似的。怎么办？客栈里他闷头想了几天，忽然灵光一闪：不是皇帝叫我柳永填词么？那好哇，我索性做个白衣卿相，哼，乌纱帽，不稀罕。奉旨填词柳三变！

柳永的生活道路被宋仁宗的一句话改变了。“奉旨填词”则是一张极好的名片。章台妓馆欢迎他，瓦子勾栏追捧他。一个艺名叫虫虫的苏州妓女唱他的《鹤冲天》，唱红了开封洛阳。银子哗哗到手，她分给柳永不少。行走烟花巷也能解决生计问题，这使不到三十岁的柳永有了新发现。当然啦，奉旨填词，他天下无双。

柳永怀揣无形的超级名刺，走到哪儿吃到哪儿。汴京最有名的三座楼：潘楼、状元楼、白矾楼，不乏他潇洒的转身、落拓的做派、含蓄的表情。妓女们巴不得与他合作，师师、贝贝、安安、笑笑、忧忧……她们没有自己的名字，她们有名字也要忘掉。父母是谁，家在何方，她们从不提。伤心的东西不去碰，她们整日价笑呀舞呀乐呀，受了狎客欺凌，角落里悄悄把眼泪抹掉。

章台姐妹死了，草席一裹，荒郊野外挖个坑，悄无声息地埋掉。

官妓、营妓、私妓、浪妓、骑妓，宋代的妓女是个庞大的群体。妓通伎，官妓一般不卖身，但具体情形复杂多变。妓女和良家女子各走各的道，后者占了绝大多数。妓女或准妓女远远不能引领时尚。宋代女性的服饰多达九十多款，没有一款出自烟花巷。

随便提一句，这些年娱乐圈的穿戴日趋暴露，影响实在恶劣。大街上的短裤短裙越来越短，包括一些小学的女生。

弗洛伊德：“禁忌生魅力。”

罗兰·巴特：“人体最具色情之处，难道不是衣饰微敞的地方吗？”

服装行业，那些居心叵测的设计该收场了。

柳永之为柳永，一生两个关键处：一是皇帝叫他填词，二是收拾行囊走人。几十年的足迹，涉及今之福建、河南、浙江、江苏、湖北、山东、陕西、四川。柳永在一个地方待不长，红颜知己也拴不住他，“执手相看泪眼，竟无语凝噎”。他非要走，为什么呢？我估计主要还是生计问题。靠着写一些曲子词，久居某个城市不大可能，毕竟青楼狎客们的胃口说变就变。换个地方，旧词变新词，新鲜的城市又能催生新词，形成生计的良性循环。另外，柳永连年长足于道路，心思总是冲着远方，敏感于异地风物，路途中的生活五味俱全。他喜欢这样，活得海阔天空。漫游者才知道漫游的妙处。

妓女们小范围流动，柳耆卿大面积迁徙。

北宋三百二十州，一千五百多个县。中原和江南交通发达。官员在全国调动，士子们远游是常态。和尚、道士、游医、行商、侠客绵绵不断。唐宋诗人为何出色？漫游、宦游是极重要的因素。风俗、风物、风情，构成严格意义上的他乡情调。意想不到的东西纷至沓来，维系着生命的新鲜感——非常重要的新鲜感。

小时候我去眉山河东的永寿镇，走二十余里沙路，过三道河，喝大榕树下的竹缸子老鹰茶，听粗绳子勒篙杆的奇怪的嘎嘎声，闻桑树，嗅麦苗，嚼油菜花，吃红红的雷果果儿，看飞鸟，捉游鱼，骑黄牛，追猫狗，射斑鸠，斜躺青草坡架了二郎腿，艳阳天做起了白日梦……感觉饱满撑欲破。感觉的丰富性使生活成为生活。

进入感觉的内部，回溯记忆的幽深，解构物欲的宏大叙事，人在天地间。人在汽车里，汽车原是好东西，汽车太多了，汽车将变成坏东西。犹如化肥、农药、除草剂、抗生素用得太多了，好东西将变成坏东西。书包太沉重，一驮十几年，书包变成坏东西……

各种坏东西，名字叫“太多”。

北宋的柳永在路上，行囊简单，舟行、车行、马行、步行，体细胞充盈，苦亦乐，乐更乐。内心的点点滴滴不足为外人道矣。他在杭州半年，苏州七个月，润州、越州、扬州……一首《望海潮》把杭州写活了，“钱塘自古繁华……参差十万人家……有三秋桂子，十里荷花。羌管弄晴，菱歌泛夜，嬉嬉钓叟莲娃……”

《夜半乐》写会稽的佳山水、俏女子：“冻云黯淡天气，扁舟一叶，乘兴离江渚。渡万壑千岩，越溪深处。怒涛渐息，樵风乍起，更闻商旅相呼……望中酒旆闪闪，一簇烟村，数行霜树。残日下，渔人鸣榔归去。”真真画图难足矣，冻云、樵风、烟村、残日，诗人还有酒喝。接着来了她们：“岸边两两三三，浣纱游女，避行客、含羞笑相语。”

官妓私妓红袖招，民间的女儿含羞避行客。士大夫的家庭教养，精英文化的强势传承，使柳永能欣赏清新、清爽、清秀、清丽。而山水乡野之朴拙，向来有化解欲望的功能。

繁华都市待久了，歌台舞榭不辨晨昏，一天天拖着肉身下沉，精神委顿，与之相应的孟浪语流向笔端：“师师生得艳冶，香香于我情多。安安那更久比和，四个打成一个。幸有苍皇未款，新词写处多磨。几回扯了又重挼，奸字中间著我。”

三个烟花女加一个柳三变，打情骂俏，做拆字游戏。新词写了又扯，浪语村言说了还说，像时下的某些饭局……宋人笔记：“不知书者犹好柳词。”李清照严厉批评柳词：“词语尘下。”李清照的意思是说：词语应使精神上扬。

柳词俗多雅少，他毕竟要吃饭。其雅词却非同小可，自成婉约派大宗师。秦观、晏几道、吴文英、姜白石等宋词名家要学他，皇后公主要传阅。苏东坡不无醋意地调侃他的门生秦少游：“不意别后，君学柳七填词。”写下豪放词《江城子·密州出猎》后，苏轼致信友人：“虽无柳七郎风味，亦自是一家，呵呵！”

宋人笔记：“凡有井水处，皆能歌柳词。”

汴京城一年半载的灯红酒绿，柳永挣钱少了，待腻了，下船或上马，让灵魂去飘荡。精气随之上扬，词语不复尘下。旷代杰作《雨霖铃》：“寒蝉凄切，对长亭晚，骤雨初歇。都门帐饮无绪，留恋处，兰舟催发……”

柳永一生四次入京拼搏场屋，四十七岁终于登第。除此之外，可能还去过一两次。盘桓多久没人知道。东京的官妓们琴棋书画竞争激烈，属意于柳永者当有之，她面如花，她泪如雨，她一声声唤他七哥，三变哥哥，奈何留他不住。

“多情自古伤离别，更那堪冷落清秋节。今宵酒醒何处？杨柳岸晓风残月……”

为情绪赋形，真是写到家了。再微妙的情绪亦能捉到手，帐饮通宵，执手相看。千里烟波尽在方寸间，肌肤哗哗起波澜。走了，走了，“纵有千种风情，更与何人说？”那就不说吧。不说。兰舟催发。

柳永佳作的背后，有着显而易见的“红颜贡献”，此一层，文学史避而不谈。从《诗经》《楚辞》到唐诗宋词，到《红楼梦》，青春红颜贡献多矣，多矣。

文学史将其处理成盲点，不好，盲点要发酵。欲望的紧缩与放纵都不是好事情，后者更糟糕。

仕途上的柳永做了小官又做小官，乌纱帽颠沛流离，远至陕西偏僻的华州。他想改官（改为京官），进京找宰相晏殊，拿共同的爱好套一回近乎。

晏问："贤俊作曲子么？"柳答："只如相公，亦作曲子。"晏冷笑："舒虽作曲子，不曾道'绿线慵拈伴伊坐'。""柳遂退。"

从此，他再也不敲权贵门。但志趣不改："衣带渐宽终不悔，为伊消得人憔悴。"

柳永做县官有政声："抚民清静，安于无事，百姓爱之。"他不扰民。地方豪强凌虐妇女、官妓，他主持公道很迅速。

柳永改京官受阻，拜访晏殊讨个没趣，长居京师钱粮无算。没办法，以道路为家吧。微官更是如飘蓬。往往一官几千里。人过五十岁了，人过六十岁了，时断时续的仕宦生涯，永无休止的驿站客栈。活到老，漫游到老，飘零到老。孤独的兴奋不足为外人道。

春夏秋冬呼啸，原野，原野，原野。喜怒哀乐交袭，词笔，词笔，词笔。姹紫嫣红涌现，玉颜，玉颜，玉颜。

宋词最长调《戚氏》问世，二百一十二个字，晶莹剔透如钻石，前二片："晚秋天，一霎微雨洒庭轩。槛菊萧疏，井梧零乱，惹残烟。凄然，望江关，飞云黯淡夕阳间。当时宋玉悲感，向此临水与登山……孤馆，度日如年。风霜渐变，悄悄至更阑。长天静，绛河清浅，皓月婵娟。思绵绵。夜永对景，那堪屈指暗想从前。未名未禄，绮陌红楼，往往经岁迁延。"柳永的名篇多写暮秋。热闹之后的沉寂，春天之后的秋天。情绪的反差形成词语的强对流——依愚见，古典诗词之杰作，奥妙在此。

《戚氏》第三片："帝里风光好，当年少日，暮宴朝欢。况有狂朋怪侣，遇当歌对酒竞留连。别来迅景如梭，旧游似梦，烟水程何限。念利名，憔悴长萦绊。追往事，空惨愁颜。漏箭移，稍觉轻寒。渐呜咽，画角数声残。对闲窗畔，停灯向晓，抱影无眠。"

这么长的一首词，几乎不需要注释。流浪诗人的一生都在里边了。"停灯向晓，抱影无眠。"这形象，这情态，直叫人欲说还休。"永日无言，却下层楼。"

柳永先生就是这样。转身也无语，远行只悄悄。迎着阳光，也迎着雨雪风霜。“想佳人妆楼颙望，误几回、天际识归舟。”柳永活在仕途与绮陌之间。前者有对士大夫的家族式向往，后者不舍佳人，不舍卑贱而纤弱的烟花女。二者不可兼得，哪一边他都放不下，于是，张力生焉。

何谓汉语艺术对中国人的生存情态的经典捕捉？这便是了。再三吟诵的感觉，自由自在的联想，乃是阅读的不二法门。知识性的赏析当靠后，简洁为佳。经典诗词有如空谷佳人，自足、矜持，拒绝那些纠缠她的唠唠叨叨、婆婆妈妈。

当代词学大家唐圭璋先生赏析这首《戚氏》，“味道”一般。遑论其他。

柳永一把老骨头了还在路上。诗人原本是流浪的同义语，浪萍难驻，浪迹天涯，春花秋月尝个饱。自己的感受自己知道。他致仕当有退休金，虽然微薄却能糊口，长住一地并非难事。可是，直觉说不。不。那么走吧，出发吧，柳三变收拾行囊的动作五十年不变，把包裹往肩头一搭，完了。道路的魅惑、野地的召唤总是没完没了。伤春春在，悲秋秋好。“夏云多奇峰”，“野水泛长澜”，地平线的无限延伸妙不可言呐。孤馆孤灯孤眠，孤独的兴奋永远永远。老迈的病躯也要拖着走，跌入泥泞，爬起来再走。渐渐地，我们的流浪诗人走不动了，忽然，死神来了，辗转南北东西的两条铁腿日益冰凉、浮肿，一蹬去矣，终于僵硬……长居眉山乡下的丈人曰：“沟死沟埋，路死插牌！”

柳永可能死于镇江境内。妓女们从四面八方赶来了，凑银子安葬这个唯一属于她们的词人。她们一声声叫着七哥、三变哥、耆卿老爹、屯田大官人……哭完了又打闹，吃东西，争头饰，滚青草，扑蝴蝶，咿呀比画讲故事，并且要保持青楼的职业习惯：欢笑。

墓中的柳永瞅着她们。一年又一年。

卷九

狂

狂是人类的基础性情态之一，哪里有高压，哪里就有狂放。犹如天气闷热久了，天空要生雷电雨。狂的生存情态五花八门，对应世事的曲折诡异。轻狂、佯狂、疏狂、骄狂、憨狂、癫狂……历代人杰的狂者姿态乃是亢奋的生命之舞；士大夫内心的狂野，在历史长河中掀起的浪涛万年不息。

阮步兵的白眼

魏晋“竹林七贤”之一的阮籍颇好玩，看谁不顺眼他就翻白眼。阮籍一度从军，做过步兵校尉，人称阮步兵。他父亲阮瑀是“建安七子”之一，曾受到曹操父子的赏识。曹丕死后，曹叡立，三十六岁崩，曹芳继位。司马氏废曹芳，立曹髦。数十年间，司马氏坐大了，司马昭要篡魏，便找了个理由杀了曹髦，立曹奂，为他儿子司马炎将来做皇帝打下基础。

篡魏不好，天下又将乱起来。年轻的阮籍看司马昭非常不顺眼，青眼一个没有，白眼翻得厉害，司马昭还得赔笑脸，拿自己的热脸一次次去贴阮步兵的冷屁股。为什么？阮籍名气太大，“竹林七贤”中他排名第二，嵇阮并称。这个超级文化团体兼政治沙龙，对天下士子有着不可估算的影响力。鲁迅先生有雄文：《魏晋风度及文章与药及酒之关系》。

山阳城里的竹林也是嵇康的家，占地不足百亩，位于今之河南修武县西北，《水经注》的作者郦道元专程去考察过。刘义庆的《世说新语》记载七贤的故事多，李太白曾写诗赞美过。竹林诸贤，名播一千七百多年，学者们写的书要堆成山。自由符号、人的自觉、生活多元、名士派抗衡当权派之类，揭示很深刻。然而中国历史，士人们的兴奋往往伴随着乱世，汉末尤甚。汉室式微了，天下群雄斗杀几十年，“白骨露于野，千里无鸡鸣”（曹操）。魏晋南北朝也是杀气腾腾。此一层当细察。

安定团结，压倒一切。

公元3世纪中叶，军政两摄的司马昭要乱来，竹林诸贤反对他。他们反对的方式各有不同。嵇康打铁于竹林中，写《养生论》，采药，弹琴，扪虱，吃五石散，石发散步；二十年沉默如死火山，平日里像一座玉山。城府深的山涛一饮五斗，刘伶喝下了五斗酒还要喝，大白天裸奔于村庄，光屁股耀眼夺目。向秀是博学多思的小弟弟，他在竹林里帮着铁匠嵇康鼓风，垂头或抬眼，想深奥的玄学问题："玄之又玄，众妙之门"（老子），向秀注《庄子》，在魏晋的几十种注本中称第一。王戎凝视正午的烈日，寻思"商品经济"，家中有好李，他"恒钻其核"，生怕邻居把李子核拿去做种子。阮籍的侄子阮咸，感悟音乐号称"神解"，却跟一群黑毛猪抢大瓮里的酒喝，人猪俱醉，洛阳舆论大哗。阮咸赊酒账全城第一，盖因阮囊羞涩……

阮步兵干啥呢？他坐泥地倚柴门，或是凭了破雕窗，练习翻白眼，随时准备派上用场。据说他能翻到让黑眼珠子完全消失。这可有点吓人。然而阮籍的青眼也是大有名气，隔壁的美妇人当垆卖酒，他天天拉了刘伶去喝，对美妇青眼有加，醉了，睡在她的蜂腰旁边，把四肢摆得十分舒展，带着亲切的笑容入梦去，鼾声比较好听。那美妇自卖酒，自婀娜，举步生香风。可是她的丈夫不放心，很是观察了阮籍一阵子，心里的一块石头才落下地来。阮步兵就像《诗经》，思无邪，"好色而不淫"。

步兵若是几天不来饮酒酣睡，美妇人就会问："这步兵到哪儿去了？"

名士欣赏美妇，又以实际行动不叫她丈夫吃醋，她自是受用的。街市传为美谈，酒店生意更好。而阮籍这般"任诞"，名头更响亮。这件事落得个皆大欢喜。美妇人的丈夫逢人就夸："阮步兵是真君子哩，真真君子……"把阮步兵抬得越高，他的保险系数越大。

有个陌生的漂亮女郎死了，阮籍跌跌撞撞去奔丧，抚棺大哭一场。这是不符合礼教的。陌生女郎的亲友们，丈二和尚摸不着头脑。阮籍这么干，专门针对拿孔子做幌子的司马昭。他写艳诗挂在自家的树枝上："念我平居时，郁然思妖姬。"

妖姬在古代泛指美貌的女子，不含贬义。

阮籍和嵇康头一回见面，青眼对上了青眼，于是"契若金兰"。不久，山涛加入进来，三个名士气味相投，他们灵敏的嗅觉胜过了狗鼻子。"竹林七贤"始于此三贤。

山涛能与鼎鼎大名的嵇阮游，自鸣得意，回家后一副乐呵呵的样子，他夫人韩氏半信半疑，要亲自检验一番。有一天，韩氏隔了墙壁听阮籍与嵇康谈话，不觉听出神了，从日落黄昏听到东边泛起鱼肚白，然后对山涛说："你的才气远不及他们，只不过你凭借气度和他们交往罢了。"山涛捋须笑曰："伊辈亦常以我为度胜。"度胜：度量胜人一筹。

后来嵇康与山涛绝交，从容上刑场，却把唯一的儿子嵇绍托付给山涛……

魏晋士人谈玄，谈几天几夜不睡觉。能倾听名士谈玄的妇人颇不少，《世说新语·贤媛》专写妇女们如何了不起。而《宋人轶事汇编》三大本，记宋人六百，不录李清照。可见魏晋"人的自觉"也惠及了女性。另外，谈玄的风气北宋犹存，苏东坡与陈季常"谈空说有夜不眠"。谈老庄与佛陀，对无、静、空兴味盎然，深入虚无之境，开出实有之花，有能力驰骋于"不"的领域。可惜这种风气被实用主义冲淡了，思之大道变成小道。

阮步兵青眼紧翻，同时备下了厉害的白眼，青眼白眼能在半秒钟之内转换。阮籍的嫂嫂回娘家，他与嫂嫂道别，引起街头巷尾的闲言碎语：叔嫂之间"授受不亲"，是不能这么道别的。阮籍与嫂嫂站在街边说话，青眼有如清风，转看那些嚼舌根的人，白眼刹那间翻出来，吓人一跳，疾走相顾曰："好个步兵白眼，白煞煞地可怖，白日见鬼矣！"

又一日，"嵇、阮、山、刘在竹林酣饮，王戎后往。步兵曰：'俗物已复来败人意！'王笑曰：'卿辈意亦可复败邪？'"

晋人的许多书面语白如话，唐宋大抵继承下来，明、清众多学人，就搞得佶屈聱牙了。

王戎贪财，吝啬，家资巨万，嫁女儿却不肯置办嫁妆，女儿向他借了几万钱，他就没个好脸色；女儿赶紧还钱，他高兴了。侄子结婚，他只送一件单衣，过几天还把单衣要了回去。王戎中年官至三公之一的司徒，肥美园田遍天下，府中的金银珠宝堆成山，只增不减，拿走一点都不行。王戎回家玩珠宝，看田契账册看得心花怒放，"每与夫人烛下散筹算计"。筹：算计用的筹码。中国古代的头号守财奴，看来非王戎莫属。

阮籍讨厌王戎非一朝一夕了，二人除了打嘴仗，还拿眼睛去战斗，互相靠拢，四目盯紧了，鼻息相闻了，"绕竹而盯"，步兵的白眼却吓不退王戎。王戎的双眼有特异功能，能长时间直视正午的烈日，眼睛瞪得大，"目如岩电"。王戎是竹林中的异己分子，嵇康心知肚明，但无意开除王戎。后来山涛像个混进竹林的间谍，想策反嵇康，劝其背弃曹氏，投靠司马氏，做吏部的高官，嵇康一忍再忍，才写下著名的《与山巨源绝交书》，同时把自己送上了洛阳的断头台。晋唐画工，一般只画竹林五贤，去掉了山涛、王戎。

魏晋士人尚清议、清谈，一两句话就点评一个人物，所以对话简约，往往直取人物的要害处。阮步兵称王戎俗物，犹言王戎不是个东西，“复来败人意”——又来败坏竹林诸贤的高尚趣味，鄙薄王戎不留余地，并且当着嵇、刘二贤的面。刘伶也不喜欢王戎，因为守财奴王戎从来不买酒。山涛是个中间派，逍遥派。手握大铁锤的竹林之首嵇叔夜沉默着，对王戎表示宽容。于是，王戎笑吟吟反问阮步兵：“高尚的趣味是可以败坏的吗？”

不知阮籍如何作答。王戎也不是吃素的，学富五车，否则他进不了竹林。

一部《世说新语》，意在言外的段落比比皆是，作者刘义庆，卒年仅二十四岁。书中记载的各类天才少年甚多。可见魏晋士族的兴起，对思考事物、对语言的妙用有相当的推动。唐人显然不及，尽管出了不少诗歌天才。

诸葛亮具备“三分天下”的战略性眼光时，也不过二十多岁。这究竟是什么缘故呢？秦末大乱，催生了刘邦、项羽、张良、韩信……汉末皇权松动，三国战乱频仍，又生长了一大批具有超级智慧的人物。我猜想，主要还是先秦文化的惯性力所致。汉武帝独尊儒术，远未尊得彻底。反弹的力量是巨大的，汉武帝再活五十年也掌控不了。先秦诸子的远见卓识穿透历史。道、儒、法、墨、农、兵……交相碰撞，生飓风生雷电，形成了足以产生大智慧的炽热地带。

以此追问唐朝，唐朝的文化繁荣要打折扣。唐朝三百年，大哲阙如，是何缘故？北宋士大夫乐于回思三代（尧舜禹），并不把唐朝当回事，宋人是希望在和平的年代获得源头性的思之力。比如苏轼评价当时人物，首先看他是否好古。苏轼应眉州太守黎稀声之请，写下名篇《眉山远景楼记》，开笔就说：“吾州之俗，有近古者三……”

阮步兵单是翻白眼也不太管用，他另有一招：长啸。“阮步兵啸闻数百步”，几百米外清晰可闻。一见如故者，“以啸声相和”，他们也不用讲话，啸完了各自扭头走人。清啸与浊啸一听便知。山上的隐士们都善于长啸，远听像虎啸，近听如猿鸣。世之高士，山中之大隐，心里激荡着人间哀乐与时代风云，所以要长啸。这种身心的功夫一直传到南宋，李清照也“善啸”，岳飞“仰天长啸，壮怀激烈”……

步兵发怒，啸如吼。山巨源渐渐在山阳的竹林待不住，屡往洛阳跑，讨好司马昭。阮籍吼他，白眼直如鬼眼，“鬼火冒”，一朵朵地冒。山涛并不生气，笑呵呵的，但也不作过多的解释。此曰“雅量”，《世说新语》专辟一卷说雅量。山涛若干年后官至司徒，两次手握朝廷的人事大权，提拔的官员都是好官。嵇康断然与山涛绝交，又让山涛照管年幼的儿子嵇绍，正是看准了山涛的雅量。而嵇康若无雅量，也看不见山涛的雅量。

魏晋士人之尚通脱，崇气度，少遮蔽，并不因事废人或因人废事，由此可见一斑。

王戎就另当别论了，这个富甲洛阳的巨贪兼超级吝啬鬼，唯一的优点是爱妻子，“卿卿我我”，讲的就是王戎，换个词却叫狼狈为奸。此人长寿，仿佛应了那句“祸害活千年”。年轻时他混进竹林赚得名头响，有利于日后的仕进。他是算计型人格的古代代表，精确到毫厘。而这种人于近现代的西方社会大量繁殖。此不赘言。

阮步兵见王戎，永远是翻白眼。王戎要么以眼还眼，鼻头抵近鼻头，不示弱，要么微笑着反唇相讥。身负武功的阮步兵想打架，王戎便走开。步兵步步紧逼，王戎回头一笑，说：“有本事你打司马昭去呀，打镇西将军钟会呀，打勾引兄弟媳妇的吕巽呀。”

阮步兵白眼欲裂，大啸竹林……

司马昭的高招，是对“竹林七贤”采取分化政策，备下了橄榄枝和屠刀。他派钟会进竹林策反嵇中散，未能如愿，便加倍对阮籍好，让阮籍做秩比二千石的步兵校尉，做山东的东平（诸侯国）相。然而阮籍到处讲，当校尉的好处唯有饮酒，军营的美酒喝不完。

司马昭说：“步兵喝酒好呀，把洛阳的好酒运到军营去。”

阮籍升任东平国相，竟然拆掉了官府的围墙，让庶民参与政事。在士、庶截然分割的年代，士族视庶族为杂类，不通婚姻。阮籍这么干是公然挑战霸权秩序，干了半个月就被调回去了。他驾长车狂奔野地，“见歧路，泣之而还”。为何大哭？心里缺一条康庄大道。阮籍长期夹在曹氏集团与司马氏集团之间，活得憋屈。嵇康则打铁一派坦然。

司马昭继续对阮籍好，把阮籍的缺点讲成优点。朝廷设宴，为这个失意的官员接风洗尘。阮籍冲着酒肉去了，“箕踞”，坐姿怪异而倨傲，旁若无人。

某一天，阮步兵在宴席上大吃大喝，看肉看酒皆用青眼。对司马昭照例正眼不瞧，连白眼都懒得给他。一个名叫何曾的大臣跳出来，指斥阮籍正居母丧，不得饮酒吃肉。阮步兵佯作没听见。群臣群起而攻之。司马昭拿“孝”字做文章很多年了，实则暗通“忠”，要百官效忠于司马氏。竹林诸贤偏偏在孝的领域拆他的戏台，破他的谎言，戳穿他屡试不爽的老把戏……阮步兵照吃照饮，咂咂嘴巴，吱溜吱溜，又放屁咚咚响，表示只有放屁才能对应群僚的污言秽语。兵来将挡，水来土掩……

觥筹交错间，气氛白热化了。性子急的钟会眼巴巴望着他的主子。

司马昭一笑，轻描淡写说：“步兵居丧饮酒，也符合古礼。”

满座皆惊。期期艾艾的邓艾急了：“这这这这这……”司马昭解释：“《礼记·曲礼上》有规定，某些情况下，居丧可以吃酒肉，‘居丧之礼，……有疾则饮酒食肉’。”

胃口蛮好的阮籍有病？何曾、钟会很有些怀疑。司马昭矛头一转痛批何曾：“阮籍居丧哀伤，身体亏损，精神委顿到这个样子了！你何曾为他分忧，还当众加以诋毁，你这家伙啥意思？你读过孔圣人修订的《礼记》吗？”

何曾唯唯而退。《世说新语》这一节收笔云：“籍饮啖不辍，神色自若。”剧饮而神色自若，哪有一丝精神委顿？此处明讥司马昭的霸道与权谋术，状阮步兵之从容。

司马昭是敢于杀掉皇帝的人，他在宴席上绕着弯子为阮籍开脱，“曲为之解”，阮籍并不称谢。换了其他大臣，早都伏地谢恩了。

司马家族智商奇高，从司马懿、司马师到司马昭。这个家族既能抓军队，又重视笔杆子。司马昭分化竹林很有耐心。嵇康不买他的账，他就在阮籍身上用心思。陈留（今开封）的阮氏原是一个庞大的家族，英才辈出。司马昭决定让儿子司马炎娶阮籍的女儿，两家联姻，“天下归心”。司马炎是要君临天下的，黄袍登基是早晚的事儿。阮籍只消点个头，女儿便是未来的皇后。消息一夜间传开了，前来祝贺的达官显贵踏破了阮家门槛。步兵怎么办？装糊涂装不下去了，他必须亮出自己的底牌。投靠司马昭，意味着背叛有大恩于他父亲的曹魏皇室，意味着不孝，意味着与竹林精神决裂，意味着留下身后的骂名。而公开拒绝司马昭，则面临杀身之祸、灭族之灾。

阮籍深夜徘徊，绕庭树达旦。阮氏族人个个紧张。一向放纵的阮咸不敢敲门……

次日，阮步兵大醉，满口的胡话。媒人花枝招展地上门了，他青眼白眼俱翻，像后来的川剧变脸；又把媒婆当成卖酒的美貌邻妇，涎着脸向她讨酒喝，横竖要睡在她的细腰边。俏媒婆“和羞走”，水蛇腰扭扭捏捏地去了。

过几天她奉命再来，看见那披头散发的阮酒鬼饮于厩，饮于槽，饮于厕，侄子阮咸抱着酒坛子跟他团团转。鸡鸭鹅全都醉醺醺，醉猪满地跑，见人便咬……

司马昭听下属汇报，摇了摇头。

钟会趁机进言：“阮籍太狂，杀无赦！”

司马昭不置可否。

“步兵大醉六十日”，连上门提亲的女人也开始胡言乱语，把黑鸭子说成乌鸡。司马昭哭笑不得。这桩轰动一时的联姻事件，终于不了了之。司马昭还得自找台阶下，对群臣说：“步兵虽狂，但狂得有些道理。他醉成那样，我又能把他怎么样呢？”

一般人醉几天就受不了，无异于大病一场。“病酒”一词，魏晋始流行。阮步兵大醉六十天，那身体有多棒？他骨子里是个谨慎的人，佯狂真狂参半，道德底线是不能与乱臣贼子沆瀣一气。“竹林七贤”，有五贤做到了这一点。嵇中散“刚肠恶疾”，被司马昭杀掉了。阮步兵长年累月走钢丝，刀尖上跳舞得以自保，并保全了阮氏族人。老谋深算的司马昭用“至慎”来评价他。

“步兵白眼向人斜”（敦诚），这个历史符号永远新鲜，人格不丢，个性不泯，立场不变。赖有此“三不”，才有源源不断的历史正能量，才有闪耀于天幕的文化恒星。

哪里有封建权力的嚣张，哪里就有魏晋风度。

李太白之最狂

李白应该是古代中国最大的自由符号，可考的事迹亦多。而先秦人物是没法做年谱的。受礼教掌控的古人缺啥想啥，向往李白式的自由，天马行空，独往独来。然而，自由是在不自由中显现的。意志碰上阻力，方显强意志力。

对李白这种天才人物，远距离崇拜可矣，近距离接触有些麻烦。他是奔向自己的目标不管不顾的，有时候甚至没心没肺。个体生命的能量太足，所过之处，伤人难免。李白像个滚动不休的火球，光焰夺目，烧焦草木。西方的大艺术家，可能一半是冷血怪物，比如毕加索堪称冷血的现代领军人物，20 世纪 20 年代末经济大萧条，他大嚼肉食，对饥饿的、眼巴巴望着他的孙女不屑一顾；又对情人们一贯冷漠……这个冷血的西班牙艺术家却画下了和平鸽，为人类留下数以万计的艺术品。

杜甫《不见》：“世人皆欲杀，吾意独怜才。”

李白自言：“世人见我恒殊调，闻余大言皆冷笑。”

李白的说话行事，旁人常常受不了。在位几十年的唐玄宗同样受不了。

本文仔细瞧瞧李太白的狂。

“五岁诵六甲，十岁观百家。”这是李白《上安州裴长史书》中的自况。十岁打通或通读了先秦诸子百家，显然言过其实。鲁迅在《门外文谈》中，讲中国人要过汉字、汉语的这一关有多难。李白儿时有奇思倒是可信，有一首描写萤火虫的小诗：“雨打灯难灭，风吹色更明。若飞天上去，定作月边星。”他是太白金星，似乎要与老子化身的太上老君争地位，比光芒。十五岁他干了两件事，一是拜名师习武，二是写下《明堂赋》《大猎赋》《拟恨赋》，俨然司马相如再世，官、财、色三丰收。

李白自命不凡，但极用功。不知道他的商人父亲用什么样的方式激励他。好读书，大约不求甚解。他五岁时经历了举家大迁徙，从今之吉尔吉斯斯坦迁到四川绵阳。十五六岁起，李白几度漫游蜀中的名山大山，刀剑开路直上峨眉巅。峨眉山万佛顶海拔 3099 米，徒步登顶难之又难，何况在唐代，还有丛林野兽奔走其间。

少年李白同时在几条路上冲刺，“结发未识事，所交尽豪雄……托身白刃里，杀人红尘中”。剑气、酒气、仙气、文气、豪气、傻气，六种气集于李白一身。居绵州的青莲乡，李白“恒望天”，太阳升起又落下，星星布满天幕，月亮像一块白玉盘，又像大烧饼，有时“天狗吃月”。李白的目光一射三十万公里。

二十四岁，他“辞亲远游，仗剑出蜀”，书童丹砂背着大堆金银跟随他。丹砂见山就害怕，因为他的主人见山就要爬……“山从人面起，云傍马头生。”

人来疯，酒来疯，诗来疯，山来疯，神来疯，“五岳寻仙不辞远”，李太白干啥去？寻找神仙。浙江天姥山的三十六峰，每座峰都留下了他的足迹。神仙没找到，转而梦中寻：“仙之人兮列如麻”“云之君兮纷纷而来下”。他苦炼仙丹炼成了“丹来疯”，喝醉酒，大呼丹来、丹来……丹砂变得愁眉苦脸起来了，这可怜的书童天天运矿石，扇炼丹的炉子，扇得满脸黢黑。诗仙醉如泥，口吐白沫与佳句：“吾将营丹砂，永与世人别！”

李白生命中的每个阶段都有惊世之语。他享年六十二岁，而生命的强度至少十倍于此，说他活了一千年也不为过。华夏文明赋予了个体丰富性的潜能，天、地、人、神，张力周而复始。李白几为生命张力之同义语，一辈子活得天宽地阔，而“现实通道”（海氏）日趋逼仄的当下，人们，尤其青少年，要学着回望民族的先贤才好。

李白三十岁时，一度隐于长安远郊的终南山；四十岁了还在江南窜，“大道如青天，我独不得出”。他想当官，作为商人的儿子却不能直接参加科举考试。三十岁以前，他在湖北安陆娶已故宰相的孙女许氏，上书裴长史、安长史、韩荆州，渴望这些官员举荐他。唐人入仕，官员或名流举荐是科举之外的另一条途径。李白奔官场，是因为有“大济苍生”的崇高理想，也有提高家族社会地位的世俗盘算，毕竟那个时候商人再有钱，地位也不高，排在百工之后。官与商不大通婚。城市的布局，坊、市相阻隔。按唐制，五品以上的官员还不能去市场。

李白在求职信中把自己描绘成一个奇才，并且充满了仁慈和侠义，语句高亢，掷地有声，读来颇有趣。唐朝士子干谒成风，但这么大言夸自己的，恐怕少见。李白处处是李白。任华说他：“平生傲岸其志不可测，数十年为客，未尝一日低颜色。”客，指客居他乡。

李白求官的意志受阻，诗句如喷：“狂风吹我心，西挂咸阳树。”此处的咸阳代指长安。他自视有安邦济世之才、游说万乘之志，但事实上如何，我们不得而知。他身佩龙泉长剑，戴着高高的帽子去见地方长官，“高冠佩雄剑，长揖韩荆州”，官厅里滔滔不绝地讲自己，仿佛明天就要走马上任。然而有爱贤之名的韩荆州并未举荐他，他的诗句倒是传为官场笑谈：“生不用封万户侯，但愿一识韩荆州。”

上书不成，那就隐吧，隐于终南山，“终南捷径”却总是别人的捷径，与李白无关。他在凄风苦雨中坚守废园，等玉真公主（唐玄宗的妹妹），满脑子公主的玉颜，却要面对柴米油盐的艰难。终南山到处是离宫别馆，豪车高轩出入，“美人如花隔云端”，李白单衣裹秋风，冻得满脸青紫。“长风入短袂，内（一作两）手如怀冰。”他傻等公主半个月，望眼欲穿。其实是张丞相的儿子张垍捉弄他的把戏，整个长安都笑话他的傻乎乎、痴兮兮，拿他编故事，佐酒取乐。

安陆、长安俱憋屈，李白吼出了千古名句：“安能摧眉折腰事权贵，使我不得开心颜！”

这句子，却来自摧眉折腰的伤心体验。他睡树洞，攀高枝，立悬崖，半夜三更长啸，月光下跳胡人的劲舞，练剑术比雄鸡起得还早，抢猴子的野果子吃，到头来还是没人请他出山。隐来隐去隐不出个“显”来，天才李白如何是好？

在长安的北门，他跟一群市井泼皮打起来了，双拳难敌十几双手，被泼皮群殴，打得鼻青脸肿，又几番冲不出重围。幸好有人赶来救他，否则他可能重伤不治。救他的人未能留名史册，打架的具体原因也不清楚。这次“北门之厄”，使剑客李白很惭愧，他年专程走山东，向“大唐第一剑客”裴旻将军学剑……

“酒隐安陆，蹉跎十年”，李白这么总结自己。

山隐、酒隐、吏隐、市隐、朝隐，隐士们的名堂真多。李白的古琴叫孔子琴，生儿取名伯禽，跟周公的儿子同名，生女曰平阳，令人联想到有名的平阳公主……总之，古今自命不凡之最，最是这位可爱的李太白，“虽长不满七尺，而心雄万夫”。他也有谦虚的时候，登黄鹤楼观洞庭湖，心中浪千尺，笔下无好诗，硬着头皮在粉壁上留下了两行狂草字：“眼前有景道不得，崔颢题诗在上头。”估计他的打油句子写在下头。

李白渡黄河过长江，上高山下平原，心里装着长安，生命力多点喷射。把握李白，这是关键。李白对想干的任何事情都非常投入，一竿子插到底，几条路走到黑。所谓艺术，无非是一竿子插到底，然后深度决定广度。李白是真想做神仙的，所以看山山才神奇；写月亮，造词之多全球称冠。月球上的一座环形山以李白的名字命名。

近现代的西方“诸神远遁”（海氏），世界“去魅”，单调而贫乏，目力长远的哲人们希望“返魅”，修复受损严重的生活之意蕴层。着眼于未来吧。物欲汹汹，至多再来个几十年。或自寻死路，或触底反弹。有朝一日，生活的完整性将是压倒一切的智慧。

“相看两不厌，只有敬亭山”，李白的浑身静穆直追陶渊明。他写《清平调》《长干行二首》，又把杨妃写得灵动而丰满，把长干女儿的羞颜写得丝丝入扣。雄奇、婉约、旷达、清新、豪放、诡异、怪诞……“长风万里送秋雁，对此可以酣高楼。”伟大的艺术家，能够在人生情态之深处转动自如，“生活在别处”，旧我时时孕育着新我。一般人是做不到的。活到深处，转向太难。

且看狂放李白笔下的空灵：“平林漠漠烟如织，寒山一带伤心碧。暝色入高楼，有人楼上愁。”古朴之至也，唐宋元明的画工们，以此作图无数。

李白寻道士，梦神仙，思美人，想长安，“长安不见使人愁”。四十二岁（742）那一年，“诗仙”忽然时来运转，转身便是平步青云。原来，唐玄宗近年来一直惦记他的大名，三次下旨，要各地官吏搜寻李太白的仙踪。国家很大，李白在啥地方？他游了吴越，率领全家隐于安徽的南陵县，正犯愁，“潦倒新停浊酒杯”。一日，喜从天降。宣州太守率领几十个僚属，敲锣打鼓造（拜访）柴门，亲口传圣谕，请大贤出山。李白高兴昏了，“仰天大笑出门去，我辈岂是蓬蒿人”！不过，他有一点小遗憾——“游说万乘苦不早”，十年前就踏进金銮殿，向皇帝进良言，那该有多好！

李白安顿了家小，飞马飞舟奔长安。这只“稀有鸟”终于一飞冲天。

从南陵到长安两千里之遥，驿站客栈，晨晖暮霭……途中的李太白会闪过哪些念头呢？我翻遍了《李白全集》，难寻蛛丝马迹。“人生得意须尽欢”，酒杯是不离手的。他在马背上豪饮豪歌，客栈里颠三倒四，逢人便说当今圣上、贵妃，说大明宫、骊山的温泉宫……

人的一辈子，高峰体验是有限的，几年来一次就不错了，而李白的高峰体验常有，所有的苦闷都预设了强劲反弹。长时间的郁闷痛苦是杜甫需要对付的问题，而李白今日愁云惨雾，明天就哈哈大笑了。顶级的生命体是个谜团。李白的眼睛似乎永远目光如炬，“视物如射”。他受伤之时，像百兽之王伏于丛林深处，独自舔伤口……

这是天宝元年，年迈花甲的唐玄宗正等着他，宫中“降辇（下车）步迎”，示以莫大的恩宠。至尊天子居然用双脚走路！并且发明了专用词。“以七宝床赐食，御手调羹以饭之。”御手调羹同样是权力符号，调三下还是调五下皆有讲究。估计李白一口喝光羹汤，喝光了抹抹嘴巴，道声“好汤”！高力士、杨国忠嗤之以鼻，讥其为乡巴佬。二十几岁的杨玉环启齿一笑。玄宗赐予李白天龙马、白玉珊瑚鞭。李白笑盈盈伏地谢恩，平身之后又大言不惭，当庭朗诵自己的得意诗篇，丞相李林甫侧目——这个李林甫识字不多诡计多。唐玄宗纵容他十九年，他又长期纵容安禄山……

现在李太白的身份是供奉翰林，职责是“润色鸿业”，歌颂皇恩浩荡。他一口气写了八首《宫中行乐词》，玄宗抚手称善，复赐李翰林宫锦袍。

飞龙马、珊瑚鞭、宫锦袍，三件宝贝让李太白身价百倍。不难想象他在长安的朱雀大街扬鞭驰骋的模样。高官的门槛一律在他脚下变矮了。李太白的高视阔步才叫高视阔步哩。可是十年前在长安，谁理他？王公贵族奚落、耍弄他，地痞流氓乱拳揍他，如今大不同啦，“捉手请交”的上流人士密如栉，“当时笑我微贱者，却来请谒为交欢”。

写过“二月春风似剪刀”的三品大员贺知章，在紫极宫请李白喝酒，“玉盘珍羞直万钱”，银子哗哗地往外倒，钱花光了，解下金龟佩饰买剑南烧春，一万年传为佳话。安旗、薛天纬的《李白全集编年笺注》：“贺既奇其姿，复赏其文，谓其诗‘可以泣鬼神’，并呼白为‘谪仙人’。”

李白原本是天上犯了错误的神仙，被贬到凡间写诗。“白也诗无敌，飘然思不群。”这是杜甫讲的，“敏捷诗千首，飘零酒一杯”。“诗圣”最知“诗仙”，又是千古佳话。

唐朝的翰林院设在宫禁内，李白喝醉了，披着宫锦袍到处跑，不该去的地方他偏要去，不该看的人或事他一味要看。谁敢拦他？大宦官高力士也让他几分。宫中美酒多，“日日醉如泥”，熟知艺术家秉性的李隆基懒得管他。有学者称，约两年后，唐玄宗叫李白卷铺盖，是担心李白看到的宫禁秘事过多，《李太白年谱补正》云：“玄宗虑其乘醉出入禁中，恐其泄露宫闱秘事。”李白看见的秘事就不再是秘事了。他会八方去嚷嚷。

李翰林歌功颂德，写了一些马屁诗。他是唐朝的司马相如，少年的梦想落到了实处。然而自古真情出佳作，马屁诗传不开，只传入昏君佞臣的耳朵罢了。李翰林进良言，老皇帝听不进去。《驾去温泉后赠杨山人》：“待吾尽节报明主，然后相携卧白云。”天宝初年的唐玄宗，正处于明君与昏君的拐点上。玄宗沉迷于昭阳殿、温泉宫，十几年不出长安了，内政委托李林甫，边事交给安禄山。李白进言的余地几乎不存在了。不说白不说，说了也白说。李白的性格哪有不说的？于是高力士、张垍等政坛大佬都容不下他。

李白不会来事儿，以为写完几首马屁诗就能当大官，表明他不谙拍马术，不懂得钻营献媚。翰林院这种地方，百年累积下来的拍马术多得很，只要李白肯钻研，三五日便能上手，吹捧皇帝，讨好嫔妃、王公、丞相、大太监、大将军，荣华富贵唾手可得。李白扎了一竿子，扎得不深。事实上他根本扎不深。骊山的温泉宫泡“长汤”，扎猛子他倒是扎得深，舒展的四肢搅得水花四溅。华清宫有专供近臣们泡的“长汤”。数十年间，没人敢在“长汤”扎猛子，李白开了先例，几乎赤条条，腾空入水的身姿美极了……

李白在宫中“浪迹纵酒”，在长安城举着大号酒葫芦招摇过市。当初的泼皮们目瞪口呆，眼下的众豪杰争随左右。太狂了。市民争睹“诗仙”的风采，嗬，那宫锦袍，那白玉鞭，那孔子琴。“草圣”张旭、太子宾客贺知章、左相李适之……八个酒仙饮于高楼，长安万民共仰，传轶事，说风流，讲怪诞。杜甫《饮中八仙歌》：“李白斗酒诗百篇，长安市上酒家眠。天子呼来不上船，自称臣是酒中仙。”

唐朝宋朝的庶民百姓，崇拜追捧的大抵是一流人物。张旭醉书寺壁；公孙大娘剑舞街头；司马光入汴京城，要发生交通拥堵，市民上树上房瞻仰君实的风采，折断树枝踩烂瓦，惹发民事纠纷；苏东坡发明的“子瞻帽”流行大街小巷……优伶或“球星”远不能引领时尚，更不能左右青少年的价值取向。士大夫的精神追求，波及广袤的民间。

李白拒绝唐玄宗，太狂了，在朝廷官员的眼中太狂了。学者勉强解释：李白进言无果，于是以烂醉的姿态拒绝糊涂的皇帝，等于当头棒喝，要让玄宗清醒。其时，表面繁荣的唐帝国危机四伏，李林甫那帮人正联手“打造”头号昏君……

李白对朝廷乱象有某些洞察，这是可以肯定的，有史料的支撑。上述醉拒玄宗的动机尚属推论。依我看，满脑子装着神仙的李白，骨子里自以为“老子天下第一”。艺术与美酒，又强化了他的意识和潜意识。李白的狂，狂到了皮下，渗入了血液。苏轼赞美他：“戏万乘若僚友，视俦列如草芥。”万乘指君王，俦列指同僚。

戏弄君王，尤其是戏弄唐玄宗这类不可一世的君王，历史上恐怕是没有的。李白是异类中的异类，狂者中之最狂者。所以一代代的中国人乐于讲述他的故事，传播他的狂傲，至少在精神上卸掉礼教的枷锁。

吾国吾民不缺生活智慧，独缺酒神精神。汉民族的节庆日甚多，少了狂欢节。

李白称颂唐玄宗言不由衷，诗笔转向杨玉环，三首《清平调》全是佳作。这真是邪门儿了。不用说，写皇帝他也是用了心的，然而传世的好诗横竖出不来。可见艺术这种东西，跟意志不搭调，感觉才是它生长的沃土。

李白入皇宫，首尾三个年头，“白常侍帝”，见过杨妃许多次。史称杨玉环“善文辞”，她对李白的诗歌很欣赏。她是激情四射的超级舞蹈家、音乐家，而艺术引领人的自由天性。唐玄宗大她三十几岁，昏君浊气多，拄杖秋风里，越来越像个糟老头。她会向往年轻，憧憬自由奔放的生活。李太白、杨玉环，二人之间形成某种磁力场是完全可以想象的。

“云想衣裳花想容，春风拂槛露华浓。若非群玉山头见，会向瑶台月下逢。”杨玉环真真满心喜欢，云彩羡慕她的衣裳，花朵渴望她的容貌，这才是头一首呢……她编舞，领舞，“笑领歌，意甚厚”。“意甚厚”三个字，说尽杨妃意态。

李太白醉墨狂书《清平调》二首，杨妃殷勤捧砚，“捧砚杨妃劳玉指”。

而日趋昏庸的老皇帝在哪儿呢？他正在龙椅上老掉牙，合该被艺术家处理成盲点，第三首才提到他：“名花倾城两相欢，长得君王带笑看……”

邓丽君唱《清平调》颇具古典韵味，天堂上的李白要表扬她，杨玉环要侧耳听。

“影子内相”高力士权倾朝野，有些高官听到他的名字就吓得打战。李林甫、杨国忠是一对冤家，争相讨好高公公。外国使臣、后宫嫔妃们送给他奇珍异宝不计其数。如果李白把高力士当作敲门砖，曲意奉承几句，这个老太监想必乐于接受，替李白美言。可是李翰林早就看他不顺眼了，朝堂上醉写诏书，伸长了刚劲腿，命他脱靴。满朝文武大惊，玄宗倒觉得好玩，不干涉。“力士素贵，耻之”，那李太白不依不饶，又有武功，金銮殿上俨然金鸡独立，靴子头冲着高力士的圆鼻头。可怜的高公公汗涔涔惨兮兮，为他脱了一只靴，又脱一只靴。李白是否装怪，抬高腿或是摆弄脚板，不得而知。这事新、旧唐书均有载。

李太白这么狂，这么干，不卷铺盖才怪。他也厌倦了所谓翰林院。天宝二年（743）春，他上书，辞职不干了，唐玄宗趁机打发他，“赐金还山”；又评价李白“非廊庙器”。李阳冰记云：“丑正同列，害能成谤……帝用疏之。”

李白骑走了飞龙马，带走了宫锦袍，勃勃英姿背向金碧辉煌的皇城，找神仙去了。

若干年以后，李白潦倒于安徽宣城，对一个官场失意的当地人说：“君看我才能，何似鲁仲尼？大圣犹不遇，小儒安足悲。”李白潦倒久也，几乎饥寒交迫，尚以至圣先师孔子自居，自称“大圣”，安慰“小圣”。嗬，“李大圣”直如孙大圣，千难万阻不言败。

怀素狂，张旭颠

古代的狂草书法家，怀素、张旭齐名，人称“颠张狂素”。狂草不易学，非有巨大的生命冲动不可。李白的书风近于狂草，但留下来的真迹太少。怀素字藏真，是湖南永州（今湖南永州）的酒肉和尚，有一年，从夜郎（在今贵州西部）白帝城流放归来的李白飘然访零陵，为他写下了一首《草书歌行》，又飘然而去。怀素目送“诗仙”，忽然觉得长沙郡太小了，于是拿舟下洞庭，骑驴奔岭南，风帆飘吴越，鸡车过中原，宝马向长安。李白的诗无异于广告词，何况是李白手迹。唐人的广告意识强，前提却是要有真本事，蒙人是不行的。

怀素体轻，个头跟不足一米五的刘伶相仿，食肉量大，又酷爱吃富含纤维的竹笋，所以一直长不胖。怀素的《苦笋帖》是书法宝典之一。他的目标是超过“书圣”王羲之，宋人云：“怀素似不许右军得名太过。”长安还有个张旭，名气特别大，写字时举动颇为怪异，时称“颠张”。永州的高人，奔长安的高人而去，尽管怀素戏水的身子比一朵浪花还小。他看远山，看乱云，看枯草惊鸟，看屋檐水滴落的痕迹，右手不停地挥动，一挥千余里。左手持锡杖，“一钵即生涯”，僧袍裹秋风，舞春风，御雪风，招熏风。他借宿于寺庙时专吃笋子，叩问豪宅时痛撕大肉，院墙、巨石、古树、衣裳、器皿，他纵笔书写一通，然后持了锡杖再上路。一管毛笔就让他吃不完喝不尽。狂僧书狂草，千余年只一个怀素。

在中国历史上，怀素具有唯一性。

怀素上人进长安了，小身材昂然过大街。有个名叫张谓的湖南人在京城做吏部侍郎，怀素去找他，两人气味相投，一拍即合。史称张侍郎“嗜酒，简谈，乐意湖山”。和尚干谒不走弯路，看来是经过慎重考虑的，因为在广州时他吃过亏，广州姓徐的书法太守冷落他。张谓宣扬怀素，于是长安的朱门贵胄以高规格接待楚狂僧。怀素“一日九醉”，醉于大雁塔，醉于灞桥、曲江、朱雀门，醉于终南山张侍郎的别墅。

任华《怀素上人草书歌》：“狂僧前日动京华，朝骑王公大人马，暮宿王公大人家……”

一部《全唐诗》，描写怀素书法的多达十几首。

唐太宗酷爱书法，把王羲之的《兰亭集序》带入昭陵，做鬼也要欣赏。李唐王朝形成了推崇书家的传统。欧阳询、虞世南、褚遂良、李邕、颜真卿等人的书风天下皆知。唐玄宗也善书，“字肥”，于是官员写肥字的不少，比如那位徐广州。书法既是科举考试之必修，又是一种有效的养生运动，上述五位大书法家皆长寿，欧阳询享年八十四岁。李邕被杖杀时也近七十岁了。张旭字伯高，官至金吾长史，人称张长史，大约活了七十六岁。

怀素和尚扬名于长安、洛阳，与张旭有关系。狂草书法，张旭是奠基人。长安人欣赏张旭狂草已有二十年了，否则怀素的书法可能被目为乱写一通。

一千五百多年来，负盛名的狂草书家只有三个，张旭、怀素、毛泽东，可见狂草书法的难度。而楷书、行书、行草，历代的书法大师层出不穷。

“张颠没来（一作在）二十年，谓言草圣无人传。零陵沙门继其后，新书大字大如斗。兴来走笔如旋风，醉后耳热心更凶……”怀素心凶，于是目凶，“忽然绝叫三五声，满壁纵横千万字。……连城之璧不可量，五百年知草圣当”。怀素可谓书法的表演艺术家，猴子般跳来跳去，操大笔写大字，写到得意处尖叫不已，与张旭的“长发甩墨缸”异曲同工。

唐朝有各种各样的街头表演，书法是其中之一。吴道子曾经在兴善寺画佛像，观者如海潮。怀素选择在兴善寺表演，寺中的百尺墙壁粉刷得雪白，单为他留着。午后的太阳照着浮屠，宝刹庄严，大殿内佛祖微笑。成千上万的观众等待着传奇人物的出现，有人说怀素的草书盖过张旭，有人马上反驳，捍卫张长史。更有人希望张旭现身于寺庙，当场挥毫，两位书法狂人比个高低。其时张旭垂垂老矣，深居简出，抱病煎药，并不知道有个叫怀素的年轻和尚要挑战他“草圣”的地位。

太阳偏西了，传说中的怀素却迟迟不来。长安观众耐心等。百年一遇的高人哪会轻易出现呢？“怀素身长五尺四”，据说一蹦七尺高，小小人儿专写斗大的字，横着来竖着挥，其间要歇场，解下腰间的酒葫芦痛饮一番，顺便吞几块半斤重的熟牛肉。

书法是一桩费精气的体力活。难怪怀素精瘦。

和尚的故事早已传遍了长安，和尚却不来兴善寺，莫非消息有误？莫非和尚大醉未醒？长安的市民翘首以盼，吊起的胃口悬在空中。“怀素”二字越发地放大了，与之相关的轶闻趣事被添油加醋，传得神乎其神。其实怀素就在附近的酒楼上，把酒欣赏他的“粉丝”们。在长沙、衡阳、浏阳……他玩过类似的把戏。

“然而叫天竟还没有来”（鲁迅），表演者吊观众的胃口，古今一焉。韩干在长安画马万人空巷。吴道子画门板佛像，市民卸下的门板堵塞交通，三百多年后，苏轼于凤翔花十万钱买下吴道子的“门板画”，献给他父亲……

密集的人群中忽闻惊呼：“和尚来也！”

在十余条锦衣汉子的簇拥下，光头怀素现身了，其疾如风，仿佛飘到了寺壁前。崇拜者们献酒赠肉，奈何难近怀素的小身躯，因为他被几个虎背熊腰的保镖护得严了。寺壁一丈外拉起了长长的粗绳子，官府的兵丁按剑肃立。和尚自吃酒，旁若无人。万千人众连一声咳嗽也无，“铿然一叶”，风也悄悄。鸟不飞，云不动，人人静立。但见怀素和尚操了二尺长的鼠须笔，左手将那酒葫芦抛向空中，表演正式开始，写的是李太白的《将进酒》：“君不见黄河之水天上来……”诗狂，字狂，人亦狂。欢呼声一浪高过一浪，连张旭的“铁杆粉丝”也承认，楚狂僧重现了“颠张”的绝世风采。那和尚踮了脚写，蹦跳着写，薄薄的身子飞起来写，口中叽里咕噜，观众也跟着哇啦哇啦乱嚷。和尚写下半个“欢”字，停了，背向寺壁呼酒来，仰面“咕咕咕”如喝井水，似乎烂醉，却忽然来个疾转，飞身一丈点几笔，将笔画繁多的欢字写圆满，准确无误，笔意丝毫不断。欢声雷动。人潮涌动。可是狂草书法的表演才演到一半。

怀素上人直挺挺倒也，众粉丝大吃一惊。和尚莫非得了暴病（脑出血之类）？长安模仿张旭的书法狂人，有过猝死街头的先例。有人伸手去探和尚鼻息，忽听鼻息雷鸣，吓一大跳。怀素的鼾声传到了大街上。半个时辰过去了，兴善寺的观众有增无减。

青砖地上的和尚伸个懒腰，口诵诸葛孔明诗：“大梦谁先觉？平生我自知。草堂春睡足，窗外日迟迟。”有大娘（年轻女郎）掩口笑道：“和尚说梦话哟，佛寺哪有草堂呀？”

醉和尚像个杂技演员般旋转而起，纤细身子扭得如同大麻花。他歪歪扭扭走了几步，倏然间大叫，扑向写了一半的白黑寺壁。“岑夫子，丹丘生，将进酒，杯莫停……”观众如潮水般拥挤着朗诵“诗仙”的杰作，欢呼楚狂僧的墨宝。

可惜古人不用石头造房子，几乎没有留存下来的千年古宅。否则，今日到处可见唐宋墨迹。李泽厚先生对此也存疑问。西方人的建筑多用石材。

如果杜甫在长安兴善寺观怀素，该写《饮中九仙歌》了。

文之化人，艺术的感染人，唐宋六百年登峰造极也。文化泡沫吹不起，一吹便破。伪艺术很难找到传播的空间。眼下的某些媒体，为一点发行量、点击量便胡乱吹捧，“红包批评家”八方游走收红包……不谈这个，且看我们的古时候。

怀素在长安洛阳表演书法，有画工张氏，画下一幅《醉僧图》，藏真题诗曰：“人人送酒不曾沽，终日松间挂一壶。草圣欲成狂便发，真堪画入醉僧图。”沽：买。这幅画现存于台北故宫，有苏轼题跋：“此怀素诗也，仆好临之。人间当有数百本也。”

李白的崇拜者任华，也成了怀素的追慕者，作《怀素上人草书歌》，有云：“吾尝好奇，古来草圣无不知。岂不知右军与献之，虽有壮丽之骨，恨无狂逸之姿。中间张长史，独放荡而不羁……张老颠，殊不颠于怀素。怀素颠，乃是颠！人谓尔从江南来，我谓尔从天上来。负颠狂之墨妙，有墨狂之逸才。……谁不造素屏？谁不涂粉壁？……”事实上，怀素居长安数年，遍寻二王墨迹，得一法帖如获至宝，《酒狂帖》记云：“酒狂昨日过杨少府家，见逸少《阮步兵帖》，甚发书兴也。”王羲之字逸少。王琦注李白《草书歌行》说：“（怀素）睹二王真迹及二张草书而学之。”此处“二张”指张芝、张旭。

酒狂的癫狂形象在外面，回住处，每日临池几个时辰，退笔如冢复如山。

台上几分钟，台下十年功。

“自言转腕无所拘，大笑羲之用阵图。”《用阵图》是“书圣”的代表作之一。

酒狂醉马走洛阳，专程拜访一代宗师颜真卿。八百里路不带一文钱，兴来舞几笔，酒坛子、肉铺子留下怀素真迹，便有酒肉伺候。怀素此去洛阳还有个盘算：请大师点评他的狂草书法，也许跟“草圣”张旭难分高下，甚至压过张旭。

颜真卿做过平原（今山东平原）郡太守，人称颜平原。天宝十四年安史之乱爆发，二十万叛军分路进攻，所向披靡，只三十三天，洛阳沦陷。河北二十四郡望风而降。唯独颜真卿“首唱大义”，领七千勇士誓死抗击逆胡安禄山，并传檄诸郡，共筑长城。这是一位顶天立地的英雄好汉，一位正直的官员，杰出的书法家。他的侄子少年英勇，死于叛军之手，颜氏一门有三十余人横死于安氏刀下。

颜真卿著名的《祭侄文稿》，乃是血泪迸发的书法作品。

一切艺术的运行均取决于生命冲动。

书法是“余事”，古代的职业书家寥寥无几。

怀素赴洛阳拜见年逾七旬的颜真卿，一睹《祭侄文稿》，纳头便拜。绝世珍品啊，一笔一画诉说着撕心裂肺的故事。怀素陪大师住了几天，与之畅谈书法与当时人物。说到张旭，颜真卿喃喃道：“颠张狂素，你二人要并传后世……”

杜甫《饮中八仙歌》：“张旭三杯草圣传，脱帽露顶王公前，挥毫落纸如云烟。”张旭与贺知章共饮，两个酒仙狂呼奔走，“见人家厅馆好墙壁及屏障，忽忘机兴发，落笔数行如虫篆鸟飞，虽古之张（芝）、索（靖）不如也”。

“知章骑马似乘船，眼花落井水底眠。”太子宾客贺知章官居三品，也算高级官员了，举止天真像个大孩子，窜街走巷，醉醺醺骑马，如船行波浪间，老眼一花，掉井里去了，索性睡它一觉再浮上来……汉民族的老百姓活得比较节制，艺术家们很有几分癫狂。宋代的米芾称“米颠”，为求一幅古代好字，米芾以死相逼跳进了滚滚长江，蔡京的儿子蔡攸赶紧喊道：“墨宝给你，给你！博士为甚寻死觅活呀！”

官员颜真卿曾经两次请长假，向张旭学书法。颜真卿的行书，狂势内蓄。

张旭“甩墨缸”，从盛唐传到今天。他也曾酒酣奔走里巷，男女老少争随其后，比看戏、看马球、看打架还热闹，纷然相顾曰：“看那颠张头写字啰。”看看看看看……装怪的街头小儿滑稽模仿铜锣声：端端端端端……前呼后拥跟过节似的。

开元末，张旭在洛阳天宫寺的书法表演，创下万人争睹的纪录，惊动唐玄宗与太真道姑（杨玉环）。那张旭于寺中扔了官帽，长长的散发浸入墨缸，正反搅几搅，搅成了一支笔，复将脑袋提起来，将饱蘸浓墨的头发挥向雪白的寺壁，忽而飘如柳，忽而硬似铁。一浸再浸，以至于墨流满面，亢奋中并不知道舌头去舔了几舔。观众大笑，“颠张”倒是茫然。头写字，发书壁，“心与发相应”，意未至而发先甩，点、撇、捺、横、竖，妙到毫厘。

洛阳天宫寺留下的这幅狂草书法，毁于安史之乱。

中唐的韩愈在《送高闲上人序》中这样写：“往时张旭善草书，不治他技。喜怒窘穷，忧悲愉佚，怨恨思慕，酣醉无聊，不平，有动于心，必于草书焉发之。观于物，见山水崖谷，鸟兽虫鱼，草木之花实，日月列星，风雨水火，雷霆霹雳，歌舞战斗，天地事物之变，可喜可愕，一寓于书。故旭之书，变化犹鬼神，不可端倪。”

讲得真好，书法切于人事与自然。韩愈先生的这段话，可作书法家们之座右铭。

“草圣”张旭甩墨缸，兴酣一声大喝，将墨缸一脚踢翻……

怀素听颜大师讲张旭的书法故事，大半天不眨眼，宅院外黄河滔滔，“心潮逐浪高”。揖别大师后，僧袍西风卷向了长沙、零陵，大师的点评在耳边回荡：“怀素，僧中之英！”

怀素中年时第二次去长安，酒肉不离口，《食鱼帖》云：“老僧在长沙食鱼，及来长安城中，多食肉，又为常流所笑……”狂草书法是需要大量能量的，怀素又爱写大字，类似“小脚爱大鞋”。荆楚、江南、山东、中原、西北传他的名字，讲他的故事。

“谁不造素屏？谁不涂粉壁？粉壁摇晴光，素屏凝晓霜。待君挥洒兮不可弥忘。骏马迎来坐堂中，金盆盛酒竹叶香。十杯五杯不解意，百杯已后始颠狂！一颠一狂多意气，大叫一声起攘臂。挥毫倏忽千万字，有时一字两字长丈二……”

约百年后，李商隐的外甥韩偓，在乡野颓屋发现了一件怀素墨迹，喟叹曰：“何处一屏风？分明怀素踪。”

多少狂草字，千年散秋风。

晏几道：“醉拍春衫惜旧香，天将离恨恼疏狂”

晏几道是宋词婉约派代表作家之一，字叔原，生于1038年。七十多岁“面有孺子之色”，颜值依然高，性情像个大男孩儿。黄庭坚称他一辈子有“四痴”，他屡说自己狂，清狂、疏狂、痴狂、骄狂。疏狂：疏懒闲散、背向世界之狂。

阮步兵癫狂，刘伶佯狂，怀素痴狂，辛弃疾“憨狂”……

本文看看晏几道的疏狂，兼说其痴。

宰相晏殊是他的父亲，“一曲新词酒一杯，去年天气旧亭台……”相府中的歌妓舞妓连年穿梭，她们标致的面容明亮而又黯淡，去年来了，今年走了，“无可奈何花落去，似曾相识燕归来”。晏殊的好词，惆怅是主调，士大夫精致的情绪弥漫于青灯黄卷。

晏丞相何以惆怅？多情的她们总是留不住。晏殊的夫人王氏，系开国元勋王超的女儿，是个典型的河东狮，她有八个儿子需要照顾。蜀人云：“卤水点豆腐，一物降一物。”北宋士大夫蓄家妓是家常便饭，这位名门贵妇也认了，却时刻睁大眼睛，捕捉官人的一举一动、家妓的一颦一笑。王氏的每一天都活得仔细，也累。官人一旦动心，她迅速作狮吼，叉腰顿足像个泼妇。家妓若敢“眼色暗相勾”，当天就得流落街头……

贵妇人干这事上瘾了。粗腰年年斗细腰。

豪门大族向来不乏斗争，不是东风压了东风，就是东风压了西风。

晏几道是幼子，长于妇人之纤手，又被丫鬟层层包围着——她们的娇音与步态，欢笑或哭泣，弥漫了四周。女孩子的清爽，连同她们的遭遇，点点滴滴渗入叔原公子的肌肤，左右他的视线，牵扯他的心。价值观的孕育是在不知不觉中进行的。三岁看大。

不过，这里边情形复杂，精神分析学的大师们分成了几派，于20世纪争论不休。

有迹可循的，是生存情态的类比。曹雪芹认同了清爽女儿的世界，自然而然地蔑视男权社会。依我看，曹公的女性视角起于幼年。他乳名占姐儿，占谐音站，含有独苗苗不夭折的意思。忽然有一天，父亲要把他拉出脂粉队伍，塞入男人们拼搏仕途的大军。不消几年，他把官场的浊气闻了一个够。浊气是如何显现的？赖有女儿清气的垫底。荣华富贵转眼成空，群芳诸艳凋零，死的死走的走，曹雪芹悲金悼玉，方有《红楼梦》。

柔情似水的曹雪芹有生猛傲世的一面，晏几道亦然。清代的纳兰公子一腔深情，柔软即是坚硬。南唐仁慈的君主李煜，用一系列的艺术杰作，并以他的惨死证明了：刀枪与毒药杀不死文化，毁不掉记忆中的三千里地山河。

李重光、李商隐、晏几道、纳兰容若、曹雪芹，这五个男人具有可比性。

晏几道文武双修而“仕宦连蹇，陆沉下位”，场屋考试总是不称意，一生只做过几次小官。他大约不是很在意。做宰相的父亲去世了，家里争遗产闹得凶，七个嫂嫂瞪眼高叫，怂恿七个哥哥，十几个子侄，朱门内外还排着两个姐妹。晏几道闭门观书，妻子追着他闹。不得已，他溜出后门躲清静去了。家里大吵三天才发现，晏相公的遗产与众人的期望值相差太远。后来盗墓贼进了晏殊墓，只看见“瓦器数十”。晏殊并不是一个贪官。

晏几道的婚姻原是父母包办，他不乐意，妻子同样不喜欢——妻子凭啥要喜欢呢？争一点遗产也是人之常情。鲁迅逃婚，胡适逃婚，郭沫若逃婚，北宋的晏几道岂敢？包办婚姻通常索然无味。丈夫的情趣爱好，妻子漠不关心。也许她像婆婆一样出自豪门，也许她天性骄傲，不肯过低眉顺眼的日子。叔原每日坐拥书城，搬家老是搬书，“妻厌之”。估计问题的关键，是他不求仕途进步，不肯去敲那些权贵门。京城的高官，一半是他父亲的故旧。如果他去敲门，定会敲出名利来。

他不屑。为何不屑？

盖因读书多了，读书的自主性又强，大大偏离了科举考试的轨道。相门子有这条件。史料称，晏几道“玩思百家，持论甚高”，“玩思百家”，而不是专攻四书五经。一个“玩”字，透露了其阅读的非功利性。“持论甚高”，表明他在京城有个精英文化的圈子，“奇文共欣赏，疑义相与析”。

黄庭坚也是个倔性子，做官受到王安石的称赞，却拒绝趋附这位铁腕宰相。晏几道的另一好友郑侠，原是王安石的得意门生，因不满熙宁变法，甘愿做个开封安上门的门吏。王安石委以重任，郑侠一拒再拒，尽管自己一大家子生活清贫。这个郑侠，悄悄干了一件惊天大事，他画了一幅《流民图》，极状涌入汴京的流民之悲惨，直指青苗、助役诸法“骚动天下”。他越职调动驿马驰送深宫，宋神宗、皇太后看《流民图》落泪了，神宗叹息说：“不意新法害民如此！”

郑侠此举，直接导致王安石第二次罢相，伤心退居金陵，打发孤独的余年。

北宋士大夫，内蓄狂野的比比皆是。晏几道与黄庭坚、郑侠气味相投，终身为友。

古人讲慎交，“君子交之以义”。而现代的麻烦在于：“利”字被放大了，人被放进了错综复杂的利益链条中，义利并重都很难。如果人人都被视为别人的“资源”，那么，紧随其后的就只有算计，亲情友情爱情，一概算进去了：举目四望，全是自私自利的“计算机”。如果多元的、质朴的交往空间垮掉，生活还有什么意思？

全面发展的“人”，眼下不多见了。

晏几道居家以书为伴，出门不是奔沈家，就是去陈家。他不是一个好丈夫，自打结婚以来就不是。婚姻就这样了。沈陈二家的四位歌女，容貌歌舞俱佳，叔原去听歌观舞，吃着酒，打着拍子，哼着曲子词。《小山词》自序云：“始时，沈十二廉叔、陈十君龙家有莲、鸿、蘋、云，品清讴娱客，……吾三人持酒听之。”渐渐于裙钗中混得熟了，彼此厮抬厮敬，叔原并不是贵公子，她们也不是卑贱侍儿。他的欣赏和他的牵挂，触碰了她们敏感的神经。男女平等，至少彼此在感觉的层面是这样。

日复一日，年复一年，“春花秋月何时了？往事知多少？小楼昨夜又东风……”

晏几道追慕南唐李后主，生存情态颇有相似处。怀念、追忆、惆怅。名篇《临江仙》：“梦后楼台高锁，酒醒帘幕低垂。去年春恨却来时，落花人独立，微雨燕双飞。　　记得小蘋初见，两重心字罗衣。琵琶弦上说相思，当时明月在，曾照彩云归。”明月、彩云，俱是歌女的艺名。人独立，燕双飞，惆怅的后面堆着更多惆怅，“落红万点愁如海”。

叔原几次写小莲：“记得春楼当日事，写向红窗夜月前，凭谁寄小莲？”“浑似阿莲双枕畔，画屏中。”晏叔原的情感模式是向后的，他不断朝着消逝的时光转过身去。百年疼痛忆芳尘。陈沈二家的四个歌女流转市井，可能卖笑于青楼，命运多辛酸。“已而君龙疾废卧家，廉叔下世……遂与两家歌儿酒使俱流转于人间。”

当初晏府中的侍儿舞姬，何尝不是这样？叔原的青年、中年、暮年，与早年的体验一脉相承。歌女们一个个都走了，不知到哪里去了。一朵记忆中的鲜花反而更像鲜花，它拢集了娇艳与飘零，将时光浓缩到一个点上，诉诸词曲。

“醉别西楼醒不记，春梦秋云，聚散真容易。”汴京西楼的歌女、长安西楼的舞女、归德（今河南商丘）的采莲女，以及阿奴、谢娘、小蛮、小杏……诗人追忆一朵花，同时绽放了几朵花，姹紫嫣红，交错而纷呈。情绪浓烈而持久。

名篇《玉楼春》：“东风又作无情计，艳粉娇红吹满地。碧楼帘影不遮愁，还似去年今日意。　　谁知错管春残事，到处登临曾费泪。此时金盏直须深，看尽落花能几醉。”

晏几道恰似大观园中的贾宝玉，“爱博而心劳”（鲁迅）。“错管春残事”，指他为歌女们操心，却无力改变她们的命运，只能到处去流泪。歌女病了，他忙着跑药铺，不问药价。歌女过生日，他带头凑份子。歌女受豪强的欺凌，他挺身而出。歌女流落烟花巷，他满城寻找，半个多月风雨无阻，急匆匆东一头西一头，张贴寻人启事。官场中人笑话他，为一歌女急成那样。叔原喃喃自语：“她身子弱，她会死掉的……”

读《小山词》，不妨观看影片《伊豆的舞女》。

归德的采莲女儿，清丽、娇羞，“最是那一低头的温柔”。晏几道与采莲女双双沉醉，偌大的南湖满是情之涟漪，《鹧鸪天》：“守得莲开结伴游，约开萍叶上兰舟。来时浦口云随棹，采罢江边月满楼。”可他是在官之身，他要走，十六岁的采莲女如何承受？

《清平乐》：“莫愁家住溪边，采莲心事年年。谁管水流花谢，月明昨夜兰船。”这位莫愁姑娘可能是个渔家女儿，采红菱于南湖，纤手伸入绿水深处。《明一统志》载："南湖在府城南五里。"渔家浅水种菱角，深水捕鱼捉蟹。

《清平乐》："留人不住，醉解兰舟去，一棹碧涛春水路，过尽晓莺啼处……"

晏几道走了，不久，他再到归德南湖。采莲女儿奔向她的可心郎。明知聚少离多，爱一回伤一回，二人却是控制不住。青春不管结果，刹那便是永恒。

未几，晏几道复去辗转仕途，采莲女儿嫁为人妇，从此山高水远忆南湖。

"天与多情，不与长相守。"九个字，说尽晏几道。

在长安，在汴京，在郑州……"可恨良辰天不与，才过斜阳，又值黄昏雨。"

"彩袖殷勤捧玉钟，当年拚却醉颜红。舞低杨柳楼心月，歌尽桃花扇底（一作影）风。"

舞低二句，写歌舞是绝唱。句子浓缩得恰到好处，再浓缩就不好懂了。晏几道年复一年地追逐着芳尘，追忆着芳姿，疼痛着芳冢。"人生自是有情痴"，叔原一痴几十年。毫无办法。做官，他也是好官，敢于挑战恃强凌弱的官二代，在许田镇当镇监，他与开国功臣潘美的霸道儿子潘胜安斗上了。那个家伙搬出当朝大臣韩维，韩维写信给晏几道，替潘求情，晏几道不理睬，下令捉拿许田镇的恶霸潘胜安。

晏几道做了三年镇监，干得不错，可因为得罪了不少人，官阶上不去。

晏几道长居开封的赐第，仍往脂粉堆中扎，吃酒听歌，与歌女们交朋友，动欲少，动情多，词笔婉转有韵致。为章台的歌女他舍得花银子，甚至为她们赎身以从良，导致家里缺吃少穿、老婆大闹。叔原牵挂歌女太深了，小时候就这样，真拿自己没办法。

"春悄悄，夜迢迢，碧云天共楚宫遥。梦魂惯得无拘检，又踏杨花过谢桥。"谢娘泛指歌女，谢娘走过的桥叫谢桥。"侧帽风前花满路，冶叶倡条情绪。""冶叶倡条"喻婀娜女子，乃是李商隐首创。清瘦而颀长的晏叔原侧帽风前，风吹一路花瓣。

名篇《鹧鸪天》："醉拍春衫惜旧香，天将离恨恼疏狂。年年陌上生秋草，日日楼中到夕阳。　　云渺渺，水茫茫，征人归路许多长。相思本是无凭语，莫向花笺费泪行。"

上片写痴男，下片写痴女。"向花笺费泪行"的痴女总是太多，"此情深处，红笺为无色”，受伤的总是她们。晏几道自己也有愧疚的。年少冲动，不止一个歌女因他而情伤。

“倦客红尘，长记楼中粉泪人。”宋词佳句，叔原笔下难数。

天长水阔忆佳丽，亦是男儿大情绪。

两宋三百年，宋词九百家。唐圭璋《宋词三百首笺注》选晏几道词，其数量超过苏东坡和柳永。《唐宋名家词选》选叔原词三十余首。这两个畅行半个多世纪的选本，权威性自不待言。婉约词风靡四百年，支撑着婉约的，是唐宋士大夫节制欲望的情怀，不欲而欲，反呈千姿百态。

晋唐宋艺术一千年，既不向权力场、更不向市场寻求立足的根据。

艺术若只为搞钱，便是找死。

在古代，情爱本体、艺术本体，对礼教构成了冲击。本体意味着：自律而非他律。晏几道七十年扎脂粉堆，扎得认真而仔细，爱博心劳，东奔西跑，叹群芳之漂泊凋零，清代的学者称他：“古之伤心人也。”晏叔原填词，曹雪芹写《红楼梦》，展示裙钗的般般美好，为卑贱的女性伤心、呐喊，惊破了多少封建卫道士的耳朵。

一部《小山词》，可谓“立言立德”。作家的重女轻男，怎么重都不过分。男尊女卑两千多年，源头在孔丘。眼下商品大潮，有钱能使鬼推磨，各阶层的女性命运堪忧。

“余尝论：叔原固人英也，其痴亦自绝人。爱叔原者，皆愠而问其目曰：‘仕宦连蹇，而不能一傍贵人之门，是一痴也；……费资千百万，家人寒饥，而面有孺子之色，此又一痴也；人百负之而不恨，已信人终不疑其欺已，此又一痴也’，乃共以为然！”（黄庭坚）

苏轼名言：“吾眼前见天下无一个不好人。”佛陀看万物俱有佛性。

晏几道单纯到老，举止一派天真。天下头号名士苏东坡想见他，他不见，宁愿陪歌女。这使苏门学士黄庭坚郁闷了好几天，责备叔原：“你也太狂了！”

宋徽宗上台，蔡京老贼居相位，大建豪宅四十里，强拆民房一千多家，宅成，遍请京师名流。晏几道去了，座中挥笔填了两首词，忆阿莲，思莫愁，疼疏梅，赞谢娘，只字不提蔡京，不提毁掉千家的豪华破园子。数百宾客哗然。蔡府门客高叫：“姓晏的如此狂妄，当逐出京师！”

叔原饮酒自若。蔡京倒不惹他。老贼堆了笑把盏寻他时，他早已走人，回家去了。

晏几道坐拥书城谈古说今，又著书立说。山谷道人赞曰：“文章翰墨，自立规模。”

他玩思百家累了，持酒听歌，“为一笑乐”。疏狂情态贯穿了晏几道的一生。

多少风荷般的妙人儿涌上心头，养心呐。

末了，再引几句《临江仙》：“斗草阶前初见，穿针楼上曾逢，罗裙香露玉钗风。靓妆眉沁绿，羞脸粉生红。”穿针楼：七夕乞巧节，女人们聚于楼上向明亮的织女星乞巧。

古代女儿情态，《南唐二主词》《花间词》《珠玉词》《小山词》《漱玉词》……

辛弃疾：“不恨古人吾不见，恨古人不见吾狂耳”

诗坛李杜，词坛苏辛。辛弃疾字幼安，号稼轩，是古代最具盛名的将军词人，“想当年，金戈铁马，气吞万里如虎”。大将军而兼大文豪，三千年难得一见。

欲识英雄气，打开辛弃疾。

辛弃疾的狂，或可叫作“憋狂”。

辛将军小的时候身体并不好，父母为他取名字，弃疾、幼安，透出几分病弱的消息。他是山东济南历城人，1140年出生之时，中国的北方落入金人之手已有十五年，汉民族备受女真族的欺凌与侮辱，数不清的悲惨细节，足以写成几部厚书。而赵宋皇帝偏安于江南。宋、金以淮河为界。1161年，金兵的铁蹄一度渡过淮水，践踏江南，杀人盈野，抢宝物掠妇女。

辛弃疾自幼读书习武，因体弱，练刀枪加倍用功。老庄爱讲由弱转强，辛弃疾是典型。当时敌后的抗金力量不弱，山东、中原风起云涌，愤怒的农民放下锄头拿起刀。辛弃疾二十来岁，拉起了一支两千多人的队伍，半夜偷袭金兵的营寨，在峡谷设伏截杀金兵，建立了丛林根据地，神出鬼没。辛弃疾使一杆长枪，纵横山东。

此间他是否写诗填词，不得而知，英雄气在孕育中。

转战之余，每每观书。可惜辛将军的年谱做不细，早年的精彩故事丢失了。

拉队伍约两年后，他的人马并入了拥兵数万的耿京义军。

耿京手下有个花和尚叫义端，贪图富贵享乐，铤而走险，偷了义军帅印向金兵的营寨跑。辛弃疾闻讯，快马追上义端，轻舒猿臂将其擒拿，狠狠地扔在地上。义端大叫："将军你面如青兕，你力大能拔山，将来定有大造化！帅印归你！你我到那边去，同享荣华富贵！"

将军手起刀落，叛徒身首异处。

这是早期的辛弃疾唯一流传下来的战斗故事。青兕是一种古代猛兽，活动于山中，可能类似老虎。面如青兕，可见辛将军的虎威。

不久，再生变故，耿京死在另一个叛徒、汉奸张安国手里。汉奸当了伪官，得意扬扬，辛弃疾用奇计擒了他，未几，带着万余人马渡淮，入建康，被封为江阴军签判。辛将军再次手起刀落，汉奸张安国血喷当场。一些围观的南方官员为之色变。

南宋大学者洪迈写下《稼轩记》，洪迈、陈亮、朱熹、陆游，皆为稼轩南渡后的好友。

名词《鹧鸪天》，上片豪迈落笔："壮岁旌旗拥万夫，锦襜突骑渡江初。"下片疾转沉痛："追往事，叹今吾，春风不染白髭须。却将万字平戎策，换得东家种树书。"

辛弃疾南渡后，英雄气受阻。为何受阻？此间的南宋朝廷实际上有两个皇帝，宋孝宗、太上皇宋高宗。孝宗有"恢复"之志，高宗逞"和戎"之凶。文武大臣分成了两派，夹杂骑墙派，局面极复杂，政治生态日下。游牧民族庶几能够单纯发力，而赵宋王朝二百年，十几个皇帝，一百多个宰辅和军机大臣，是非恩怨累积下来，连上帝都说不清。

英雄气以单纯正直为前提，"气吞万里如虎"。提刀握笔，气吞山河。然而北方汉子的单纯落入南方复杂的官场，英雄气出不来。辛弃疾发誓要打回老家去，有人赞赏，有人冷笑。同僚半夜潜至他的住处耳语："切勿轻议北伐！汝不闻岳帅否？不闻张浚否？"

1042 年，秦桧以"莫须有"的罪名杀岳飞于风波亭，并将岳云、张宪斩首于市，横扫金兵如卷席的岳家军顷刻瓦解。主战派风声鹤唳。事过二十多年，投降派的势力依然很强。投降派最大的推手就是宋高宗。宋孝宗原是他的养子，要听他的指挥。臭名昭著的宋高宗活到了 1187 年。

抗金的辛将军却不能议论北伐，同僚偷偷来告诫，表情跟做贼似的，耳语像蚊子嗡嗡。辛弃疾愤然离座，走到窗边凝望北斗。

这一夜，战士辗转反侧，漫山遍野的旌旗涌入眼帘。

辛弃疾少年白头，多半是渡江到南方后愁闷太多。二十几岁，战袍换成了华丽官服。在一些场合，“北伐”二字是要犯讳的，投降派的调门高。金陵、杭州、绍兴、江阴……随处可见歌舞升平。辛弃疾手大脚大块头大，“鹰视虎步”，却到处碰上靡靡之音。灯红酒绿的官员不待见他，他粗犷的嗓音也跟吴侬软语不搭调。

落落寡合，郁郁寡欢。

家喻户晓的《破阵子》：“醉里挑灯看剑，梦回吹角连营。八百里分麾下炙，五十弦翻塞外声，沙场秋点兵。　　马作的卢飞快，弓如霹雳弦惊。了却君王天下事，赢得生前身后名，可怜白发生！”八百里：牛名，晋朝的王恺与宾客比箭，客胜，杀此牛作炙，烤了痛吃。五十弦：代指军乐。的卢：刘备的坐骑，曾一跃三丈过檀溪，摆脱追兵。

将军怀念沙场，不得不置身歌舞场。他升为建康府通判，官职大了，建康（金陵）曾是三个备选的都城之一，军政要员多如过江之鲫。辛弃疾成家了，江南温柔乡日子滋润。娘子红袖夜添香，夫君不作温柔语，倒是奋笔疾书《美芹十论》，也作《御戎十论》，详细分析敌我双方的态势，指出女真族貌似强大，其实内部已是矛盾重重，完全可以被击败。他建议进军山东，迁都于长江边的石头城，以激励军心，鼓舞斗志。

辛弃疾在山东打过硬仗，深知金兵的强与弱。为写军事论文，他走访了若干将领，蜜月里暂别新娘，登上战船巡视大江，伫望金人占领的江北。

“郁孤台下青江水，中间多少行人泪？西北望长安，可怜无数山。”此处的“长安”指中原。

《美芹十论》递上去了，众人毫无反应。枢密院的官员对他的询问不置一词。士大夫怯战的言论倒是传得满城皆知：“南北有定势，吴楚之脆弱不足以争衡于中原。”

辛弃疾垂下青兕般的头颅，喝闷酒：“杯，汝来前！老子今朝，点检形骸……”

虞允文做了宰相，辛弃疾大喜，逢人便说北伐有希望了，再写《九议》，急呈宰相府。然而主战的将军向主战的宰相上书，连月等候，仍无一丝回音。虞允文曾大败金兵于采石矶，名震江北。这究竟是怎么一回事呢？

朝廷这潭水委实太深了，辛弃疾看不透，想不透。渡江南来短短几年，白发已萧然。

战士一直是战士，所以他忍不住要往下想，心劲无限大。英雄气因受阻，越发地喷射笔端。这是理解《稼轩词》的紧要处。一切形式的生命冲动都有类似的特征。

辛弃疾呕心沥血的破敌“十九论”，被束之高阁，尘封虫蛀，那苍凉的心情可想而知。

“却将万字平戎策，换作东家种树书。”

辛弃疾又升官了，表明宋孝宗、虞宰相是器重他的。然而龙椅的背后赫然有一只超级权手。孝宗每天向高宗请安、汇报，大事请高宗指示。后来追谥“孝”，原因正在于此。高宗看中了这个养子的自卑心理，把孝宗皇帝呼来唤去二十多年。

朝廷的内幕，辛辛疾和大多数官员一样知之不详。九重（皇宫）总是云遮雾罩。北伐中原尚有可能，否则不会重用一批主战的官员。将军们的血性不能淡去。可是过了一年又一年，南北无战事。辛词《太常引》：“一轮秋影转金波，飞镜又重磨。把酒问姮娥：被白发，欺人奈何？　　乘风好去，长空万里，直下看山河。斫去桂婆娑，人道是，清光更多！”山河有切肤之痛，时光白白地消磨。除了辛稼轩，没人想去削掉月宫里那棵桂花树的枝叶，把山河端详。另外，清光反衬污浊，指向朝廷投降派的肮脏嘴脸。

长江的激流扑向巨石，飞珠溅玉，“卷起千堆雪”。艺术的生成亦如是。没有能量的蓄积，哪来能量的喷发？天闷要下雨，人闷要讲话。且看辛词：“落日楼头，断鸿声里，江南游子，把吴钩看了，栏干拍遍，无人会、登临意。”吴钩：泛指兵器。金戈铁马的勇士在南方寂寞。“千古江山，英雄无觅，孙仲谋处。”无觅：无处寻找。

古今一切怀念、怀古之作，都含有追问当下的意思。辛词：“旧恨春江流未断，新恨云山千叠……也应惊问：近来多少华发？”新恨指他在江南官场的种种遭遇，恨太多，内心巨大的狂怒又得憋着，憋出了白发三千丈。“惊”字触目。

有一天，宋孝宗突然召见辛弃疾，问以国事。这可是百年难得的机会。沉默已久的辛弃疾火山般爆发了，《宋史》称："弃疾因论南北形势……持论劲直，不为迎合。"辛弃疾不是个政治家，不懂得迎合以谋求最终实现目的。当时他也年轻，上书无果，进言失败，"不为迎合"是说他未能揣摩宋孝宗复杂的心思。皇帝真实的处境又不能说明。投降派原本个个紧张，一些人徘徊于宫廷外，担心这次单独召见辛弃疾，是圣上释放北伐的一个信号。结果出来了，这些养得细皮嫩肉的官员额手相庆。

将军垂首归家，慢吞吞拖着他的虎背熊腰。

"红巾翠袖，揾英雄泪。"揾：擦拭。

1175 年，辛弃疾三十五岁，升江西提点刑狱，掌一路司法，并节制诸路兵马，相当于几个军区的总司令。升官为何这么快？因为他扑灭了江西、湖南一带声势浩大的茶商军。宋人饮茶量大，盐茶铁俱是专卖品。茶商武装贩运，斗杀官军，还把茶叶卖到金人占领的北方，牟取暴利。女真族"上下俱啜"，饮得不亦乐乎。商人重利而轻国，此为一例。

辛弃疾有山地作战的丰富经验，几个月打下来，摧毁了最大的一支茶商军，长刀一挥，将其首领拦腰斩于马下。其余的小股茶商军闻风而逃，江西、湖南清静了，朝廷的茶税日增。宋孝宗大喜，下令嘉奖辛弃疾，"以示激动"。

辛弃疾果然激动，战斗意志空前高涨，人生三十五，功名岂是尘与土？今日扑灭茶商军，他日战舰渡江，锦袍宝马掩杀金兵。正逢好朋友韩元吉的寿辰，他插花起舞，剑锋北指，以巨笔浓墨写下了豪壮词："渡江天马南来，几人真是经纶手？……待他年，整顿乾坤事了，为先生寿！"经纶手：治国平天下的大才。

宋代男子有头插鲜花的习俗。欧阳修于颍州过生日，苏东坡"插花起舞为公寿"。

辛弃疾不只是梦里挑灯看剑，大白天也看宝剑，试新刀。整顿乾坤事，仿佛只在举手投足间。英雄气弥漫开来，临安、建康、绍兴，主战的官员奔走相告，喜形于色。骑墙派一夜"倒戈"，预先欢呼辛大帅。

然而枢密院的最高军事会议，辛弃疾没有接到与会的通知，连列席的资格也被取消了。朝廷不作解释。原来，他不过是个临时"总司令"，茶商军灭掉后，他手中的军权自消。北伐再次成泡影。官升了，梦破了，一夜间白发萧萧。

锦衣玉食，华屋美宅，哪里能够安顿辛弃疾？如果他一头钻进安乐窝，那么中国就少了一个词坛圣手，而北宋的苏东坡独自耸峙于绝顶，就难免有些孤单。

“英雄事，曹刘敌。被西风吹尽，了无尘迹。楼观才成人已去，旌旗未卷头先白！”

这一时期，辛弃疾狂饮是常态。几回回烂醉如泥，把酒旗呼为旌旗。

稼轩词以豪放著称，却不是一味的豪放。有豪放映照的婉约，似乎比单纯的婉约更婉约，几年前我发现了这个有趣的现象。苏轼的婉约词、毛泽东的婉约词，可举的例子颇不少。举一首稼轩的《粉蝶儿》：“昨日春如十三女儿学绣，一枝枝不教花瘦。甚无情、便下得雨僝风僽。向园林、铺作地衣红绉。　　而今春似轻薄荡子难久，记前时送春归后，把春波、都酿作，一江醇酎，约清愁、杨柳岸边相候。”多么欢快的节奏，尽管春如轻薄浪子难久。另如写元宵节的邂逅：“众里寻他千百度，那人却在、灯火阑珊处。”

英雄气、山水气、婉约气，横呈纸上，都是辛弃疾。

辛弃疾做了湖南安抚使，军政两摄，大刀阔斧整顿军务。整顿官府官军之余，他又抽乡丁，建立了一支数千人的飞虎军，以岳家军为榜样，昼夜演练阵法，超强度训练以提升单兵素质。军法如山，违令者杀无赦，包括几个有背景的校尉。朝廷的言官攻击他独断专行，“花钱如流水，杀人如草芥”。他不理睬，独断就独断吧。战争时期，哪容七嘴八舌争议不休？该花的银子照样花，该杀的人照样杀。于是朝廷与地方的投降派紧急联络，群起而攻之，有个叫王蔺的台谏跳得厉害，诬告辛弃疾强行抽乡丁，“虐害田里”。

勇猛异常的飞虎军建成了，若干年以后，这支军队守淮南，攻淮北，每战必胜，金兵惊恐地呼为“虎儿军”。虎指辛弃疾。只可惜飞虎军的规模有限，按辛弃疾的计划要在两年内扩展到几万精骑。宋孝宗迫于舆论的压力把他调走，时在飞虎军建成之初。

英雄一挫再挫，只能仰天长啸了。

他浑身武艺一腔热血，都付与丘岗的狂啸、庭院的低吟。英雄挥泪告别他一手创建的飞虎军，从此变得沉默寡言，内心的长期憋狂诉诸曲子词。

辛弃疾的狂，具有特殊性，打上了时代风云与个体命运的双重烙印。

台谏点灯熬夜罗织罪名，死死地咬住他，决不让这个主战派的代表人物东山再起。

辛将军落职，半俸退休，隐居江西信州的带湖二十余年，办学，打猎，醉酒，戒酒又去寻酒；写田园诗词，足以比肩六百年前九江柴桑县的陶渊明；会见当时的风云人物陈亮和朱熹，传为历史佳话……

白发将军时常北望，虎背熊腰立尽斜阳。

旷世之作《贺新郎》："甚矣吾衰矣，怅平生、交游零落，只今余几？白发空垂三千丈，一笑人间万事！问何物、能令公喜？我见青山多妩媚，料青山见我应如是，情与貌，略相似。　　一尊搔首东窗里，想渊明《停云》诗就，此时风味。江左沉酣求名者，岂识浊醪妙理，回首叫云飞风起。不恨古人吾不见，恨古人不见吾狂耳。知我者，二三子。"江左：江南。

陈廷焯《白雨斋诗话》云："辛稼轩，词中之龙也。气魄极雄大，意境却极沉郁。不善学之，流入叫嚣一派。"

叫嚣一派，犹如眼下充斥舞台的劲歌劲舞，干吼干闹。

关于稼轩词的婉转、妩媚、旷达、朴拙，究竟发自什么样的生存情态，容后再表。

卷十

饮

『古来圣贤皆寂寞，惟有饮者留其名。』中国人酿酒的历史之漫长，种类之繁多，饮者故事之精彩，无疑在这个星球上遥遥领先，并且永远领先。艺术和美酒都是生命的兴奋剂。民间一般止于微醺，酗酒的酒鬼并不多。

『有酒斟酌之』，『登高赋新诗』。中国的文化先贤们几乎全是好酒量，为南北城乡的酒文化推波助澜。『莫笑农家腊酒浑，丰年留客足鸡豚……』

头号酒鬼刘伶

晋人王蕴说："酒正使人人自远。"这个"远"字叫人玩味。诸葛亮"非宁静无以致远"，陶诗："结庐在人境，而无车马喧。问君何能尔？心远地自偏。"陶渊明的心有多远呢？这是没办法测量的。云远，山远，水远，房前屋后的树亦远。远，呈现为价值，是因为近距离纠缠人事者，占了大多数。

一个人若喝酒喝到微醺，看人看事就比较远了；喝得烂醉，则乾坤倒转。俗话说，酒里乾坤大，壶中天地宽。这里有个分寸：一味地醉酒、滥酒，乃至酗酒闹事，人就活得逼仄了。现代式的酒鬼把生活世界都装进了酒杯，例如韩国的酒鬼要学日本的酒鬼，下班不归家，夜夜泡酒吧，所谓的活着，只剩下几瓶酒。犹如牌客们的活着，大抵只剩几场牌……区区几个瘾头，谁能计算吸附、吸瘪、吸空了多少人？

生存的敞开抑或遮蔽，乃是衡量个体生命质量的首要标准。

皇皇哲学大著《存在与时间》，对瘾头有专论。

魏晋士人活得开阔，也许仅次于春秋战国。王蕴称："酒正使人人自远。"自远：自怀高远。这话主要指士族。士族会带动庶族。中国历来的情形是：官风影响民风。官风一旦败坏，民风很难纯朴。有个晋人讲，魏晋名士有两大特征，能饮酒，熟读《离骚》或《庄子》。屈原的诗赋极目天地间，拢集了人神鬼巫，抵达了天地万物，而庄子的丰富与玄远，至今无人能比。概言之，生活以审美为最高取向，不滞于物，不役于形，当然，前提是要吃饱穿暖。杰出的人物吃个半饱便能逍遥，比如孔子、庄周、陶潜、苏轼。大众达不到这个境界，却应该学着仰望先贤。尤其在当下。

“竹林七贤”个个是酒坛子，山巨源的酒量与阮步兵并列第一。山涛的酒量深不可测，没人见他喝醉过。阮籍大醉六十天，创下了历史纪录。不过，一般说到酒鬼，首推刘伶，唐诗宋词也这么说。刘伶个头小，比嵇康差了一尺八寸，估计在一米五以下，人又瘦，走路如飘。他酒量奇大，嗅觉强于撵山的猎狗，隔着十里八村他都能闻到酒香。山阳城里的竹林，鸟飞过都要醉，那酒风一刮，吹到二百里外的京都洛阳。

刘伶家也不富裕，大约像孔丘，属于破落的士族家庭。他不种地，有仆人，常饮酒，读书但不写书，家境当与阮籍相似。阮籍和侄子阮咸住在路南，称“南阮”，同族的其他人住在路北，称“北阮”，南阮穷，北阮富，阮籍应召去当步兵校尉，原是冲着军营美酒去的。刘伶慢悠悠靠近竹林，怀里抱着浊酒葫芦，倚门探头，小脑壳伸了又缩，缩了再伸，细鼻孔使劲嗅空气。嵇中散呼哧呼哧地在打铁，向秀边鼓风边瞧竹筒，阮籍晃悠于吊床，哼唱：“打铁呀，打铁呀，容易打呀……”

刘伶认为自己进不了嵇康的家门，颓然倒地，鼾声比仲秋的蝉声更悠长。

嵇康放下六十斤重的铁锤，白帕子擦擦汗，徐徐问：“写《酒德颂》的刘伶？”

向秀来不及回答，十丈外吊着的阮步兵开了口：“一丝不挂的刘伶。”

向秀笑道：“近日守孝痛饮的刘伶，喝下五斗酒方称解渴，吐了三升血才没有接着吐。当初阮步兵葬母，也不过吃一豚，喝下二斗酒。”

五斗酒是什么概念？不少于一百斤吧？那要边喝边撒尿，哪管厕所不厕所。孝服在身，灵柩在堂，魂幡在侧，亲朋邻居的悲声在耳，那刘伶醉得满地爬，忽然狂吐血。吐完了再奔墙边的酒坛子，直将身子倒栽进去，俄顷，酒坛子吸空了。前来吊丧的人目瞪口呆，有老者愤怒，痛斥刘伶禽兽不如。一时附和者众。唯有阮籍的侄子阮咸点头赞许。这件事传得沸沸扬扬，豪门缙绅、贵介公子纷纷切齿，控告刘伶不孝的信件飞向司马昭……

刘伶进入竹林了，阮步兵轻提他的布衣领子，如捉一小鸡。

刘伶的造血功能想必不错，吐血不久，面色恢复如初。他喜欢在野地转悠，一卷向秀注的《庄子》不离手。八月里，大风中，他足尖点地，双臂排开若翼展。

人笑曰："刘伶燕雀乎？"刘答曰："吾乃鲲鹏也，扶摇羊角九万里。"

隐士孙登御风忽至，点评："刘伶胸中块垒，可比天门山啊！"

如今的天门山下，有"刘伶醒酒台"。

刘伶出门喝，回家喝，卧酒槽过一宿，神情便惬意。妻子治他的酒瘾，又忙着治他的裸癖。她砸了酒坛子，要他在祖宗的牌位前发誓戒酒，他说，好吧，请摆上酒肉祭祖先。妻子摆上了祭祀的酒肉，刘伶三拜九叩行大礼，信誓旦旦。妻子满意了，出去忙别的，少顷回来一看，供桌上哪里还有酒肉。这酒鬼宣称："天生刘伶，以酒为名（命）。"

刘伶居家接待客人，堂而皇之光屁股。客人进屋先是一愣，随即加以怒斥，刘伶笑嘻嘻倒打一耙："天地是栋宇，房屋即是我的衣裤，谁叫你傻兮兮钻进我的裤子来？"

刘伶裸奔于大街，全城关门闭户。

刘伶凭借着"酒命"、裸体和一篇二三百字的大作《酒德颂》，坐了"竹林七贤"的第四把交椅。向秀是小弟弟，阮咸是子侄辈，王戎动不动就直视烈日，看上去像个神经病。王戎钱多，但从来不买酒，刘伶早忍他忍得不耐烦，一日，跳起来揍他，却被甩翻在地。刘伶爬起来嗷嗷叫，埋头猛冲欲将对手拱翻，那王戎眼疾手快，将可怜的刘伶倒提三尺……阮咸说："刘伶你去我家吧，学一学醉猪拱地。"

刘伶不打架了，转而潜入王戎的宅子，乱棍打落王戎很珍惜的一树好李子，将果核分与众乡亲作种子。王戎气极，登门而啸，刘伶对阮咸说："汝不闻狗吠乎？"

刘伶酷爱自驾游，信马由缰。车上仅放几个酒坛子和一把仆人用的铲子。酒风吹，酒疯嚎，路边的草一排排地醉倒。刘伶吩咐仆人："我死了，你随便挖个坑埋掉拉倒。"

我要重复眉山乡下的醉翁语："路死路埋，沟死插牌！"

饮者无贤愚，一样有气魄。

《晋书·刘伶传》说，刘伶虽然放纵怪诞，却善于"机应处变"。酒鬼其实是个明察秋毫的酒鬼，阮籍也是这样。嵇康"刚肠恶疾"，眼里揉不得沙子，死在了司马昭的屠刀下。后来王戎做了大官，刘伶一度任职于王戎帐下，可见其谨慎。

司马昭扯起“孝”字大旗蒙天下，蒙出了一个血腥的司马王朝：“八王之乱”乱了十六年，司马见司马举刀就杀，晋末，司马氏被杀成了小姓。生灵涂炭，千里无鸡鸣。

而魏晋易代之际，竹林的优秀分子带动全国的士子，拼尽全力，使尽浑身解数破除司马昭的谎言，试图阻止历史的车轮落进深渊。他们失败了，他们虽败犹荣。他们使人的符号大起来，自由精神的符号彪炳千秋。

《晋书》云：“（刘伶）竟以寿终。”刘伶寿终，史家居然想不通。历代的史籍浩如烟海，这类句子极其稀少。刘伶，天地间一酒鬼，晋唐宋之酒神，瘦小的身躯顶天立地。

摘几句《酒德颂》中的句子：“有大人先生，以天地为一朝，万期为须臾，日月为扃牖，八荒为庭衢。行无辙迹，居无室庐，幕天席地，纵意所如……兀然而醉，豁然而醒，静听不闻雷霆之声，熟视不睹泰山之形……”

居无室庐：居犹不居，庐非庐，叫作衣裳裤子。

王导丞相不善饮，为何要烂醉如泥？

王导是东晋政治家，辅佐了三朝皇帝，稳定了东晋政权，平衡了北方士族与江南士族。学者一般讲他的中兴之功，《世说新语》《晋阳秋》则偏重他的日常故事，这些故事多与从西晋刮到东晋的玄风相关。庄子说："帝王之功，圣人之余事也。"圣人致力于道的探索，领悟自然的无穷奥妙，摆正人与自然的关系。老子《道德经》："人法地，地法天，天法道，道法自然。"文治武功管几百年就很不错了，而老庄之道要管一万年。

人类的强力意志走到今天，以空前的速度反向凸显了老庄之道。人与自然不两立，自然被视为"存货"（海氏）。欺天攻地常态化了。

317 年，晋室南渡，王、谢两大家族渐渐居于建康（金陵）的乌衣巷，兴旺百余年。乌衣在当时，通常是贵族子弟的服饰。王导、王羲之、王献之；谢安、谢灵运、谢朓，分别是这两大世族的政治－艺术的符号性人物。唐朝时，乌衣巷已不复存在，刘禹锡访古叹曰："旧时王谢堂前燕，飞入寻常百姓家。"

王、谢、庾、桓、陶等魏晋的大族，留下了相当丰厚的文化遗产，惠及今之中国。倒是庞大的司马皇族，绵延两晋一百七十多年，除了权斗、奢靡，像样的人物似乎一个都没有。纵观古代，商人家族的文化贡献率也少。这一历史现象值得探讨。

"王与马，共天下"，这是东晋之初的一句民谣，载入了官方文献。晋元帝司马睿真心邀请丞相王导共坐御榻，王导"坚辞"，固守着君臣之礼。晋元帝再请，王丞相说："使太阳与万物同晖，臣下何以瞻仰？"

王导可不是篡魏的司马昭。作为杰出的政府首脑，南渡的北方士族以及南方士族都听他的。他的堂兄王敦是大将军，手握重兵，坐镇长江上游的武昌。王氏兄弟若要推翻司马氏的政权，比当年司马氏废掉曹氏容易得多。可王导没有野心。为何没有野心呢？因为他视野开阔，既是丞相，又是清议的领袖人物，对老庄的哲学了然于心，滔滔于辞。

魏晋玄风大盛，一刮两百多年。晋人取名字，“玄、远”一类的字眼屡见不鲜。一个官员看另一个官员，往往要看对方的脸上有没有“山林气”，如果看不到，那就是满脸的俗气。名士孙绰看山林气颇厉害，只消远远一瞥，便把人看个究竟。孙绰是王羲之的好朋友，后来山阴（今绍兴境内）的兰亭雅集，他与谢安都是参与者，见证了“书圣”墨宝《兰亭集序》的问世。孙绰、谢安、王羲之，对王丞相崇拜得五体投地。

王导是王羲之的伯父。他们都来自徐州的琅邪郡（今属山东）。

时人评价：“王丞相高居庙堂，一身山林气。”

王导与人玄谈，通宵达旦。太阳升起来，他也有些疲倦了，靠在椅子上打个盹儿。

晋人尚通脱，活得不沾不滞，内外兼修的秀杰者能够飘然、超然于物外，有几分神仙的姿态。这里，与事物保持适当的距离是个关键。优游于万物间，是谓逍遥。不以物喜，不以己悲。庄子讲“至人无我”，晋人心领神会。佛教于晋朝流行中国并扎下根来，与这股玄风很有关联，静、空、玄、远，天然合拍。

佛教与玄风的这种关联尚须细察，学者们不妨设专题研究。

史料记载：“谢（安）悠然远想，有高世之志。”有一次，王羲之劝谢太傅，勿以清谈误了政事，谢安一笑而答：“秦任商鞅，二世而亡，岂清言致患邪？”

王羲之瞠目以对。

名缰利锁的俗物，由于近距离的互相缠斗，“一微尘内斗英雄”（白居易），下场多不好。两败俱伤的例子多如牛毛。而目光长远的人、急流抽身的人、“把臂入林”的人、退一步海阔天空的人，永远是少数。

王丞相不善饮，三两杯就醉了。族人聚饮，官员邀饮，清客们畅饮，王丞相小酌。丞相尝语人：“尔等饮酒酣畅淋漓，我今生是享受不到了。”

晋人饮酒，动不动就三斗五斗。顾恺之作画，王羲之挥毫，酒杯是不离手的。

初，石崇设家宴于中原的河阳，邀请王导、王敦。这石崇是燕人，累迁散骑常侍、侍中、荆州刺史，以黑吃黑的方式吃掉了荆州豪富的财产，恶霸一方；又以金钱巩固权势，以权势吸来更多的金钱，循环坐大。石崇与人斗富，从未落过下风，有皇帝作后盾的巨富王恺也败给了他。比如王恺用丝绸做了四十里长的步障（贵人出行时拉起的帷幕），石崇就用锦缎做五十里长的步障。石崇家中的厕所金碧辉煌，点着名贵的沉香，十几个漂亮女子，笑容如同绽开的鲜花，她们环侍客人如厕。如厕的细节不少，譬如客人要脱衣服。有些客人羞于让侍女们脱光身子穿新衣，宁愿在宴席上憋着。王敦则不然，他要去厕所，“脱故衣，着新衣，神色傲然”。侍女们议论说：“此客必能作贼！”

侍女的议论倒也不差，王敦想做窃国大盗。

王导是政治家，应邀赴石崇的家宴，不可能拒绝石崇。政治这东西讲究“势”与“时”，王导识大势，要剪除黑恶势力也须看时机。该做的表面文章还得做。去石崇府的路上，王敦谈起石家与众不同的厕所，王导默然。王敦又说起连石崇和王恺都自愧不如的、当年的巨富王济，王济用人乳喂小猪，那乳猪肉入口异常美妙。王导仍不言。

平日里滔滔不绝的清议领袖，此间三缄其口。也许他在想，王敦老去石崇家做什么呢？王敦和王恺也走得近……意态高远的王导，此刻心事重重。他与堂兄自幼情笃。

石崇豪宅迤逦几十里，亭台楼榭夺天工。而王导居家节俭是出了名的，有时候连水果都舍不得吃，用蜡烛照明时，一个房间只点一烛。石崇家却用蜡烛烧饭。钟鸣鼎食之家，当柴火用的蜡烛堆成山。王导的车驾经过“蜡烛山”，神色无异样。

石崇府的豪宴，除了人乳喂的蒸小猪什么都不缺。席前，歌姬舞女云集，或红巾侑酒，或长袖起舞。她们一个个却显得紧张。王导转问王敦，王敦笑而不答。王敦已经去了几回厕所，换了新衣再换新衣，落拓回座，潇洒抖新衣……

美人歌舞间，目光投向王敦手中的酒杯，隐隐有乞求。王敦含笑自饮，美人渐渐放松，舞姿柔软，红唇开合，歌声飞出了华府的雕窗。然而王敦突然停杯不饮，美人顿时花容失色。不是一个美人，而是一群美人，“蜂腰削肩俱乱”。

曼妙的舞姿忽如枯枝摇曳，更如同严冬袭击了春天，风刀霜剑破花刺蕊。

石崇笑了笑，他知道王敦在玩。王敦玩厕所，然后玩细腰。美人哆哆嗦嗦列队敬酒，王敦“笑而却之”。石崇请客设宴的老规矩，“常令美人行酒，客饮酒不尽者，使黄门交斩美人”。黄门：宦者，魏晋的高官富豪家中也有宦者侍候。交斩：轮番杀掉。

美人敬酒一次，客不饮，黄门围捉而杀之；再敬，再不饮，再杀之。如果座中有几个客人同时拒绝饮酒，那就美人头满地滚了。巨富石崇定的这个规矩，历代的皇宫也没有，实在是空前绝后。无独有偶，若干年以后，北方“五胡乱华”，后赵国有个名叫石虎的人秉政，“猎车千乘，养兽万里，夺人妻女，盈宫十万”。

“夺人妻女，盈宫十万”，石虎创下了历史之最，不知道他抢去那么多的女人做什么。正如21世纪的美国华尔街，魔鬼般的金融大鳄们，吃人不吐骨头，仅一个麦道夫，就利用庞氏骗局诈骗美元达七千亿，不知道他骗去那么多的钱做什么。

资本的疯狂直接通向皇权的嚣张。西方资本逻辑的破坏力远远大于封建皇权。石崇、石虎，连同那个麦道夫，历史要记住这些人。

《世说新语·汰侈》：“丞相素不能饮，辄自勉强，至于沉醉。每至大将军，固不饮以观其变。已斩三人，颜色如故，尚不肯饮。”已斩三人，王敦尚不肯饮，第四颗美人头从优美的脖子上滚下地来，洁白的玉齿咬死了地衣（地毯），也许还有第五颗……王敦与石崇斗狠，双方皆是神色自若。美人头飞时，红唇犹惨叫，听上去像动人的音乐。

在王恺府中上演过同样的惨剧：一歌女唱歌走调，头就没了。王敦抱臂，如观喜剧。

王丞相苦苦撑着。他斥责王敦，王敦叫道：“石崇杀他自己家里的人，关你什么事？”

《世说新语》讲这故事到此为止。“常令美人行酒……使黄门交斩之”，表明是经常发生的事。那一天，王导无力制止石崇杀人，只能斥责堂兄。王敦不服，反而说王导多管闲事。看来斗狠要接着斗下去。一个是首富，另一个是驸马都尉（后来的王大将军），仁慈的王导夹在他二人中间。王导的悲剧在于：眼睁睁看着血淋淋的暴行再三发生。

为一小理由，挥刀砍人头。这可不是作家的虚构。

何谓杀人如草芥？这便是了。

王丞相烂醉如泥。此后他很长时间不饮酒，闻到酒味，耳边就响起女孩儿一声声的惨叫；看见酒坛子，就想起血污乱滚的美人头，犹咬地衣的美人头。

晋室南渡后，王敦拥兵十万踞武昌，虎视下游的石头城……

老天爷还是有眼的，“多行不义必自毙”。300 年，石崇勾结淮南王司马允谋反被诛，腰斩于市，断为两截，污血流入阴沟；石崇一族遭灭族，那就不止几十个人头满地滚了。诛杀石崇的赵王司马伦，素与王导相善。王导是否参与了诛杀石崇，史料无记载。

王敦有野心，也未能善终。在本书另文讲述王导与王敦的故事之前，先引一则《世说新语·识鉴》：“潘阳仲见王敦小时，谓曰：‘君蜂目已露，但豺声未振耳。必能食人，亦当为人所食。’”蜂目：蜂子那样的眼睛。豺声：豺狼那般的声音。

俗话说“三岁看大，七岁看老”，这句话不知在民间传了几百年。

醉翁欧阳修，酒坛子张方平

欧阳修字永叔，是李白的同乡，出生于四川绵阳，幼年随宦游的父亲迁往江南泰州。他四岁丧父，其母郑氏艰难拖大了一儿一女。历代文豪多有早年丧父的经历，这个现象有两个结果：一是相对自由，二是获得母性的仁慈。文豪们做官大抵是好官，与后者有牵连。

早年未丧父，父亲又常常宦游在外者，比如白居易、王安石。

欧阳修长得不好看，“面白过耳，唇不包齿”，“唇不包齿”，今之蜀人叫作地包天。他又瘦小，“目眊”，小眼睛高度近视。为了考进士他加倍用功，可怜两次铩羽，咬咬牙准备再考。二十二岁入随州的胥偃府，向做过翰林学士的胥大人学习诗、赋、古文、骈文。胥家的二女儿蹦蹦跳跳，叫他一声欧阳哥哥，他苍白的脸颊顿时红如秋海棠。近视眼瞧瞧她的面影背影侧影，不觉把头低了，愣一会儿才回房温书。如是者数也。何谓自惭形秽？想想青年欧阳修就知道了。一只寄人篱下的癞蛤蟆，可不敢奢望那美妙的天鹅肉。

宋真宗《劝学篇》：“书中自有黄金屋……书中自有颜如玉。”

欧阳修二十四岁高中进士，在汴京城里亢奋得东奔西走，脸红筋胀。双喜临门：胥小姐成了他的新娘。人生一大转折呀，金榜，金榜！寒冷的书窗忽然通向温暖的洞房。

主考官晏殊接见名列前茅的进士，当面鄙夷欧阳修：“原来是个眊目病弱少年。”一盆冷水，把满腔热血的欧阳修泼得手脚冰凉，于众目睽睽之下，重拾了自己久违的丑陋。

这个晏殊，瞧不起柳永，羞辱欧阳修，后来又于科场做王安石的手脚。晏殊做官有政声，毛病也不少。他生得相貌堂堂，似乎认为别人的外表都应该向他看齐。

欧阳修初仕西京洛阳，做了一名推官，跟着知府钱惟演，公务之余纵酒狂歌，盘桓章台舞榭。宋人初仕曰“磨勘”，磨炼，勘察，一般三年，不带家眷。钱惟演是吴越王钱俶的儿子，气宇轩昂的老贵族兼著名诗人，将一批诗人招到他旗下，富弼、张先、梅尧臣、范仲淹等，俱是才华横溢的诗人，更是后来的名臣。梅尧臣绰号“梅二丈”，身高或逾一米九，欧阳修仰望他，脖子都有点酸了，却说：“尔是贾岛，吾乃韩愈。”“梅二丈”埋头瞅他半天，丈二和尚摸不着头脑。二十几岁的欧阳修竟然以一代文宗韩愈自居。

“唐宋八大家”，宋人占六席。宋代以欧阳修为首，王安石、“三苏”父子、曾巩俱出欧公门下。欧阳修的一生极丰富，他是古文运动的倡导者，是嘉祐二年科举改革的推行者，是历史学家、金石收藏家，是婉约词圣手、古琴和围棋的高手，是文人书法的开创者，是举荐贤才的伯乐，是表情丰富、政绩卓著的朝堂高官……

青年欧阳修，却是奔艳趋美劲头高，白天认真工作，夜里吃酒寻欢。洛阳的官妓仅次于汴梁，牡丹花开，红妆成轮，花丛中的欧阳推官带着他的小个头、近视眼和神经质的举止，剧饮剧谈赏美色，俨然走马洛城、泛舟洛水的曹子建再世。

宋代士大夫为政之余的五大兴奋点——美酒、艺术、官妓、远游、学术，欧阳修占全了。他既有宏大的目标，又醉心于日常生活，诗意笼罩，亲情、友情、恋情，般般环绕，这样的人活上一千年，也不会落入无聊的烂泥潭。

士农工商，各得其所。庙堂之高，不废江湖之远。

宋人的生活世界五色斑斓，远胜唐朝，今人要学习。

欧阳修与梅尧臣斗酒，与张方平斗酒，找包拯作中人（裁判）。金陵人张方平生得人高马大，他说渴了，下属就抱来酒坛子，谁送茶谁挨骂。那铁面断案的包拯同样豪饮，喝醉了酒，一张脸黑红黑红的，开口尽量轻言细语，稍不留神便是虎啸狼嗥。后来包拯于汴京敬王安石的酒，安石拒饮，双方闹得不愉快，司马光回家写日记，记下了这件事。

北宋仁宗朝，名臣如云，名单可列一大串。宋仁宗在位四十二年。

欧阳修与张方平有些不和睦，当有性格、政见等多重原因。彼此不大待见，但一些场合的相遇，避免不了。两人又都年轻气盛，斗鸡眼一般互相盯上了，像两块磁铁一般紧紧吸附了。冤家路窄，人海茫茫他二人偏要头碰头，目光缠作一团，斗气，斗嘴，斗酒，斗狠。一个瘦小，一个高大，欧阳修是要吃亏的。包公劝他，他横竖不听。

在洛水边的一座酒楼上，二人从午后斗到黄昏，从黄昏斗到满天星辰。包拯守着张方平带来的大酒坛子。张先、范镇、富弼在场。洛阳府尹钱惟演与诗友杨亿来观战，须臾，大笑而去。欧阳修的肚子撑得溜圆了，上厕所松一松，回来灌酒，复又撑起。

蜀人范镇说："永叔要雄起！"

张方平体重二百斤，故意将熊腰竖得笔直，状如一座塔，俯瞰欧阳修。欧阳修跳上了酒桌，反而俯视张方平，笑饮一大盏。张方平酒酣兴狂，单手叉腰称："区区刘伶，走路贴了地皮，哪里比得山巨源。"欧阳修"眊目欲裂"，吼道："山涛肚大没好货！"

包公连连叫苦："讲好了今日只斗酒不斗气，你二人负气如此，本官怎生判断？"

欧阳修与张方平斗酒百余杯，不欢而散。欧阳修提到张方平时，只称："那酒坛子……"

宋代已有烈性酒，酒精度数在三十度以上。洛阳酒楼千余家，汴京的酒楼三千多家。

庆历三年（1043），范仲淹等人发起声势浩大的"庆历新政"，矛头直指贪官庸官、豪门贵族。新政有仁宗皇帝支持，一批贤臣卷入其中。欧阳修时任知谏院，居言路之要津，担当新政的理论家。他写下《朋党论》，公开亮出朋党的旗帜，鼓吹贤人政治："大凡君子与君子以同道为朋，小人与小人以同利为朋……"

这是一个沉重的话题，利益的勾结容易形成合力，而道义的联盟常以失败告终。为什么？因为君子有所不为，小人无所不为，把能量发挥到极致。小人击败君子，乃是古代屡见不鲜的历史现象。小人大获全胜，再宣称自己就是君子……公元 11 世纪中叶，既得利益集团的头子，是掌握兵权的枢密使夏竦，论职位，范仲淹是他的副手。小人迅速联手疯狂反扑，连皇帝也招架不住，所以改变了支持新政的初衷。庆历新政不到一年就收场了，范仲淹、韩琦、欧阳修相继被贬出了京师。

四十岁的欧阳修被贬为滁州（今安徽滁州）太守，滁州的州县人口约十万，与扬州、江宁（今南京）遥遥在望。北宋三百二十个州，分大、中、小三等，滁州是小州。滁州青山绿水绕城郭，民风好得不得了。山水永远朴素，人在山水怀抱中。欧阳修写信给梅尧臣："某此，愈久愈乐，不独为学之外，有山水琴酒之适而已，小邦为政，期年粗有所成。固知古人不忽小官有以也！"有以：有原因。

此间，欧阳修已动笔撰写七十四卷的《新五代史》。他也是《新唐书》的作者之一。

美政美酒美山水，美琴美文美人心，太守四十多岁，焉能不乐？

他人文素养好，执政能力强，走到哪儿都能乐陶陶。两宋第一美文《醉翁亭记》诞生了："环滁皆山也，其西南诸峰，林壑尤美，望之蔚然而深秀者，琅琊也。山行六七里，渐闻水声潺潺，而泻出于两峰之间，酿泉也。峰回路转，有亭翼然临于泉上者，醉翁亭也。作亭者谁？山之僧智仙也。名之者谁？太守自谓也。太守与客来饮于此，饮少辄醉，而年又最高，故自号曰醉翁也。醉翁之意不在酒，在乎山水之间也……"

呵，也也也……优哉游哉，妙哉美哉，醉翁陶醉于山水的形象呼之欲出也，横呈纸上也，流芳百世也，端的感染人。从此，"醉翁"一词，不须申请专利而专属欧阳修也。

人与自然如此相处，多好。我当年写道：时下总有一些人，一见土壤的松软就来气，恨不得硬化九百六十余万平方公里的土地。

而我们祖祖辈辈居住的天府之国、川西坝子，生态环境难言乐观。孩提时代随处可见的金麦田，如今很少见了。提这个心疼。水脏了，雾毒了，地病了，丘山的树种单一了，天幕上的星星消失大半。哦，曾经繁星满天，星星多得吓人……

"为什么我的眼里常含泪水？因为我对这土地爱得深沉。"

中年的欧阳修酒量下降，应该是身体的状况不如从前了。他体质底子薄，又操劳，连年劳心兼闹心。他是容易受伤的男人，类似白居易，内心的坚硬不及李白、杜甫、苏东坡。做京官时，政敌曾经诬告他与养女有染，导致京师舆论沸腾。他气得很……

他在小邦干得出色，调大邦扬州做知州，一样的勤于官事，爱民如子。扬州百姓在平山堂前栽了一棵“欧公柳”，欧阳修升迁后，继任者姓薛，阴使人种了一棵“薛公柳”，试图与欧公柳“柔条相招呼”。后来薛被调走，当晚就有人拔掉了薛公柳。后来苏东坡任扬州知州，欧公早已仙逝，平山堂前杨柳依依，诉说着扬州人的怀念、苏子的惆怅。

平山堂位于蜀冈之上，依山临水，视野宏阔，“壮丽为淮南第一”（叶梦得），是欧阳修亲自设计的，一似他在滁州建丰乐亭。苏轼则于黄州起黄楼，在密州建超然台，在杭州西湖筑苏堤，在儋州盖桄榔庵。宋代官员于建筑多有嗜好，一砖一木，注入了心血，融入诗人的想象和工匠的精确。宋代的建筑“简洁尚意”，与服饰、器皿、书画的风格是统一的。文人主政近三百年，价值体系大致清晰，士大夫的情趣主导了生活方式。

且说“醉翁”欧阳修醉于平山堂，僚属簇拥，艳姬娇娥云集，“佳人舞点金钗溜”。欧词名篇《朝中措》：“平山阑槛倚晴空，山色有无中。手种堂前垂柳，别来几度春风。　　文章太守，挥毫万字，一饮千钟。行乐直须年少，樽前看取衰翁。”词是他知扬州几年后写的。真是“老夫聊发少年狂”，要一饮千钟。苏词：“认得醉翁语，山色有无中。”苏轼记错了，“山色有无中”是王维的佳句。另外，有人说因为欧阳修视力不好，看山才若有若无。欧公大约想起了洛阳的青春岁月，打马纵酒胡闹，于里巷大呼小叫，于是归为一声叹：“樽前看取衰翁。”而刚才还宣称要豪饮一千钟呢，这句子，带出了欧阳修的身心特征：忽而气足，忽而气衰。欧词名句：“日日花前常病酒，不辞镜里朱颜瘦。”

前面提过，欧公的一生操劳太多，兴趣太广。政事、文事、家事、书事、佛事、琴事、棋事、集古事、冶游事……事事关心。

欧阳修年近半百知颍州（今安徽阜阳），写十首小词《采桑子》，全是赞叹颍州西湖。“天下西湖三十六”，据说颍州的西湖仅次于杭州西湖。其三云：“画船载酒西湖好，急管繁弦，玉盏催传，稳泛平波任醉眠。　　行云却在行舟下，空水澄鲜。俯仰留连，疑是湖中别有天。”玉盏催传，类似击鼓传花的游戏，传玉盏的，不用说多是玉手。她们闹够了，醉翁睡着了，一梦醒来的刹那间，发现行云在行舟之下，混淆了人境仙境，真真舒服极了。其四："群芳过后西湖好，狼藉残红，飞絮濛濛，垂柳阑干尽日风。　　笙歌散尽游人去，始觉春空，垂下帘栊，双燕归来细雨中。"

伤春的诗人形单影只，于是才看见双燕归来。情绪的描画点到为止。蕴藉风流，此之谓也。古代优秀诗人是捕捉情绪的好手。这首《采桑子》（其四），我个人特别喜欢。

其后，欧阳修做京官十余年，知贡举（科举主考官），参知政事（副宰相），一双病眼为国家挑人才，荐富弼、文彦博、王安石、吕公著等，也有看走眼的时候，比如举荐吕惠卿——此人后来专咬恩人。作为副宰相和文坛领袖、史学大家，欧阳修的暮年光景有如旭日初升。"谁道人生无再少？"他发现了"三苏"父子，尤其发现了苏轼，"读轼书，不觉汗出"。他对儿子欧阳发说："老夫当避路，放他出一头地也。""三十年后，世上人更不道著我也。"五十多岁的欧阳修对二十二岁的苏轼几近崇拜，读苏轼的文章，惊出一身汗。恰似白发苍苍的白居易对年轻的李商隐说："让我来生做你儿子吧！"

古代许多佳话，今日已成神话。

"三苏"父子从眉山赴京，原是携带了益州太守张方平写给欧阳修的举荐信。两个长期不和的大人物，等于联手把"三苏"推上政坛、文坛。中国精英文化的接力棒，由一只更为强劲的大手接了过去。陈寅恪讲宋代是中国文化的巅峰，屹立巅峰之旗手，先有欧阳修，后有苏东坡。历史向来不缺偶然性，如果欧阳子看苏子看走了眼，势必影响文化的传承。

历史记住了嘉祐三年（1058），庐陵欧阳修，欢呼眉山苏子瞻。

几年后张方平回汴京担任刑部侍郎，欧阳修设家宴款待，苏轼、曾巩等作陪。张方平依然海量，欧阳修斗不过他了。提起当年斗百杯，跳上酒桌逞强，高楼东歪西倒，跑厕所脚都跑酸了，钱惟演来观，包龙图傻眼……二公携手大笑，多少年的恩怨一杯尽消。欧公即兴来一段胡旋舞，唱几句"人约黄昏后"。张侍郎击节，苏子瞻"插花起舞为公寿"。

这一天是欧阳永叔先生的生日。文坛领袖，举止如男孩儿。

卷十一

美

美是差异，美是『无利害的愉悦』。中国古代的城乡布局也是审美布局，『充满劳绩，但人诗意地栖居在大地上』，房前屋后皆风景，一丘一壑亦风流。美政，美辞，美服饰，美的风俗，美的建筑、艺术与器皿。美在四面八方，美在方寸之间。质朴的人燃点低，美感强，快乐的空间大。

审美固然有先天的遗传因素，却更是后天培养而获得的一种能力。不下功夫，美的照面要打折扣。热爱生活，崇尚自然，丰富的美感不期而至。

屈原：美政，美辞，美姿容

屈原首先是政治家，《离骚》是其美政失败的产物。屈原将美政冲动保存在词语中。韩愈说："楚，大国也，其亡也，以屈原鸣。"《楚辞》表达了八百年楚国，楚国因之而万年不死。如同李煜的词出色地表达了南唐，南唐三千里地山河因之而不死。

春秋末年及战国时期，中原的士大夫往往是以诸国为国的，"朝秦暮楚"是常态。孔子的大视野，使他必须把目光越过鲁国，为周天下奔波，"克己复礼"，重建周公秩序。南方的诸侯大国则不同，楚国的历史可以上溯到公元前一千多年，风俗、语言自成一体。孔子以天下为己任，屈原以楚国为担当。

屈原为左徒，类似副丞相，又是楚怀王的侍读和"王友"，他的政治主张是联齐抗秦。令尹（相当于丞相）子椒、王妃郑袖接受了张仪的游说和贿赂，要倒向秦国，与屈原对着干。那张仪是战国末期的一个奇人，凭借三寸不烂之舌游说各诸侯国的君主，为秦国吞并六国扫清障碍。在楚国，张仪最大的障碍就是屈原，于是设百计加以陷害，离间屈原与楚怀王。

楚怀王摇摆不定，忽而觉得联齐好，过一阵又认为秦国的君主对他不错，答应送他商於之地六百里。屈原苦劝，怀王不听。齐国毕竟遥远，而楚与秦是近邻。楚怀王听信令尹子椒和近臣靳尚，夜里，郑袖又吹枕边风。郑袖生得艳冶，极富心计。有个长袖善舞的漂亮宫女受怀王青睐，这宫女的鼻子尤其好看，人见人夸。郑袖却对宫女说："你的鼻子虽然挺直妩媚，但鼻头稍稍翘了一点，不是咱国君喜欢的类型。你瞧我的鼻子挺而不翘，直而不露（鼻孔），我看你呀，受宠的日子长不了。"

翘鼻头的宫女顿时慌了神，郑袖笑道："可是你的眼睛嘴唇很好看呀，还有你与众不同的下巴！你要扬长避短，君王召幸你，你捂着鼻子或掩着鼻子好啦。"

于是，这宫女在楚怀王的面前不是捂鼻子就是遮掩鼻子，怀王疑惑了，转而问郑袖，郑袖说："她是嫌你的腋下有股子不好闻的气味儿，还宫里宫外乱讲，章华宫都传开了！"

楚怀王大怒，下令削掉宫女的鼻子。可怜的宫女，可怜的楚宫第一俏鼻头。楚地有句俗语："翘翘鼻头，嫁与王侯。"郑袖的手段由此可见。她收下张仪的重金，盯上了屈原。子椒、上官大夫等一帮大臣也盯上了屈原，具有政治远见的屈原几乎孤军奋战。

屈原看清了虎视六国的强秦，识透了张仪的狼子野心，可是毫无办法。作为王友，他多年伴随怀王左右，"入则与王图议国事，……怀王使屈原造为宪令"。他苦口婆心地说呀说呀，殚精竭虑地写呀写呀，怀王不耐烦了，有时候竟然拂袖而去。上官大夫在宫廷的台阶上抢夺屈原的宪令草稿，竟然对其拳打脚踢……

郑袖美目乱转，瞅时机便讲屈原的坏话，同时给屈原下套。郭沫若先生写话剧《屈原》，安排郑袖勾引屈原，在后花园强行投怀送抱，浪给怀王瞧见，然后反咬屈原非礼她。这虚构的情节并非凭空杜撰，屈原与郑袖是经常见面的，彼此有过好感。屈原才华横溢又生得玉树临风，而郑袖妖媚，色胆包天。

那个年代的女人，尚未受到礼教的束缚，活得比较奔放。郭沫若笔下的郑袖，能随口朗诵《九歌》等诗篇。屈原对她不设防，落入她的粉色圈套。

楚怀王怒，从此疏远屈原。王与大臣之间的关系看来还是宽松的，换成汉唐，屈原搂着君王的爱妃要掉脑袋。

屈原全力抗争，怀王冷淡日甚，放逐是早晚的事。一大群大臣各怀鬼胎攻倒屈原于他们各有好处。"兰芷变而不芳兮，荃蕙化而为茅。何昔日之芳草兮，今直为此萧艾也？"萧艾：杂草，喻政坛小人。利益纷争加剧之时，总有些昔日的君子翻脸便是小人。

联齐抗秦的战略，终于被多年骑墙的楚怀王抛弃了，楚国一步步靠近灭顶之灾。屈原心忧如焚，只有几个将军赞同他。国王、太子、令尹、郑袖……全站在他的对立面。真理在他这一边，可是谁相信呢？谁会认同他的政治远见？利益相勾连的政要们，平时互相倾轧，此间勾成了铁板一块，智慧之针插不进去，远见之水泼不进去。

汉、唐、宋，这类历史现象实在太多。唐的瞬间垮掉，宋的急剧衰败，皆因持远见者势单力薄。所谓历史进步，常常是学者们的一种自我安慰。

屈原滔滔不绝，被视为疯话连篇；佩香兰，持瑞草，被人嘲笑孤芳自赏，脑子出了问题。他沮丧、痛苦、绝望，绝望的后面还是绝望，唯一剩下了说和写。如果屈原不是一个诗人，或者说，不是一个杰出的诗人，我估计他早就精神崩溃了，不会等到郢都（楚国的国都）毁灭的时刻才自沉于汨罗江。

《离骚》《天问》《哀郢》《怀沙》等篇什，乃是绝望之泉喷射的绝美之花。

"悲剧将人生的有价值的东西毁灭给人看。"（鲁迅）

"岂余身之惮殃兮，恐皇舆之败绩。"皇舆：帝王的车驾，指国运。屈原不惧死，只怕楚国亡。然而楚怀王驱逐他，命他去汉江之北的云梦狩猎区与鸟兽为伍，将其官职削为三闾大夫。云梦区九年，洞庭湖畔十年，中间有过短暂的时光复职回郢都，亲秦派又把他赶走。希望总是落入绝望，反反复复地折困。想要逼疯他的权臣接二连三。

斗争三十余年，几度曙光初现，忽然又跌进黑暗的深渊。眼看着亲爱的祖国毁于几双弄权手。鞭子抽打灵魂，怪兽啃咬肉身，逼出了钻石般坚硬而璀璨的文字。中国开端性的诗人竟是这样！有良知和远见的士大夫与君王的结构性矛盾，开端性地彰显出来。

开端性的文化伟人，开端性地到处流浪。

司马迁说："屈平疾王听之不聪也，谗陷之蔽明也，邪曲之害公也，方正之不容也，故忧愁幽思而作《离骚》……推此志也，虽与日月争光可也！"

太史公讲得真好。

"余固知謇謇之为患兮，忍而不能舍也。指九天以为正兮，夫惟灵修之故也。……初既与余成言兮，后悔遁而有他。余既不难夫离别兮，伤灵修之数化！"謇謇：口吃貌，屈原因强谏楚怀王而语无伦次。正：通"证"。灵修：指怀王。成言：既成的约定。数化：几次变化。善于骑墙的楚怀王朝三暮四，朝令夕改。这个骨子里的软蛋，有时突然发狠……

“民生各有所乐兮，余独好修以为常。虽体解吾犹未变兮，岂余心之可惩？”体解：肢解。惩：后悔。

道德君子以修身为常态，此与中原儒家的信条相似。政治远见由修身出。利益勾连之辈注定沦为短视者。楚国危机四伏，表面上一派繁荣（与盛唐多么相似）。谁相信这个南方大国会一朝垮掉呢？所以，远见者不是一般意义上的远见者，曲高和寡，高处不胜寒。联齐派和亲秦派的斗争，庶几你死我活。

君子越来越少，小人密密麻麻。满朝圆滑的脑袋专打小算盘，方正的大臣日益孤单。

一般来说，小人不会认为自己是小人。“惟夫党人之偷乐兮，路幽昧以险隘……民好恶其不同兮，惟此党人其独异。户服艾以盈要（腰）兮，谓幽兰其不可佩。”结党营私的贵胄官僚太多，他们崇尚恶草，反而指斥有王者之香的兰草。

“屈心而抑志兮，忍尤而攘诟。伏清白以死直兮，固前圣之所厚！”

一说《离骚》作于中年，那么，屈原的殉国之心早就有了。先行到死二十余年，与死亡意象朝夕相伴。死亡一点点变得亲切——这是近现代西方文学的一大主题，屈原早了两千年。福克纳《喧哗与骚动》写杰生自杀前砸烂手表，因为讨厌的秒针滴滴答答催他赴死，把手表砸烂了，生命之钟随之停转。换言之，杰生活着的每一秒都在奔向死亡。

“既莫足与为美政兮，吾将从彭咸之所居。”彭咸：楚国先贤，投水而死，民间传为长居江底的水神。《离骚》的最后一句，再度端出死亡。

“美政”一词，头一次出现在中国诗人的笔下，可使“夜鬼哭”。

楚怀王死了若干年，屈原还活着；楚国的京城郢都被秦国的大将白起攻破，宗庙、王宫、城郭成焦土，百姓仓皇东逃……七十多岁的屈原抱了石头，纵身跳入汨罗江。时在楚顷襄王二十一年（前 278）。

据学者考证，屈原投江前曾回过故乡秭归，父老乡亲挽留他，善解人意的女婴劝他，他还是走了。内心的风暴不能停息，何以安度晚年？徘徊洞庭湖八九年了，先有人陪着他，苦于他没日没夜地驾车疯转，面如囚首，双目若火焰，于是害怕了，跑掉了。

屈子一个人的洞庭湖……当时洞庭湖的水域面积很大，远不止八百里。楚国五千里大地，寸寸绕寸心。国之将亡也，人之将死也，倒是心如止水，倒是波澜不惊。哦，亲爱的、亲爱的祖国啊，永远永远说不尽道不完的祖国啊。

“暾将出兮东方，照吾槛兮扶桑。抚余马兮安驱，夜皎皎兮既明。”这是日神东君的形象。“秋兰兮青青，绿叶兮紫茎。满堂兮美人，忽独与余兮目成。入不言兮出不辞，乘回风兮载云旗。悲莫悲兮生别离，乐莫乐兮新相知……”这是司恋爱的处女神少司命的形象。目成：少司命与神堂中以巫者出现的屈原眉目传情。

这些句子，晋人玩味终日，不辨晨昏也，唐人宋人顶礼膜拜……《楚辞》的源头性美感俯拾皆是。

“帝子降兮北渚，目眇眇兮愁予。袅袅兮秋风，洞庭波兮木叶下。”帝子指湘夫人。舜帝巡视南方累死了，湘妃泪尽投入湘水……屈原的诗篇中，美神与死神拆解不开。他是唯美的，生活、艺术、政治，容不得半点瑕疵：“纷吾既有此内美兮，又重之以修能。”修能：优秀的治国才能。屈原几十年激烈，却有非凡的能力在激烈中逗留，展开他那令人眼花缭乱的丰富想象。他是巫、神、鬼，是草木虫鱼，是雨雪雷电，是天庭的漫步者、江湖的巡视者、宇宙的追问者。屈原千姿百态，他活在汉语艺术的弹性空间中、无穷张力中。他的作品是多维度的，具有多重指向。

《诗经》表达了北方，《楚辞》表达了南方。换言之，《诗经》是黄河流域的产物，《楚辞》是长江流域的产物。汉代将《诗经》中的《国风》和《楚辞》中的《离骚》共称“风骚”，这中间，赫然有华夏人文地理的奥妙。《楚辞》与楚声、楚乐、楚舞、楚俗密切相关。而能以楚声诵《楚辞》者，唐代就绝迹了。

欲识中华民族的源头性美感，不妨打开《诗经》和《楚辞》这两部大书。

《离骚》通篇激烈，人神巫共唱楚国的挽歌。叩天门，访神灵，求占卜，诗人忧心忡忡而又通体优雅，“老冉冉其将至兮，恐修名之不立。朝饮木兰之坠露兮，夕餐秋菊之落英。”嚼花咀蕊，晋唐宋之蔚为风尚始于此也。美饰，美食，美气息，美姿容。

楚人刚劲，却不乏优雅妩媚，阳刚与阴柔尚未截然分界。

屈原流露到作品中的形象，忽而男，忽而女，忽而神，忽而巫。

屈原生得高大俊美，这是“王友”的必备条件之一。鲜花香草常为饰物，他吸引王妃郑袖的目光是可以想象的，郑袖十六七岁唱《橘颂》：“后皇嘉树，橘徕服兮。受命不迁，生南国兮。深固难徙，更壹志兮……”美政冲动受阻，“路漫漫其修远兮，吾将上下而求索”。恶草威胁着幽兰，屈原将芳草鲜花挂满了全身，傲然过王宫，一身正气凛然不可犯，明告小人，明示君王。

屈原摆出了决战的架势：“虽九死其犹未悔！”

然而恶草的疯长已成大势，铺天盖地了。

利益相勾连的恶草们大获全胜，相约大笑：“屈原奇装异服，哈哈，屈原想变成奇花异草！白净面孔血红，修长四肢乱舞，他疯了！”

而屈原至美的形象，流布华夏两千三百余年。

《楚辞》辉映《诗经》，华夏民族的源头性美感闪现。

1953 年，屈原被世界和平理事会列为“世界四大文化名人”之一。

郗璇与王羲之："极品"夫妻，数十年氤氲调畅

王羲之字逸少，在乌衣巷长大，有两个卫夫人悉心照顾他，一个是他的生母，另一个是他的姨母。姨母卫夫人的书法大有名气，她培育了"书圣"王羲之。东晋的善书者比比皆是，其中不乏女性。晋以后的朝代，女书法家似乎绝迹了。这当然与礼教的千年束缚有关。

王羲之生长于乌衣豪门，童年却过得紧张，心里有一团挥之不去的阴影：他父亲王旷是不明不白死在江北的。家里人一直不敢问朝廷，王导丞相也绝口不提。父亲的消失好像是一件极不光彩的事，整个家族讳莫如深。这件事左右了王羲之的性格走向，他寡言，"涩讷"，举止不阳光，面容总是浮着一层忧郁。乌衣巷的尽头有一棵老槐树，少年王逸少经常在树下伫望远方，没有人知道他在想什么。乌衣少年立尽黄昏。

顺便提一句，古今中外优秀的作家、艺术家，很难找到一个所谓性格阳光型的。内心不能赢得纵深，哪里会有出色的生存表达？形成内心纵深的过程曲折而漫长，谁愿意主动谋求逆境呢？孔夫子提倡木讷："君子欲讷于言而敏于行。"

涩讷的王羲之，二十岁又遭遇了王氏家族的惨剧：两位亲爱的伯父以兵刃相见，王导指挥的金陵军队与王敦的武昌兵大战于石头城，秦淮河血浪滚滚。大伯父王敦造反夺皇位，使明白事理的王羲之痛苦不堪……

童年、少年、青年，"书圣"的内心翻波涌浪。"骨鲠"性格在锤炼中。他长成了翩翩美少年，史料称逸少"美而长白"。由于他富有质感的沉默，由于眼中那一抹淡淡的忧郁，使他的俊美显得异乎寻常。不用说，王羲之的孩提时代是有自卑心理的，涩讷，开口脸就红，吐词结结巴巴，天天受同龄人的嘲笑，唯

恐别人提到自己的父亲。他一度羡慕那些油嘴滑舌的王家少年。人们对他不屑一顾。直到十三岁，名士周伯仁于宴席上请他吃唯一的“牛心炙”（烤炙的牛心），大大提升了他的自信心。这个周伯仁，皇帝和王导丞相都敬他。

周伯仁的一句点评，当时千金谁买。

没有那颗决定性的“牛心炙”，“书圣”的成长更艰难，能否成器也难说。

乌衣巷的王谢两族，天资聪颖的男孩子多如牛毛，周伯仁何以一眼看中王羲之？看来大名士并非徒有虚名。不过，名大盛，又形成新的遮蔽。后来周伯仁在历史的紧要关头玩掉了自己的脑袋。《世说新语》讲周伯仁的故事很多。

王羲之二十四岁了，醉心于书法，追随才气横溢的姨母，不谈婚事。

金陵城羡慕着乌衣巷，乌衣巷的子弟们，暗恋着号称金陵头号佳丽的郗璇。王家少年谈郗璇，谢家弟子就不大高兴。其他南迁的大族，如庾氏、陶氏、桓氏，不知有多少年轻人说起郗璇双眼就放光。有个桓家的大龄青年桓冲，迷郗璇神魂颠倒，“日瘦七斤”，又十余天“恒卧”，大做白日梦。桓将军拿鞭子抽他也抽不醒。

郗璇字子房，是太尉郗鉴的女儿。她究竟有多美呢？单说一条：郗子房九十多岁尚与人讨论皮肤弹性的问题。这位贵族少女内蓄典雅，举止飘逸。“汉初三杰”之首张子房“貌若妇人好女”，东晋的郗子房心向往之。郗鉴给女儿取名字是有考虑的，郗太尉既有军事才能，又是老庄之徒，道家修养称一流。东晋有这大气候。另外，魏晋的女人有名有字，且能传下来，唐宋是没有的。我近年发现了这一点。

郗家要择佳婿了，消息一传开，石头城轰动，乌衣巷沸腾。王谢两家的子弟跃跃欲试，竞夸才华与相貌。王家占了上风，谢家不免颓唐。那个桓冲驾了马车在郗太尉的府第前冲来冲去，三日凶巴巴“恒冲”，不舍昼夜，以示其绝望。“任诞”之举要被写进书的。

郗鉴正式向王导提亲，王导应允。谢家黯然神伤……

郗鉴应女儿的要求，打算先派个使者到乌衣巷来观察。王导说：“郗子房堪比江东二乔，吾家可以开此先例。”于是郗家的使者走进了王府，一看，有点傻眼。

《晋书》：“王氏诸少并佳，然闻信至，咸自矜持。惟一人在东床坦腹食，独若不闻。”

王氏诸少全都“绷”起来了，从穿戴到表情，唯恐显示不出王家气派。矜持呈现了不自信，堂堂王家的子弟为何不自信呢？原因简单：十八岁的郗子房艳冠石头城。

说甚大乔小乔，恐怕连貂蝉的美貌也难敌郗璇。貂蝉艳名高，是因为她卷入了政治旋涡……

唯有一男子东床坦腹，吃着胡饼一类的食物，咬得嘎嘣脆。坦腹，至少光着白皙而匀称的上半身。穿小衣（裤衩）也可能。对竹林诸贤光天化日下的裸体，晋人津津乐道。

郗家的使者问这问那，王氏诸少抢答，个个妙语如珠。谈吐是个重要指标，包括谈吐时的肢体语言，包括语音的抑扬顿挫。王家厅堂，一时成了表演场。诸人抢答也矜持，矜持到一块儿去了，个个都想求异，结果却是趋同，像时下常见的某些作家或书画家。

东床坦腹者，旁若无人，吃饼，观书，眉宇间浮着山林气，偶尔抬眼，托了腮，清澈的目光越过众人投向远方。所谓意态悠远，盖指此也，这可比五官的优美布局、身子的匀称修长更具吸引力。晋人的眼睛善于看见那些看不见的东西，而这个能力，在如今那些一味奔向实用主义的人群中每况愈下。物欲之眼的视域，动态性地收窄……

郗家使者回府。郗鉴听汇报，一旁的俏女儿先开了口：“坦腹者何人？”

郗鉴笑曰：“八九成是王逸少，乳名阿菟的那个。”

郗璇忙问：“练书法入木三分的那个？乌衣巷口伫望夕阳的那个？抱鹅爱鹅、写斗大鹅字的那个？”

使者亦笑：“美而长白的那个。鹤立鸡群的那个。”

郗璇喃喃：“哦，他抱鹅、爱鹅、书写鹅……”

这位金陵佳丽说得有些急了，唇齿吐字鹅像吾。

郗子房满心欢喜嫁给了王羲之，大将军陶侃听说了，点评四个字：“天赐佳偶。”

陶侃是陶渊明的曾祖父。

王氏诸少垂头丧气，红润面孔一片焦黄，恰似萧瑟秋风乍起，片片叶子枯黄。他们万万想不到，“涩讷”的王羲之不发一言，衣冠不整还露肚皮，却赢得了石头城头号佳丽的青睐。其后若干年，江左的贵族子弟纷纷以涩讷为风度，以口吃为炫耀，以坦腹吃胡饼为时尚。人与人见面则曰：“我、我、我……”

蜜月连着蜜月，恩爱夫妻，双双“美而长白”，年复一年的蜜月光景。王羲之已入仕途，为新婚请了两年的“婚假”，中断了刚刚展开的“王友”前程，专心享受二人世界。晋人有这样的生活观。即如穷家子弟，也要爱了再说，就像浪漫的法国人。庄子的气息弥漫到民间了。孔夫子的塑像，总是一副遭冷落生闷气的样子。《世说新语》《晋阳秋》，处处有老庄，孔圣人几乎没立足之地。孔子的出场，往往是可怜巴巴的受打击对象。

建康、南昌、临川、山阴……相爱者一路爱过去也。郗子房生的女儿取名王爱，纪念爱的结晶，可见爱意能走到阳光下，不必怵孔子躲躲闪闪。子曰“仁者爱人”，并不包括男女情爱。夫子怕这个，盖因心理的阴影源远而流长。

郗子房善书如卫夫人，有“女中笔仙”之美名。她父亲郗鉴工草书。她平时撮起指头向空写字，雪白的手腕转动如鹅头，羲之凭窗闲眺，目光受她的皓腕所吸引。墨池黑，鹅头白。新叶嫩绿，牡丹轻红，桂子金黄，一枝腊梅俏悬窗……性格坚硬的王羲之呼吸着妩媚之气。两个卫夫人和长嫂（长兄王籍之的妻子）自他的幼年起便疼爱他，而王家众多的贵妇名媛，她们闪闪烁烁的丽影时远时近。王羲之的书风兼具北方的雄浑和南方的柔媚，她们是有功的，为郗璇的“红颜贡献”做了铺垫。

此一层，历代论书法者罕有涉及。

郗子房熟谙道家图谱，很能生孩子，大抵隔年一胎，她生了七个儿子，一个女儿。更奇的是她驻颜有术，皮肤保持了弹性，魔鬼身材变化小，到八十岁，也仅是“美人垂暮”而已，登山，游泳，吃松粉，饮鹿血，啖熊掌，遍尝奇花异草，偶尔一试五石散。她和丈夫的分歧主要在养生方面。妻子重视植物，丈夫看好矿物。魏晋士族吃五石散成风，郗子房笑观，并不着迷，不过，她屡劝丈夫慎服五石散，未能奏效。

羲之的性格有固执的一面，尝致信友人曰：“服足下五色石膏散，身轻，行动如飞也。”他爬山，乌袍飘逸于峭壁，山民们呼为“升山”。

夫妻二人“穷诸名山”，郗子房但凡能抽身，必以追随丈夫为乐。

在湖南境内的东岳衡山，有一位年近九旬“貌若孺婴”的魏夫人，羲之携子房专程去拜访，请教养生秘诀。魏夫人和三十岁的郗璇一起散步，年龄相差六十岁，看上去像姐妹俩。史料称，这位衡山魏夫人是中国第一个女道士，活了一百多岁。衡山位于衡阳之南，也叫南山，“寿比南山”的南山即指此山，海拔约一千三百米，植物、矿物丰富，极宜人居。

郗璇下山后，越发貌美，体态风流，眉宇间的山林气让名士们纷纷折腰，比如谢安、支遁、孙绰、郗昙——这些名流都是几年后兰亭雅集的活跃分子。孙绰文章，时称第一。支遁和尚名满天下。文韬武略的谢安更不用说……

羲之与子房如影随形，从湖南到江西，从江西到浙江。二人携手登金陵的冶山，并辔十里乌衣巷，合桨流脂淌腻的秦淮河。市民们相约瞻仰他们的风采，谓之江左绝配。王羲之的仕宦生涯断断续续，曾隐居江州（今江西）抚川郡七年。王导丞相“每叹子侄不令（不出色）”，希望最优秀的侄子王逸少跻身朝廷，将来接班，入主丞相府，他婉拒。生活和艺术比权力更重要。再者，朝廷太复杂了。逸少更有自知之明，自己骨鲠的性格天已生就。他致力于化解二伯父与两任大将军之间的矛盾，卓有成效，有功于东晋社稷的稳定。

郗子房的林泉气息，王羲之的道家修为，二者氤氲调畅，相得而益彰。“女中笔仙”与书法圣人，三十多年合铸了顶级风流。二人灵与肉丝丝入扣。“二五之精，妙合而凝。”

子房丰腴多姿，羲之清瘦而刚劲。五石散性大热，有强体固精之奇效，尽管掌握服食膏散的分寸难之又难。东晋士族男子携妓成风，纳妾很普遍，一大原因是服石药，欲甚连年。而王羲之独异，根本不考虑妾或妓。“美而长白”之躯毫无保留地奉献给郗子房，子房的养生驻颜、歌喉琴音，同样奉献给亲爱的夫君。雨腻云香不消细说，夜夜缠绵点到为止——古代中国的情色表达向来是节制的、含蓄的、优雅的。

“诗三百……思无邪。”

他是面如冠玉，她是貌若牡丹。

郗太尉戎马倥偬于南北，偷闲搜寻魏晋大师钟繇、张芝的名帖墨迹，王羲之如获至宝。“羲之顿首顿首”，叩谢岳丈大人。伉俪耳鬓厮磨，挑灯揣摩蔡邕的

《笔论》，不知东方之既白也。这部奇书，曾相继长埋于韦诞墓、钟繇墓九十年。卫夫人从盗墓者的手中重金购得，传予她亲爱的阿菟……

太阳升起了，夫妻双双卸衣睡下，纸上风流，款款转移到另一种风流。

爱着，要有事干，要追求，要进步，两团美妙之气方能够持久地氤氲调畅。

哪有什么“七年之痒”，那是瞎扯。美国人的婚姻平均维持七年，妄图类推全世界。

中年的王羲之在庐山之南盖了别墅，靠近归宗寺，仰望百丈高的玉帘泉瀑布。一家子并仆从三十多口，接山川之灵气，纳天地之精华。泉下有湖泊般的深潭，潭边有石洞。羲之练书法居洞中，倾听奇特的自然交响，那太阳与月光映射的千尺瀑布，霓霞割断，星月跳跃，声、色、势，摄人心魄。仆人们搬进山洞的大堆蚕茧纸，往往数日写完。

“兴来一挥百纸尽”……那郗子房，更是爱意绵绵生妙想，将虎皮褥蚕丝被铺于洞中，燃沉香，弹古琴，盘腿打坐如衡山魏夫人。静极也，动极也——她扑入深潭，侧泳、仰泳、蝶泳、潜泳，活脱脱的一条美人鱼，搅得碧水四溅。那“美而长白”者兴起，扔了鼠须笔，栽蛙式（扎猛子）追她。两人戏水，互戏，哗哗哗的情浪翻滚。

洞中曼妙事，岩壁染风流。

郗璇每日游泳，她亲手缝制的紧身衣类似现代泳装，女仆们惊叹不已。岩泉中饱含的各种微量元素，滋养得她肌肤如玉，浸润得她吹气若兰。

我们的“书圣”闲坐草坡，右手的指头不停地比画，目注山峰、流云、飞鸟、曲水、枯枝。“外师造化”，“书圣”造极也。忽听远远的俏足越丘跃溪而来，羲之含笑回视，曲线曼妙的郗子房“婀娜百端”。二人美目相接，美得不想说话，且听万壑松风。

王羲之大郗璇六岁。

年近四十岁的美妇人又怀孕了。归宗寺的玄远和尚掐算，当有宝贝幼子降生。羲之与爱妻商量，先为儿子取名字：名献之，字子敬。郗璇笑道：“我家七郎，定是凤凰！”

七郎果然是凤凰，王献之的书法名气，后来一度盖过他的父亲。这个地地道道的神童，未满十岁就认为自己的书法与父亲各有千秋。《晋书·王献之传》：“（献之）尝书壁为方丈大字，羲之甚以为能。观者数百人。”父亲高调赞赏，母亲什么态度呢？七郎当街写大字，几乎交通堵塞，母亲却闲坐乌衣巷与人话家常。七郎兴冲冲回家，眉飞色舞，母亲的神情淡若远山。献之很不服气：“妈妈啥意思呢？众人都说好……”他连日苦练，临帖，舌尖舔毛笔，小嘴都舔黑了，终于写出了一个十分满意的“大”字，拿去给父亲瞧。羲之点头赞赏，随手添了一点，变成了“太”字。献之蛮有把握地请母亲看，母亲说：“不错，不错，那一点不错！”

献之郁闷，走开了，从此越发地发狠劲，想要赢得妈妈的表扬。

不知道羲之与子房是否商量过。恩爱夫妻早已形成默契。

王献之和两个哥哥去谢安叔叔家玩儿，哥哥竞夸学问说个不停，献之“辞寡”。三兄弟走了，“客问安王氏兄弟优劣，安曰：‘小者佳。’客问其故，安曰：‘吉人之辞寡，以其少言，故知之。’”王羲之涩讷，王献之辞寡。郗子房善于用沉默来表达，她的沉默富有感染力，无声胜有声，且一旦开口，多金玉良言。

王献之后来做了驸马都尉，官至宰辅。

自古笔力源自心劲，嬉皮笑脸者一定是油腔滑调。今之兜售书画者八方游走，吆喝，摆谱，装阔，炫富，扯浪子，嘴巴劲远大于笔力，“卖钱不卖钱，摊子要扯圆”。

羲之四十八岁重返仕途，出为朝廷右军将军，领会稽内史。“右军”一词，从此几成“书圣”的专称。会稽郡辖十个县，包括山阴、余姚等。羲之“初渡浙江，便有终焉之志”。终焉：终老于此。建康是政治中心，武昌是军事中心，会稽因王羲之而成为文化中心。“山阴道上桂花初，王谢风流满晋书。”

山阴的兰亭雅集，云集名流四十二人……七八年以后，五十岁的郗子房青丝红颜，造访浙东浙西的佳山水。丈余宽的小溪她一跃而过，宛如空中芭蕾。骨鲠丈夫得罪了老贪官王述，五十三岁已永别官场，正好偕她共远足、俱流连。

亲爱的、轻快的，总是如影随形。哦，一棵树和另一棵树，根与根相连，叶与叶相亲。一朵云嵌入另一朵云，从遥远的巫山神女峰飘来。

羲之他走了。郗璇七十岁、八十岁、九十岁时，向儿子、孙子、玄孙诉说“书圣”的生前，语气淡淡的，叙家常，道趣事，谈书法。羲之这样的人是走不远的，乌衣风流，兰亭风流。

羲之与郗璇，美妙的双子星依然在互相旋转。美的爱，爱的美……

从东晋到唐朝的数百年间，王氏家族代代有书法名家，墨宝法帖难数，武则天时期汇集为《万岁通天帖》。

美神李煜

“美而长白”的王羲之崇拜“龙章凤质”的嵇康，南唐后主李煜写过《嵇康曲》。三个旷代美男子，矗立为三尊美神。源头上还有一位屈原，四者或可称中国古代的四大美男。四人外表、风度、才华，均系一流。可惜的是，其中三个死于非命。四大古典美女的命运也多不好。

“春花秋月何时了？往事知多少？小楼昨夜又东风，故国不堪回首月明中。”

南唐之于李煜，直如楚国之于屈原。李煜爱得太深了，爱江山，爱大周后和小周后，爱南唐的百姓。“四十年来家国，三千里地山河。凤阁龙楼连霄汉，玉树琼枝作烟萝，几曾识干戈？”他做南唐国主十五年，薄赋税，重民生，鼓励生产，不兴大狱，没有杀过一个囚犯——这在历代君王中非常罕见。李煜是虔诚的佛教徒，自幼追随母后叩拜空王（佛祖），香火的气味儿、释迦牟尼的庄严、菩萨的仁慈是入了骨髓的。他的麻烦在于军事斗争的意志相对薄弱，打不过赵匡胤的虎狼之师。

南人不敌北人，似乎自古而然。

这个生长于锦绣江南的男人偏是爱生活，爱艺术，杀性就起不来，尽管南唐也有十几万军队，庞大的长江舰队。“南人久不习战”，而北方诸国连年狼烟。李清照说：“五代干戈，四海瓜分豆剖，斯文道熄。独江南李氏君臣尚文雅……”刀枪能击败仁慈的君主，刀枪毒药却杀不死文化。从长远看，刀枪劣势，文化优势。屈原投江死了，《楚辞》风靡北方，垄断了汉代几百年的审美趣味。李煜死于一杯毒酒，他的词，开了宋代士大夫词的先河。

王国维《人间词话》：“词至李后主而眼界始大，感慨遂深，遂变伶工之词而为士大夫之词。”

李煜失掉他本不想坐的龙椅，以血泪书写辞章，被尊为“词中之帝”。那些责备李煜、把李煜同皇帝宋徽宗相提并论的人，当免开尊口。看历史要仔细，要有价值掂量。人性与审美构筑的生活世界，乃是历史进程中至高无上的精神价值。

历史虚无主义，往往源于实用主义。

“帘外雨潺潺，春意阑珊，罗衾不耐五更寒。梦里不知身是客，一晌贪欢。独自莫凭栏，无限江山。别时容易见时难。流水落花春去也，天上人间！”我很小的时候读这首《浪淘沙》，那种心灵的震颤真是难以言说。二十来岁再诵读，窗外的艳阳天仿佛一下子飘来了绵绵冬雨，寒意沁入肌肤。杜甫：“感时花溅泪，恨别鸟惊心。”

汉语艺术太“抓人”了，一朝被它捕获，一生受用不尽。我认识的一些老外对汉语艺术顶礼膜拜。听说现在的中学生捧读李煜者甚众，真好。

“无言独上西楼，月如钩。寂寞梧桐深院锁清秋。　　剪不断，理还乱，是离愁……”邓丽君唱这《相见欢》，唱出了幽怨与缠绵，“别有一般滋味在心头”。李后主和邓丽君都只活了四十二岁。嵇康也是。曹雪芹卒年不详，大约四十出头。

李煜的死期恰是他的生日。莫非天降美神于人间？

李煜“生于深宫之中，长于妇人之手”，由于他生得太好，广额、丰颊、重瞳（两对眸子），举止不类常人，隐现了帝王之气，做太子的哥哥弘冀就要暗杀他，猎狩时射杀，下毒酒毒杀。阳光少年遭遇了人性的阴暗，于是更向佛祖求安宁，于刀光中苦苦思考善与恶。理解李煜的成长，这一点不宜忽视。他厌恶杀戮。妇人之手给了他无限的温柔，骨肉相逼又让他练就了一颗坚如钻石的心。仁慈与倔强都在孕育中。

李煜的书法虬曲百端如老松，论书者誉为五代十国第一，可惜南唐灭，后主把所有珍藏的皇家书画付之一炬，包括他自己的几百件墨宝，几千册亲笔批注的古籍。

既然刀枪横行世界，那就让文化毁灭吧！

想想南唐李后主有多倔。

文之化人，在今天的这个世界依然是最大的难题之一。丛林法则依然强势。文明、进步之类，可能只是人类之善良者的自我安慰和霸权者的欺世幌子。

李煜不屈，才被宋太宗赵光义杀死。相传，后者也杀了他的亲哥哥、宋太祖赵匡胤，夺了花蕊夫人。围绕着一把三尺龙椅，数千年血雨腥风。唐太宗李世民也搞玄武门之变，将哥哥弟弟一并杀掉。隋炀帝杨广杀兄弑父……权力毒药迷醉了万千人众。

而现代西方资本主义的疯狂，“求意志的意志”泛滥，其针对这个星球的破坏力更大。

人类自称万物之灵，至少目前证据不足。

李煜是南唐中主李璟的第六个儿子，做梦也想不到自己会继承皇位。仁慈与审美的生存向度，年轮般生长扎实了，二十三岁，忽然做了东宫太子。弘翼哥哥暴病身亡，另一出色的兄长出家做了和尚。李煜二十五岁登基，称江南国主，穿紫袍，不穿黄袍，表示对长江之北的赵匡胤的敬意。南唐年年输金求和，像后来的北宋向更北的契丹辽国送金帛。

李煜是个贤君。史称：“（后主）为人仁惠，有慧性。”他明白南唐的短处，竭力强军，固守长江天险，杀性的缺乏却是他的致命伤。汉武帝强化军事机器，必须强征暴敛，“小儿三岁始纳税”，而李后主薄赋税，厚民生，军费的连年增长应付不了日益凶险的局面。比军费更成问题的，是国家的战斗意志。刀光剑影与南唐君民的生活之惯性格格不入。

李煜对艺术对生活太内行了，对军事就比较外行。军事斗志，远不是想要强化就能够强化的。刀枪不见血，连棍子都不如。唐朝安史之乱，安禄山叛军所向披靡，也是因为“中原百年不识刀兵”（司马光）。

975 年初，北宋军队于采石矶巧渡长江，强攻石头城。南唐全城几十万军民殊死抵抗，连赵氏兄弟都感到吃惊：这李煜还真能打。打到年底，宋军未能得手，双方横尸遍野。何以如此？李后主十年仁厚之故也，百姓愿意为他们的君王赴汤蹈火。李煜登城楼观战，满眼的血肉乱飞，断肢填满护城河，这位仁君不禁泪如雨下，下令开城门投降。

“四十年来家国，三千里地山河……”南唐的版图，广及今之江苏、江西、湖南、安徽等，富庶甲天下；又由于北方自唐末以来的持续战乱，大族纷纷南迁，南唐大大小小的城市空前繁荣，市井生活丰富多样，“几曾识干戈？”

“一旦归为臣虏，沈腰潘鬓消磨。最是仓皇辞庙日，教坊犹奏别离歌，垂泪对宫娥。”苏东坡责备李煜在国破之时垂泪对宫娥，未谢罪于国民，是站在赵宋王朝的立场上讲话。东坡先生思未深也，言不当也。

李煜的身高当在一米七五左右，体格匀称，目光温柔而细腻，所过之处，春风般带给人们阵阵暖意。他的大字书法用帛襟作毛笔，“卷帛书之，皆能如意，世谓‘撮襟书’”。南唐末年，北宋初年，金陵、汴梁、南昌等地都流行撮襟书，大号毛笔几乎卖不出去。女性书法家犹多。李煜有时出现在街头，引起万民欢呼。家家有他的画像。外臣内侍都不怕他，国后娥皇的妹妹女英，敢于捉弄他，宫女们习惯了他阳光灿烂的笑容。

在这个温和国主的治下，兆民安居乐业，百官之间没有激烈斗争。

历史学者们，应当看端详。

南唐到李煜手上已是第三代，全国各地到处是亭台楼榭、温柔富贵乡，音乐、舞蹈、美食、精致的宫廷器皿、动人的街头时尚、花样百端的民间节庆……生活朝着这个方向已有数十年。李煜是物质与精神的双重贵族，血液里流淌的东西很难改变。要让一个男人既热爱生活、崇尚慈悲，又醉心于杀伐，岂不是天方夜谭？阅读李煜词，此系核心处。

古人讲他一字一珠。这宝珠是用血泪泡出来的。

李煜的早期词，写宫廷生活太传神，古今有些学者便目为荒淫误国，真是不思之尤。

“林花谢了春红，太匆匆！无奈朝来寒雨晚来风。”

“多少恨，昨夜梦魂中。还似旧时游上苑，车如流水马如龙。花月正春风。”

“多少泪，断脸复横颐。心事莫将和泪说……”

国破家亡，美丽娴雅的小周后女英，被黑得像一头猪的赵光义强奸。李煜活在巨大的屈辱中。汴京的七百天，他不肯低下高贵的头，更无意选择自杀。痛苦，追忆，表达，“终日以泪洗面”。他是执拗的，高傲的，宋太祖封他“违命侯”，尊重他的才华和人格。

南唐，大国矣，其亡矣，以李煜鸣。李煜活着，南唐就活着。南唐人的器皿、服饰、发型、菜肴乃至语音，受到北人潮水般的追捧。李煜每有词作传出，北宋的士大夫疯狂传抄。他平时用的墨丸，士大夫们呼为“李煜墨”，竞相争购。他爱用的澄心堂纸，风靡两宋三百年……李煜填词于宋都汴梁，写完就烧掉，不留一件墨迹。

这举动耐人寻味。简言之：倔强。

不倔强，就没有那么多的追忆。“往事只堪哀，对景难排。秋风庭院藓侵阶，一行珠帘闲不卷，终日谁来？”没人来，然而不羁的秋风把南唐故国卷来了：“闲梦远，南国正清秋。千里江山寒色远，芦花深处泊孤舟。笛在月明楼。”

据《江南录》，女英遭丑鬼兼恶棍赵光义劫入宫中强暴后，“出必大泣，骂后主，声闻于外。后主多宛转避之。”女英的反抗歇斯底里，李煜有什么可说的？他守不住江山，保护不了心爱的女人。“宛转”二字，画出后主的无奈与仁厚。他走开了。对女英，他唯有愧疚。深夜独写《长相思》，回忆他当年与小周后的相思之美：“云一緺，玉一梭，淡淡衫儿薄薄罗。轻颦双黛螺。　　秋风多，雨相和，帘外芭蕉三两窠。夜长人奈何。”

南唐有名的绢帛“天水碧”，娥皇和女英都喜欢。黛螺指小周后的眉毛。

“雕栏玉砌应犹在，只是朱颜改。问君能有几多愁？恰似一江春水向东流。”

李煜的词，流入开封、洛阳的千家万户。这简直是文化侵略！恼羞成怒的赵光义挑选了七夕赐死李煜，一杯毒药，叫作牵机药。《默记》云：“牵机药者，服之前却数十回，头足相就如牵机状也。”李煜不是生得玉树临风吗？赵光义偏叫他死得奇形怪状。

后数日，小周后女英绝食而亡，年二十九，与当年的娥皇同。

据陆游《南唐书》载，李煜仙逝后，金陵的百姓恸哭于街巷。

李后主生于七夕死于七夕，其中赫然有天意。

后主的绝命诗：“万古到头归一死，醉乡葬地有高原。”

让我们在七夕念叨他几句吧，犹如端午节追思屈原，除夕夜怀想曹雪芹。

曹雪芹：美得叫人心酸

“满纸荒唐言，一把辛酸泪。都云作者痴，谁解其中味？”

曹雪芹的书斋取名悼红轩，《红楼梦》的主题：“千红一哭，万艳同悲。”他道出了华夏女儿几千年的辛酸。礼教的重压、男权的迫害，使他笔下的群芳诸艳一个个命运悲惨。他端出女性的价值，包括众多底层的女性，然后，写她们被毁掉。

“一年三百六十日，风刀霜剑严相逼。”

鲁迅说：“悲凉之雾，遍被华林，然呼吸而领会之者，独宝玉而已。”先生一句点评，胜过了多少红学论文。这话题暂且搁下。

美好女性被毁灭的过程是漫长的，毁灭之前，她们活出了各自的风采。林黛玉、史湘云、妙玉、晴雯、鸳鸯、香菱、司棋、金钏儿、元春、惜春、尤二姐、尤三姐……连同“聪明反被聪明误”的凤姐儿。《红楼梦》写了十年，“增删五次”，精心布置了数以千计的生活场景，这个造梦工程，空前而绝后。今天的作家谁敢说，能用五十年的时间，写一部堪与《红楼梦》媲美的作品？

曹雪芹享年只有四十来岁，他懂的东西太多了，几乎全方位打通了雅俗，融汇了古今。中华民族的文化先贤们，生存何其饱满，脚印多么坚实。而我们这些人担心的是，现代性催逼下的人，单向度的生存，庶几已成宿命。日趋逼仄的现实通道或将固若金汤。“算计型思维在它最不应该出现的地方统治得最为顽强。”（海氏）

追问现代性，乃是作家的担当。法国总统赞美德里达：“不断地质疑人类文明的进程。”

清代中叶的曹氏家族兴盛了六十多年，其垮掉，又花了二十余年。“百足之虫，死而不僵。”曹雪芹可能过了十六七年的超级富贵生活，然后目睹了豪门的衰败，家族上下痛苦挣扎的境况。男人们大都在外面厮拼乌纱帽，曹雪芹却在园子里赢得了宝贵的女性视角，看透了官场男人的扭曲变态。“女儿是水做的骨肉，男子是泥做的骨肉，我见了女儿便清爽，见了男子便觉浊臭逼人。”我敢断言，曹雪芹终其一生，最想说的就是这句话。真理的偏执形态于此显现。曹雪芹不走极端，就不能洞察另一极端——早已常态化的极端。作家又说：“凡山川日月之精秀只钟于女儿，须眉男子不过是些渣滓浊沫而已。”

作家深入了女性世界，于是才看清了浊浪滚滚的男性世界。

中国历史，中国文化，这可是破天荒头一遭！

《红楼梦》中文学人物的长廊，林黛玉排在女性第一位，对应着怡红公子贾宝玉。少男少女于老太太堂上相见的一刹那，前世今生涌现，浓雾般弥漫了周遭，“一个是阆苑仙葩，一个是美玉无瑕”。爱是不讲道理的，美也不讲道理——可见“道理”二字，在某些重要领域行不通。康德只好要而言之：“美是无利害的愉悦。”

“林黛玉”三个字，几乎就是古典美的化身：“行动处似弱柳扶风。”我念初中时，这芳香的名字简直叫人喘不过气来。有个同学借我半本《红楼梦》赖着不还，躲在角落里念叨黛玉黛玉，真让我气不打一处来……“眼空蓄泪泪空垂，暗洒闲抛却为谁？尺幅鲛绡劳解赠，叫人焉得不伤悲。”这诗不简单，我一读四十年，与文字照面依然感觉有气流，仿佛潇湘馆的竹子帘子扑面而来。探春把黛玉唤作潇湘妃子，黛玉是乐于接受的。舜帝南巡累死了，湘妃泪尽，投湘江殉情，江畔的竹子洒满了点点斑斑的泪水，斑竹由是得名。凄美的故事永远动人。

请看《葬花吟》：“愿奴胁下生双翼，随花飞到天尽头。天尽头，何处有香丘？未若锦囊收艳骨，一抔净土掩风流。质本洁来还洁去，强于污淖陷渠沟。”

中华女儿的清洁精神，真是惊心动魄。

宝玉哭黛玉：“妹妹你啊，想眼中能有多少泪珠儿，怎经得秋流到冬尽，春流到夏。”

爱人至深者，方能出此语。贾宝玉是在命运的高度爱着林黛玉，“都道是金玉良缘，俺只念木石前盟”。宝玉原是一块石头，黛玉是一株绛珠仙草。大观园姹紫嫣红，宝哥哥对林妹妹说："任凭弱水三千，我只取一瓢饮。"怡红公子"爱博而心劳"（鲁迅），只在园子里与姐妹们厮抬厮敬，尽管偷吃她们唇上的胭脂，却对女性"昵而敬之"（鲁迅）。曹雪芹的一双慧眼借给了贾宝玉，看见了鲜花后面的风刀霜剑，嗅到了繁华热闹中的大悲凉。

千红归于一哭。男权遮天蔽日。同一时期的思想家戴震，对清朝礼教深恶痛绝。

清代士林的流行语："开口不谈《红楼梦》，读尽诗书也枉然。"

人性如春草，扯不完烧不尽，春风吹又生。

令人诧异的是曹雪芹的"悲剧容量"，断肠事一桩桩一件件，他又看得仔细，如何承受？作家的外形偏胖，内心有如钢铁，敦敏形容他："步兵白眼向人斜。"步兵：阮步兵。电视剧《红楼梦》的曲作者王立平先生也比较胖。可见，情烈未必叫人瘦。

金钏投井，尤三姐拿定情的鸳鸯剑抹了脖子，尤二姐吞金，晴雯惨死，贾迎春嫁给了"中山狼"，香菱遭"薛呆子"侮辱、拳打脚踢……美好的她们，芬芳四溢的她们，一朵朵地凋零，"花谢花飞飞满天，红消香断有谁怜？"

伟大的曹雪芹，上帝般地温柔怜悯着。

早年的大宅生活，他一定经历了很多事，后来又目睹耳闻了许多悲剧。

曹雪芹在无穷的回望中，在不停的书写中成为曹雪芹。纸上宫殿，一年年地金碧辉煌。然而，《红楼梦》绝不是一场富贵旧梦。时下"鬼想钱"的人多，容易歪读曹雪芹。

曹公写着悲剧，自己也在走向悲剧。中国最杰出的小说家，每日坐在破窗下写呀写呀，哦，曹公的那双满是冻疮的手，那双冻疮手。一家子在寒冷的季节也埋头喝粥，二百五十年前的北京多冷啊，"举家食粥酒常赊"。敦诚、敦敏两兄弟见证了作家的困顿："阿谁买与猪肝食？日望西山餐暮霞。"谁为雪芹先生买半斤猪肝解解馋呢？当初，曹家的山珍海味像萝卜小菜。"贾不假，白玉为堂金作马。"

曹公哀怜普天下的女子，可谁哀怜曹公？

1980 年的《红楼梦学刊》，有一幅《雪芹归村图》，雪野白茫茫，先生傲雪如松。

1987 年版的电视剧《红楼梦》美则美矣（音乐尤美），美中不足的是对林黛玉的角色处理，一味地小性子，动不动就哭鼻子。曹公笔下的黛玉不是这样的，她是单纯的情爱至上者，性格中伏着光彩照人的一面。父亲林如海去世，她从南方来到北京，过着寄人篱下的日子，处处小心。她火焰般爱上了一个人，爱却不能自主。这是她的生存基点，预设了情感的强劲喷射。要么栖身于这种爱，要么死于这种爱，没有第三种选择。薛宝钗是不须自主的，在宗族的安排下她嫁谁都行，“女子无才便是德”。林黛玉相反，除了贾宝玉，她根本看不见别的男人。这具有现代爱情的特征：爱不是别的，爱是爱的单纯。

我印象中的 20 世纪七八十年代，单纯的爱随处可见，爱是婚姻的主要理由。“爱情”二字，不轻易说出口，诉诸文字。一说一写，脸热心跳。其后，商风一年年刮得猛，贫富悬殊了，阶层分化了，爱的附加条件陡增，不复以自身为目的。欲能自主，爱是没法自主的，欲望的宏大叙事把爱情挤到角落里。流行歌曲的嚎爱、呻吟爱，终于暴露了本来面目：糟蹋爱。金钱主导的算计型婚姻，使曾经美好的二人世界黯淡了……

林黛玉的小性子，盖由情迸发，由处境发，她不流泪谁流泪呢？宝玉理解她的眼泪。爱人者，照单全收。所谓在命运的高度爱着，盖指此也。林黛玉“从不说混账话”，不鼓励贾宝玉拼搏仕途经济，毫不在意薛宝钗和史湘云敏感的人际关系、尊卑秩序，所以她才深得宝玉之心。宝黛二人的价值认同，夯实了爱的基础。

小说第三十二回：“诉肺腑心迷活宝玉。”在宝玉说出了那句掏心掏肺的话之后，黛玉的眼泪直流下来，转身便走。爱的证据拿到手了。那一天正值盛夏，“大毒日头地下”，宝钗和袭人又相继出场，各自演绎自己的生存故事，拓展情意空间，四个人的情与貌，细到了毫厘，比梦境更像梦境，比一切影像更具有画面感，并且，连园子里夏天的味道都闻得出来。恐怕拍得再好的电影也难以再现小说营造的场景。

20 世纪中叶的好莱坞，拍海明威的小说很尽力了，但作家看了要打瞌睡。尤其拍《老人与海》，作家看样片看到一半，鼾声已如雷。大导演愕然，名演员颓丧……

林黛玉“证情”后，活出了轩昂之态。且看她夺魁的菊花诗：“无赖诗魔昏晓侵，绕篱欹石自沉音。毫端蕴秀临霜写，口齿噙香对月吟……一从陶令平章后，千古高风说到今。”再看她咏白海棠：“半卷湘帘半掩门，碾冰为土玉为盆。偷来梨蕊三分白，借得梅花一缕魂……娇羞默默同谁诉？倦倚西风夜已昏。”

曹雪芹以女性的口吻写诗，空前而绝后。性情迥异的女子、命运不同的红颜，一个个地贴切，吻合，茅盾先生概括为“按头制帽”。

林黛玉乃是诗人与情人的合体，二者均自足，以自身为根据。情爱本体，艺术本体，古今都稀缺。往后可能更稀缺。所以海氏再三强调：“我们要倾听诗人的言说。”

林黛玉咏螃蟹：“铁甲长戈死未忘，堆盘色相喜先尝。螯封嫩玉双双满，壳凸红脂块块香。多肉更怜卿八足，助情谁劝我千觞？……”林黛玉的爱意丰满如蟹肉，她要一饮千觞，变成李太白了。

谁助情呢？美丽诗魁的问题与眼神都抛给了贾宝玉。

灵感烧烫了她的双颊，浓情释放到阳光下。

爱的巅峰、美的极致，却伏下了命运的无底深渊。风刀挥来，霜剑砍来，绽放的花朵惨败，惨败。这是曹公赠予我们的爱情故事，提升了中国人直面悲剧的能力，强化了悲剧之美，比之西方悲剧毫不逊色。可惜他人续写的后四十回，渲染贾府“兰桂齐芳，家道复初”，减弱了悲剧美的力量。大团圆，小情调。悲剧力量弱了，喜剧便轻佻。正如眼下充斥荧屏的大量影视喜剧，应当改名为轻佻剧。

作家越写越瘦了。方块字光芒四射，构筑了华夏民族美轮美奂的精神之宫，然而，字肥人瘦。妻子芳卿疼他，“红颜知己”脂砚斋读他命他：“因命芹溪删去一节……”。

快过年了，曹雪芹唯一的方儿患豆疹不治。除夕夜飘着鹅毛大雪，我们的作家长眠了。“四十萧然太瘦生”，冻疮手还捏着那管廉价的毛笔。

旧皇历的背面，小楷字密密麻麻。

《脂砚斋重评石头记》，先生的这位平生知己写道：“读五件事未完，余不禁失声大哭。”

我也想哭。

毛泽东："战地黄花分外香"

《七律·人民解放军占领南京》："钟山风雨起苍黄，百万雄师过大江。虎踞龙盘今胜昔，天翻地覆慨而慷。宜将剩勇追穷寇，不可沽名学霸王。天若有情天亦老，人间正道是沧桑。"何谓排山倒海、气吞山河？这便是了。何谓历史性智慧？这便是了。末句气定神闲，诗人宣布：沧海桑田才是人间正道。

1948 年，人民解放军的口号简洁而有力："打过长江去，解放全中国。"

毛泽东的诗词佳作，大多数是戎马生涯的产物。曹孟德的诗、辛稼轩的词，恐怕有所不及。战争美学的前提是战争的正义性，毛泽东说："没有一个人民的军队，便没有人民的一切。"红军、八路军、解放军、志愿军，都是正义之师。

"山下旌旗在望，山头鼓角相闻。敌军围困万千重，我自岿然不动。早已森严壁垒，更加众志成城。黄洋界上炮声隆，报道敌军宵遁。"宵遁：夜里逃跑。

大型音乐舞蹈史诗《东方红》演绎这首词，气势如虹。

从 1927 年领导秋收起义到 1949 年建立新中国，毛泽东的战争生涯持续了二十二年。

毛泽东的诗词气势磅礴又明白易懂，一如他深入浅出的文章。他的军事著作《论持久战》，融合了哲学、政治、军事智慧，刘小枫先生对此有专论。毛泽东的战略眼光和战争情怀，二者长期互生，相得而益彰。高处放眼，细部入手，理性与感性难分，豪放与婉约并举——把异质性的东西统一起来，非大手笔不可。

苏东坡和辛弃疾，自然也是大手笔。我读宋词四十年，有个感觉：豪放派词人能通婉约，而婉约派词人殊难豪放。张先、柳永、晏殊、晏几道、吴文英，这些婉约圣手并无豪放佳作。苏辛词则不然，以婉约称佳的篇什非常多。另外，有婉约映照的豪放，也有豪放映照的婉约，滋味又不同。

《蝶恋花·答李淑一》：“我失骄杨君失柳，杨柳轻飏直上重霄九。问讯吴刚何所有，吴刚捧出桂花酒。寂寞嫦娥舒广袖，万里长空且为忠魂舞。忽报人间曾伏虎，泪飞顿作倾盆雨。”这首家喻户晓的词可谓刚柔相济，高昂与低回合一，令人一唱三叹。《全宋词》中似乎找不到类似的作品。

要奋斗，就会有牺牲。“为有牺牲多壮志，敢教日月换新天。”

毛泽东领袖兼诗人、哲学家的气质，古今独步。

《七绝·为女民兵题照》则是举重若轻的典范：“飒爽英姿五尺枪，曙光初照演兵场。中华儿女多奇志，不爱红装爱武装。”这是豪放诗人独有的轻快，女民兵的英姿尽在诗句中。以此诗谱成的歌曲也非常好听，女声小合唱，旋律优美而铿锵。20世纪70年代，念小学的我们听得如痴如醉，纯正的情愫植入海量的体细胞中，百年难消。

而眼下，“正能量”一词在市井的广泛流行，盖由于缺啥想啥。

《卜算子·咏梅》：“风雨送春归，飞雪迎春到。已是悬崖百丈冰，犹有花枝俏……”词与曲俱是美极了，清新、轻快、轻盈，“俏”字尤为传神。“俏也不争春，只把春来报。待到山花烂漫时，她在丛中笑。”学者一般认为，毛泽东唱和陆游的这首咏梅词超过了原词。须知陆游的咏梅词已属一流，“驿外断桥边，寂寞开无主，已是黄昏独自愁……”，但毛泽东轻松超越了他。轻松是说，毛泽东的能量太足，生命张力巨大，自非古典词人所能比。

顺便提一句，我个人一直对诗词的赏析持保守态度。点评一两句为止，说多了不好，多说易生附会。千百年流传下来的东西一定是自足的，宛如空谷佳人的自持。拿白话文去赏析古典韵味，多半费力不讨好——靠近遗世独立的佳人，真是谈何容易。二者的关系总像油与水。

毛泽东的一些写征战的词，是在“马背上哼成的”，尤其是20世纪30年代的头几年，国民党重兵围剿，工农红军生存艰难。军事天才林彪曾经发出“红旗能打多久”的悲叹，毛泽东应之以“星星之火，可以燎原”。这种豪迈，出自远见卓识。毛泽东青年时代就追求“身心并完”，读书万卷，击水三千里。“文明其精神，野蛮其体魄。”

大胸怀方能孕育大智慧。不唯理性是从，理性始终伴随着感性。一个人的生存若缺了感性，真理是不来与他照面的。人是血肉之躯，血生情，不能禁——此系人类的基础性情态。

“漫天皆白，雪里行军情更迫……”

《十六字令》三首：“山，快马加鞭未下鞍。惊回首，离天三尺三。”“山，倒海翻江卷巨澜。奔腾急，万马战犹酣。”“山，刺破青天锷未残。天欲堕，赖以拄其间。”锷：剑刃。山，既是刺破青天的剑，又是擎天柱。刺破一句，不妨联想国民党的青天白日旗。

词语浓缩，意象跳脱。“惊回首，离天三尺三”，这句子足以引发无限的惊奇。

顶级的汉语艺术不能被消费。消费者只是一拨接一拨的匆匆过客。艺术寿同天地。

毛泽东的一大特点是愈战愈勇，而这种自近代以来罕见的精神伟力，又有效地传导给千军万马。为什么战无不胜？端赖此焉。毛泽东是哲学家，战略思维以溢出军事的方式回到军事，所以他能出神入化。战略家何以成为战略家？这样的大课题尚有待展开……《清平乐·会昌》上片：“东方欲晓，莫道君行早。踏遍青山人未老，风景这边独好。”词写于 1934 年夏，作者自注：“形势危急，准备长征，心情又是郁闷的。”郁闷中落笔，倒是自信心跃然纸上。“踏遍青山人未老，风景这边独好。”诗人张志民写道：“这两句极为精彩的词，堪称难得的绝唱！”

绝唱《忆秦娥·娄山关》：“西风烈，长空雁叫霜晨月。霜晨月，马蹄声碎，喇叭声咽。　　雄关漫道真如铁，而今迈步从头越。从头越，苍山如海，残阳如血。”

面对如此浑阔的意境，我们就只能虔诚地膜拜了，任何试图靠近它的赏析性文字都会黯然失色。而靠近杰作的方式很简单：背下。

“雄关漫道真如铁，而今迈步从头越。”赵朴初先生激情赞美：“这两句写得非常雄壮，非常豪迈，不是毛主席是写不出来的。”漫道：别说。不是指漫漫长路。

“苍山如海，残阳如血。”作者随手一划便是千古名句。

《清平乐·六盘山》："天高云淡，望断南飞雁。不到长城非好汉，屈指行程二万。　　六盘山上高峰，红旗漫卷西风。今日长缨在手，何时缚住苍龙？"开篇"天高云淡"，简简单单的一个词，却让人几十年生遐想。长天万里，秋雁成行。"不到长城非好汉"，豪迈之至也，"屈指行程二万"，语气归于平和冲淡，散入不羁的西风，这真是毛泽东式的经典表达。

词的上片仅二十二个字，立境之高，放眼之远，下笔之从容，宋代词人莫及也。

六盘山位于宁夏回族自治区固原市西南，主峰海拔约三千米。1935 年 9 月，毛泽东率中央红军进入甘肃南部，10 月初，突破敌人的封锁线，打垮了敌人的骑兵，越过六盘山。诗人李瑛写道："刘勰在《文心雕龙·物色》中说，'模山范水，诗人常事'，但毛主席写山水，却完全不同于我国古代山水诗人寄情于山水之间，他总是能超于山水之外。"

山之高也，山之雄也，尽在一代伟人的方寸间。

《七律·长征》："红军不怕远征难，万水千山只等闲。五岭逶迤腾细浪，乌蒙磅礴走泥丸。金沙水拍云崖暖，大渡桥横铁索寒。更喜岷山千里雪，三军过后尽开颜。"

毛泽东式的气魄：千难万险，弹指一挥。"不管风吹浪打，胜似闲庭信步。"毛泽东以七十多岁高龄畅游武汉长江三十余里。"人是要有一点精神的。"

中华民族，是要有一点精神的。而物欲太盛，私心太足，必使精神委顿……

连绵起伏的五岭山脉、乌蒙山脉，在诗人眼中只是腾细浪、走泥丸而已。红军抢渡金沙江、飞夺泸定桥的战斗多么艰难，诗人只用了"云崖暖""铁索寒"，六个字，说尽多少惊心动魄。汉语艺术的炼字功夫已是炉火纯青。

姚雪垠叹赏："这'腾细浪''走泥丸'，诗人是怎么想象的？不禁令我拍案叫绝，愿为这两句诗痛饮一杯！"顶级艺术是神秘的，犹如大自然的永久性神秘。

姚雪垠写道："在我国文学史上，写行军打仗的诗很多，都是着眼于行军之苦。像红军的二万五千里长征，其行程之远，牺牲之大，经历之苦，不仅在中国历史上是空前的，在世界史上也不曾有过。歌咏长征的诗人就是三军统帅，历史上也不曾有过。”

《菩萨蛮·大柏地》：“赤橙黄绿青蓝紫，谁持彩练当空舞？雨后复斜阳，关山阵阵苍。　　当年鏖战急，弹洞前村壁。装点此关山，今朝更好看。”

这首词写于1933年夏，作者经过1929年激战过的江西瑞金大柏地，观村壁弹洞犹在，吟咏而为辞章。1933年，红军的处境仍极艰难。毛泽东下笔却充满了毫不勉强的大无畏精神。这种精神是红军之魂，也是后来的八路军、解放军、志愿军之魂。

弹洞装点关山，关山因之而更好看。战争美学的意味使山脉别呈神奇。红军是穷人的队伍，而穷人占了绝大多数。“哪里有压迫，哪里就有反抗。”毛泽东这一著名短语给出了真理，颠扑不破的真理。这个真理所释放的历史性能量是难以测量的。“农村包围城市”的战略构想宏伟如珠峰，却又紧贴大地，合乎中国的实际。

星星之火终于燎原。邹荻帆先生阐释：“有了这遭受战争创伤的村壁，才能建立新中国的大厦。这样，‘弹洞前村壁’装点在关山间，才显得分外妖娆。当时作者即景生情，吟出了最后这两句感人肺腑的词句。”

毛泽东写于1929年10月的《采桑子·重阳》：“人生易老天难老，岁岁重阳，今又重阳。战地黄花分外香。　　一年一度秋风劲，不似春光，胜似春光。寥廓江天万里霜。”

战士渴望战斗，统帅渴望指挥骁勇的三军将士。人间不平事多，利益相勾连的压迫者丧尽天良，所以，正义的力量必须拿起枪杆子来战斗。战争是残酷的，正义的战争却是迷人的，这种特殊的、强烈的美感弥漫了诗人的嗅觉：“战地黄花分外香。”

“山下山下，风展红旗如画。”

且听电影《英雄儿女》的插曲：“风烟滚滚唱英雄，四面青山侧耳听……”

《谁是最可爱的人》的作者魏巍说：“这首词最核心的句子，或者说最足以代表这首词的精神的，便是那句‘战地黄花分外香’了。我自己击节赞赏的也是这一句……我不禁想起马克思回答他女儿的话，女儿问他‘你的幸福是什么？’马克思只回答了两个字‘斗争’。这就是说，为全人类的幸福而斗争，才是他最大的幸福。这里可以看到，毛泽东同马克思的人生态度多么一致。”

2008年金融危机之后，欧美诸国再度掀起了马克思热，《资本论》持续畅销。

我们这个被资本－技术逻辑绑架的星球，正日益变得不可居住。自私与贪婪所裹挟的一切风暴将亮出它的边界。美国“有机马克思主义”学派尝言：资本主义让这个星球变得不可居住。2015年4月20日，《人民日报》介绍了这一当代西方马克思主义学派。

文明的大碰撞日趋白热化，未来几十年或可见分晓——大地不等人了。

“岁岁重阳，今又重阳。战地黄花分外香……”

毛泽东一生的词作只有三十多首，上乘佳作至少过半。苏东坡存词三百三十余首，好词约占十分之一，辛词之杰作比例更小。毛泽东是统帅，是领袖，“峥嵘岁月稠”，生存的密度与强度，千百年一人焉。他惜墨如金，艺术的感觉、审美的直觉远不是一般优秀诗人所能比的。他的诗词和他的狂草书法都不可模仿。

“横空出世、莽昆仑，阅尽人间春色……”这样的作品如何模仿？

“春风杨柳万千条，六亿神州尽舜尧。红雨随心翻作浪，青山着意化为桥。”毛泽东信手拈来的佳句俯拾皆是。“金猴奋起千钧棒，玉宇澄清万里埃。今日欢呼孙大圣，只缘妖雾又重来。”随意落笔，一字千钧。

毛泽东，很可能是终结古典诗词的最后一位大诗人。

卷十二

爱

『仁者爱人。』仁爱是华夏民族的核心价值，放之四海而皆准。爱自然，爱祖国，爱亲朋，爱世间一切美好之物。爱人者有着巨大而恒久的内心愉悦。历代先贤大都是爱的阐释者和践行者，垂范中国千百年。从古到今，中国民间有关爱的故事，惊天地泣鬼神。

深沉的爱意不需要诉诸日常言辞。爱的穷途末路，往往造势汹汹。

“诗佛”王维：“一生几许伤心事，不向空门何处销”

王维字摩诘，生于701年，与李白同年。“诗仙”李白、“诗圣”杜甫、“诗佛”王维，构成了盛唐光焰夺目的“三角光区”。中晚唐诗人如白居易、李商隐、李贺等，既受其惠，又普遍存在“影响的焦虑”，于是剑走偏锋，异峰突起。例如白香山的浅显易懂，玉溪生的奇谲多变，李长吉的以“牛鬼蛇神”入诗……

唐代诗歌蓬蓬勃勃，三百年不衰，是为大唐文化之标志。

中国历代大诗人中，王维离佛门最近。在音乐和绘画领域，他也是顶尖级的人物。

王维性格安静，安静的内里却有炽热的岩浆。鲁迅发现“火的冰”的生存情态，冰点即沸点。长期栖身于这种生存情态的人，古代已少见，当下更稀缺。

《竹里馆》：“独坐幽篁里，弹琴复长啸。林深人不知，明月来相照。”独坐幽篁静极也，为何长啸？唐人的长啸乃是魏晋士人“聚啸竹林”的延续，盖因胸中有郁闷，有痛苦。再看另一首小诗：“红豆生南国，春来发几枝？愿君多采撷，此物最相思。”

最相思却为谁？长安亲仁坊的小甄氏……“此情可待成追忆，只是当时已惘然。”

王维的一生牵挂多，操心广，疼痛深，其转向禅境空门，乃是自然而然。这个精神轨迹颇似曹雪芹，曹公经历了荣华富贵，目睹了群芳凋零，转觉一切皆空。

所谓“诗佛”，要看他如何成佛。这里简约说几句。

尘世的喧嚣与空门的寂静乃是同一事物的两极，相互依存。缺了人世间的红尘滚滚，杀气腾腾，山上的和尚也待不住，宝刹庄严将从它自身脱落。尘世与空门具有同构关系，此一层，我几年前在《品中国文人》一书中探讨过。佛教于东晋之乱世盛于中国，主要是由于乱，生死无常，旦夕祸福，王公贵族不能免，纷纷向法力无边的佛祖求安宁。

王维十八岁，因其音乐和绘画天分进入长安的宁王、岐王府。他二十一岁考了进士第一，入仕途，随后几十年做官，目光清澈，看人事洞若观火。“我坐华堂上，不改麋鹿姿。”他虽参与过杨贵妃《霓裳羽衣曲》的乐舞排练，但不为其写赞美诗也不攀高枝。与李白同朝为臣，未见和这位鼎鼎大名的“诗仙”有任何交往。家里有禅房，王维每天要礼佛。他母亲是佛教徒，拜高僧大照和尚为师，这使王维自孩提时代就开始亲近释迦牟尼的庄严，观世音的慈悲。

王氏五兄弟，一溜山西大汉。王维是老大，像父亲般照顾着兄弟们。

闹与静，都不是无缘无故的。朝堂喧闹，朝堂也安静。王维首创了“吏隐”，映照李白的“酒隐”。盛唐官场复杂，李林甫这种流氓恶棍，居相位达十九年，名相张九龄、裴耀卿都遭打压。唐玄宗后期，政治生态日坏。王维看得太多。他曾经是裴耀卿手下出色的地方官员。裴耀卿调走了，来了坏领导，王维并不对着干，而是虚与委蛇，淡然处之，将旺盛的精力付与爱情和艺术。苏东坡点评：“味摩诘之诗，诗中有画；观摩诘之画，画中有诗。”

王维有一颗滚烫的心。一切艺术都要求创作者有强烈的入世情怀。王维的炽热却以冷静来表现。他笔下的宁静非常吸引人，山水画、山水诗皆然。可见他的宁静是有大能量的。历代和尚写诗千万，恐怕加起来也不及王维。文学史讲“王孟诗派”，应当讲述山水朴拙的生存论基础。中国为何出现那么多山水诗？而西方是不多的。在西方，山就是山，石头就是石头。中国古代山水之朴拙，乃是人事纠缠、官场扭曲的产物。

若从曹植算起，山水田园作为审美符号，其消耗自身的能量，为时大约一千年。

南宋以后，大诗人寥若晨星。

《辛夷坞》：“木末芙蓉花，山中发红萼。涧户寂无人，纷纷开且落。”

胡应麟点评：“这首小诗是‘入禅’之作。读之身世两忘，万念俱寂。”这岂不是要把血肉之躯冷却成石头？殊不知万念俱寂了，血液还在流动。禅境的深度取决于操心人世的广度。禅境即人境。《九月九日忆山东兄弟》：“独在异乡为异客，每逢佳节倍思亲。遥知兄弟登高处，遍插茱萸少一人。”家事、国事、朋友事，王维一辈子操心、揪心、伤心。

好朋友元常（元二）奉朝廷使命前往安西都护府，王维黯然相送：“渭城朝雨浥轻尘，客舍青青柳色新。劝君更尽一杯酒，西出阳关无故人。”

《旧唐书·王维传》：“凡诸王、驸马、豪右、贵势之门，无不拂席迎之。”年轻的王维居京城之大得意，有唐一人焉。可是山西祁县老家传来消息：母亲病了。王维冒着漫天的鹅毛雪，单骑千里，伺候母亲九个多月，从死神手中把母亲夺了回来……

“诗佛”王维操心广，桩桩件件数不完。

今日之山水画家，恐怕大多数不知宁静朴拙为何物了，纠缠人事倒是主动，厮拼名利场倒是下功夫。他们不读书，不修炼，却既要这个，又要那个。

书画界很热闹，热闹深处，伏着五花八门的糟粕。

才华横溢的王维，古道热肠而又举止安详的王摩诘，京师为之倾倒。仿佛他是印度维摩诘大菩萨的中国化身。维摩诘妻妾众多、子女成群，忽一日悟道，皈依了佛门。“方丈”一词，由维摩诘菩萨而起。

李白、杜甫的长安不乏裘马轻狂，乃至打架胡闹斗鸡走狗。王维的长安静悄悄。平日里行走“全球第一街”朱雀大街，过曲江，上灞桥，入里巷，对川流不息的车马、绵绵无尽的市声视若无睹、听而不闻。

他闹归他闹，我自静悄悄。

王维二十来岁就赢得了“本心”，不想看的东西他就看不见，真叫人百思不得其解。王维尝言“吾丧我”，无我，却是处处有我。庄子讲“至人无己”，王维了然于心。他是禅宗六祖惠能的传赞者，作《六祖能禅师碑铭》千余字，头一次详述惠能的生平事迹。

惠能的首席弟子神会，是中年王维的至交。

“诗佛”的青春岁月，居然如此安详。二百里大长安云集着南北佳丽，包括金发碧眼的西域女子。朝野各色人等对她们趋之若鹜。王维闭门闲居，朋友拉不动，王爷请不走。他以朝廷太乐丞的身份参与大曲《霓裳羽衣曲》的排练，多次接触舞蹈佳丽杨玉环，近距离欣赏国色天香，欣赏而已，不写诗，不画画，不谱曲。杜甫没见过杨妃，倒惊叹：“昭阳殿里第一人！”李太白的惊艳已如前述。中唐的白居易更是一惊一乍，满脑子忠君思想加杨妃丽影，下气力虚构李杨二人的爱情故事……

王摩诘究竟是咋回事儿呢？见色即空？还是“君子发乎情而止乎礼”？

原因可能有三：一是他幼年的心灵浸润于家中佛事；二是他太忙，忙于温习功课，钻研艺术；三是他洞察事物较早，身心不走弯路，所谓青春意味着试错，对王维不大管用的。

王维二十多岁时在母亲的安排下，娶官宦人家的女儿崔氏，小两口般般和谐。崔氏美而贤，且能歌舞，擅长洞箫、琵琶等几种乐器。王家是音乐世家，王家的几个媳妇俱“解乐”，五兄弟聚会时，妯娌们舞袖翩跹。一大家子乐融融。母亲的老眼闪着泪花……

王维由京官转地方官，去山东的济州做司库参军，管理仓储，不久，协助新刺史裴耀卿，工作异常积极，奔走民生，抗洪救灾冲在第一线。“不候驾而星迈，不入门而雨行，议堤防也。”星迈：星光下大步流星。而此前的刺史颇善于公款消费，是个嗜酒如命的庸官，庸官很可能是贪官。王维搪塞他，“闭门成隐居”。

裴刺史调走了，老庸官转一圈又回到原点，气得吹胡子瞪眼。他要利用王维的文笔、画笔，替他宣传政绩，王维找借口推掉。后来在长安，炙手可热的权臣李林甫拉拢王维，王维躲进了终南山别业……《漆园》有云：“偶寄一微官，婆娑数株树。”漆园吏庄周是王维的偶像。庄子没了漆园吏的肥差，回陋巷编草鞋，日子虽过得紧巴巴，却是逍遥复逍遥。

崔氏生一女儿，两岁多了，整天蹦蹦跳跳。“庭鸭喜多雨”，庭院中伫立的娘子娇滴滴，月夜纤手洞箫横。王维携娘子进阳谷县的深山打猎。佛性自在，饮酒啖肉。南禅宗是不讲苦修的，有些禅宗和尚甚至呵佛骂祖。

摩诘、青莲（李白）、莲峰（李煜）、东坡、淮海（秦观）、易安（李清照）……俱为居士名。可见佛教对文学艺术的影响力。

冬季飞大雪，济州城一片白茫茫。王维走在雪野上，雪溪、雪峰、雪松……画家伫望成了雪人，漫天玉龙舞，动与静奇妙地结合在一起。哦，这心中的雪，这傲雪的松，这欢喜雪花的梅。画家作《雪溪图》，雪山、溪流、村舍、老树，冰封雪裹的世界散发出人世的温暖。画家如此构图，乃是心境使然。

崔氏玩赏终日，小心珍藏。这幅绢本《雪溪图》的真迹，现存于台北故宫。

俏娘子、乖女儿、济州的几个素心朋友，诗笔画笔琴心……年轻的王维组建了丰富的周围世界。过境济州的官员看望他，吴道子、孟浩然专程来拜访他。孟浩然的绝句："春眠不觉晓，处处闻啼鸟……"王维以此作画，首创了皴染法，吴道子大为惊叹。

济州那个老庸官向王维求画，想携去长安送权贵，王维称病不从。这事弄僵了。官大一级压死人。不愉快的事情纷至沓来，王维躲不开，夜里闹心失眠。起床凭窗夜漫漫……这个安静的、二十七岁的男人决定辞职，告别官场。

辞职的举动颇罕见，全国找不到几个例子。

王维征求妻子的意见，妻子笑着说："翟氏能安勤苦，我也能安于贫贱。"

翟氏是陶渊明的妻子。

王维深敬崔氏。二人同心，其利断金。事实上王维积攒了一些钱财，比陶渊明强多了。再者，设馆授徒也能挣银子，他有退路。回山西的老家还能尽孝，兄弟们团聚……

王维辞掉官职，轰动了长安。当年的进士第一名，唤作科场"解头"的，又是王公贵戚的座上嘉宾，名满天下的乐官、诗人、画工，竟然由于跟上级不和，扔了官帽走人。

仕途断了，诗境却更开阔。佳作一首接一首。

崔夫人吃穿简单而笑容常在，伺候婆婆，也跟着婆婆礼佛参禅。崔氏回她太原的娘家，声声唤爹娘，每日懒床娇语，偏叫丈夫做几回体贴周到的荀奉倩。荀奉倩是晋代有名的模范丈夫。李贺："情若何？荀奉倩。"

幸福的生活都是相似的。几年一晃而过，朝廷又想起王维了。

王维复去长安做官，在张九龄的手下干。一夜之间，隐士成干吏。盛唐三大名相，裴耀卿、张说、张九龄，都和王维有交情。然而李林甫得势，张九龄失势，被贬到岭南去了。唐玄宗受武惠妃的蛊惑，沉迷于酒色，把奸臣当宝贝。武惠妃死了，他觉得六宫佳丽全都不好看，"粉色如土"，命老奴才高力士在京城的名媛贵妇中"潜搜"绝色的女人，找来找去，找到自己的儿媳妇寿王妃，不由分说弄进宫来。这寿王妃便是杨玉环。

老皇帝干扒灰的勾当，昏君的面目日益嚣张，又纵容一伙乱臣贼子如安禄山、杨国忠……王维看着这些事，心中翻波涌浪。他有一双慧眼，看到了唐帝国巨大的危机，可是他人微言轻，毫无办法。李林甫太猖狂，把大臣们比作“立仗马”：可以享受精饲料，长得膘肥体壮，但不许发声。昏君高高在上，奸臣颐指气使。

辉煌的帝国一步步走向深渊……

王维在终南山的别业中画画，名作《辋川图》问世，两京摹本无数。崔氏研墨，奉茶，品画，红酥手夜夜添香。女儿活泼可爱，仆人们不肯离开。“阶前虎心善”“见兽皆相亲”——也许王维和崔氏的琴声让猛虎有了一点佛性，再现了“伯牙鼓琴，百兽率舞”的情景。各色鸟儿翩飞在崔氏的头顶。崔氏复生一子，王维喜笑颜开。

生活是多么美好啊，这个沉静多思的男人多么可爱！禅意、佛境，原来并不叫他冷漠。菩萨的大慈大悲由爱而生。没有爱哪有恨？没有爱与恨，哪有这个世界？世界乃是操心的产物，操心永无休止，“世界才始终世界着”（海氏）。

崔氏产后虚弱，却瞒着丈夫，不让亲爱的丈夫忧心。王维受命去洛阳出差，迟迟起行，崔氏收拾了行囊推他出门，看他上马。她还年轻，才二十九岁，身子会慢慢好起来的。她和王维生活了十年，伉俪情笃，性格也趋于一致，像两棵长在一起的树，根与根紧紧相连，难分彼此。“在地愿为连理枝。”

王维待在洛阳心神不定，也许亲人之间真有意念相通。我二十一年前在成都工作时，是有过体验的，病中的母亲托梦于我，可我未能及时省悟……

王维收到一封家书：妻子病了。他顾不得洛阳的公事，夺了驿马狂奔长安。八百里官道风雨兼程，北风呼啸。他预感很不好。妻子若不是病重，断断不会写信的。

王维踉踉跄跄归家，正赶上崔氏的回光返照。

玉手一点点地变得无力，滑出王维的掌心，滑向阴间去。美丽动人的面容，眼看着失去最后的娇艳。女儿大哭。王维号啕，以头撞墙，撞不回他最爱的人。

“驻景恨无千岁药，赠行惟有小乘禅。”

崔氏的遗言，是叫他早早续弦，即使单单为儿女。他泣血发毒誓：余生只为她祈祷，来世再做夫妻！崔氏抛下了一句：“夫君你何苦……”

食指咬破的鲜血滴到她手上了，那个永恒的瞬间，崔氏合双目，尚启羞颜。

那一年，王摩诘三十三岁。

据《旧唐书》：“(摩诘)退朝之后，焚香独坐，以禅诵为事。妻亡不再娶，三十年孤居一室，屏绝尘累。”王维心劲之大，足以翻江倒海。宁静者以宁静的方式显现伟力之无穷，深情之不可测。摩诘这人，叫人如何不敬他？崔氏跟随他十年，她走后三十年，音容宛在。李煜与大周后，也是一起生活了十年。“十年生死两茫茫……”

王维壮年丧妻不再娶，三十年毫不张扬。这叫爱得高贵。反观眼下影视圈儿之“混圈辈”，鸡毛蒜皮的情感纠葛抢登媒体娱乐版头条，败坏世风，年复一年地毒害青少年。

自足的爱情无声无息。情感的穷途末路，往往造势汹汹。这许多年来流行歌曲及其追随者，不惜以千万次的叫嚣爱来糟蹋爱。恐怖！

写王维，这个不提也罢。

天宝年间，王维的官越做越大了，俸禄丰厚，却将南北佳丽处理成盲点，看不见。他只每日事佛。血液的滚烫付与纸上丘山，“静故了群动，空故纳万境”。(苏轼)

“诗佛”悄然成形。金圣叹说，王摩诘的诗画“洋溢着浓密密、香喷喷的禅意”。

《鹿柴》：“空山不见人，但闻人语响。返景入深林，复照青苔上。”

《山居秋暝》：“空山新雨后，天气晚来秋。明月松间照，清泉石上流。竹喧归浣女，莲动下渔舟。随意春芳歇，王孙自可留。”

“竹喧”二字妙极也，喻示浣纱女的欢声笑语，几丛新竹并一群少女，风中水中乐得纤腰俱弯。是啊，人境中哪能缺了她们？一切艺术，均与女性之无限美好有牵连。

“大漠孤烟直，长河落日圆。”

“诗佛”的晚年良多感慨：“一生几许伤心事，不向空门何处销？”

空门由来消不尽，晨钟暮鼓亦伤情。

王摩诘故事多，本篇挂一漏万。

李煜与大周后

南唐后主李煜的一生，美词、美政、美姿容，称他美神不为过。他又是一位爱神，生于七夕死于七夕。他深爱着大周后娥皇，小周后女英。娥皇和女英的名字也比较奇怪，令人联想到舜帝的两个妻子，是李煜为她们起的吗？这不大可能。姐妹俩的父亲，是南唐的大司徒周宗。

大周后和小周后，享年俱是二十九岁。

李煜生活中的巧合显然不止一个。莫非其中有天意？

“春花秋月何时了？往事知多少。小楼昨夜又东风，故国不堪回首月明中。雕栏玉砌应犹在，只是朱颜改。问君能有几多愁？恰似一江春水向东流。”

这首词从古到今打动了多少人，是没法做统计的。肯定是天文数字。

李煜被俘后，活在追忆中。汴京的赐第还算不错，宋太祖赵匡胤还算尊重他。他高傲、执拗，断然拒绝了当下，点点滴滴回望南唐，“四十年来家国，三千里地山河……”南唐六十余年，生活相当富足，缺的只是军事斗志。自幼礼佛的仁厚君主不知杀生为何物，“玉树琼枝作烟萝，几曾识干戈”？李煜坐龙椅十五年，未曾下令杀过一个囚犯。历朝历代数百个君王，这大概绝无仅有。

爱与美，是他日常生活中的主题。他以纯美目光注视人间三十年，后期注入了无限忧伤。

娥皇生于金陵士大夫之家，有极好的艺术修养，谥号昭惠，可见她的生前仁惠有佳名。她为国母十年，朝野称颂。陆游的《南唐书》对这位大周后赞美有加。她制作的清新音乐去掉了晚唐的“洼淫”，她优雅的舞蹈引领后宫波及民间，她的服饰和“云高髻”发型惊艳江南，她常用的器皿精致而耐用，市井人家竞相仿效，宫中每有新款，她还让宫女们带出宫去。她多年弹奏的烧槽琵琶（焦尾琴）被乐工们视同圣物，陆游说："后得残谱，以琵琶奏之，于是开元天宝之遗音复传于世。"

陆游强调，大周后"通书史"，在古代，"通"字不是随便用的。

大周后美而不奢，艳而不骄，史料有证据。

"晚妆初了明肌雪，春殿嫔娥鱼贯列。笙歌吹断水云间，重按霓裳歌遍彻……"

春殿里，晚妆初就的宫娥们鱼贯而入，肌肤如雪，于烛光中星眸闪烁。舞蹈，舞蹈和舞蹈。"红日已高三丈透，金炉次第添香兽。红锦地衣随步皱。　佳人舞点金钗溜，酒恶时拈花蕊嗅。别殿遥闻箫鼓奏。"哦，真是美。舞点：舞步踏着鼓点。"金钗溜"三个字，状佳人之情态妙极也。她们娇喘吁吁，云发散乱，醉颜俏鼻头伸向了花蕊。

宫娥们的舞蹈通宵达旦吗？中国式的芭蕾舞起源于南唐，有舞姬曰窅娘，首创了旋转的足尖舞。庆奴、秋水，时称歌舞双艳。嫔娥们都这样了，周娥皇又是如何艳冠群芳？

"晓妆初过，沉檀轻注些儿个。向人微露丁香颗，一曲清歌，暂引樱桃破……绣床斜凭娇无那，烂嚼红茸，笑向檀郎唾。"丁香，俗名鸡舌香，丁香颗暗喻女子香舌。端庄娴静的国后娥皇，也复娇无那，烂嚼红茸吐檀郎。笑、顽皮，绕床、跪床、倒床，又小鹿般地腾起要逃跑，李煜佯嗔，追她、捉她、扑她。

可是总有些道学家看不惯，指责李煜荒淫。小两口打情骂俏岂不好？道学家满口的仁义道德，一肚子男盗女娼。清代有个卫道士称："此娼妇倚门腔，梨园献丑态也。"

而孔夫子若观李煜、娥皇，未必会摇头的。孔夫子多半会羡慕，不生嫉妒。

李煜写娥皇："桃李依依春暗度，谁在秋千，笑里低低语？一片芳心千万绪，人间没个安排处。"看来大周后爱笑，表情丰富，玉齿闪闪烁烁。"芳心千万绪"，人间安排难，李煜的这一句倒成了诗谶。宫中死了小鸟，娥皇伤心安葬它，细雨中刨土坑，刨呀刨呀，长长的玉指插入泥土。向善，向学，向美，她亲爱的夫君李重光正是这样！

“临春谁更飘香屑，醉拍阑干情味切。归时休照烛花红，待放马蹄清夜月。”美滋滋的二人世界，美到极致便会有危险。另外，李煜写宫廷生活远胜历代的君王，于是授人以柄。这一层并不复杂。何以学界的不思成常态？

女英平时待在家里，很少去皇宫。姐姐的瑶光殿是她不能随便去的地方。为何不能去呢？她可想不通。哼，不能去，偏要去。《十国春秋》称：“（小周后）警敏有才思，神采端静。”她何时进的皇宫，并且一待好几天，史料无载。那一年她大约十五六岁，贵族少女多有良好的教养，她又活泼，天生的舞蹈身材，走路也哼歌跳舞，一个人也要捉迷藏。关于姐夫李煜和国主李煜，她想得够多了。他像她认识多年的老熟人，他是她梦中的常客，却又是国人景仰的、高居澄心堂的君王。家里有国主的画像呢！她太想入宫去瞧瞧，近距离瞧姐夫，而不是隔着许多面孔和脖子。

据传：女英疏通了一个叫庆福的老太监，怯生生踏入皇宫。恰好李煜闲步后花园，忽然碰上穿“天水碧”裙子的、婀娜绰约的女英，双方都愣住了。刹那间发生了什么？不知道。接下来发生了众所周知的事：李重光和周女英好上了。

“花明月暗笼轻雾，今宵好向郎边去。刬袜步香阶，手提金缕鞋。　画堂南畔见，一向偎人颤。奴为出来难，教君恣意怜。”情喘喘雾中奔情郎，花枝摇月色暗，手提金缕鞋，颤颤地步香阶，左右张望，心儿扑扑跳。看来她走的是一条熟路，燃情路、心跳路、窒息路。狗儿鹿儿猫儿，也要穿花情奔……唉，李煜写透了古今人类之类似情状。海明威或是西蒙娜·波伏娃读了，一定拍案叫绝。可惜中国的古典诗词几乎不可译。大诗人庞德入了中国古典之堂奥，兴奋得一个人大呼小叫……

李后主为何偷情呢？堂堂一国之君犯得着吗？历代君王哪个不是三宫六院？中唐诗云：“白头宫女在，闲坐说玄宗。”唐玄宗的宫女多达四万。也没有任何迹象表明李煜怕老婆。他是深爱深敬大周后，入了骨髓。比较靠谱的一种解释是，李煜不想让娥皇不舒服。而娥皇能够吃醋，也表明二人有着民间夫妻的某种格局——这推断，庶几可以成立的吧？李煜一个隐秘的遗憾，是未能拥有大周后的十五岁、十六岁、十七岁……

花开各样红，麻烦在于女英这朵鲜花，唉，太不同寻常，少女情状般般地迷人，单说她的低头、回头、偏头、昂头，全是俏。

娥皇大李煜一岁，女英小李煜七八岁。

爱是雾状的东西，不透明，漫天大雾最好。人类的恋爱，妙在这种不透明。女英匆匆穿过的轻雾实为心之浓雾。她穿越自己，浑身上下如电抹。“奴为出来难”，谁管着她呢？是防着她的姐姐吗？“教君恣意怜”，怎么个恣意法？士大夫词的情色表达到此为止，省略了孟浪语，那孟浪却在的，只隐于暗处。古人点评：“极俚极雅。”

今天的少男少女若是一味缩短朦胧期，直奔主题，势必失掉雾的美妙，大大减少脸热心跳的体验。羞涩是人的特征。动物的求偶也要费周折。美的亮相，有个不可或缺的、丰富的过程。恋爱最讲朦胧。

大周后、小周后，姐妹双艳环绕着李重光。三国周郎得一小乔足也，天下人羡慕。李煜同时拥有南唐“二周”，艳福不浅。少妇和少女有诸多不同。

美是差异。所以要紧的是培养对差异的敏感。正襟危坐的学者们一说大、小周后，严谨的笔调中也流露了艳羡。

娥皇吃妹妹的醋，她吃过一阵也就罢了。关于她的吃醋，陆游在《南唐书》中写了几句。吃醋而不是泼醋，李煜他毕竟是一国之君呀，为国事他那么忙！再者，属于她的爱并未消减。对一位国后来说，这就够了，该知足了。宫中的嫔娥那么多，青春勃发的她们是要斗艳的呀，而重光他仅限于欣赏。目光勾勒她们，因之而催生她们的娇艳。

止于勾勒。李煜是刚性十足的，自律、自持，他只是缺杀性。研究李煜的学者请注意这一层。

“脸慢笑盈盈，相看无限情。”国后娥皇享受了民间女子的爱情，历代后宫罕见。然而上苍别有安排。娥皇四岁多的儿子仲宣在佛堂“因惊得疾”，终于不治。这小孩儿生得精致，三岁便会诵读《孝经》。

四川有句俗话：“乖娃儿是路上跑的，不落屋的。”

生得精巧，命如灯草……《十国春秋》：“仲宣殁，后主恐重伤昭惠后心，常默坐饮泣。”后主默坐饮泣的形象，让人心酸。李煜的仁厚，替他人着想，不必再举例了。

娥皇哭得死去活来。爱子太深，殇子太疼，她也卧床不起了。百忙中的李后主夜夜陪她，亲伺汤药。夏去秋来，病情反复几次，玉颜一点点地褪色。李煜觉得天都垮了，长跪空王（佛祖）达三天三夜。可是……娥皇面如死灰，李煜形销骨立。

至爱的情侣眼看着另一半要消失。人类永恒的绝望落到年轻的李煜头上。

964 年 11 月，大周后娥皇殂于瑶光殿之西室。红颜入楠棺，青丝散墓穴。

李煜哭天抢地，直欲从娥皇去阴间地府。情力太大，死亡本能也来作祟。他去投井，弃家国于不顾，被左右死死拉住。娇妻爱子忽然走了，李煜唯一能追寻他们的地方只有天堂。此间的美男子，瘦得不成人样，“杖而后起”，走几步都艰难。李煜自称“鳏夫煜”，鳏，四层意思：一是大鱼，二是老而无妻曰鳏，三是病人的样子，四是夜不能寐，直直地睁着鱼目般的眼睛。《释名·释亲属》解释这个鳏字：“其字从鱼，鱼目恒不闭者也。”

夜夜美目如鱼目。这是一个绝望的男人，绝望的丈夫和绝望的父亲。据《十国春秋》，娥皇临死前拉着他的手说：“婢子多幸，托质君门，窃冒华宠，十载矣。女子之荣，莫过于此。”她立下遗嘱：“请薄葬。”南唐曾经盛行厚葬之风，大周后带头破这陋俗。她撒手西去，为她心爱的檀郎做了最后一件事。

这样一个女人哪，想想她夜读书史，晨练舞蹈。她在雨中落泪，安葬一只小鸟。她以节俭仁惠母仪天下，十年三千六百天，她是多么努力啊。“为善不辞心力”，向美竭尽全力，可是她二十九岁就走了，走得无影无踪。李煜《昭惠周后诔》：“昔我新昏，燕尔情好。媒无劳辞，筮无违报。……执子之手，与子偕老！……绝艳易凋，连城易脆。……我思姝子，永念犹初。爱而不见，我心毁如……”绝艳之花易凋零，价值连城的宝物易破碎。

《病中感怀》：“憔悴年来甚，萧条益自伤。风威侵病骨，雨气咽愁肠。夜鼎唯煎药，朝髭半染霜。前缘竟何似，谁与问空王？”一个君主，怀念他死去的妻子到了这种境地，中国历史上不曾有过吧？其实哪有什么君王，这里只有怀念自己的女人的男人。他的悲哀，就是普天下通人性者的悲哀。

李煜此间的亡妻之痛与后来的亡国之痛如出一辙，这是一个值得高度关注的史实。

《感怀》：“层城无复见娇姿，佳节缠哀不自持。空有当年旧烟月，芙蓉城上哭蛾眉。”

仁者是能够怀念的，若问他何以能如此怀念？答案只能是：唯有这样的男人才能爱得如此之深，爱子，爱妻，爱国，爱艺术，爱人世间一切美好的东西。他的亡国，只因打不过赵匡胤的虎狼之师。

李煜回澄心堂视事后，一度哀思恍惚，《谢新恩》：“秦楼不见吹箫女，空余上苑风光。粉英金蕊自低昂……”大周后除了擅长琵琶外，吹洞箫也出色，不愧为一代佳丽，她死在女人最美的时光。生有限，死无常，何处问空王？尽管李煜还有一位艳力逼人的小周后，但是，过了很长的时间，他才慢慢走出阴影。

爱人，爱南唐，思故国，是李后主生命中的三部大曲。

一千多年来，针对李煜的种种谬见可以休矣。令人诧异的倒是北宋的士大夫们，虽受惠于李煜的诗词书法颇不少，却对李煜的文化贡献集体沉默。北宋灭南唐，于是不讲南唐的好，形成压倒性的官方意识形态。看来，一个新的朝代有巩固自身的历史惯性。

李煜和小周后女英的故事，另文再叙。

纳兰容若：情之滔滔大回流，堵塞全身所有的毛细血管

圣人无梦，至人无己。中国人的至高境界，不知是如何修炼而成的。相反的例子却是情山恨海，一生追梦不能休；一己之肉身，生情百端。清朝旗人纳兰性德比较典型。

纳兰性德字容若，生于1655年冬，人称冬郎，卒年仅三十岁。他是康熙皇帝的表弟，其父纳兰明珠，长期做着高位贪官，年年吞吃治河的工程款，家资巨万，仆从如云。父亲回家，却会及时端出另外一张脸，看上去正直而又富于书卷气。

然而，藏书甚丰的纳兰府有个隐秘的残忍故事：明珠随口夸了几句某女孩儿的眼睛，第二天，那女孩儿的美丽眼珠子就被放在玉盘中，呈送明珠大人。

挖女孩儿闪亮眼珠子的人，是纳兰容若的母亲。

仆人们悄悄议论，小容若的耳朵会撞进一些话，包括父亲干的一些坏事。他捂住耳朵，不敢相信父母都是书上讲的恶魔，宁愿听信父亲嘴上讲的仁义道德，笃信母亲礼佛济穷的慈善举动。可是时光推移，议论断断续续，府外也有。他疑窦丛生。当高大的父亲手握书卷笑吟吟走来时，小容若不禁把头低了，想转身逃跑。

逃不掉的孩子躲进了书本，每日埋头在汉语典籍中。他做了北京国子监的学生，十八岁考上举人。学问与疑惑同步增长。少年纳兰交了不少汉人朋友，而旗人好友几乎没有。这耐人寻味。写诗填词，从来不提祖上纵马征战的荣光，尽管他后来当上了朝廷的一等侍卫、三品武官。

清朝入关后大规模屠杀汉人，令他联想到小时候偷听到的恐怖故事。

纳兰性德自刻一枚闲章：自伤情多。他有游牧民族的单纯，天生敏感，栖身于汉语艺术，又强化这种敏感。纳兰名句：“我是人间惆怅客，知君何事泪纵横。断肠声里忆平生。”富贵窝中长大的男子为何自称“惆怅客”？纳兰耽迷李贺，李贺作有名句“茂陵刘郎秋风客”。

纳兰词：“别有根芽，不是人间富贵花。”写给顾贞观的《金缕曲·赠梁汾》又云：“身世悠悠何足问，冷笑置之而已。寻思起、从头翻悔！”豪门公子为何要从头翻悔呢？答案很可能是：纳兰容若是家族的精神叛逆者，乃至清王朝的精神叛逆者。且看他这么写：“德也狂生耳！偶然间、缁尘京国，乌衣门第。”金陵乌衣巷乃是高官大族的符号。

现在，真相趋于清晰了。朋友问他身世，他冷笑置之而已。不是人间富贵花，那么是什么花呢？别有根芽，根芽在何处？背向了乌衣门第，又面向什么？

纳兰公子要面向自己的本心。他要活得真实，要用汉字搭建自己的神庙。

纳兰非常重情，很可能自童年起就获得了内心纵深。游牧民族的率真，汉语艺术的质朴，两股大力作用于他。中国的文化先贤大都有几分孩子气，包括孔圣人。庄子更不用说了，似乎越活越没有年龄特征。苏轼：“谁道人生无再少？门前流水尚能西。”

纳兰一生之所重，唯友情与爱情。这是背向家族的一种结果。在汉人朋友圈中，或以旗人为羞，至少不以旗人为骄傲。他参与了一千八百卷《通志堂经解》的编纂工作，一头扎进卷帙浩繁的汉语典籍。他是征服者的后代反被汉文化所征服的一个例子。

我下此断语，经过了反复掂量。

本文瞄准纳兰容若的爱情根芽，看他究竟开出了什么花。少年纳兰初尝禁果，类似与袭人初试云雨的贾宝玉。《减字木兰花》：“相逢不语，一朵芙蓉着秋雨。小晕红潮，斜溜鬟心只凤翘。　　待将低唤，直为凝情恐人见。欲诉幽怀，转过回阑叩玉钗。”凝情：浓情。府中的女孩子偷偷赶来与纳兰相会，又红着脸儿不说话，欲诉还休的模样委实可爱。俏生生转回阑，纤手叩玉钗，传递她颤颤的心声。芙蓉着秋雨，“梨花一枝春带雨”。“暗想玉容何所似，一枝春雪冻梅花。”古典的审美意蕴与自然息息相通。

“最是那一低头的温柔，像一朵水莲花不胜凉风的娇羞。”（徐志摩）

直到20世纪七八十年代，这种女孩儿的娇羞还是常态。男女相思的极端情态，几十年珍藏心底，一旦启齿脸通红。中间地带蓬蓬勃勃，各种情花都在使劲开。也有油腔滑调纠缠女孩儿的二杆子，类似古之纨绔，但不能引领潮流。男女触手如触电，符合自然界的阴阳相碰。该有的细节全有。所谓生存的饱满，盖指此矣。这是上帝的赐福，如果存在上帝的话。而眼下，已经在很大程度上倒过来了。资本逻辑卷来了欲望逻辑，少年情手的伸出去，几乎随随便便，欲望的起点往往就是终点，爱，是要靠边站的。

网络的淫秽画面，广告里的情色滥用，让五六岁的小孩儿不知所措。这话题太沉重。

另外，欲望有个相关系统，如果形形色色的欲望调动过于充分，并且让这种调动得到强有力的保障，将使这颗蓝色星球陷入前所未有的劫难。

劫难只是人的劫难。星球本身无所谓。大不了星球“重启”，千年只是一瞬间。

近代的西方人宣称上帝已死，然后自称万物之灵，眼下听去，殊可笑也。

纳兰公子在唐诗宋词中受了情爱启蒙，含蓄典雅，心之涟漪指向肌肤波澜。轻柔的、轻快的、婉转的，“心有灵犀一点通”，妙在那扑朔迷离的一点，而不是直杠杠如竹筒子。曲径方可通幽，中国的园林布局也如是。建筑、音乐、书法、服饰、器皿……皆如是，服从心灵的内在需求，探索并延伸精神的轨迹。

换言之，中国传统文化对人的界定卓有成效，几千年严防欲念独大。

纳兰情大而欲小，由情见色，于是发现了女性之姹紫嫣红。古典意蕴赋予他一双审美之眼。动情总是深情。公子哥儿不滥情，虽然八旗子弟几为纨绔的同义词。一说纳兰初恋的对象是他表妹，但情态不像。她更像府中的一个侍女。初恋铭心而无结局，也许侍女被纳兰的父母撵走。纳兰跌入忧伤，回想她的一颦一笑，叩玉钗，急回眸，情小跑……二人来不及互吐衷肠就被拆散了。追忆点滴如秋雨。不思量，自难忘。

“幽怀”喻示，他与她的动情非一朝一夕，稠人广众中扭头一瞥，目光一碰，两朵心花已开在了一处。“销魂，当此际，香囊暗解，罗带轻分。”心近时，身倒远，此系文明的结晶。男女禁忌产生了种种诱惑，罗兰·巴特：“人体最具色情之处，难道不是衣饰微敞的地方吗？”衣饰的遮蔽预设了敞开，而一味地敞胸露怀却形成了反效果。由此观之，古代近代情色多多。曹雪芹生造了一个美词：情情。

此后的纳兰公子又谈了一回恋爱，与某个她相约二更天，大约身子近了。抖抖索索地近，欲近还远地近，双臂、鼻子、嘴唇，都有待安排。错乱中有真理。双双痴情，忍不住要海誓山盟。然而纳兰再次领教了父母的冷酷。女孩儿消失了。他一天到晚泪流不止。“泪眼问花花不语，乱红飞过秋千去。”爱一回伤一回，情力拽着他，不可逆转地活在追忆中。情感自发地寻找它的模式。不用说，这也是一种生存的遮蔽，危险的遮蔽。

“身世悠悠何足问，冷笑置之而已。”

不喜欢旗人的世界，男女情路又打不开。纳兰的汉人朋友多狂傲之士，备受清廷的打压。纳兰活得两头受堵。生存的展开，唯有写诗词一途。这时候婚姻来照面了，卢氏嫁入纳兰府。对于包办婚姻，他的内心是拒绝的。日子能过则过，不能过，却也不能拉倒。晏几道对付他老婆的办法是冷处理，每日脚底抹油，热心肠付予京城的一个个侍儿舞姬。

纳兰和卢氏几个月磨合下来，情况发生了变化。

卢氏应该是旗人贵族女子，颇知诗书。清朝统治者教育其后代重两点：一是保持游牧民族的战斗血性，二是接受汉文化的熏陶。卢氏养在深闺中，学诗书之余也学琴棋歌舞，教养修养俱佳。她是否长得漂亮，史料难觅。少女的纯真不难猜想。纯而情切，丑姑娘也有几分媚气。对卢氏本不抱期待的纳兰，慢慢有期待了。他想回家，无论供职于朝廷还是盘桓诗友。家里有个温馨的面孔，有个盼他回家的娇媚佳人。太阳天，绵绵阴雨天，她倚门而望，她捧心徘徊，她折断门前柳。

纳兰是善于推己及人的，他看得见妻子的企盼。

当初所痛者，是两情相悦而天长水远，是母亲棒打鸳鸯散，是找遍了北京城也找不到伤心的她……眼下他要珍惜卢氏。一定要！

府中的小夫妻，在婚后数月忽然迎来了蜜月，蜜月连连，雨腻云香，秋天像春天，秋千架上春衫薄。梧桐细雨舒服，电闪雷鸣呢喃。

卢氏抄写纳兰的诗词，一篇篇娟秀，稍不如意，她便从头抄。玉手既能抚古琴下围棋，又能做女红飞针走线。她最大的愿望是做个好妻子，将来做好母亲。

七月的一天，大毒日头地下，卢氏闲步于花园，哼唱丈夫的新词，不觉天光暗了，乌云堆积了，压低了。未带丫头的卢氏正欲往回走，却看见一朵初开的海棠花正在风中战栗，似乎寻求着庇护。卢氏愣了一愣，暴雨哗哗下，她不知道自己淋湿了，蹲下身，伸出双手护住那朵娇嫩的花。雪白的手，红艳艳的、惊魂方定的海棠，击打手背的雨滴，疯狂呼啸的风，呜咽折腰的老树。卢氏扭头呼喊，细柔的喊声穿不透厚厚的雨幕。不用说，她浑身湿透，于暴雨中有一种窒息的感觉。她不愿走开。她走不开。若是走开了，暴雨将杀死海棠花。

这一幕，恰好让纳兰看见了，不禁大为感动。一个生存细节带出更多的细节，平日里她护着小猫、小狗、小兔子。这形象，与挖人眼珠子的纳兰母亲天上地下。

卢氏疼花，纳兰疼卢氏。此情此景，当载入史册。一说林黛玉葬花的灵感与卢氏暴雨护花有关，曹雪芹熟读《饮水词》，曹公的祖父曹寅和纳兰容若交厚。

那朵初开的海棠花躲过了一劫。

卢氏却死于难产。

纳兰持续了千余日的春天，突然变成严冬。冬郎浑身发冷，京城的名医走马灯似的转。卢氏死于五月，次年春，纳兰才提笔悼亡。方块字既是他的情力生长片剂，又是他的爱之疼痛的缓释胶囊，比名医开的药方更管用。

《画堂春》："一生一代一双人，争教两处销魂。相思相望不相亲，天为谁春？　　浆向蓝桥易乞，药成碧海难奔。若容相访饮牛津，相对忘贫。"词中三个典故，讲的都是神仙爱侣的分离之疼。纳兰词的用典，多而不滞，盖因情力穿透了故事。"天为谁春"，说尽冬郎断肠事。中南大学的杨雨教授在央视《百家讲坛》讲纳兰，颇具韵致。

《浣溪沙》："谁念西风独自凉，萧萧黄叶闭疏窗。沉思往事立残阳。　　被酒莫惊春睡重，赌书消得泼茶香。当时只道是寻常。"纳兰回忆有卢氏的春天，倍感眼前西风凉。黄叶闭疏窗，窗内却闪烁着昔日生活的场景。卢氏与他赌书泼茶：说出某一句在某一页，说错了罚酒，胜者大笑，手中的茶泼了一地。这是借用李清照和她丈夫赵明诚的故事。

当时只道寻常，现在太不寻常。

卢氏春睡，卢氏倚门盼他归，卢氏赌书泼茶俏含嗔。园子七月暴雨如注，卢氏憨憨护花呼声小……昔日填满了当下，要胀破当下。

愁山恨海，方块字释放了一些能量。深情的男人，却难以卸掉深重之重。

《临江仙》："点滴芭蕉心欲碎，声声催忆当初。欲眠还展旧时书，鸳鸯小字，犹记手生疏……"卢氏抄的书放在纳兰枕边，人亡物在，公子填词。点滴芭蕉雨，催忆当初。不是他想去追忆，而是他想不追忆都不行。情苦。不由自主。"辛苦最怜天上月，一夕如环，夕夕都成玦……"有缺口的玉佩曰玦。月亮在纳兰的眼中"最辛苦"。人辛苦，看什么都辛苦。"若似月轮终皎洁，不辞冰雪为卿热。"

这是绝望的爱情誓言：若能与卢氏长相厮守，宁愿冰天雪地，为她焐热身子。

三年卢氏，百年牵魂。

又是一个深度生存之典范，古往今来的好作家莫不如此。

纳兰名句"人到情多情转薄"，这话什么意思？他的闲章"自伤情多"，表明深情伤了自己。深情究竟有多深？它深不可测吗？事实上它是可以测量的。薄情郎测不出，倒是深情者知道，深情再往前，便趋于薄情。回望旧物一次，回望之物的能量衰减一次。民间俗话"亡人越望越远"，很有道理。一切情绪都有它的时间形态（海氏），"海沙变成石，鱼沫吹秦桥"（李贺），人类不可能找到情之永恒。追寻永恒的愿望倒是永恒。

这里显现了严格意义上的绝望。绝望生长了永不凋谢的词语之花。

纳兰容若在父母的安排下续弦官氏，纳妾颜氏，仍不乐。具体情形不详，也许他挣脱阴影的努力终归于无效。"曾经沧海难为水，除却巫山不是云。"卢氏弥漫了纳兰的一生。他和卢氏组建的世界像月亮一般辛苦，圆一回，后面都是缺。

生存依然展不开，他无所谓建功立业。不屑富贵花，专心培育情花。然而友情转眼成空，汉人朋友们纷纷远江湖，下牢狱，傲视京城。爱情又唯剩追忆。生存唯有诗途。词语之花乃是纳兰容若唯一的生命之花，应该说，词人并不希望这样。《饮水词》传开了，曹寅却说："家家争唱《饮水词》，纳兰心事几人知？"国事、家事、功名事他都不关心，余下只有情事和文事。情事的无处着落之处，词语之花独放。

纳兰容若三十岁了，戎装在身而形容憔悴。"闭门扫轨，萧然若寒素。"三品高官行走朝堂，眼观鼻、鼻观心。他仿佛心死久也，心死，方能够不为情伤。无锡人顾贞观为其介绍才貌双全的江南女子沈宛，纳兰一见心动。情憋七八年，一朝大释放。哦，伤就伤吧！

他拿舟下江南，她飞马赴北京，痴情男女双双燃烧起来了。"但有玉人常照眼，向名花、美酒拼沉醉。"纳兰拼了，纵是爱一回伤一回，伤一回瘦一圈——情感的模式规定了他的身体。半年后沈宛走人，她不甘做小妾。纳兰又冲不破朝廷、家庭设置的双重樊篱。按清律，满蒙通婚，满汉不得通婚。

满尊汉卑是清朝统治者的所谓国家战略。一介纳兰，向谁去厮拼？

分手词《采桑子》："而今才道当时错，心绪凄迷。红泪偷垂，满眼春风百事非。　　情知此后来无计，强说欢期。一别如斯，落尽梨花月又西。"梨花落尽了，月西沉了，纵强说重逢的欢期，双方却心知肚明。当时错，错在不该见面。

卢氏死了，沈宛走了，漫天的风雨雷电，合击纳兰的那朵情花。

纳兰表面上一切如常，"拥书数千卷，弹琴咏诗"。方块字搭建的神庙，似乎风雨不动安如山。这是假象，地基在移动。爱之疼痛的缓释胶囊不大派得上用场了。我想，纳兰容若是有预感的，但他不会讲。存在的疾病先于他身体的疾病：生存的几个向度全堵死了。初夏的某一天他还与人饮酒，听歌女弹唱《饮水词》，忽然仰面病倒，浑身发冷。表哥康熙皇帝派来的御医使尽了浑身解数，一个个摇头叹息而去。

据史料，病转沉重的纳兰性德，七天不出一滴汗。各种发汗药完全失效。存在的疾病制造了生理奇观。情之滔滔大回流，堵塞了全身所有的毛细血管。亿万细胞冰凉，相约集体赴死。类似的病例，医学史罕见。

"一生一代一双人，争教两处销魂……"

纳兰卒于1685年5月30日，这一天是卢氏的忌日。

卷十三

德

俗话说，一个人缺啥都行，不能缺德。仁义道德的学说流布中国两千多年，由士大夫引领，而民间的接受度高于官方，民众自发的道德力量深不可测，虽有曲折却永不衰减，维系着各民族生生不息。『己所不欲，勿施于人。』这才叫人类共同的价值。西方人的利己观念与中国几千年的传统文化是格格不入的。

中国人重集体主义，看来是天命。

尧舜故事

尧舜是中国人几千年的精神偶像，是近乎完美的政治典范、道德领域的巅峰人物。历朝帝王若是一意孤行，干错事、干坏事，士大夫往往搬出三种法宝来规劝、限制乃至吓唬他：一是天意，二是民心，三是尧舜之道。孔子、墨子、孟子和司马迁等文化先贤，为尧舜符号的增大不遗余力地宣传。汉唐以降，华夏民族的价值天空中，尧舜的形象显现为日月般的辉光。再是昏君暴君、乱臣奸臣，再是无良学者，也不敢公开反对尧舜。

从黄帝到尧舜，从尧舜到规范统治者的孔孟，呈现了清晰的价值谱系。

本文写尧舜的道德故事，主要根据《史记》。

《史记·五帝本纪》："帝尧者，放勋。其仁如天，其知如神。就之如日，望之如云。""其仁如天"，犹言尧的仁爱像大自然孕育万物。"其知如神"，是说尧的智慧和神仙一样深不可测。仁者爱人，爱到深处，自然会努力学习各种知识，造福于人，救民于水火。这里，仁爱本身乃是统摄一切知识的总源头。孟子相信人性善，"言必称尧舜"。

而老子《道德经》则曰："天地不仁，以万物为刍狗。"天地驱使万物，让万物周而复始，荣枯循环，如同人们摆弄祭祀用的草狗。老天爷并不为任何形式的毁灭伤心。毁灭意味着重生。"离离原上草，一岁一枯荣。"没有秋的肃杀、冬的封冻，哪有春花满园？

自然界和人世间有着相同的规律。历史已经证明了善恶之永恒，并且还将继续证明："善是恶的善"，犹如美是丑的美。但是老百姓认为善的疆域更大，良知的力量更强。古代仁义道德的宏大叙事，民间的接受度显然高于官方。何以如此？小民不能主宰自己的命运，于是希望尧舜般的圣人复出，圣君降临。历史长河中，这种民间的希望极为坚韧，即使是在兵荒马乱、人命如草芥的年代，人们也拒绝相信恶的力量会长期占上风。黎民百姓对正义的企盼与呼唤倒是永恒的，显现为民族的深层心理，或曰民族的集体潜意识。于是，尧舜永远在场。乱世中，尧舜尤其在场：以另一种方式在场。

帝尧是帝喾的儿子，封于唐，称唐尧。相传，尧帝二十岁做天子，活了一多百岁，在位七十年。他富而不骄，吃穿行像个普通人。他对人百年如一日地和蔼可亲，使不同的部落和睦相处。他无所不知，制定了历法，精确掌握了复杂的农时，继神农氏之后，又一次大大推动了农耕文明。他老了，考虑禅让，当初同父异母的哥哥挚禅位给他，使他充分意识到让贤的重要性。儿子丹朱不够格，共工和鲧也不行。鲧治水九年，一味地堵水，反而搞得洪水滔天，被尧帝流放到羽山……谁来继承帝位啊？四岳之官推荐舜，百官纷纷附和。尧帝点头，开始考察舜的德与才。德在先才在后。

现代政治流行的德才兼备，源头在尧舜。

舜姓姚，名重华，号有虞氏，他的母亲去世早，父亲目盲，叫作瞽叟。瞽叟续弦，生子曰象，这三个人都要杀死舜，想了很多法子。从记载看，舜的后妈最想杀舜。有一天，舜去历山种地，后妈认为机会来了，怂恿瞽叟拿了弓箭尾随而去。瞎老头凭借响动射出一箭，儿子应声倒地。老头高兴了，跑过去埋舜，舜却在另一个地方喊他。他蒙了，转身回家，受老婆一顿数落，说他下不了手云云。她要亲自出马收拾舜。不久，舜去雷泽捕鱼，后妈操了一把尖刀跟上，瞅准时机举起尖刀，狠狠地插向舜的后背。不知道为什么，风把舜挪开了，而后妈栽到水里去了，她又不会水，眨眼间被水流卷走。舜纵身跳进雷泽，救了后妈，还问她有没有受到惊吓。这个凶女人愣了一会儿，说："你捕鱼捕到哪儿去了？"

舜笑了笑，笑容很亲切，又暗示什么。他不说话，似乎让河风来替他说。

回去的路上，后妈也感到一丝内疚，但是看见她的亲儿子象，杀机又起。母子嘀嘀咕咕，象拍了胸脯，宣称他不会失手。一日，舜在黄河边制陶，炉火烧得很旺，象蹑手蹑脚靠近舜，猛然发力一推，不料舜不见了。象一头进了火坑，毛发燃起来了，像待宰的猪一般号叫。舜拉他出火坑，细心为他包扎。

象在黄河边站了一会儿，也许内心在纠结。可是没过几天，他又目露凶光。

舜一如既往地孝顺父母，爱弟弟，疼妹妹。然而瞽叟不感动，他的老婆儿子更无动于衷。舜想以道德感化人，却难以感化根深蒂固的利益盘算。

尧帝认为舜是好苗子，把两个女儿娥皇和女英嫁给舜，赏赐舜一把琴，考验舜是否会迷于声色。娥皇、女英非常美丽，舜让她们先把公公婆婆伺候周到，然后才讲夫妻恩爱。舜种田，捕鱼，制陶，并不因为家有娇妻而存丝毫懈怠。凡是他出现的地方，人们就向他聚集，形成村落。尧帝赐他大批牛羊，派人为他修仓廪，考验他对财富的态度。他把牛羊和仓廪都献给父母，当然，两位妻子不可能与人分享。弟弟象又动杀机了。

建仓廪的时候，瞽叟放火想要烧死儿子舜，舜却像鸟儿一样从仓廪上飞了下来。瞽叟叫舜打井，打到一丈多深时，瞎老头和象联手，硬把舜推到井里头，又填置石块把井口填平。这一回终于万无一失了，三个坏蛋在井边手拉手跳舞，跳完了分东西，牛羊归瞽叟和他的后妻。象宣布，他拥有娥皇、女英，以及那把宝琴。象占据了舜的房屋，对着二位冷若冰霜的美人弹琴，刚要开口吐情话，舜却走进了屋子。二位夫人喜出望外。象惊叫："哥哥回来啦！弟弟我正想念哥哥想哭呢！"

舜拍拍象的肩膀说："哥哥知道弟弟讲情义，没事的。"

原来，舜打井时挖了一个洞……后来他继续对家人好，谋杀的事件好像根本没有发生过。尧帝把他调走，他的父、母、弟弟还是老样子。舜遭亲人谋杀，一次次地不记仇。

尧让舜代理朝政，又观察了几年，认为舜的执政能力与他的美德一样超凡出众，于是放心地禅让帝位。舜帝在位三十九年，励精图治，用贤臣，放逐"四凶族"；百官拥护，百姓安居乐业。后来，舜帝传位给善于治水、大公无私的大禹……

司马迁记载的上古帝王，大多数具有良好的品德，他们开了中国德政之先河。孔孟之道首重仁义，有其深意在焉。值得注意的是瞽叟、后妻和象的冥顽不化，喻示了人性之恶深不可测，舜的善意感动不了这些铁石心肠的人。

善与恶的斗争永无终结。

舜帝死于南巡的途中，葬于江南的九嶷山，称“零陵”。他的两位夫人终日以泪洗面，泪洒竹林，泪痕斑斑点点，斑竹由是得名。姐妹俩相拥投入了湘水，随丈夫而去。尽管她们已经七八十岁了，却在民间的传说中永远年轻而美丽。

诸葛亮为何厌恶曹操，忠于刘备？

“诸葛亮”这三个字，照面就有亲切感，他的形象比孔子更鲜明，更富于人情味。历史真实、艺术真实、民间口碑，合铸一位广泛受人爱戴的孔明先生。“丞相祠堂何处寻？锦官城外柏森森。”（杜甫）小时候我听邻居田大爷讲三国，一听孔明，眼睛顿时亮得像星星。据苏轼记载，宋人说书，听众听到曹操战败便欢欣鼓舞，听到刘备吃败仗就要哭泣。宋代士大夫推崇道德，波及民间甚深广。像司马光这样的道德巅峰人物，其对民众的感召力，在今天看是匪夷所思的。汴京的良优（优秀伶人），加起来也不及一个司马光。眼下倒是恶趣味的娱乐圈与某些无良媒体合谋，裹挟中小学生。

这个病毒的源头在西方。当初，堂堂剑桥大学设新闻系，伯特兰·罗素很不以为然。现代的某些传媒，正在变成双刃剑。

诸葛亮“身长八尺，面如冠玉”，他的夫人黄氏相貌平平，后来也没有纳妾的记载。何以如此？修身齐家，治国平天下。修道德之身，而道德生成于非道德，犹如孔子的思想生发于礼崩乐坏的时代。“善是恶的善。”（海氏）

名门望族的子弟，纳妾是常事，“娶妻娶德，纳妾纳色”，卧龙先生却好像对美色视而不见。这问题饶有趣味。南阳民谣说：“莫学孔明择妇，正得阿承丑女。”阿承指孔明的老丈人黄承彦。“苟全性命于乱世，不求闻达于诸侯”，但是孔明二十六岁出茅庐，便闻达于诸侯了，依然“非淡泊无以明志，非宁静无以致远”。他给长子取名瞻，字思远。

宁静是什么意思？宁静是一种能量保持，是蓄势待发，有此能量在，方能致远也。陶渊明的宁静发为田园诗的极致，诸葛亮的宁静发为忠诚与智慧之百代楷模。陶的宁静中有色的涌动（比如《闲情赋》），诸葛的宁静，把这“人之大欲”处理成盲区。

中国传统文化始终对欲望高度警惕。程朱理学走了“存天理，灭人欲”的极端，宋代士大夫又把极端拉回来，写诗填词，情字凸显，维系了理欲平衡。赖有此历史空间，诸葛亮的形象才会高大起来。无欲则刚，卧龙先生为最，抵达了无欲而欲的境界。

历史进程中若缺了孔明、嵇康、岳飞这一类先贤，“无欲则刚”传不了一千多年。

忠诚、勤勉、廉洁、孝悌、知不足、知民心、集思广益、博采众长……许多美德与才智系于孔明一身。这可不是小说家之言，有充足的史料支撑。卧龙先生上知天文，下知地理，又通人事，晓畅军事和内政外交。他于二十多岁就有了“三分天下”的战略性眼光，此后几十年矢志不移，“鞠躬尽瘁，死而后已”。

中国历史长河中，像诸葛亮这样的丰碑人物实属罕见。他一手掀起的历史浪花万年不息。

古今大贤，无一例外是中国文化的产物，我们为此甚感骄傲。

《三国演义》“状诸葛多智而近妖”，鲁迅的这一句点评，可谓击中了要害，学者们纷纷加以引用。然而神话历史人物源自人类古老的图腾崇拜，当下亦然。崇拜这种心理，总是带着情绪。或者说，一切心理都有情绪特征。在精神的领域讲科学、客观，无非是把握情绪的分寸。除了科学研究的对象之外，没有所谓纯客观的东西。连科学技术本身也要被打上问号，例如德国科学家海森堡的测不准原理。

海德格尔有一句名言：“很可能，在自然背向技术的那一面，恰好隐藏着自然的本质。”

读《三国志》的人，可能只有读《三国演义》的万分之一。艺术的真实不让历史真实。艺术真实以史料为基础，大事不虚构，比如罗贯中不会让诸葛亮北伐成功。《庄子》《史记》，均有虚构内容。基于史实的合理的想象与胡编乱造是两码事。眼下的网络小说，后者太多。

海氏：“文献史要变成问题史。”而一经追问，进入价值判断，史学就变成了哲学。

孔明年少观书，“观其大略”，轻松越过了死记硬背。那双漂亮的眼睛又具备扫描器的功能。思维半径、思维穿透力几乎与日俱增，这里，淡泊是关键。非淡泊，则不足以明志。碧空万里，方显皓月之明。明志，意味着强化意志。一个十几岁的少年何以如此？盖因身世坎坷，小小年纪便开始颠沛流离。汉末乱世，颠沛流离的少年数不清，而乱世之乱，为心智和意志的迅速提升提供了舞台。豪杰并起，群雄逐鹿，类似春秋战国、秦末汉初。

诸葛亮于儒、道、法、兵、农、工，兼容并蓄，诸学皆明亮。汉末皇权崩坏，儒术不能独尊，诸子百家卷土重来。老庄的思想，天下士子共仰。诸葛孔明的出现以此为大背景。

诸葛亮原籍徐州的琅琊郡（今属山东），由于兵乱，大约十三岁时迁居南阳的隆中。汉代的州很大，全国设十三个州。诸葛亮是世族子弟，祖上有过荣耀。哥哥诸葛瑾、弟弟诸葛均都有才智，三兄弟后来各为其主，又保持了手足情。这个现象颇有趣。

曹操的军队在徐州滥杀无辜，是诸葛亮举家迁徙的直接原因。

曹操的父亲曹嵩，避战乱走琅琊，豪华车驾带了许多金银珠宝，一路上浩荡炫富。徐州刺史陶谦派一哨人马护路，领头的见财起异心，劫了珠宝，杀了曹嵩。曹操闻讯大怒，发兵攻陶谦。陶谦的使者再三解释也没用。曹操一年内三次攻入徐州，见人就杀，攻城屠城，杀得昏天黑地。时在194年前后。诸葛亮的家乡琅琊郡未能幸免，富庶之地成焦土。百姓死的死，逃的逃，十室九空。诸葛家族被迫离乡背井，远走荆州的南阳一带，后来再也没有人回过故土。

迁徙的长途中，所见惨不忍睹。仇恨的种子播下了。在少年孔明的心中，挟天子以令诸侯的曹操是另一个董卓，是导致中原生灵涂炭的魔鬼。他立下宏伟的志向：荡平曹贼，兴复汉室。“汉贼不两立，王业不偏安。”（《后出师表》）

曹操是一个正邪参半的人物，他以自身的混乱卷入时代的混乱，以英雄自居，而时人目其为奸雄。曹操打天下的过程中兽性高涨。官渡之战到了紧要关头，他下令削掉千余俘虏的鼻子，命其血淋淋打头阵，回头即射杀，转身者身首异处——督战队如狼似虎。袁绍军陡见血兵冲来，大骇，大乱，于是一败涂地。胜负旦夕之间，曹操出此阴招狠招。

建安三年（198），曹操征吕布，“冬十月，屠彭城”。三国时代攻伐无数，曹操凶残第一。后来即使他一统中原，朝着治世的方向努力，也抹不掉他的嗜血狰狞。

“宁可我负天下人，不可天下人负我”，曹操如此不义，杀人如草芥，倒是反向凸显了义的价值空间。刘备既是皇叔，又是讲义气、体恤民众的道德君子，尽管他地盘小，军队少，却是仁厚之名远播，换言之：软实力强。从史料看，刘玄德的仁厚不是虚构。他败于新野，全城的男女老少都愿意跟他走，行进的速度再慢，他也不忍心抛下百姓。十万曹兵追上来，张飞、赵云返身血战，刘备的夫人死于乱军之中。

白帝城托孤，刘备嘱咐即将继承皇位的刘禅：“勿以恶小而为之，勿以善小而不为。”

刘备起兵之初，刘、关、张桃园三结义，传为历史佳话，士大夫和乡野庶民都津津乐道。

诸葛亮躬耕陇亩而放眼天下，自比管仲、乐毅。一代名士司马徽把孔明比作开汉四百年的张子房。二十几岁的年轻人得此大名，却是名副其实。这令人费解。依愚见，诸葛亮的一天至少抵常人十天，在劳心与劳力之间悠然自如。罗贯中往道家的方向描绘他，颇有见地。手持羽扇、头戴纶巾、坐小车，是战争中诸葛亮的标准形象，大抵符合历史真实。

“君子不器”，活得潇洒飘逸，逸出了他的社会角色，意志力又高度集中。此二者，历来最难统一。能够统一的人便是高人。魏晋的嵇康写过《圣贤高士传赞》，描述自盘古以来的一百一十九位高士。刘义庆《世说新语》，记叙魏晋的非凡人物。诸葛亮的平生交游，皆为世之高士，崔州平、孟公威、石广元、庞士元、徐元直等，俱非百里之才。

孔明先生笑谓：“卿三人（孟公威、石广元、徐元直）仕进，可至刺史、郡守也。”朋友们问他的平生志向，“亮笑而不答”。这经典笑容，舒展而又含蓄，令我辈心向往之。

诸葛亮居南阳，“常抱膝吟啸”。低吟长啸是三国及两晋高士的一大特点，发自胸中块垒。有些论者认为长啸是打口哨，恐不妥。

“臣本布衣，躬耕于南阳。”隆中是南阳的一座风景优美的小山村，民风淳厚。孔明在此一住十年，搭建茅庐于青山绿水间，小桥鲜花旁。此与琅琊的早年印象亲切相映，和他少年经历的兵荒马乱形成强烈的反差。宁静也来自记忆中的喧嚣与苦难。他种田，读书，思索，有时候也睡睡懒觉：“大梦谁先觉？平生我自知。草堂春睡足，窗外日迟迟。”他游学到襄阳城、南阳城。南阳是个大郡，辖三十七个县。

庄子是扎根民间的庄子，诸葛亮亦然，远离了死读书、读死书。他向老农学习，向渔父请教，访问赋闲的官员、退役的老兵、深山的隐士，乃至怪异的术士、巫师、风水师。

旷世之大才，通常与学校关系不大。中华大地培育了一批又一批大智大勇的人物。由此可见，本土性的智慧太重要了。不妨试想一下：如果青年毛泽东去海外留学几年，那么，他的本土性智慧多半要打折扣。毛泽东很爱读《三国演义》。他卓越的军事智慧有多少得益于这部古典小说，至今是个有待展开的课题。毛泽东不喜欢别人称他天才，他称自己是“地才”，拥抱大地之才。大地给了他无穷无尽的力量。

杜甫：“三顾频烦天下计，两朝开济老臣心。”刘玄德冲风冒雪访大贤，真是访得辛苦。玄德四十多岁了，依然势单力薄。小他十几岁的卧龙先生避而不见，窃以为，卧龙有两层考虑：一是试试刘皇叔的诚意，二是他不出茅庐则已，一旦出山，必须成为刘备的首席谋士。宋代的王安石崇拜诸葛亮，屡拒皇帝召见，单为短时间内跻身宰辅，推行新法。

卧龙先生躲了刘皇叔两次，以另一种方式在场，亮出高人飘逸的身影。第三次他现身了。分寸的把握，火候的拿捏，恰到好处。再躲，恐怕就把机会躲过去了。那一年春，大贤二十五岁。有些军事天才如项羽、韩信、周瑜、陆逊，年纪轻轻，指挥三军若定，而孔明不同，他是复合型的超级天才，并且，高风亮节、毫不张扬。

孔明未出茅庐，已知三分天下，即三国鼎立的战略构想。他对益州（今四川全境及云贵大部）的战略地位看得明明白白，对中原大势了如指掌，对各路豪杰洞若观火……刘玄德聆听其高论茅塞顿开，直如拨开云雾而见青天。

刘备的求贤、知贤、爱贤，使他本人也显得可爱。身经百战的刘皇叔对一个乡野后生佩服得五体投地，今天看上去，几同神话传说。

我一直觉得，古人比我们活得更开阔，胸怀更广。古代个体的修炼远比今人来得扎实。工业化近乎无限的分工，互联网的强势覆盖，使个体生命的密度缩小，“单面人”似乎被无限克隆。极目天地的大智者寥若晨星，而且流星多，恒星少。

但是，这不可能是永恒。事物永在运动状态。古代的好东西会重新出现。技术或有止境，生活之意蕴永无止境。

中华民族的伟大复兴，需要一大批人不懈地探索：向何处复兴？

《三国演义》中“博望坡军师初用兵”这一回，当年的我读得如痴如醉。关羽、张飞初不服气，打完了胜仗大服气。“诸葛亮火烧新野”，叫人看得太过瘾了，三遍五遍看不够，从字书到线描的连环画，小学中学说不完，蹲在街边说，捧着饭碗讲，无穷之想象生焉，人人争当刘玄德、赵子龙、张翼德或诸葛亮，没人想做曹阿瞒或袁本初。连环画居然能散发汉代的气味，三国的硝烟味，神了！后来的电视剧是没法跟原著比的，尽管20世纪90年代的电视剧拍得不错。

影像会收缩汉语艺术所展开的想象，这是铁律。遑论那些个糟糕的、文化产业化催生的影像“作品”。一切旨在博人眼球的东西，都有枯竭心灵之效。

刘备得孔明如鱼得水。君臣遇合感动了后世多少人。刘备的知遇之恩，诸葛亮肝脑涂地以报，三十年纹风不动，病逝于五丈原。“三杯吐然诺，五岳倒为轻。”（李白）

这是什么精神？称其感天动地不为过也。

“吕子明白衣渡江”，纵横天下的关云长败走麦城。关羽因为骄傲，把战略要地荆州丢了。张飞死于非命。刘备怒气冲天，将复仇的火焰烧向东吴。诸葛亮联吴抗曹的大计落空。法正、赵云苦谏，刘备不听。刘玄德重义重过了头，“真理再往前一步便是谬误。”（列宁）东吴的书生大将陆逊，火烧连营数百里，蜀军兵败如山倒。惨也，惨也。

刘备病重，托孤于白帝城，对诸葛丞相说：“君才十倍曹丕，必能安国，终定大事。若嗣子可辅，辅之；如其不才，君可自取。”诸葛亮泪流满面，跪地答曰：“臣敢竭股肱之力，效忠贞之节，继之以死！”刘备遗诏，敕太子刘禅：“汝与丞相从事，事之如父。”《三国志》所载如此，小说没有做过多的渲染。

我记得小时候读三国，想象伟大的孔明跪地叩头流泪，眼睛也潮湿了。道德感深入了皮下，一点都不抽象。“相父”一词，留在了万千孩子的记忆中。

“诸葛亮安居平五路”，敌军五路围困，诸葛丞相闲居府中观鱼，后主刘禅在他身后恭敬站立良久，才徐徐问道：“相父观鱼乐否？”这一幕，与刘玄德三顾茅庐时伫立门外等先生睡醒，多么相似。刘氏父子深敬诸葛亮。

若干年来，有些学者犯了虚无病，疑心重重，认为刘备的白帝城托孤是表面诚恳，其实暗含了对诸葛亮的不放心。价值虚无的年头，学术道德滑坡再滑坡，总有一些人对历史豪杰横挑鼻子竖挑眼，打着还原真相的旗号哗众取宠，更有数典忘祖之辈，恶搞英雄之徒，抹黑烈士之贼。“灭人之国，必先去其史。”

对历史虚无主义，我们断不可手下留情。历史虚无主义的背后，隐藏着美国人居心叵测的算计。多少年了，美国人一天也没有停止算计中国。

刘备深知阿斗（刘禅小名）的毛病，读他的遗诏可知，所以才让诸葛亮在必要的时候自己做决断。毕竟，国之基业事大。蜀国若败在阿斗手中，刘氏家族和刘氏集团将陷入劫难。另一种可能是：刘禅在诸葛丞相的教导下会有长进。诸葛亮正当英年，辅佐后主有的是时间。刘备的白帝城托孤，诚意是可信的，君臣相知如此，古代不多见。

诸葛亮为蜀汉呕心沥血，在武力争雄的年代高擎道德的旗帜，难怪连他的敌人都欣赏他，赞美他。对刘禅他也不是愚忠。那个时期，蜀国的相权实际上高于君权，前提却是：诸葛亮没有一丝一毫的野心。他是辅佐成王的周公，他是开汉的张良。

无欲则刚，一生付国，诸葛亮比之周公张良，有过之而无不及。

“出师未捷身先死，长使英雄泪满襟。”

关于令人肃然起敬的孔明先生，先说到这儿吧。

东晋王导丞相之盛德

317 年，晋室南渡，西晋变东晋，以建康为都城。丞相王导与晋元帝司马睿，时称：“王与马，共天下。”王导的堂兄王敦为大将军，提十万大军坐镇上游的武昌。王氏家族若要取代司马皇族，直如探囊取物。王敦有野心，王导严防野心。司马睿抓紧时间培植党羽，生怕某一天王导生异心取代他。曹操篡汉，司马昭篡魏，历史是这么走过来的。司马氏的家族集体潜意识就怕这个。自古江山轮流坐，自古人心隔肚皮，如果王导受了蛊惑咋办？今天说得清楚，明天说不清楚。

一个名叫刘隗的人物应运而生了，只用了两三年便跻身高位，罗织了一批权臣，开始了“倒王运动”，要把王导挤出丞相府——此系第一步。第二步，必欲除之而后快。乌衣巷的王氏家族即将面临血光之灾。王丞相察觉了。耳目众多的王敦也察觉了，千艘战舰下长江，剑戟直指石头城，只待王导发话，便立刻发动攻击。

王导坚决不从。

历史的紧要关头，京城几十万军民万分紧张。乌衣巷愁云惨雾。时在 323 年。

一代名相、东晋玄谈的领袖人物王导将如何处置？据《晋书》，“刘隗劝帝悉诛王氏”，但司马睿下不了决心。因为如果诛王导，建康多半也保不住，毕竟王敦的十万大军骁勇善战。

乌衣巷的深处，王丞相徘徊至夜半，数十个族人聚于门外不敢吱声，其中有二十岁的王羲之。羲之“涩讷”，垂首沉默立于古榕树下。妇人老翁有隐泣者，子侄辈脸色铁青。

天快亮了，族人不敢散。他们后来才知道王导睡着了，王导却不令仆人吹灭烛台。

府中老少紧张，由他们紧张去……

石头城的东边浮现了鱼肚白，王丞相设了闹钟般一跃而起，披衣出门，复现沉重之貌。他拖着步子走出乌衣巷，身后跟着一群青年男子。街上的百姓闻而相告，默默望着徒步的王丞相。正值隆冬季节，满城大雪乱飞。《晋书》：“导率群从昆弟、子侄二十余人，每旦诣台待罪。”台：东晋朝廷。王导每天早晨带着王家子弟从乌衣巷出发，到皇宫前请罪，伫立到天黑。晋元帝毫无反应。石头城中的市民纷纷赶来围观。如果晋元帝诛王导，建康军拒守，城外王敦的武昌军很可能破城屠城。

此一刻，关系千万人头。

二十多个王家男人面色凝重。“美而长白”的王羲之尤为突出。二伯父王导一言不发。官员进出宫门时悄悄瞅他，有些人匆匆点个头就上了马车。王羲之眉头紧锁，对弟弟王胡之、王玄之说：“官场变色龙真多啊！”

五天过去了，这群王家的男人为向皇帝表忠诚，在风雪中站得整齐，七八个时辰一动不动，低头请罪，听候皇帝的发落。而刘隗等权臣从侧门入台，力主诛杀王氏。百姓从四面八方涌来，黑压压的一大片。白茫茫的鹅毛雪，雪落宫墙无声，“于无声处听惊雷”。

江南各大族，快马传消息：“王敦围困建康，皇帝将诛丞相。”

牵一发而动全身。战争或和平，系于顶端人物的一念间。

王导尽量显得从容不迫，但他心里没底。诣台请罪是他唯一的选择。身家性命交给了偶然性，社稷的安危付予天命。晋元帝剪除他的意图由来已久，现在是个好机会。刘隗每日摇唇鼓舌，夸大建康军的战斗力，如果晋元帝脑子一热……这时，一位戏剧性的人物出现了：大名士周伯仁含笑而来，向王导这边含糊打个招呼，走向台门。

王导大呼：“伯仁，以百口累卿！”

周伯仁先生似乎没听见，“直入不顾”。王导一声叹息。王家百余口，凶多吉少。史称王丞相“善处兴废”，历经三朝皇帝，优游于各派势力之间，视国家的安稳、家族的安定为第一要务。可是眼下说不准了。周伯仁站在哪一边？刘隗一直在挖空心思拉拢他。

王导微闭目，站在雪地里俨然一尊雪雕。

王氏子弟沉重的呼吸几乎能振动石头城，激荡秦淮河。

过了很久很久，醉醺醺的周老先生出来了，脚下踉踉跄跄，口中全是酒话。王丞相紧急呼唤他时，他抛下几句没头没脑的言语，似乎要与城外的王敦决一死战，然后，拂袖袍登车而去。这分明是刘隗的主张啊，王导绝望了。子侄辈顿时陷入了惶恐。

王羲之强自镇定。周伯仁是他的玄学老师啊，当年于大庭广众给他唯一的“牛心炙”，给了他克服自卑的自信心……

其实，周伯仁在宫中为王导讲话。“既见帝，言导忠诚，申救甚至。”晋元帝终于想通了，不复犹豫了，请他畅饮宫中的美酒。魏晋的高人都要喝高……大名士做了大好事不留名，这叫风度，或曰玩酷。周伯仁先生玩过头了，被“名”这种东西所霸占，聪明反被聪明误。王氏兄弟并不知道他入宫申救，倒以为他落井下石。

几天后，王敦率兵入城“清君侧”，不由分说，将刘隗、周伯仁捕杀。“二王一周”，曾是多年的莫逆之交。当晋元帝拿出周伯仁的申救书信时，王敦的屠刀已砍下名士的头。

王导悲不自胜，告其诸子曰：“我虽不杀伯仁，伯仁由我而死！”

生存的遮蔽无处不在，估计“生存论阐释”的首创者海德格尔也不能免。中国的老子、庄子同样有遮蔽。孔夫子的盲区更多。无人能够百分之百地“生存敞开”，抵达严格意义上的澄明之境。

魏晋的名士风度倾倒唐宋，却也闹了不少笑话，上演了一些悲剧。

一年多以后，大将军王敦率兵十几万顺江而下，又把建康围住了，他要当皇帝，让晋明帝司马绍滚蛋。晋明帝战战兢兢，希望王导帮他一把。王丞相的态度是关键，满朝文武，唯有王导有能力号召各地的勤王之师。一边是兄弟，另一边是晋室，王丞相究竟是什么态度呢？天下拭目以待。战争已不可避免。

先说王敦，这个人比较奇怪。魏晋玄谈之风也刮到了他身上，常与高僧支道林等人谈玄，从日出谈到日落。《世说新语·豪爽》：“王大将军自目高朗疏率，学通《左氏》。”高朗：高超而通达。疏率：放达而直率。《左氏》指《春秋左氏传》。王敦这么自我评价，旁人也认可。他对鼓乐很在行，酷爱曹孟德的《短歌行》，总之，修养是多方面的。可是他控制不了自己的野心。西晋名士潘阳仲见过童年的王敦，说：“君蜂目已露，但豺声未振耳。必能食人，亦当为人所食。”到王敦豺声振动之时，凶残的秉性露出来了，赴石崇的家宴故意拒饮，目睹四颗美人头落地而神色不变，心肠硬如铁。王导当场斥责他，他倒吼起来：“石崇杀他自家人，关你王导什么事！”

石崇的府第还弄了个金谷园，邀约四方名士雅集，雅名播于后世。豺狼般恶毒的家伙，偏偏炫耀风雅。可见文之化人是有限的。屠城的曹操不是著名文学家吗？

遗传基因能在多大的程度上左右人的行为，目前是个谜。幼儿期、童年期如何影响人的一生，依然云遮雾罩。人类要反观自身，还有很长的路要走。

手握重兵的王敦想当皇帝，权力如日中天的王导不让他野心得逞。王丞相“一身山林气”，学道家的无为学到家了。一个人只有身在历史的进程中，又置身局外，于是看历史才格外清晰。历史教训太多。曹氏取代了刘氏天下，司马氏废掉曹氏，血雨腥风一百年。如果王氏再取代司马氏，两个百年大族争抢三尺龙椅，天下大乱何时了？

王导有仁爱之心，王敦有虎狼之势。

王丞相的态度很明确：坚决维护晋室稳定的大局。他修书苦劝王敦，可野心家哪里肯听。王敦当初在石崇的家宴上舌剑唇枪，现在要把战场摆在长江边的石头城。

“二王”交兵，兄弟火并。建康军与武昌兵打得昏天黑地，秦淮河血波翻滚，杨柳岸断肢横呈。几支从外地赶来的勤王军队夹击武昌兵，王敦大败，退回武昌老巢，不久吐血而亡。食人者终于被食，死后还要下地狱——有地狱吗？希望有。

王敦的日子过得好好的，何必呢？最后一家老幼没有好下场。唉，权力蛊惑了多少人。

相反的例子有诸葛丞相、王导丞相……324 年，王敦之乱被平息。此后，东晋王朝延续了九十多年。士族与庶族，咸称王丞相的盛德。

司马光卖马

清人丁传靖《宋人轶事汇编》三大本，列宋人六百，其中司马光、王安石、苏东坡的篇幅为多。北宋中后期的政坛与文坛，这三位是主角。“马与王”年轻时是至交，剧谈通宵抵足而眠，熙宁二年，王安石骤行新法，司马光一夜间跟他绝交。十几年以后，王安石病逝于江宁，宰相司马光总体评价荆公：“介甫无他，但执拗耳，赠恤之典宜厚。”苏东坡等人因为反对王安石，被挤出政治中心。而介甫晚景凄凉到了众叛亲离的地步，东坡受诏复起，专程取道金陵，上蒋山（钟山，又名紫金山）去看望他，盘桓“半山”庄园一个月，两人小酒美食，晤谈甚洽，虽政见相反但文化认同。

苏轼下半山，揖别老相公，介甫望着苏子瞻远去的背影，老泪闪烁，喃喃道：“不知更几百年，方有如此人物。”

宋代士大夫胸中的大格局，庶几可称古代之最。

司马光字君实，号迂叟，复号齐物子，谥曰“文正”。他是山西人，生于1019年。司马光砸缸是他的童年故事，后来又有司马光卖马，两件事并传于东京汴梁、西京洛阳。当时两京的人口超过二百万，人口规模与富庶程度俱为全球之最。宋仁宗在位四十二年，谨慎图治，无为而为，名臣好官星罗棋布，庶民百姓安居乐业。

司马光的政治生涯主要在仁宗朝、哲宗朝，中间有个在位十八年的宋神宗，司马光拒绝留京做枢密副使，断然卷铺盖，携家带口去了洛阳，写他的皇皇巨著《资治通鉴》，并与王安石永不见面。

王安石拜相，亮出了惊世骇俗的变革主张，司马光掉头走人。从为其欢呼到与其绝交，仅三个月的光景。司马光认为，王安石为朝廷理财的种种措施，不过是变尽花样搜刮民脂民膏，“骚动天下”。司马光力主“养民”，同时严格约束各级官员。

欧阳修、韩琦、富弼、范镇、曾巩等一批臣子都走掉了，宋神宗几番哭留，留不住。

“道不同，不相为谋。”

司马君实偏瘦，书法也瘦，一笔一画工整。他走路、骑马慢吞吞的，总是在思索的样子。某一年夏夜，他走到半腰深的水池里去了，所思未完，便立于水中望星月。仆人隔了园树张望而已，并不唤他。斗转星移，君实出水。

洛阳有个“独乐园”，君实一住十五年，写大书，有限接待两京政要和三教九流。苏轼形容：“青山在屋上，流水在屋下。中有五亩园，花竹秀而野。”洛阳高官的园子有几十亩上百亩的，司马君实的园子小而朴素，奢侈的官员便有所收敛。而王介甫在汴京，个人生活极俭朴，不纳妾，不饮酒，不居华府，不去瓦子勾栏。有人暗里送他豪宅，他把那个人连降三级。夫人吴氏酷爱一张公家的“千工床”，搬家时舍不得退还，王安石携虱而卧，梦中胡乱摸索虱子，梦呓嚷嚷：“恁个千虱床！”有洁癖的吴氏只好割爱退床。

宋朝全国三百二十个州，一千五百多个县，政府官员只有几万。官员的日子是比较好过的，官俸高于盛唐。士大夫并不以铺张浪费为荣。古代的德政，北宋为最。

各地治安好，比如苏东坡宦游几十万里，未有遭遇盗贼的记载。孝子大受表彰，不孝之人被视为禽兽。

有一年深秋细雨，司马君实忽自语：“天冷了，客人怎的减少了？”老仆窃笑。独乐园的规矩是冬不生炭火，有个汴京客千里冒雪而来，只得一碗热乎乎的栗子汤，不敢问煮酒。

天寒客少好几年了，迂叟才发现。

天热时，他动手辟一土室，钻到地下去写作。不远处，却有个王家豪宅楼高百尺，古木森森掩映着画栋雕梁，凉风一股股地劲吹。人在高楼舒服得很，手中的扇子只作摆设。独乐园小，七八月闷热。洛阳民谣曰：“王家钻天，司马入地。”

《文昌杂录》："司马公在陋巷，所居才能庇风雨。又作地室，常读书于其中。"

地室里一榻、一桌、一旧椅。

君实先生的五亩园已经比颜回的陋室大多了。颜回只得"一箪食，一瓢饮"却"不改其乐"，君实"恒乐"。吃穿睡至简，先生尝自言："食不敢常有肉，衣不敢纯有帛。"

我不禁联想到毛泽东主席的一件睡衣，打了七十多个补丁；主席的两个女儿李敏、李讷有一张近年的合影，照片中，二人所处居室陈设简陋，可两位慈祥的老人家笑得那样开心……

北宋后期，尤其宋徽宗上台后，官风就败坏了。败坏的官风一定会波及民风。单说蔡京，这厮的京师园子四十里，强拆民房千余家。宋徽宗带一帮二杆子大臣，踢球、唱曲、演戏、爬墙，钻地道幽会李师师……君臣娱乐到死，终于玩死了北宋。

可惜了！北宋一百六十七年。

陈寅恪："华夏族文化，历经数千载之演进，而造极于赵宋之世。"古今中外的杰出人物，几乎都有忽视物质生活的倾向。若问何以如此？精神强大之故也。孔子三十来岁去洛阳见老子，埋头学习大半年，受益良多，孔子要走了，老子赠言："有钱的人临别送东西，有德的人赠送言词，丘啊，你慢慢掂量吧。"

孔门弟子三千，颜回排第一。眼下设在各国的孔子学院如何讲颜回？如何讲孟子？

君实平时居独乐园小阁，"侍吏唯一老仆，一更二点即令老仆先睡，著书至夜分，乃自罨火灭烛而睡。至五更初，公即自起，发烛点灯著述，夜夜如此"，年年如此，《资治通鉴》就是这么写出来的。西汉一个司马迁，北宋一个司马光，是矗立史学界的两座高峰。

天长日久地，仆人们也像司马光了。政要们到独乐园，通常会赏钱给下人。"有园丁吕直，……微有所得，持十千（一万钱）白公，公麾之使去（意思是你留着自用吧）。后几日，自建一井亭，公问之，直以十千为对，复曰：'端明要作好人，直如何不作好人。'"司马光做过端明殿大学士。白公：告诉温公。

又一年，君实从外地归洛阳，发现独乐园多了一座厕所。可见园子里本来厕所少。司马光问守园者："何处得钱？"守园者答："积游赏者所得。"司马光再问："何不留以自用？"那园吏说："只相公不要钱。"

相公不爱钱，仆人亦捐资。园子是大家的园子，人不分贵贱。

五亩园优哉游哉，花竹秀而野，由其自由生长，园丁很少修枝剪叶。苏轼在汴京的南园杂树也有几分乱，苏轼称："颇便野性也。"他在黄州居住的临皋亭更野，亭下滔滔大江，清风明月不用买。难怪东坡的艺术创作力要井喷……同一时期，司马君实每日命笔于土室，大脑高速运转，华夏数千年的历史风云汇于笔端。

如果写累了，他就在园子里看树，听鸟，嗅花，观鱼，那才叫悠闲，情绪、思绪柳絮般地轻飘，整日飘不散，着实爽也爽也，果然妙哉妙哉。

让－保罗·萨特说："严谨的工作之余，生活应该是一连串的赏心乐事。"请记住这个"之余"。中国作家陈学昭有一本小说：《工作着是美丽的》。

投身事业且能抽身的人才懂得悠闲。能思索的人，才知道什么叫情绪饱满。从悠闲到无聊只隔了一层纸。眼下随处可见的是物欲太强，功利太甚。功利抓空，人便失措。悠闲，蜕变为双目空洞、无所事事。四川总有一些人，把旷日持久的打牌赌钱称作休闲。

鲁迅："人到无聊，便比什么都可怕，因为这是从自己发生的，不大有药可救。"

这些年的"网瘾少年"多达数千万。网瘾近乎毒瘾。连年沉迷于网络者，人格很难健全。

不过，亡羊补牢未为晚矣。

我细细回思20世纪七八十年代的生活场景，无聊的面孔几乎没有。为何没有？这是一个大问题。那时的人牵挂亲朋，投身百事，操心世界，每一天都活得认真，活上三百年也活得起劲。此曰"生存的敞开"，反之曰"遮蔽"。在理想之光与现实之光的双重照耀下，方能呈现生活之意蕴层，或曰生活的完整性。否则，人们活到三十岁就没劲了，一片片东歪西倒如秋草。

无聊的能量积聚于街上、网上，要干什么？试问：如何释放无聊之能量？无聊、刺激、再无聊，如此恶性循环，能释放一丁点正能量吗？"正能量"一词，不要变成媒体的短暂起哄才好。软实力的提升要下大力气。前提却是：培育辨认无形之物的能力。

要说闲暇的时光多，中国人比得过西欧人、北欧人、俄罗斯人吗？看看人家是怎么过日子。

个体生存的饱满，群体生活的智慧，唐人宋人懂得多，我们懂得少。

重温海氏：“人类不可失掉与简单事物打交道的能力。”

君实当然有缺点，后来他做宰相，走了“尽废新法”的另一极端，所以苏轼反对他。日常生活中，君实的道德自律也不是先天生就。他曾被朋友拉出去游山玩水，丝竹歌舞流连，玩了五十天，不归独乐园。老仆批评主人：“这许多日，相公何曾看得一页书？”

温公顿时很惭愧，一贯倔强的脑袋耷拉于老仆前，像个犯了错误的小学生。

小仆、园丁、丫头，顿时七嘴八舌，纷纷指出他的不足，要求他改正，俨然民主生活会，展开批评与自我批评。君实到村子里去讲学，一村父问了一个有关经书的问题，他答不上，曰：“某虑不及此。”村父逢人便说：“吾难倒端明学士也。”

圣人云：“知之为知之，不知为不知，是知也。”西哲说：“我知道我不知道。”

今之麻烦在于，许多人，根本不知道他们不知道。

我记得冰心先生的书斋叫“知不足斋”。那一辈作家谦逊者多，学力深厚者多。

司马君实写诗，一般不填词，称：“不与苏子、欧阳子争高下。”

元宵节，君实的夫人张氏出门看灯，他在书堆中探头说：“家无灯耶？”张夫人笑道：“看灯复看人。”君实佯嗔：“我是鬼耶？”东、西两京的贵妇民女争传此事，乐惨了。

司马光的幽默可见一斑。

迂叟自有迂处，讲原则时寸步不让，与人唇枪舌剑争论时，却从来不生气，“气貌温粹”，向孔圣人的风度看齐。平时其为人也能圆通。宰相吕公著带了美味佳肴进独乐园，“温公笑而延之”，招来几个老友大快朵颐，吃了再说。事后却语人：“吾不合放此人来。”不合：不该。过了半年，吕公著邀约了知谏院范镇，两袖清风再拜独乐园，温公迎于门外的古槐下。槐者，怀也。温公迎佳客，方至门外古槐。

三公笑谈饮酒，下酒菜只二荤一素一豆，做得精美可口。这些小事传开去，官吏闻而谨肃，不敢奢靡铺张，大吃大喝只能悄悄干，跟做贼似的。温公、荆公、范蜀公……他们的节俭生活，意在带出良好的官风，良好的官风再去影响民风。

另一宰相吕惠卿，常常写信问候温公的起居，“温公不答”。北宋的奸相，这吕惠卿与蔡京有一比。王安石看走眼重用此人，此人把王安石搞得伤肝、伤脾、殇子……

北宋士大夫的是非观是明确的，价值判断不含糊。君子不与小人同流合污。

而道德堪忧的年代，道德的模糊空间巨大，很多人都善于玩“两可”：这也可那也可。一张脸随时准备变成另一张脸。是非观模糊的背后是清晰的利益图。人被放进了数不清的利益链条，人又被人处理成“资源”。人与人如此相处，不打鬼主意也难。德难，诚难，善难，爱难，义难，孝也难。

司马温公无子，闷闷不乐。妻子忙着替他张罗小妾，他不同意，一拒再拒。王安石的独子王雱（一说还有一子，名王旁）被吕惠卿斗死了，也不纳妾，妻子吴氏白张罗。由此或可表明，“不孝有三，无后为大”之类，在推崇以孝治国的宋代，不无弹性空间。温公、荆公俱是宰相，并不把无子传香火视为不孝。

独乐园有个侍女颇知书，善解人意，容貌身材亦佳。张夫人故意远走，让侍女单独为温公奉茶。此前，这侍女“偶然”撞见温公，浅浅一笑，低眉而过，隐现她的风流婀娜，拿捏了她的姿色分寸。眼下她“靓妆奉茶书院”，还从书架上抽出一卷《尚书》，并且念了几句。家里静悄悄，炉香绕茶香，茶香又含了脂粉香。侍女的端庄举止暗藏了妖娆……温公“蹙眉久之”，终于斥曰：“院君（张夫人）不在家，你来书院做甚？”靓妆侍女羞颜而退，出院门“哭奔”。

有一官员与洛阳的官妓“有私”，约会于某寺庙。恰好温公也去那寺庙，撞个正着。官妓越墙而逃，温公爬墙而追……官员顿足曰：“苦也苦也，本官一世前程，尽毁裙钗！”

那温公爬墙追妓，气喘吁吁拿了证据在手，返身回步，面孔庄严，对狎妓的官员严加训诫而已，放他一条官路。官员道声“阿弥陀佛”，千恩万谢地去了。

江南三个州的太守与官妓有私，王安石拿掉了他们的乌纱帽。按宋制，各地官妓“供声色娱目”，不得“私侍枕席”，由官妓转为家中的侍儿歌女，则另当别论。

道德与风俗，覆盖南北三百州。士大夫精神罩着大局。小局不论。

司马光卖马是一件小事，小事嵌入一系列的小事，小事就不小。古训曰：“勿以恶小而为之，勿以善小而不为。”有朋友点评：“君实，脚踏实地人也。”温公深以为然。那朋友又说：“君实，九分人也。”这世上本无十分人，得九分非常高了。如果评选古代的十大道德模范，司马君实落选的可能性小。若是宋人投票，君实当为第一。

《萍州可谈》：“司马温公闲居西京，一日令老兵卖所乘马，嘱云‘此马夏月有肺病，若售者先语之’。”老兵去马市卖马，告诉那位买家，此马有肺病。这事由买家传开了，一传十，十传百，西京传东京，古代传当代……一件孤立的小事传不广，传不久，几十年点点滴滴做好事，做好事的人又是大宰相大学者司马光，合当盛传。

小时候砸水缸救人有智，老来卖马有德，哦，九分人司马光。

温公“以高才令德，大得中外之望”，入东京主朝政，开封城十万百姓夹道欢迎：“都人叠足聚观，即以相公目之，马至于不能行”，上房上树上墙者，不计其数，踩烂瓦，折断枝，跌破骨，压伤腿，引发了百余起民事纠纷。宋人的笔记，记之甚详。连山东青州一个偏僻的小山村，成群结队的村民也雀跃欢呼：“司马君实为宰相矣！”事见《渑水燕谈录》。

中国人的重集体主义，重了几千年，源远而流长。与之相应的德政卓有成效。以德治国，依法治国，二者相辅相成。

德政，蕴含着中华民族的顶级智慧。道德若是大面积败坏了，风俗若是大规模衰微了，人人为争利而不择手段，“利孔百出”，再严密的法也治不了。

此系华夏文明进程中的常识。切记，切记。

高太后的“不”

汉唐二朝，因太后及皇后的权势大，形成所谓“后党”，常与“帝党”争雄。有时还有太监的势力加入进来搅和。帝后宦官，又争相联络将军们以钳制朝廷百官。几股势力厮拼，各利益集团恶斗，日积月累的矛盾来个大爆发。东汉末年天下大乱，盛唐后期突然陷入安史之乱，两次大乱，尸骨万丈，堆起来比几座珠峰还高。

司马光说，安史之乱使华夏族衰败二百年，至北宋才现转机。

宋太祖赵匡胤定下了“重文抑武”的国家战略，防止武人称雄，这个战略管了三百年。1126 年北宋变南宋，罪在“矜小智”的宋徽宗。这且不谈。北宋太监的声音小，太监挨着入宫的大臣小跑，说话像蚊子叫，百余年如一日，“蚊子”滋生“蚊子”，“蚊子”队伍的个头也差不多。宋朝的太后、皇后们，一般不干政，也不安插自家人做大官。皇帝若是年幼，太后垂帘听政，三五年或是七八年，朝政通常付予贤臣，听完了，她们还政于帝。士大夫政治又能在制度的层面约束皇帝。凡此种种，唐朝与宋朝不可同日而语。

唐朝版图大，宋朝人口多。宋的农、工、商业更兴旺。

刘太后、曹太后、高太后、向太后……宋代的贤后颇不少。本文略说高太后。

高太后是宋英宗的遗孀，宋神宗的母后。仁宗驾崩，英宗继位，四年后去世了。英宗身体不好。神宗二十岁登基，在位十八年。这个年轻人勤政有余而智慧不足，大变祖宗法度，与王安石君臣一体，共谋天下财利，要打仗，要充实国库，要让朝廷和州县的官员们“享国”——这是当时的流行词。到头来，国库充实了，小民贫穷了，打仗却打输了。

神宗改仁宗政，且是骤改、大改，大多数朝廷大臣不认同，纷纷自请外放，拖家带口远离繁华的都城。这个历史现象，值得反复掂量。熙宁年间，自卷铺盖走人的官员名单可列一大串。就连王安石的两个弟弟和得意门生都反对王安石。苏轼《上神宗皇帝书》洋洋九千言，言词异常激烈，句句见忠心。他说："今日之政，小用则小败，大用则大败！"他引用晋人诗句形容皇帝："盲人骑瞎马，半夜临深池。"

关于熙宁变法的是与非，学者们仍在争论。宋人说："法非不良也，而吏非其人。"

十八年的时间，高太后主持后宫，但不问朝政。事实上她是想过问的，她知书而通史，向往仁宗朝的政通人和，固然有弊端，有某些保守的倾向，却是总体向好，加上前三朝，"故天下无事，过于百年"（王安石）。而熙宁初，政治这台车来个高速急拐弯，人事大变动。"介甫生事、争利、聚敛"（司马光），有宋神宗的强力意志作支撑。

高太后做何感想？史书无一字记载。她的大局意识，源自赵宋王朝代代相传的智慧。再者，太皇太后曹氏（宋仁宗的皇后）尚在。曹后、高后，都不大干涉神宗。

熙宁变法，元丰强化变法，吕惠卿扳倒恩师王安石，占据了朝廷要津，怂恿皇帝加速敛财、大动刀兵。宋军与西夏交战，两战损兵六十余万。宋神宗当庭大哭。作为母亲的高太后饮泣深宫而已。神宗每日向她请安，她一如既往地不谈国事。

沉默十八年哪。高太后忧着国运，却严守宋太祖定下的家法，不干政，也不让她的娘家人进入庙堂，更不许太监坐大："蚊子"就是"蚊子"。

熙宁五年（1072），侠士般的郑侠画《流民图》，冒着坐牢的危险越职驰送深宫；元丰二年（1079），苏轼因乌台诗案入狱，性命堪忧。此二事，太皇太后曹氏忍不住出面干预了，罢免部分新法，救苏子瞻。史料中仍不见高太后的身影。她是苏轼诗词文赋的忠实读者，称崇拜者不为过。

顺便提一句：崇拜者与今之所谓粉丝不可并提，后者的盲目性太大。粉丝不问对象的青红皂白，他（她）只要去"粉"。

高太后的“不”，不单显现于国家大事，还体现在她自己的身上。

高太后年轻守寡，她又不能改嫁，遂将花容月貌付与青灯黄卷。英宗活着的时候就有病，龙床也是药味浓的病榻。英宗驾崩日，她才三十几岁，从此后，夜夜孤枕孤眠。

北宋曲子词流行，既是诗歌形式的大解放，又是男女日常情感的大释放，皇室成员没有不欣赏的，宫中排练的曲舞，不是“二晏”（晏殊、晏几道）加欧阳修的，就是柳三变加张子野加苏东坡的。“想佳人妆楼颙望，误几回、天际识归舟。”高太后二十年独倚高楼多少次？“娇羞默默同谁诉？倦倚西风夜已昏。”春心总是付与西风。

御花园的三月姹紫嫣红，“花褪残红青杏小，燕子飞时，绿水人家绕”，高太后每读苏东坡，读得浩气贯胸，又吟得脸热心跳，不知道拿自己的情爱躯如何是好。“冰肌玉骨，自清凉无汗。水殿风来暗香满。绣帘开，一点明月窥人，人未寝，欹枕钗横鬓乱。　　起来携素手，庭户无声，时见疏星渡河汉……”可是谁来携高太后的素手呢？

韩琦貌美，苏轼伟岸，范镇是出了名的红脸庞大丈夫，甚至那个亦正亦邪的风流章子厚……高太后的脑子里是否闪过他们？她又可曾在睡梦中挽留他们？

梦回抱枕头。梦里不知身是寡，“一晌贪欢”。转思那南唐李后主与大周后，“烂嚼红茸，笑向檀郎唾”。词语从四面八方交袭可怜的青春皇后，撩拨寂寞的皇太后。

从少女到少妇，到中年醉心于服饰的美妇，春天里的秋天多，秋天里的冬天多。男欢女爱的时光屈指可数。要命的是她又高度敏感，词语一年年荡起她的肌肤波澜……

这些内心隐秘事，史料不见点滴，但是，完全可以猜度。后来她对苏东坡那么好，委以重任，格外关心东坡先生的日常琐屑，透出了一些消息。

浑身寂寞的高太后依然“不”。汉宫乱，唐宫乱，宋宫不能乱。宋太宗赵光义一度乱来，夺花蕊夫人，有半夜杀兄（赵匡胤）的嫌疑，赵宋皇室对此，九十多年讳莫如深。高太后母仪天下，首先要讲妇德。她不管万岁殿的皇帝，却要约束皇后和嫔妃。

宫闱一片风平浪静，高太后一年年的春光自敛，可敬复可怜。春心由来敛不住，愈敛愈春。天闷热要下雨，人寂寞辗转永夜，愁听梧桐雨、芭蕉雨……满头青丝付与黄卷。

宋代女人的服饰多达九十多款，街头有女子蹴鞠，婚俗花样极多，女人饮酒不稀罕，还拥有离婚的权利。概言之，宋代的女人是活得比较奔放的。

宋代推崇的妇德只管大方向。而高太后把自己捂得很严实。

宋神宗勤政过了头，“谋天下财利”，弄得内忧外患，打仗一败涂地。“求意志的意志”让他产生了执政盲点。这个不懂得无为而为的年轻人死于心恙，卒年三十八岁。如果他领悟一点《庄子》，洞察几许“不”的领域，哪里就会夭亡？

庄子是洞察各类“不”的领域的大宗师。

高太后中年丧子，大恸。九岁的宋哲宗登基，太皇太后垂帘听政，改国号为“元祐”，明确要复兴宋仁宗辉煌的“嘉祐”年代，“叙复”（起用）一大批向往仁宗朝的官员，以司马光为政府首脑，范纯仁（范仲淹之子）、苏辙等人为副相，力推贤人政治。

元祐更化，史称“母改子政”。爱子，与纠正儿子的偏颇是两码事。

五十岁的贬官苏东坡，半年内由七品升四品，“披三品之服章”，累迁吏部、兵部、礼部尚书，又做了翰林学士知制诰（草拟诏令）和迩英阁侍读学士，负责教导小皇帝。苏轼苏辙两兄弟“内翰外相”，荣华造极也。皇家的赏赐不断地送往苏轼家，大到一匹御马，小到一条玉带、一盒酥、一包贡茶……苏轼去玉堂（翰林院）值宿（值夜），高氏几次在便殿召见他，君臣除了谈政事，也聊家常，切磋诗词文赋、书法绘画。高氏的书法颇有苏字“肥而有骨”的韵致。她的女婿王诜是丹青妙手，也是苏东坡的挚友之一。

天黑了，夜转深了，月照中庭了，高氏与苏轼的交谈还在继续。太后与臣子，也是女人和男人，崇拜者与偶像。君臣的关系在日常话语中淡化了，满脑子诗书、一肚子故事的苏东坡多么有趣呀，你一言我一语，说上三天三夜也说不够。高氏还问起王弗、王朝云……她忽然沉默了，突如其来的沉默，欲诉还休的沉默。烛光下依然光洁的面容，帘帷间依然娴雅的举止……然而美人垂暮，多少心事她口难开，归于一声轻微的叹息。苏东坡何许人也，如何不知太后隐忍的心事？

高氏不着，苏轼不着——许多话，躺进棺材也不会讲。

有一天夜里，于便殿交谈之后，高氏赐苏东坡金莲烛，这可是要他做宰相的信号。中唐有典故。苏氏兄弟俱为宰辅大臣，岂不是要权倾朝野？但是，高氏信任他们的忠诚与无私，断不会变公器（公共权力）为私利。

苏轼归家诚惶诚恐，下决心要教出一个好皇帝，不负太皇太后的厚望。

那宋哲宗却很不好教，苏轼希望他效仿唐太宗，他倒迷上了汉武帝："宁可三日无肉，不可一日无妇女。"十二三岁他就开始"偷袭"宫女，用不同的方式把她们扑倒。苏轼、程颐要塑造他的道德身，他偏偏反着来。其心理的阴暗、性格的古怪，让迩英阁侍读的大儒、智者们一筹莫展。高氏也拿这个孙子没办法。哲宗还变着法子讨好她，糊弄她，小小年纪怪招频出。没人知道他明天又要弄哪一出。

"小怪物"却迟早要亲政，这可是一件天大的事情。

司马光在世的时候，哲宗临朝每每犯怵。他问政于司马宰相，宰相不答，当庭给他难堪，并喻示百官：要防着这个信口开河的小皇帝。

高太后听政九年，哲宗抱怨："朕只见（她）臀背。"

小皇帝的破坏能量在积聚……

史称高太后为"女中尧舜"，九年来她呕心沥血，要让国家走上正轨。她有尧舜之心，没有尧舜之力。由于政治这台车在二十多年中几次大拐弯，党争趋于激烈，她活着能控制局面，死后咋办？哲宗乱来的可能性很大，九年受压制的熙宁官员将要卷土重来，高氏倚重的元祐大臣们将朝不保夕。勉强修复的"政车轨道"又要大转向了。

这个历史瞬间，高氏未能做决断，废除宋哲宗，剪除其尚未丰满的羽翼。皇室成员中不乏才德兼备者，例如高氏的另一个儿子、岐王赵颢。她下不了决心。废帝而另立，历来是皇家大忌。她不能违背太祖皇帝定下的家法。另外，哲宗是她的孙子，神宗的爱子，她也不忍心。可是……国运高于一切，宋祚高于祖宗法度。

高太后徘徊复徘徊，国之存亡似乎只在她的一念间。也许是因为她抱着侥幸心理：也许哲宗会变好，也许她还能活几年。她老了，人性的本能会影响她的判断力，催生她的生存遮蔽。并且，重要的是，她自己意识不到。哲宗讨好她，端几回汤药，捧一卷苏轼推荐的《贞观政要》，她的心就软了。

元祐八年（1093），宋代的历史原本可能有另一种走向……

老庄提倡无情，“天地不仁，以万物为刍狗。圣人不仁，以百姓为刍狗”。高氏听政之初像男性政治家一样刚强，毫不犹豫地“母改子政”，现在，她却面临着“孙改祖母政”的危险。她不废宋哲宗，她不能正视对早逝的宋神宗的无限思念，这个“不”，显现了这位六十多岁的老人抑制不住的妇人之仁。

她的女儿忽然病死了。她绷了几年的神经终于承受不住，病转沉重。

她召见左相吕大防、右相范纯仁等，嘱咐后事。哭着说：“官家（皇帝）要另起一番人也！”十八岁的宋哲宗脸色铁青。太皇太后高氏历数她的悲惨：一儿一女夭亡。而作为权力顶端的女人，她毫无私心，未曾安排过一个姓高的人进入高层，她说：“卿等试言九年间曾施恩于高氏否？”她吸取了汉唐教训，她在历史的进程中坚决地“不”着。

高氏再次哭曰：“官家要另起一番人也！”

宋哲宗扭头，严词呵斥病榻旁的军政大臣：“大防等出！”

五个接受太后遗诏的大臣惊惶出宫，吕公著仰天悲叹：“吾等无死所也。”

此前，高氏安排后事，让苏轼出知定州（今河北定州市），做了军政两摄的封疆大吏，远离朝廷的凶险。然而……

高太后殂于1093年秋。憋坏了的宋哲宗亲政，亢奋不已，把章惇密献的民间美女堂而皇之地召进宫。高太后去世的第二天，这个猴急的皇帝一屁股坐上龙椅，扯开嗓子高调宣布：改国号为“绍圣”，重用十个太监。他迅速起用了一批政治打手，把元祐大臣一个个打翻在地。章惇、蔡京、赵挺之等辈呼啸朝堂。远在定州的苏东坡最惨，被贬向岭南，全家三十余口，“陆走炎荒四千里”。

朝廷的政治生态日坏。宋哲宗因沉迷女色身子坏掉了，二十四岁一命呜呼。更坏的宋徽宗登基，极尽轻佻与嬉皮，把北宋王朝拖向万丈深渊。

1127年，金兵灭北宋。北宋王朝，一百六十七年。

高太后生前的“不”，如果再往前跨一步就好了。她被追封为宣仁圣烈太后，固然名副其实，却是宣仁过也；仁慈，减弱了她作为政治家必不可少的、钢铁般的意志。

卷十四

孝

孝道是古代中国行之有效的顶层设计，提升了人性善，维系了家国伦理。以孝为本，这个本稳固了，就能为其他美德的生长提供支撑。对于长辈，民间历来重两点：想得到还是想不到；想得粗还是想得细。此二者是衡量孝与不孝的试金石。然而，随着洋观念的大规模泥沙俱下，孝之本已有松动的迹象。对此，我们要高度警惕。

宋代大孝子朱寿昌

被列入古代“二十四孝”之一的朱寿昌，安徽人，其父朱巽，做过仁宗朝的工部侍郎。朱寿昌是庶出，母亲刘氏原是朱巽的小妾。寿昌幼年时，生母便失踪了。朱府中人大约语焉不详，刘氏是否不容于正室夫人，被赶走，不得而知。这种可能性是存在的。当年我写五十多万字的传记小说《苏东坡》，记住了这位大孝子，但并不具体清楚地知道“二十四孝”；同时记住了大不孝的李定。本篇专写朱寿昌，后文捎带写李定。

宋代“以孝治国”的制度设计包括了这样一个命题：一个人若是孝子，那么他终究坏不到哪里去。这个设计行之有效。宋代的丁忧守制非常严格，王安石的母亲去世，他也必须回老家丁忧二十七个月，无论他处于什么样的地位，正干着什么要紧事。苏东坡入仕后两次回眉山丁忧，官船逆流而上，往返数千里，加起来六年整。

丁忧古制，源于孔子，总体看是利大于弊。丁忧让所有的官员社会角色悬空，回归其赤子本源。人间万事，唯孝为大。父母的恩情比皇帝的隆恩还要重。可惜现代社会的某些人正趋于唯利是图、唯利为大。“孝道”二字，蒙尘久也。

朱寿昌官运亨通，做了几个州的通判和太守，生活也滋润，然而母亲的失踪是他一大心病。估计他在成长的过程中知道了一些真相：身份卑贱的母亲究竟是怎么含恨离开朱府的。母子骨肉分离，她踉踉跄跄披头散发，她哭天天不应，叫地地不灵。茫茫人海她在何方？她还活着吗？她艰难挣扎于底层吗？她是不是一声声叫着她的寿昌儿？

行文至此，不禁潸然。我想起了我早逝的妈妈，屈指二十一年，未能叫妈妈……

朱寿昌七岁就知念母，往后漫长的时光越念越想，尽管他未必记得母亲的音容笑貌。点点滴滴的思念，一年年汇成翻波涌浪之河。想象的画面日积月累，梦中的场景一次比一次逼真。母亲可能还活着！这个念头牢牢抓住了朱寿昌。而个体的念头、意志当然与大环境有关。孝道像空气一样充沛于宋代的日常生活。

朱寿昌寝食难安，茶饭不思，“言辄流涕”。他托人四方打听。即使母亲已经不在人世间了，他也要知道她老人家葬于何处，不辞万里去扫墓。

守墓，扫墓，都是人生大事。后者不废于当代，是一件大好事，但是这些年来，所谓文明祭扫的杂音也多见于媒体——此系文明疾病，或曰科学迷信。容后细谈。

宋神宗熙宁初年，有人告诉朱寿昌，他母亲刘氏尚在人间，在陕西的同州（今陕西大荔），早已改嫁，并有若干子女。他当即决定辞官寻母。而辞官意味着告别仕途，当时他大约在阆州太守的任上，人也五十多岁了，子子孙孙一大家子。他如果不要俸禄，全家的生计都成问题。子孙也不能享受门荫入仕。总之，寻生母将要付出的代价很大，在官之身将不存。宋人把官身看得比今人重，整个家庭的利益都与之息息相关，家族会沾光。屡有亲朋劝朱寿昌别去荒僻遥远的同州，于是他刺血写下《金刚经》，以示坚决，并且发血誓：“不见母，吾不返也！”

为何不叫别人代寻呢？只怕年逾七旬的老母来日无多。他必须亲自去，别无选择。

于是就上路了，风雨兼程儿寻母。孝心大，其他的心思会变小。除了内心的支撑外，北宋良好的行孝氛围也是支持他的。如果世风日下，人心不古，朱寿昌因寻母而付出的代价将被视为不划算——儿孙的前程、家人的幸福不重要吗？然而亲情是不能计算的。儿孙辈总会有办法。亲爱的母亲一去，那就阴阳永相隔了。此间要掂量，朱寿昌想要见到生母的力量有多大。古往今来，亿万儿女欲见死去的父母不得，而流下的伤心泪，堪比汪洋大海。人间的最疼最痛最绝望，莫过于此了。

而当下亲朋间的算计，多少年来我们实在见得太多。算计，是一步步往前推进的。作为算计对象，含辛茹苦的父母未能幸免。

朱寿昌千余里忐忑奔同州，几经辗转，见到了白发苍苍的母亲，五十年的生离恍如隔世。刘氏喜极而泣，继而放声大哭。悲伤往事涌现，刘氏如何不痛哭？长跪地上的朱寿昌叩头至流血，抱着母亲的双腿，哭得不成人样。满城泣下，闻者掩面。这件事迅速传到汴京，士大夫感慨不已，庶民们争传孝子寻母的细节。宋神宗下旨表彰朱寿昌，令其官复原职。结局是皆大欢喜，但事先毫无设计——这一点在今天尤须强调。

朱寿昌把母亲和她的儿孙们接去他的任所同住，近百口其乐融融。

宰相王安石率先写诗赞颂朱寿昌。士大夫们的唱和诗多如雪片。苏轼写道："嗟君七岁知念母，怜君壮大心愈苦……感君离合我酸辛，此事今无古或闻。"苏轼之所以觉得酸辛除了感动于朱寿昌外，一定还想起了他的母亲程氏。程夫人享年才四十八岁。另外，宋人像唐人一样尚古，都认为古代好于他们的时代。这使得古之数千年的好东西能得到仔细辨认。近代中国饱受屈辱与苦难，于是进步成为主题，过度反思封建历史的负面作用。可喜现在正从各个方向重新评估，摄取中华文明的巨大能量，坚决朝着中华民族伟大复兴的大方向。

朱寿昌为官半个世纪，一直是爱民的好官，证明了孝之大用，并且向民间诠释了仁者寿。这一孝道符号大起来，波及北宋三百二十个州、南宋一百六十州。

黄州人有溺杀女婴的恶俗，苏东坡募捐办育儿会，收养弃婴，致信鄂州太守朱寿昌："若岁活得百个小儿，亦闲居一乐事也，吾虽贫，亦当出十千。"

如此善举，东坡先生轻描淡写。

其时东坡遭贬，戴罪官身穷得叮当响，他拿出仅存的一万钱，不考虑全家三个月的生活费。朱寿昌倾力相助，若干年间，育儿会救活了无数女婴，破除了黄州的恶俗。

孝之大道流布中国几千年，若是受贪婪与自私的长期挤压而沦为小道，动态性地淡化忤逆及其种种苗头，试问：那非人的局面谁能承受？

王安石丁忧的日子

王安石字介甫，他的尽孝当有两层因素，一是他本来孝顺，二是他要强化孝道。换言之，他想以一己之至孝，为天下人做出表率。

王安石对母亲的感情不下于朱寿昌，只是情形不同。古代大文人或多或少都有恋母情结，这个恋是广义的恋，不必去联想弗洛伊德。历代文豪们做官多仁慈，与早年受母性的深厚滋养有关，仁慈植入了皮下。

王安石的童年少年，跟随宦游的父亲八方颠簸，最远到了蜀中的山区，吃了很多苦头，时或蓬头垢面，饱一顿饿两顿，颤抖的手指抓啥吃啥，哪管食物脏不脏。后来的扪虱而谈自此始："囚首丧面而谈诗书。"（苏洵《辨奸论》）介甫年年脏，几乎不洗澡，不洗脚，不换衣裳，很少洗刷他的七寸胡须，任凭虱子乱跳，导致妻子吴氏患上了洁癖。

王介甫并非不爱父亲，却更依恋母亲。这是普遍规律，古与今同。顺便提一句，所谓憎父情结，在中国古代是不可能产生的，因为孝道不能容忍。西方人的"弑父情结"虽然是西方人的事，但国门洞开已久，洋观念泥沙俱下，传统美德受到前所未有的威胁。对此，我们要高度警惕。现在中国小孩儿的逆反心理已成常态，几乎家家有一本难念的经……

介甫五十岁，官居翰林学士知制诰，负责起草圣旨，于宫中的舍人院办公。忽一日，他接到老母病逝的噩耗，匆匆交接了日常事务，素服奔丧，千里奔回金陵的老家。

此间的王安石正处于变法造势的关键节点上，一夜间高官身份悬空，变革大计缓行。宋代的"顶层设计"是这样，皇帝丁忧三个月，臣子以及各地所有的

"公人"丁忧三年。

当初，孔子对有疑问的弟子解释说："父母养育儿子到能够行走、说话，通常要用三年，所以，丁忧守制不少于三年。"

依愚见，当代中国弘扬孝道，丁忧两周或三周是可行的。

宋人笔记《默记》："王荆公知制诰，丁母忧，已五十矣。哀毁过甚，不宿于家，以藁秸为荐，就厅上寝于地。"年逾半百的高官，长达三年的时光每天睡在地上，严寒不废。丁忧期间，不能把自己弄舒适，否则对不起母亲。他看书，"目射纸上"。深夜一盏灯，照着父母的灵位，照着一张瘦脸和一握黄卷。

王安石本不饮酒，丁母忧，荤也戒了。神宗皇帝传旨赐肉饭，他才勉强吃一点肉。神宗希望他保养好身体，因为他是国家的栋梁。他以书信的方式与政治保持联系。

他无论春夏秋冬都寝于地，以秸秆当褥子。王安石皮肤粗糙，宋人说"介甫肌理如蛇皮"。也许是因为睡秸秆，磨出了粗糙的皮肤。小时候随父兄奔波万里，王介甫胡乱睡觉也习惯了。由于心安，反而比床上睡得更沉。夫人吴氏闹意见，他听而不闻。"哀毁过甚"，哪有心思夫妻同房。居丧，并不约束夫妻事。

夜里来了一股穿堂风，烛台灭了，王安石垂首坐于黑暗中，默思慈母的生前。家里的仆人也不来点燃蜡烛。九岁那一年，在西蜀某地的一条古道上，他拖着两条腿走呀走呀，累得不行了，坐地哭喊娘，挨了父亲的一记耳光。介甫诗句："三十年前此地，父兄持我东西。"仿佛他是父兄手上的一件东西，整日价走东窜西。

白天他总看书，《三经新义》在孕育中。阳光或雨滴忽然送来母亲的音容，"介甫大恸"。俄顷哭停了，雨未停，介甫又看书。一天总有几次，母亲生前的细节自动浮现，王安石悲伤不已。"古人云：'死生亦大矣。'岂不痛哉！"（王羲之）活着就是怀念着，怀念难免使人憔悴。有些人忧伤过度，憔悴至死。有些狗守着主人的坟头绝食而亡。

而四川某些城市的"丧麻将"已经流行二十年了，逝者尸骨未寒，灵堂中的牌客就开始点钱，搓麻机哗啦哗啦。恶俗之恶，该拿什么样的词语去形容呢？

《默记》云："是时，潘夙公所善，方知荆南，遣人下书金陵。急足至，升厅，见一人席地坐，露头瘦损，愕以为老兵也。呼院子令送书入宅，公遽取书，就铺上拆以读，急足怒曰：'舍人书而院子自拆可乎？'喧呼怒叫。左右曰：'此即舍人也。'急足皇恐趋出，且曰：'好舍人，好舍人。'"急足：泛指快马信使。院子是对老兵的蔑称。那急足把王安石当成院子。喧，呼，怒，叫，其状可掬。宋人笔记写人物，往往三言两语，人物已跃然纸上。

王安石的母亲不见于史籍，大约享年七十多岁。安石居丧瘦损，三年睡硬地，令人油然生敬意。他是宋代大才，又是道德君子，司马光评价："介甫独负天下大名三十余年。"他无论在朝廷还是在州县，均以道德自律，并严格约束其他的官员。

王安石的变革措施"以理财为先"，他本人却对财富没什么兴趣，不饮酒，不纳妾，不羡豪宅。孔子称："君子怀刑，小人怀惠。"颜回长居陋室不改其乐，王安石做了宰相依然住普通的宅子，吃穿住像普通官员。在金陵丁母忧时他都一把年纪了，却毫不在意睡杂草铺，度过严寒酷暑。

介甫孝心足，因之而意志力强。

青灯黄卷一千天，孝子怀念着世间最疼他的那个人。怀念不期而至，"不思量，自难忘"。忽然就哭起来了，转眼却想着别的。情绪有它自身的规律。个体有差异。怀念是绝望的，无助的。至孝之人尤其无助，想见逝去的父母的念头，足以把人拖病拖垮。

总的说来，深切的怀念源自深度之生存。而眼下，浅表性生存者有大面积疯长的趋势，这种生存模式，把喜怒哀乐处理成过眼云烟。西方人渲染的所谓现代性，主要就是讲功利，与中华文明是相悖的。怀念逝去的亲人有什么用呢？浅表性生存者今天发疑问，明天就可能忘掉亲人的忌日。肇始于美国哲学家杜威的糟糕的实用主义，及其花样百出的滋生物，正试图毒害中国的青少年，解构中华传统文化。

汉语、饮食、家庭观念，是标志中国人之为中国人的最后三道防线。后者早已饱受冲击，能否抵挡得住，目前尚属未知。

"百善孝为先。"中国的核心价值体系，孝道从未缺席。

数千年中华文明有着巨大的历史惯性，怀念亡故的亲人友人，依然是滚滚大潮。一年当中，春节、清明节、农历七月半，连同亲人的忌日，都是人们扫墓的日子。扫墓须到墓园，网上祭祀之类在不得已的情况下是可以的，除此之外，断断不宜提倡。

一天晚上，我在岷江边的小树林里看见一个青年独自烧纸钱，不禁受感动，默视良久。但愿绝大多数做子女的，皆知父母心，但愿中国的孝道不要像冰川一样年年退缩。

苏轼和他的幼子苏过

苏轼有三子：迈，迨，过。苏迈是王弗夫人生的。王弗去世，苏轼继娶她的堂妹王闰之，闰之夫人生苏迨、苏过。侍妾王朝云生子曰苏遁，五官精致而可爱，但仅留十个月就跑回天上去了。此曰名谶。眉山俗话说："乖娃儿是地上跑的，不落屋的。"所以，蜀中小儿的乳名，通常叫丑丑，叫二狗三狗四狗……

苏家在眉山说不上是大户人家，仅有城西的五亩园，却是首屈一指的书香门第。宋代的眉山读书人多，有个孙氏书楼藏书达几万卷。母亲程夫人礼佛。家中供着"亚圣"孟子的小雕像。苏轼的爷爷苏序是个性格爽朗的人，看书一目十行，还写过千百首永不流传的诗篇，估计类似顺口溜。苏轼写道：爷爷"有所欲言，一发为诗"。苏序活了七十五岁。

眉山苏氏以道德传家，以慈善为本，注重家学与家风。这在当时并不稀罕，现在倒稀奇。"家学"一词听不到了，家风家规偶尔还能听到。一般只说谁家有钱，有当官的，很少听说某某人的家风好。"钱权"二字，入侵日常生活很久了……

苏轼和爷爷的感情很深，参见他怀念爷爷的文章《苏廷评行状》。

苏轼二十二岁入汴京春试，考了事实上的状元。其时程夫人病逝于眉山，并不知道两个儿子已考中进士。苏氏兄弟随父奔丧回眉山，哭跪于母亲的灵柩前，守墓四十九天，守孝二十七个月，穿素服，通常不吃荤菜。山中守墓时，苏轼常常在梦中哭醒。程夫人的早逝，是因为操劳过度，亲自经营城西纱縠行的布庄，供丈夫远游，供儿子读书、赴京应试。白天她忙生意，夜里忙针线活，并且引导苏轼读《汉书》。程夫人原是大家闺秀。

苏轼自幼是好吃嘴，后来自称“老饕”，自创了许多美味。母亲做过各种各样的菜，单是鱼的做法就有七八种。春鸠烩芹菜、茄香肉丸子……川西坝子沃野千里，野物家禽数不清，食材千百种。苏洵说：“古人居之富者众。”

我的少年时期，对这片沃野印象太深了，如今良田的硬化过度，不见麦浪翻滚，不闻江河奔腾，隆冬时节酷似阳春天气，“大雪”无雪，而当年隆冬的气温多在零摄氏度，水凼子要结冰，早晨去上学，咬薄冰咔嚓咔嚓。鹅毛大雪飘啊，飘啊，瑞雪兆丰年。

如今的河流、土壤也大面积被污染了。说这个心疼，一股股地疼痛。

2013—2015 年连续三年“大寒”，成都平原的气温均在十五摄氏度左右。春节那天，我居住的城市居然十九度。今年不知又会怎样。峨眉山下雪的次数，较之三十年前减少了八成……而真正关注气候变化的人，恐怕不足万分之一。这是为什么？

法国作家普鲁斯特，由一块玛兰德小点心而想起贡布雷，想起他亲爱的妈妈，每晚在上楼睡觉之前，妈妈要到他的房间亲吻他的小脸，于是，天黑就盼着。而我永远记得，大年初一的早晨，妈妈起五更，为全家人搓汤圆。夏季，妈妈在我的小床边挥扇赶蚊子，哼儿歌。冬天，妈妈摸黑来床边帮我掖被子。十年如一日，十年如一日啊。妹妹生病住院，年近六旬的妈妈睡在病房又硬又窄的椅子上，整整睡了三个多月，不发半句怨言。妈妈带着病弱的妹妹，去挤成都的公共汽车，挤得那么艰难……

苏轼三十岁那一年，复从汴京返回眉山丁父忧，船上除了老父的棺材，另有王弗的棺材。短短几年间，父母和娇妻俱亡。居丧，追思年轻的亡妻，又是三年。淌不尽的泪水，忆不完的往事。“子欲养而亲不在”，他撕心裂肺，捶胸顿足，绝望的后面依然是绝望。

五六岁的长子苏迈看在眼里，半夜偷偷哭。

苏轼对乳娘任采莲那么好，恐怕也是寄托了对母亲的思念。任采莲原是程夫人的陪嫁丫头，一辈子勤劳，慈眉善目，享年七十二岁，苏轼为她写墓志铭。一代文宗的笔，王公巨贾请不动的，虽然写一篇要挣大堆的纹银。苏东坡看不见高低贵贱，对仁慈很敏感。

高官大儒，为下人、为侍妾写墓志，宋代也不多见。

当时有个叫李定的人，隐瞒母亲的死，为了保官位谋仕进，不奔丧，不举丧，不服母丧，只派人去老家悄悄葬掉了事。然而，左邻右舍眼睛雪亮。事发后，全国舆论总攻击。大臣小吏，纷纷斥李定为禽兽。事实上，这厮不可与兽禽并论。李定是北宋奸臣。

不孝之辈，连父母的坟头朝东向西都不问的人，如何做得好官？如何做得朝廷高官？

朱寿昌辞官寻老母，举国为之感动。寿昌先生与东坡先生交厚。

苏东坡的家风以孝为先，学为次。换句话说，人品摆在第一位。这也是他始终不变的为政理念。三个儿子皆孝顺。苏迈勤于学，苏迨先天不足，三岁多才能走路，头长，脖子长，家里人呼为“长头儿”，苏轼也是长脸。“长头儿”苏迨十分努力，只为让一直牵挂他的爹娘放心，苏轼对他的激励最多。幼子苏过的天资好，悟性高，诗文绘画俱出色，时称“小坡”。精于书画的宋徽宗，颇欣赏苏过画的竹子和石头。

苏轼四十几岁时被贬黄州，钱粮无算，开垦五十亩东坡麦田，从此自号东坡。开荒种地，春耕秋收，全家十余口每日忙到天黑。苏轼黑了，壮了，日食斗米，喝酒用斗碗。父子四人站一块儿，个个面如炭，健如大牛与小牛。

五月里苏过拾麦穗，拾完了麦穗翻跟斗，从麦田的这头翻到那头。负责喂牛放牛的闰之夫人乐得直笑。十八九岁的王朝云“饷田”，提了装满食物的竹篮子到田边，朝霞般的面容令晚霞失色，她爱穿蓝色的短袖衣裳，苏轼亲昵地呼为“蓝小袖”……

东坡《留侯论》有名言：“处贫贱易，耐富贵难。”日后他在汴京官至三品，山珍海味像萝卜小菜，苏氏两兄弟的家只一步之遥，近百口人相处和睦，从来没有闹过大的矛盾。

穷也众乐乐，富也众乐乐，若问何以如此？孝道传家之故也。

孝敬、孝悌，几代人接力，长成了参天大树，形成良好的家风。弟弟妹妹敬兄长，谓之悌。东坡叹曰：“嗟予寡兄弟，四海一子由。”东坡被贬向岭南英州时，弟弟苏子由卖掉房子，助他一家人的生计。宋哲宗上台，章子厚得势，这个朝廷魔头下狠手，痛打元祐大臣，五十九岁的苏东坡顶着炎炎烈日赴贬所，途中四次遭“道贬”，被贬向了小城惠州。

“百年不易满，寸寸弯强弓。”苏东坡钢铁骨头，拒绝趋附章惇鼠辈，于是流放最远。全家三十余口，苏迈带了大部分人留居江南，苏轼携幼子过大庾五岭，走唐代名相张九龄走过的贬谪路。王朝云毅然相随，红颜吃苦毫不在乎……

苏过用刀剑劈开荆棘，整夜持剑立于父亲的草屋外，防备豺豹的偷袭，复于绝壁采草药，以备不时之需。大庾岭的毒蛇蝎毒蚊虫太多。而岭上梅花开，苏轼写诗，苏过唱和。

在惠州近三年，苏过陪伴着老东坡。朝云染瘴疠，灿烂的生命之花凋谢了，“狂风卷朝霞”，东坡连日拄杖哀号，失魂落魄地呼唤朝云的名字。苏过寸步不离，担心老父有闪失。他早晨为父亲梳头，入夜为父亲洗脚。此间的苏过已娶妻生子，夫妻同侍，不知疲惫。

苏轼在写给朋友的信中说：“某在岭南，凡生理百事，独过侍之。”

1097年，六十岁的苏东坡再贬海南的儋州，生还的希望渺茫。苏过随父而去，说服了两个哥哥，把妻儿留在惠州的白鹤峰居所。苏过已有赴死的决心，却安慰妻子：“没事的，没事的……”据说东坡于徐闻渡海，海峡数百里，船头放着一具空棺。海上的三天三夜风波险恶，老水手苏东坡倒能应对，苏过就惨了，连日呕吐，胆汁都吐出来了。

儋州又三年。比惠州的日子更艰难：居无所，食无肉，病无药，书无墨。琼州海峡风浪高时，船舶不敢出海，岛上一度缺粮。苏过饿得半夜里捂被呻吟，将仅存的芋头留给父亲，次日装作很活泼的模样，跃上半尺高的台阶，跌倒在地，饿昏了。

父子二人练习《黄帝内经》上讲的龟息法，练自创的“阳光止饿法”，试图将体能的消耗降到最低，类似瑜伽的调呼吸，效果还不错。海上的大风终于停了，运粮船扬帆而来，二十八岁的苏过不禁雀跃，歪歪倒倒的雀跃，一脸菜色的欢颜。

坡翁也含笑，眼中有泪光。

苏轼的《东坡志林》记云：“过子不眷妇子，从余来此，其妇亦笃孝，怅然感之……”

苏过常与昌化军军使（地方长官）张中下围棋，老父饶有兴致地旁观，写下关于围棋的哲理诗；苏过天天吟诵陶诗。苏过学黎族语，一句句讲给老父听。苏过种药材，好让父亲像在黄州、惠州一样行医，救民疾苦。苏过辟一菜园子，养了一群鸡。苏过协助老父制墨丸，酿天门冬酒，搭建桄榔庵，兴办“载酒堂”书院。苏氏父子和一群黎汉子弟秉烛夜游，通宵大跳黎人舞，舞曲曰《儋耳古调声》。

芭蕾舞经典《红色娘子军》采用了儋州古调声。我曾参与那万人手拉手的狂欢。古调声太神奇了，变调七百多种……

苏东坡写道：“九死南荒吾不恨，兹游奇绝冠平生。”

老东坡豪迈，“小坡”跟在后头。

“老坡”和“小坡”蹬了厚厚的木屐，头戴黎人漂亮的斗笠，吧嗒吧嗒去串门，每天串。那地方今日叫中和镇，有东坡井存焉。爱戴东坡的游客要喝古井水。

椰林深深深几许？“老坡”和“小坡”乐呵呵地转迷糊了，蓦然回首，“家在牛栏西复西”。

尽孝，尽显于日常生活。民间风俗厚，讲究多，一代代传了下来。希望不懈追求现代化的中国，再一代代地传下去。西方人重个体，老死不求人，而东方人是需要抱团的。“老吾老以及人之老。”也许遗传基因已有微妙的差异，而文化的基因不难识别。

中国的道德谱系，孝道居于核心。

忤逆之辈，不孝之徒，民间认为他们迟早要遭报应。

岳飞的孝与忠

岳飞谥号武穆，民间称岳王爷。1103年，岳飞生于相州汤阴县的永和乡孝悌里。里名为孝悌，当有来历。岳飞的父母皆务农，父亲岳和，母亲姚氏。岳飞初生时，屋子上方有大鸟冲天而起，于是取名飞，字鹏举。从这名字看，岳飞的父亲可能是个识字的农夫。

其时宋徽宗在位，蔡京做宰相。昏君奸相正在把赵宋帝国玩进深渊。宋徽宗酷爱玩花石，所以，那时的水道主要是用来进献花石纲（十二只船为一纲）的。黄河年年决口，淹死人畜无数。岳飞未满月便遭遇了洪水泛滥，被装入一大瓮随波漂流。大瓮飘出几十里搁浅了，未来的民族英雄才逃过一劫。

官僚穷奢极欲，穷人越来越穷。岳家由自耕农沦为佃农，累死累活仅能糊口。岳飞渐大，家境才稍有好转。岳飞劳作之余读史书，读经书，读《孙子兵法》。家里买不起蜡烛，点柴火照明。没有他念学堂的记载，大约是父亲和外公教他识文断字的。村里也有几个读书人。

由于印刷术的广泛运用，宋代书籍大增，大城小镇书肆兴旺。宋代以前的书都是手抄本，文化普及的程度有限。宋代开科取士的数量远高于唐朝。

劳作，读书，习武，是少年岳飞每天要做的三件事。武术教头点拨他枪棒功夫。当年我读《说岳全传》，对岳飞的师傅崇拜得五体投地，仿佛神出鬼没的岳家枪就出自这位师傅之手。民间习武成风，估计全国都这样，五花八门的拳谱秘籍，传递于男孩子兴奋的手，千百年不衰……直到20世纪七八十年代，男孩子练拳术，南北各地皆盛行，蜀人把打架或切磋武艺叫作抢手。男孩儿在成长过程中通常要打架，一年至少打几架，打出勇敢，打出雄性，也打出友谊来。他们天天伙起八方疯玩，如何不扯皮？如何不打架？但一般点到为止。在我个人的记忆中，眉山城数以万计的中小学生，十年间从未发生过把人打进医院的事。道德感几乎无处不在，羞耻心大抵人人有之。念小学三年级时，我在三苏祠外的古树下练散打正起劲，跳进学校的操场犹比画，腾挪搏击，俨然“豹子头”林冲。那时我脾气也冲，曾经挥出一巴掌，在一个姓赵的同学脸上留下了五条手指印，于是被老师批评、邻居谴责，父亲叫我饱吃了一顿“笋子炒肉”（挨竹片打），那份持久的内心自责，至今记忆犹新。后来，我念中学时见了赵同学，犹觉惭愧。

我熟悉的20世纪70年代的男生，半数以上会几手拳脚，全都崇拜赵云、岳飞或林冲。每个班都有几个身手敏捷的练家子。比如高中同学李正义，正直、仗义、敢于担当，学习好，会写新诗，会中医，并且武艺高强、肌肉如铁，全年级的人都服他。低年级的男生悄悄学他。

现在的小男孩儿普遍不打架，不是一件好事，或者说，不是一件值得称道的事。雄性渠道不畅，也不好玩儿，缺疯劲，缺野性。冒牌的理性嚷嚷着所谓文明的腔调。

男孩儿若五六岁时就开始争雄，小打小闹，渐渐打出分寸感来，打出野性的边界来，那么十几岁时就不会动刀子。

孩提时代的打架，是叫人一生去回味的——那可是几亿人的集体回味啊。

活着要像撵山狗，焉能变成圈养鸡？男生雄不起来，女汉子倒日益多起来，细眉纤手也去追打“小鲜肉”。这个局面若是再持续二十年，阴盛阳衰或成定局。

那部拍岳飞的电视剧，屏幕上的民族英雄为了收视率被弄得唇红齿白。我们的英雄正在被媚俗的导演拉变形。真爱岳飞者，当不屑一顾。影视剧男主角直追韩剧的阴柔化，又添上轻佻轻浮的所谓喜剧元素，竟然成风尚。演艺圈纸醉金迷、恶俗泛滥，网络上的爆料可能只是冰山一角……

岳飞的师傅名叫周同，箭法十分了得。先前的枪棒教头叫陈广。岳飞十六岁，已是名播汤阴县的武艺高手，据说全县后生无敌手。周同把一身本事毫无保留地传授给他。而大多数教头不会这么做，“师傅留一手”是普遍现象。为何要留一手？因为师傅总要一直是师傅，哪能败给徒弟。这不仅是面子问题，常常是饭碗的问题。

周同不收学费，不小看穷家少年，悉心培养练武的好苗子，传武艺更传品行，对岳飞的影响很大。一日为师，终身为父。岳飞健全的人格得益于周同甚多。

经常有练家子来找岳飞切磋，想要打败他的后生来自十里八乡，菜园子旁边便是格斗场。勇气、胆魄和强壮的体魄一并增长。放下锄头扁担拿起枪棒，激烈的对打之后又捧读书卷，孝敬父母和师傅，疼爱新婚的妻子。岳飞十七岁时，儿子岳云呱呱坠地。

杰出人物生命中的每一秒钟都充盈着张力，真是令人着迷啊。着迷是因为缺啥想啥。河南汤阴县的岳飞杰出，却有广泛的民间基础，他在历史的惯性中追求身心并全。崇文，习武，尽孝，务农，会友……一天天活得饱满，一步步走得扎实。生命当如是也，至少要朝着这个方向，否则人活着有什么意思呢？地主的儿子好逸恶劳，佃户的儿子健康向上。衣来伸手、饭来张口的生活是乏味的。

现成的东西堆成山，堆不出个体生命的丰富性。

眼下的许多青少年活得东歪西倒，盖由于现成之物堵塞了他们的主动性，削减了他们的创造性，降低了他们的生活热情。电脑又来操纵人脑。生活趋于瘾头化，瘾头直指平均化。瘾头化加平均化的个体，不可能赢得对事物千差万别的感受。现成物的丰富绝不意味着生命的丰富。情形正相反。所以当务之急，是要研究人和物究竟是如何打交道的。何谓物的亲近？又如何组建富于意蕴的周围世界？

如果千百年形成的生活智慧不能传承，那么，无聊的闹剧就会再三重演。

网瘾青少年几千万，这个数字是可怕的。一个染上网瘾的小孩儿，多少长辈在关注，在忧心？在失眠？戒网瘾难之又难，十年八年戒不掉。嗜网者的心理疾病花样多，自卑与自傲、自闭与自狂、放纵与胆怯纠缠不清，冒出的念头莫名其妙。他们自己都不知道明天又要弄哪一出。现实判断力若是长期缺失，势必导致严重的人格分裂。

旧话重提：网瘾近乎毒瘾；生活的虚拟化乃是生命的虚无化。

少年岳飞是无聊的反义词，只愁时间不够用，每天只睡两个时辰，除了蜜月里赖过床之外，这习惯二十多年不变。他半夜犹读书，凌晨起床摸黑练武，太阳升起时，阳光照着他躬耕田野的身影。佃户的儿子依然是佃户，长工短工受剥削。他吃东西永远是狼吞虎咽，胃口超级好，在师傅家敞开肚子吃。周同拍着爱徒的虎背说：“你呀，你呀。”

岳云倒生得羸弱，十二三岁从军时，军中呼为“羸官人”，身子骨跟豆芽似的，三年后，却将两把重达八十斤的铜锤舞得风雨不透。岳云上阵杀敌，勇猛不减其父。可见身体与心智的潜能巨大。爱因斯坦一生在思考，也只用了大脑约五分之一的潜能。

岳飞高大，“鹰视虎步”，岳云却是中等偏下的身材，也许岳飞的妻子刘氏个头不大。刘氏早卒，岳飞继娶的李夫人又生了四个儿子和一个女儿。

周同教岳飞武艺，可能教了两三年，忽然一病西去。父亲般的师傅壮年就去世了，年轻的岳飞痛不欲生。每月的初一、十五，岳飞哭坟，祭坟，守坟。他拼命地干活，挣钱买酒肉却不带回家，而是放在师傅的坟头。他百步连射三箭，皆中靶心，以此告慰师傅的亡灵，神箭手后继有人。当年我读到这一段，不禁想象：自己将来也要有这么一位好师傅，挽弓要挽强……天越来越冷了，岳飞的衣裳倒越来越单薄。父亲岳和感到蹊跷，担心成家不久的儿子跟地主家的败家子混在一起，典当衣衫吃酒胡闹。父亲盯儿子的梢，才发现了真相，感动得掉泪。家教是成功的。孝心几乎能激发所有的好品质，勤劳、节俭、诚信、仗义、廉洁、忠诚，若干年以后，岳珂回忆祖父岳飞说：“先臣天性至孝。”

岳飞的孝与忠，自早年起就呈现互生的状态。两棵树长成了一棵树。要让岳飞反皇帝，那是不可想象的。学者当思及这一层。

1127年，北宋灭，金兵的屠刀切下了北中国。“靖康耻”就发生在那一年。赵宋王朝渡江，偏安于江南，南宋立。二十几岁的岳飞创建了岳家军，十余年间多次北伐中原，横扫金兵如卷席，破了金兀术的铁浮图、拐子马，一度打到离汴梁四十里的朱仙镇，形成了战略包围。然而宋高宗连发十二道金牌强令他撤退。整个过程惊心动魄，昏君奸相令人发指的行为在华夏史上恐怕空前绝后。此需另文叙述。本篇集中讲岳飞的孝与忠。

岳飞随军南渡后，与老母和妻儿失散多年。家人犹在汤阴孝悌里的老家，金兵和伪军把守甚严。岳飞派人接老母，接了十几次未获成功。姚氏托人传口信给儿子，说：“为我语五郎（岳飞小名），勉事圣天子，无以老媪为念也。”事见《忠武王遗事》。

后来，母子终于得以团聚，岳飞喜极而泣。其时岳飞担任湖北路宣抚使，守卫长江中游的防线，军务山积，应接不暇，却每天到母亲的住处问安。这位叱咤风云的将军，一旦进入母亲的起居室，脚步顿时变得很轻，说话轻言细语。只要他人在大本营，没有一天不问安。

时隔近九百年，岳飞恭顺问安的形象如在眼前。

鲁迅先生的书信全集，写给母亲的信占了不小的篇幅，关注日常琐碎细到毫厘，信的开头，自谓曰“敬禀者”，末尾总有一句“叩问金安”。

尽孝要抓紧时间。那些长时间不回家省亲的人，不管他们官居何职，不管他们的事业有多么重要，他们的内心一定可疑，他们的人品要打问号。能忙到什么程度呢？比战争时期的岳飞元帅更忙吗？比新文化运动的旗手鲁迅更忙吗？

孝敬父母和长辈，中国的民间历来重两点：一是想得到还是想不到，二是想得细还是想得粗。此二者是试金石。大道至简，也包括孝道。想得细会趋于更细，反之亦然。孝敬父母者，一般说来并无孝的概念，孝子通常不知道自己是孝子，他只为具体的事情操心。然而左邻右舍敏感于此，“孝子”一词，眼下尚能流传。但形势也严峻：洋观念的大规模入侵，使中国人的孝道步步退却。西方的利己主义与中国的五千年传统是格格不入的。尧舜、孔孟，都讲孝道。

孝与爱本是一体，很难想象一个孝子会对妻子儿女无情，对朋友不义。孝道作为核心价值，作为中国人的生活之本，只要这个本稳固了，生活世界就不至于整体坍塌。苏东坡“无病而多蓄药，不饮而多酿酒”，旁人表示疑惑时，坡翁专门讲了一段话，等于宣告：利他才能利己。苏东坡真像雷锋叔叔。

是时候了，必须遏制利己主义的惊人泛滥。不能让悲剧大规模上演。

如果汉语、饮食、家庭观念，本土性生活方式的三大防线固若金汤，那么中国人将永远是骄傲的中国人。多少年来，亿万农民工一到春节便奔向家园，火车、汽车上俱是人潮，浩浩荡荡的摩托车队伍，不辞道远、山高、路滑，不怕豪车恶少欺侮。他们在天寒地冻里骑摩托车啊，只为省下一点给儿女的压岁钱，恭呈父母的孝敬钱。

中华民族孝的基因、爱的基因，惊天地泣鬼神。

岳飞说：“若内不克尽事亲之道，外岂复有爱主之忠？”他以一个佃农而官至太尉，子孙沐浴浩荡皇恩，对皇帝的忠诚可以理解。岳母为儿子刺字“精忠报国”，不单刺入了他皮下，更深入其内心，刻入其灵魂。生存的诸环节是环环相扣的，起于幼年，强化于少年青年。个体差异决定行为的差异，这里并没有一个现成的、数学般精确的公式。

“将在外，君命有所不受。”其他将领可能做得到，岳飞做不到。宋高宗连下十二道金牌他才传令班师，可见他矛盾到了极点。他在班师途中醉书诸葛丞相的《出师表》，大泪滂沱。宋高宗下了十一道金牌之后还要下，也表明这昏君有一双鹰眼，看准了岳飞的忠。

岳母姚氏南渡几年后去世，岳元帅奔丧，扶棺，筑庐于墓旁，数月守着母亲的亡灵，“终日号恸”。原本爱戴他的百姓闻讯而至，哭成了一片。

岳飞请求守孝三年，朝廷不准。为了北伐大计，岳飞“终制起复”，回到原来的岗位上指挥千军万马。

岳飞的至孝、至爱、至俭、至诚、至勇、至忠，显然有着内在的紧密联系。此虽系古代的常识，但在全球化背景下的今人倒需要重新辨认。

卷十五

钱

长辈们常说：『一分钱难倒英雄汉。』钱的重要性不言而喻：『书中自有黄金屋』，士子们浩浩荡荡奔考场；老百姓起早贪黑忙生计。一个人越是有强劲的挣钱的冲动，越需要平衡这种冲动的力量。金钱观念在生活中的越界占位是不可取的，孔圣人说：『不义而富且贵，于我如浮云。』

在越过温饱线之后，对生活的完整性、生活之意蕴层的要求，应当大于对财富的追求。

孔子、庄子、孟子对金钱的态度

孔夫子的一生未尝轻视金钱，小时候几乎啥都干，“吾少也贱，故多能鄙事”。放羊，算账，替阔人执鞭，射鸟和钓鱼以解决馋肉的问题。史料止此，但他大约还干过别的鄙事，比如洗衣做饭打柴、当学徒做工匠之类，不过似乎不曾种田种菜。毕竟他是没落贵族。

“多能鄙事”，自然是为了挣钱。孔家在鲁国的士大夫阶层中处于卑微地位，孔子在孔门中也很卑微，大妈二妈连同她们众多的子女（九女一男），多半不待见这个小妾生下的丑儿子，变着法子要弄他，驱使他，欺负他，嘲笑他野合而生，不断制造他终身挥之不去的心理阴影。

孔子是在同阴影的斗争中成长为孔子的。他童年斗志高，青年转平和，再转幽默。“子曰：富而可求也，虽执鞭之士，吾亦为之。如不可求，从吾所好。”

据《周礼》，“执鞭之士”指看门人。这是孔子幽默的说法。弟子们的自由讨论会涉及财富，夫子含笑说出这一句，重点是后面的话：如果不能求得富贵，就做想做的事。想做的事即是他正在做的事，追思先贤，研究学问，教化弟子，通过各种渠道对统治者施加影响。

孔子在鲁国做过小司寇，负责士大夫的祭祀，位卑而事杂，俸禄有限。后来他设杏坛讲学，每年收学生的十条干肉，也收大雁。豪门子弟要多交“束脩”，他是不收的，对学生一视同仁。走后门套近乎，老师不允许。穷人的儿子大约少交。子贡富，颜回穷，但老师并不叫子贡去资助颜回，比如把颜回的陋室变得宽敞明亮。孔子不搞平均主义。

孔门弟子三千，平时可能百十个，也济济一堂了。“教学相长”，学生质疑老师的事经常发生。课堂的气氛严肃而又活跃，数十年如此，这是很难的。难怪人们尊他为“至圣先师”。孔子不会把学生处理成资源，学生与学生之间也不会——哪会发生那种事，多丢人啊。孔子注重每个弟子的潜质，而不是看重谁家有钱有权。

师道尊严两千五百年，师道不是由金钱堆出来的，师生关系不是单靠利益来维系的。

我念小学时，学费才一块多钱。老师连年徒步家访，主要走调皮孩子和贫穷学生的家庭，远到乡下。那时，我从没听说过各科老师想索要什么，老师通过学生家长想达到什么目的。为人师表，实实在在，平凡得很。对于老师的悉心指导和无私帮助，我们习以为常。毕业那一天，师生难舍，班主任刘老师忍不住哭起来的那一幕，让我们这些学子一生难忘。

又记得念高中时，老师对我的一篇作文的评语多达三千字。老师书写的红墨水钢笔字多么漂亮！可惜作文本后来被弄丢了。

哦，许多事，“当时只道是寻常”……

孔夫子的衣食住行皆能讲究，表明他不缺钱。有一天临出门发现无车，他就不出门了。按周礼，贵族在很多情形下不可步行。

孔子不缺钱，因为他既当官又当老师。他鼓励弟子说：“学也，禄在其中矣。”又称：“学而优则仕。”做了官，日子就好过了。但做官首先是为了什么呢？为了“克己复礼”，为了推广仁义道德。

“子曰：‘不义而富且贵，于我如浮云。’”民间将其衍生为：君子爱财，取之有道。谁不爱财呢？官员也爱财，如果取之无道，官风就坏了。官风一坏，民风跟着坏。儒家提倡的修身齐家治国之类，修身是基础。治国重在治吏，中国历代皆然。专心逐利的商风不能主导世风。换言之，金钱符号不可独大，不可越界扩张，更不能恶性占位。

春秋战国的儒、道、墨、法、农诸家，以及后来的佛教，在首重仁义慈善这一点上是一致的。为何趋于一致？争利斗狠导致天下大乱的历史教训太深刻。

华夏文明几千年，有大智慧存焉。

庄子活了约八十七岁，大部分时间缺钱，却是富可敌国的一个人物——古今千百个富豪加起来，恐怕不及他的逍遥一半。他以一己之逍遥，提升了人之为人的境界，大大影响了中华民族。

缺钱的男人能逍遥吗？我们尝试着来细看。

据说庄子和孔子一样属于没落贵族，但他少年时过的好日子比孔子多一些。他家在其青年时期走了下坡路，渐渐困顿了，于是他做了蒙地的漆园吏，管理割漆的工人，收入不菲。他上班看书，躺草地晒太阳，伸懒腰，常找工人闲聊，屡与惠施在工作场所展开哲学式的激辩。他不喜欢上级，上级更不喜欢他。初唐的王维写《漆园》一诗，称庄周是“傲吏”。终于有一天，这位“傲吏”傲不下去了——上级点灯开会，历数他的种种狂傲，一致决定开除他。有学者考证，那大约在庄周三十岁左右。他一夜间把饭碗丢了，而老婆孩子还在等他拿钱回家……

没落贵族的子弟多傲骨，比如孔夫子、阮步兵、“唐诸王孙”李贺、“相门子”岑参、生于超级富贵窝的曹雪芹。阿Q曾愤愤不平地对未庄的有钱人说：“我们先前——比你阔的多啦！”庄子是否对开除他的上级说过这类话，我们不得而知。

饭碗丢了，庄子心惊肉跳了两三天，回家的路上还在紧张地思索对策，鼻头冒冷汗。我估计，这种可能性是存在的，毕竟吃饭事大，一家子好几张嘴巴，儿女们都是吃长饭的。庄子不大可能上午被开除，中午就逍遥起来。除非他是神仙。

家在宋国蒙城的陋巷，庄子一住六十年，从富人区搬到贫民窟的具体时间也不详。顺便提一句，思想家的生平事迹并不重要，不必烦琐考证。海德格尔讲尼采，所著《尼采》用中文翻译过来两大本，一千多页，涉及尼采的生平只寥寥几句话。严格意义上的思想者只对思想本身感兴趣。愚以为，张汝伦教授的巨著《〈存在与时间〉释义》，提供了一个中文范本。

庄子居陋巷编草鞋，解决生计的问题。他手上的活做得熟练了，技术到位了，“得心应手”，“神乎其技”，脑子又开始想别的，思绪飘出去或弹出去，仿佛安装了思绪的自动弹射器。

“不切实际”的胡思乱想一般起于童年，大多数人受阻于少年，思维板结于青年，日子干巴巴重复于中年——现代病有它古代的苗头。仔细观察儿童是非常有趣的，儿童的生存最少板结与固化，儿童的思想是现实与幻想、主观与客观的混成态。

百亿分之一的人永远在胡思乱想，以不切实际的方式切于一切实际。这个人就是庄子。

思维高蹈于现实之上，然后赢得现实。而杜威式的实用主义，让现实动态性地收缩。对屈原来说，神灵是现实的。对20世纪50年代的中国人来，理想是现实的，1955年萨特访问中国时曾讲过一句很有意思的话："中国最直接的现实就是未来。"而我熟悉的大量四川人，这些年的所谓现实早已收缩到一张牌桌上。所谓人的眼睛，只反射钱币之光。

庄子以编草鞋养家糊口，贫穷而逍遥。问题出来了：何谓贫穷？家里人有饭吃有衣穿，隔三差五还有肉吃，不亦乐乎？鱼肉、鸟肉、山中的野味。庄子家也有断顿的时候，他堂而皇之找富人借粮，背走了半袋粮食，还把人家劈头盖脸教训一通，然后回家接着编草鞋，哼唱自编的卖鞋歌。总之，只要有人买草鞋，活下去是有把握的。只是他问题想得多，产量上不去。劳力与劳心，相得益彰。这个老把式，干活跟玩儿似的，玩草玩绳玩动作。

庄子活到八十几岁，明显超过富人的平均寿命，快乐指数与生存密度，则是富人的千百倍。有个同乡曹商，闯荡世界之后荣归故里，金车玉马一百辆，从庄子的桑枝门和破瓮窗前过，鼻孔朝天，甩响鞭停下豪车，斜睨正在门边搓麻的庄周。庄周笑了笑，当众道出曹商的致富秘密："吮痈舐痔得车。"众人哄然大笑，一百豪车落荒而逃。陋巷中的瓦匠、篾匠、漆匠、木匠、石匠、铜匠、金匠、剃头匠、棺材匠、伐木匠……纷纷说："吮痈舐痔得车啊？曹商舐谁的痔啊？我不干我不干，不如把这手头的干净活儿来干。"

干干净活，挣干净钱。挖空心思钻营、不择手段弄钱的人，都是不同形式的"舐痔者"。

劳工神圣。劳动光荣。

劳动者向来不乏幽默感，车间、地头、河边、空中、脚手架上……

庄子劳力又劳心，心手相应跟玩杂要似的，边织鞋边思索。犹如妇女们凑到一块儿，织毛衣晒太阳，话家常哼小曲儿，一个个模样惬意得很。庄子周游列国，穿一袭破衣衫见那些不可一世的国王，滔滔不绝，指手画脚，才大而气粗，潇洒得很。他不想当官，比一心想当官的孔圣人逍遥多了。他想做什么呢？"来往一虚舟，聊随物外游。”（苏轼）与万物同在，那是什么样的大感觉啊！“道在稗草”“道在屎尿”，那是什么样的大境界啊！道能在屎尿，道就无处不在了。“无中生有”“至小无内”“大巧若拙”“吹万不同”……那是什么样的大智慧大洞见啊！

旧话重提：庄子没有年龄，八十岁就像七八岁，保持了生命的新鲜感；庄子的生存也没有朝向，似乎能同时朝着四面八方。这种人离神仙很近了，他是板结固化的反义词，是异化的天敌，是千篇一律的死对头。“物物，而不物于物”，这是针对今天讲的吗？谁的目光足以穿透一万年？谁能看破一切又在乎一切？哦，这个男人名叫庄周。

驾驭物质，而不是受物质的掌控，古人懂这个，今人不大懂了。

有一天庄子歇工，在河边的古槐下钓鱼，花正红，柳正绿，天蓝蓝云悠悠，小鸟漫天舞，大小虫子满地爬。阳光射出的金箭穿过槐树的叶子。天地间一庄子，未饮酒而自陶醉。万物向他奔袭。哲思泉涌……爽啊爽啊，物我两忘的那种爽。这时候却来了楚威王派来的使者，带了大堆金子和玉制聘书，想让庄子放下鱼竿，到楚国去拿起权杖：宰相的位置为他空着。楚王说了，天下的智者庄周第一、惠施第二。惠施先生已做了魏国的宰相……庄子正在河边无限幸福，使者一番屁话，空气顿时不新鲜，鱼儿也跑掉了。庄子火起，头也不回地扔下几句狠话：“楚王叫我去做祭坛上的神龟吗？死硬了的神龟供起来有意思吗？你瞧瞧这河里的老龟多自在，想爬就爬，想睡觉就睡觉，想吃东西就吃东西，想骂人就骂人……”

那使者蒙头蒙脑地挨了一顿骂，溜向了荒野，此后，至死都想不通。

官居高位者，成天绷着脸，委实不好玩儿。他们往往上午当官做老爷鼻孔喷气，下午陪上级装不完的孙子。“肉食者鄙。”

庄子发脾气赶走了楚王派来的使者，回思那一堆发亮的金子，自嘲地拍了拍草绳子腰带下的瘦肚皮。“人为财死，鸟为食亡”，六十年的时光里，庄子是否犹豫过？当它几年高官，挣它半座金山，再回江湖逍遥岂不更好？事实上他是做不到的。贪欲一起，驷马难追。

河边的庄子发了一回呆，鸟儿飞来逗他，风儿抚摸他，花儿拿芬芳惹他，老龟探头嘲笑他，云儿飘成思绪的形状启示他。他定定神，把钓鱼竿拿稳了。

一年年地，河边赐予他的奇思妙想数都数不清。“临渊羡鱼，不如退而结网。”庄子观鱼自乐，鱼儿乐其所乐，双方永远不知道对方的快乐。“植物朦胧的欣悦”，科技手段是探测不到的。陶潜：“平畴交远风，良苗亦怀新。”苏东坡爱这两句爱得不得了，不断浓墨书写，见人便送……审美之眼让一朵鲜花成为鲜花。

海德格尔断言：“西方思想从来没有让一朵鲜花绽放。”

庄子进入一朵花的无穷冲动，使鲜花绽放，克服了对象性思维，避免了主客观对立。

中国审美的源头在此。

从陋巷到河边的交叉小径是庄周的林中路，“思到中途”，生发了后世无限的思索，惠及中国式生活的各个领域，包括医药、建筑、服饰、器皿、音乐、书画……在庄子，思绪与情绪双重饱满是其逍遥的前提。思想呼啸如飓风。思想劲射如利箭。思绪袅袅如炊烟。中国历代的士子与庶民持续仰望他，苦于测不出他的高度，索性叫他“南华真人”。

庄子的奢望是同时拥有万物的勃勃生机，奈何肉身做不到，于是他想化为风，为雨，为雾，为牡丹，为蝴蝶，为游鱼，为溪水，为瀑布，为满天星斗……庄子的生命冲动是这样，生存的向度是这样。我也想成为庄子，从古到今很多人都想成为庄子，于是，我们得以触摸他的生命冲动，分享他七彩斑斓的思之喷发。

回头再说钱，真是不该独大。人类智慧，当不会止步于资本的逻辑吧？精神分析学的创始人弗洛伊德也表示怀疑：人在童年期的金钱欲望是非常有限的。单一膨胀的资本逻辑势必形成空前的遮蔽：经济规律挑战自然规律，压制社会规律。《庄子》有一则寓言说：有个人不顾大庭广众，见了大金子抱着便走，当场被捉拿。众人问他：“这么多人，你这家伙怎敢伸手？”他回答：“我眼中只有金子啊！”

金钱在生活中越界久也，占位甚也，希望不要恶性占位。

庄子吃个半饱亦逍遥，吃七分饱就十分逍遥了。这里有个养生规律：不宜吃得过饱。四川有句老话：“少好吃。”——少才好吃。适当的物质匮乏反而有助于精神的飞升，古今例子多如牛毛。饱食终日与无所用心具有逻辑关系。心不用，心不灵也。

脑满肠肥者，只是活个嘴巴。长期活嘴巴他也不兴奋，舌头迟钝，混个吃货而已。

再者，现代物欲在很大程度上是被虚构出来的，所谓“概念消费”，也即符号消费。例如：一百块钱一盒的香烟，真比十块钱一包的香烟香十倍吗？杂心人打堆的豪华包间高级宴席，真比农民工坐院坝痛饮烧酒快乐吗？眉山的一些村酿不输给五粮液，十元半斤。这话题不小，容后展开谈。

是时候了，在生态日坏、自然资源面临枯竭的今天，在“拜物教”导致生活贫乏单一的当下，人类必须回到庄子：“物物，而不物于物。”

追求小物质（吃穿住行），不可伤害大物质（水土林气）；营造小环境，不可破坏大环境。现在回头还来得及。

气候变化生死攸关，焉能抱着侥幸心理？立此存照吧。

孟子约生于前372年，大庄子几岁，和庄子一样，活了大约八十七岁。仁者哲人俱长寿。孟子一辈子好辩。孔子温文尔雅，孟子却慷慨激昂。常言道：“思想的火花是碰出来的。”在德语中，“真理”一词含有争辩之义。孟子与包括国王在内的各类人激辩时，常常血气奔涌，于是妙语脱口而出。这表明思想并非冷静的专利，思与情绪的亢奋，同样关系密切。《孟子》一书，也就几万字，可历代阐释它的书多到要用火车拉。

孟子说：“人之所以异于禽兽者几希？”这话听上去像是破译了人类基因密码。漫长的古代，唯有他这么讲。显然洞察了人的血肉之躯、洞穴之源。“饮食男女，人之大欲存焉。”人不缺欲望，或者说，人本身就是欲望体，而文明需要仁义的导引。欲望恒定，仁义道德却说不准——春秋战国打得昏天黑地，白骨盈野。人慌了，所以从庙堂到民间都认为义高于利。这也叫缺啥想啥。人要相处，要共在，要安定，要幸福，哪能依靠弱肉强食的丛林法则，哪能天天磨刀举刀：强国磨大刀，弱国磨小刀。

孟子强调养浩然之气，而自私自利注定要养成歪风邪气。中国的几千年历史，证明了此规律。不是说孔子、庄子、孟子就永远正确，而是因为他们的对立面在这个星球上依然强势。但愿不是永久强势。1945年，英国的罗素呼吁警惕两种权能：人对人的权能和人对自然的权能。四十年以后的20世纪80年代，新自由主义再起妖风恶雾，把这两种权能推向极端。

人这个物种，看来必须套上紧箍咒，研究制作紧箍咒的不同的方法，以对应历史进程的差异。否则，人就欺人欺天。美国科学家的研究显示：由于冰川融化导致海平面上涨，纽约可能在2085年前后被海水吞没。

海平面上涨只是气候变化的恶果之一。德国莱茵河的源头——莱茵瓦尔德峰冰川，数十年来以加速度在融化（参见纪录片《河流》）。如果将来宽广的莱茵河变成了溪流，德国人的日子怎么过下去？

《孟子·梁惠王上》有云："上下交征利而国危矣。"

义利之辩，从孔孟辩到今天，可见利益冲动乃是人的本源性冲动之一。古人也不傻，一代接一代地追问，共同的目标无非是拓展那个"几希"的空间。汉儒宋儒拓展过头了，试图拿天理灭人欲，"以理杀人"，又有人加以遏制，高唱利和欲的正当性。历史这么弯过去拐过来的，上演了无数的正剧、闹剧、悲喜剧。

孟子名言："有恒产者有恒心。"什么恒心呢？也许他是指保护财富的恒心。这股力量确实非常之大，以财生财，以财入政。政局稳定了，天下太平了，古人的财产才保得住。然而历代大族的敛财逐利也疯狂，恒产成了双刃剑。富族豪门恶斗，皇权崩盘。

孔子："奢则不孙。"不孙：指傲慢。有恒产者的另一恒常之态是奢侈，是任性，是骄狂，是为富不仁，是黑幕重重，于是，通常富不过三代。概言之有两个原因：第一，从里边坏起来；第二，到外面去恶斗，斗垮了王朝，家族自身也保不住。中国绵延百年以上的大族不多。皇族之间常常腥风血雨。盛世名君唐太宗也不能免。

孟子名言："无恒产而有恒心者，惟士为能。"士无恒产，倒有恒心。何以士有恒心？因为士人抱有一套相对稳固的观念，规劝君王，约束官员，教化百姓。士人话语如千万条小溪，汇成仁义道德的大江大河。富不过三代，而仁义礼智信的接力棒传了一百代。

古之士人，是指人文价值体系的承载者和传播者，与今之高学历者不同。

士人易于被价值固化遮蔽。汉字博大精深，汉文化数千年累积的经典著作太复杂，能打通便是好汉，打不通易流于酸腐。腐儒、穷儒、酸儒、泥古、迂夫子皆为漫长时光里的常用词汇，可见中国古代的酸腐大潮。

文化先贤们，往往费精神。孟子的好辩，也是由于纠缠他的士人太多。

在全球化的背景下，在工业化近乎无限分工、工具理性挑战价值理性的时代，囿于学院的学者们，要赢得全球视野更艰难。

青年孟子埋头苦学，中年孟子游说诸侯国，不缺学费和盘缠。国王送他钱，他不要，他要仁义，“求仁而得仁”。庄子也不要钱，要逍遥。大贤为何都不要钱？换言之，为何都不要大钱？盖因金钱的吸附力太大，一旦暴富，人就忘乎所以了，富而不仁了，有些人富得张牙舞爪。中国杰出的士人近乎本能地洞察到了这一点。

赖有此洞察，他们才“富贵不能淫，贫贱不能移”，生存不避艰辛，百折不挠地追寻人之为人的那一点稀缺元素。

刘邦大言不断，自称贺万钱，空手得娇妻

早年的刘邦叫刘季，很好玩的一个布衣青年，在沛县的丰乡中阳里，他的名声介于男子汉和二杆子之间。他快满三十岁了还斗鸡走狗，侦察乡里的漂亮寡妇（秦始皇修长城，男丁死掉太多），整日里游荡，真是十处打锣九处在，不种田，不看书，不治产业，让他的老爹很是看不起。哥哥刘仲是个老实巴交的庄稼人，刘老爹认为刘仲有出息。

刘季的朋友多，什么人都有。他有钱的时候出手大方，没钱便四处打秋风，蹭饭吃，讨酒喝，觍着脸向寡妇伸手要钱花。朋友三教九流，刘季皆能应对，既能驾驭一帮浪荡子，又结识了不少有身份的官吏，例如萧何、曹参。周勃擅长吹笛子，替人办丧事，又武艺高强——此三人，是日后西汉王朝的两任丞相和太尉。樊哙是屠户，一把砍刀使得出神入化，后来成为刘邦帐下的一员猛将。总之，不爱种田的刘季活动半径大，脑子好使，敏感于形形色色的人与事，行事大刀阔斧，并且粗中有细。刘邦良好的生存直觉酷似曹操。

毛泽东评价刘邦："老粗出人物。"

秦朝末年的某一天，沛县的县吏萧何来找泗水亭长刘邦，说县衙来了一个姓吕的人物，县令发话了，里正、亭长都得去"贽敬"吕公，不少于一千钱。刘邦唯唯，眼珠子开始打转：上哪去找一千钱呢？一百钱都难找。

萧何问："去还是不去啊？"刘邦答："咋不去？"

敏于行者而讷于言，这是孔夫子讲的。刘邦哪管这个。他滔滔不绝的时候一定是在骂人，包括骂孔夫子。后来，汉王刘邦当着儒生的面随意小便……

眼下的刘邦是个区区亭长，手大脚大铜板小，花得多挣得少。萧何骑瘦驴

走了，刘邦去了樊哙的肉铺吃酒，顺便提到县令的发号施令，樊哙举刀骂：“狗官全县搞摊派啊？那吕公又是啥鸟东西？”

次日，刘邦徒步几十里进县城，街上独自大摇大摆，想着他到咸阳出差时见过的秦始皇，嗬，那气派！御林军长戟如林！当时他一声浩叹：“大丈夫当如是也！”项羽比他霸气，冲着秦始皇的车驾说：“彼可取而代之！”

县衙里人头攒动。县令和那位吕公闲坐厅堂，瞅着外面黑压压的官吏、乡绅。萧何站在大厅门前，拖着嗓子宣布：“敬万钱的请进来，敬千钱的请待在门外。”

众官吏一时炸了锅：“敬万钱啊？这一月的薪水才多少？还让人吃不吃饭啊？吕公好大的来头，要在沛县刮地皮，掏空我们的腰包……”然而一些人有备而来，器宇轩昂敬万钱，抬腿进去了。萧何堆了笑，让开道，弯下腰，做个恭请入堂的手势。钱少的人们，表情都有点那个，互相讪笑，瞧那门槛山一般得高。刘邦在人群中显得块头大个头高，可是有啥用呢？袖筒中腰包里没货啊。布衣刘季，人虽长，那袖筒子却短。平时他有面子，今日很没面子，比芝麻还小的泗水亭长凑啥热闹，赶紧走人吧。

刘邦不动。看样子想赖在那儿，打了抄手，袖筒子笼起，叫人看不出他的底细。旁人问：“刘季，你打算贺几钱啊？”另一人替他朗声作答：“丰乡刘季贺十钱！”

官吏们一阵哄笑——终于有个垫底的穷光蛋了。贺千钱的人，觉得自己比上不足比下有余嘛，脸上复现了光彩。这时候，懒洋洋的穷光蛋开口了：“泗水亭长刘季，贺万钱。”

大厅外的人群再次炸了锅。台阶上的萧何似笑非笑。刘季再次宣称：“贺万钱！”

于是，自称“贺万钱”的刘邦昂首阔步地过了高门槛。县令和吕公起身相迎，萧何说：“刘季这人爱讲大话，未必干得成实事……”刘邦扭头，白他一眼。

这个故事是司马迁讲的，大抵如此。汉高帝刘邦的痞子劲，汉武帝手下的太史令司马迁倒不避讳。难怪鲁迅先生盛赞《史记》：“史家之绝唱。”

刘邦的本意原是骗吃骗喝，蹭一顿高级饭。然而事情会节外生枝。席间，刘邦大嚼痛饮旁若无人，仿佛他不是亭长而是县令，甚至像个郡守州官。吕公瞧他多时，也许他心里也有点打鼓：怕人家要他交出一万钱来，交不出今天就走不脱。

刘邦犯怵时越发举止粗鲁，还把在座的、包括萧何在内的沛县人物通通骂了一通，又当众展示左股上的七十二颗黑痣，那可是地煞之数哩。至于天罡地煞意味着什么，刘邦也搞不清……吕公忽然离座，步步向他靠近，盯得紧了，主要盯他又高又直的鼻子。

刘邦一愣，摸着鼻子说："别别别，我这鼻子不止值万钱。"

他担心受劓刑，被割掉鼻子。殊不知，这位吕公是善于相面的。刘邦生得高大，鼻子高而挺，举止又大度，腿上还有七十二颗黑痣。于是吕公的眼睛亮了又亮，刘邦心虚，转身要逃。吕公一把抓住他的布衣袖子，脱口道："休走休走，你你你、你这面相贵不可言哪。老朽有小女名叫吕雉，粗有姿色，'愿奉箕帚'。"

满堂大哗。刘邦大惊，确认之后复大喜。吕公的女儿吕雉，即是后来的吕后。

汉高帝刘邦提三尺剑斩蛇起义，老丈人的家产是起了作用的。散家财，招兵买马，干起了惊天大事，缔造了汉朝四百年的江山。

秦汉时代，中国人的金钱观还比较直接，言利说钱并不羞涩。这是先秦的历史惯性使然，尽管汉武帝独尊儒术，却未能形成波及数百年的大潮。魏晋"人的自觉"乃是先秦精神的反弹。儒、法、道、释，相异又相生。刘邦为人直率，性格又有狡猾的一面。县令用金钱把人分成三六九等，并不搞暗箱操作，也不留模糊空间。这里，确实显现了直接的金钱观带来的某些好处。民间的财富追求是自然生发的，道德、风俗、审美，同步生发，平衡了单一的金钱世界。人是各种各样的人，刘邦是刘邦，萧何是萧何，韩信是韩信，周勃是周勃……"人的多样化"、生活之意蕴层具有广泛而坚实的基础。

岳飞：“文官不爱钱，武官不怕死，则天下太平矣”

“百善孝为先”，这话什么意思？倒不是说孝与其他的美德排列在一起，孝居先。古人的重孝道，乃是着眼于孝心的生发。孝为本，本固则百善生焉。岳飞是典型，岳飞崇拜的诸葛亮是另一典型。孝与真、与诚、与勤、与俭、与廉、与义、与勇、与忠、与慈、与爱，皆有紧密联系。孝道是绵延两千多年的顶层设计，提升了中华民族的人性善。

岳飞是一个近乎完美的人物，我拜读与他有关的著作四十年，从古典小说《精忠传》到严谨的学者书写的传记，在他身上找不到明显的毛病。关于他的忠君，前面的文章已加以辨析。他既是战将又是三军统帅，平时也爱喝酒，喝醉酒也挥鞭打过下属。皇帝劝他戒酒，他立刻就戒了，行军打仗滴酒不沾，只有在和家人团聚时才小酌几杯，可见其非凡的意志力。历代武人的血气之勇易犯暴躁，像张飞饮酒打人，最终导致自己死于非命。善于自律的赵子龙智勇双全，以寿终。《三国演义》中赵云的形象与史实大抵相符。

岳飞至俭，做了大官仍然生活简朴，夫人李氏很少穿绫罗绸缎，即使在社交场合也多穿布衣，举止大方，根本不在乎贵妇们的嘀咕。五个儿子，从不以豪门公子自居——史料记之甚详。家学、家教，都是好的。而南宋的官员，奢靡占多数。岳飞的父亲是佃农，他自己也多年打短工、扛长工，穷人的孩子早当家，闻鸡习武，熬夜读书，披星戴月种田，以文以武会友，孝敬父母和武术师傅周同。每天只睡两个时辰，岳飞的自律自强达到了顶点。而穷家孩子一旦富起来，未必能自律。败家子的例子太多。

眼下，部分富二代、官二代骄纵骄横，希望不要愈演愈烈。炫富斗富的后面是摆不脱的心理贫穷。

岳飞对孩子们说："稼穑艰难，不可不知也。"

岳飞身为高官，却拒绝高官的生活方式和社交圈子，婉拒蜀帅吴玠送给他的小妾，不建豪宅，不去娱乐场所，不蓄歌舞妓，几乎不饮酒。家里吃饭不过二肉，节庆日也不摆三种荤菜。但饭菜分量是足的，味道是好的，素菜花样多，儿女们吃得舒服，但不会吃撑着，不会饱食终日无所用心。盘中餐一定要吃干净。岳飞家风如此。

某些高官日费万钱，像张浚、刘光世、韩世忠，岳飞的花销不足他们的十分之一。豪门的家仆也趾高气扬，而岳飞的家仆与普通市民无异。

征战得来的赏赐，岳飞全部分给将士们。军中缺钱粮，他拿自己的俸禄去贴补。这些动作，和汉代的"飞将军"李广异曲同工。岳家军能横扫强悍的金兵，不是侥幸。岳飞始终不忘本，又志存高远，念念不忘雪国耻，"收拾旧山河"，所以他顶天立地。

古今中外的优秀人物几乎都有忽视物质生活的倾向，为什么？精神与物质类似跷跷板，物质跷高了，精神就下坠。物质主义甚嚣尘上，精神的轨迹就趋于消隐。即使是吃饭这种"最物质"的事情，其精神附加值也显而易见。俗话说："人情好，吃水都甜。"一个人面对山珍海味有啥意思呢？一群杂心人的饭局，总不如素心人置酒相邀来得愉快。小猫小狗吃东西，也要玩一玩。小孩儿都喜欢玩着吃，并不把吃饭当作一件正经事。

心情好，胃口才好。肠胃对情绪的敏感是众所周知的常识。

节制物欲，既是爱物，又有助于精气神的凝聚。放纵欲望，则注定要与无聊空虚打交道。这毫无办法。纵欲之徒逞一时之快，可当他放纵完了，在短时间内又积聚不起下次放纵的能量时，便不得不面对空虚。"餍足"一词，盖指此也。

一味地放纵，放纵本身就会变得索然无味。

唐玄宗坐拥后宫佳丽三千人，却视"粉色如土"，杨玉环野性难驯，才重新调动他暮年残存的那点占有欲。持久的欣悦是心灵的专利，迷于欲望者，所欲之物将从他自身脱落。

岳飞一大家子，长期吃二肉，专心享受二肉，偶尔想想三肉罢了。

企盼的状态总是好的。企盼本身就是愉悦。长期的企盼是理想主义的主要特征。一个憧憬爱情的天真少女，脸上只有两个字：企盼。

在越过了温饱线之后，精神的价值高于物质，这一点要成为共识才好。维系生活之意蕴层大于单一的财富追求。意蕴层捅破了，生活中的几种核心元素（道德、风俗、审美、集体主义）残缺了，大家都过不成舒心的好日子。

上帝赐福于人类，原本备足了精神的空间，可惜人类不智，走了一段迷途，丢掉灵魂又伤害自然。着眼于未来吧。“悟已往之不谏，知来者之可追。”

南宋的文武高官在杭州大建豪宅，有人把豪宅建到西湖边上，这有违禁令。此人名叫杨沂中，他的大宅子，引西湖水环绕四周，远望犹如仙境。谏官告他，宋高宗倒为他讲情，说他战功赫赫，占一点西湖水不为过。另有大将张浚，搜刮的民脂民膏几为天文数字，宋高宗又祝贺他。赵宋王朝偏安于江南不过十几年，奢靡之风已劲吹。“山外青山楼外楼，西湖歌舞几时休？”宗泽、岳飞、杨再兴等名将，常陷于苦闷。

皇帝鼓励奢靡，自有其盘算……岳飞只能自律并约束他的部下，除此之外就无能为力了。官员贪污腐化，官商勾结竞豪奢，衍成全国之恶俗，一似北宋后期。范仲淹、王安石、司马光、苏东坡等提倡节俭并表率天下的名臣，南宋是没有的。具备历史眼光的岳飞只能长叹。有官员问他何谓太平时，他一吐积郁：“文官不爱钱，武官不怕死，则天下太平矣！”

这句话，文武贪官们最不爱听。不爱听，反而传得广，江南尽人皆知。后来岳飞被杀害，秦桧派人查他的家产，负责调查的官员倒是实话实说，“慨然叹其贫”。

而岳飞的死，是历史罕见的惊心动魄的事件，本书另文详述。

卷十六

逝

孔子说：『未知生，焉知死？』西哲却认为，不知死，焉知生？

生存的一切规划均与生命的长度相关，所以海德格尔强调先行到死，以死亡反观生存，这也是西方文学艺术永恒的主题。中国先哲的思考以老庄为最，将生命归为宇宙元气。苏轼浩叹：『哀吾生之须臾，羡长江之无穷。』

杰出人物的去世恰似巨峰的倒掉，触目惊心，他们的肉身宛如流星划过，他们的精神却如恒星闪耀。

庄子的死而复生

孔子说："未知生，焉知死？"西哲却认为，不知死，焉知生？

死亡是西方文学艺术的一大主题，也是西方哲学的一大课题，例如柏拉图把哲学视为死亡预习，海德格尔的《存在与时间》将"向死存在"列为专章。

中国的古典艺术，专注死亡的不多。诗人中以李贺为最。李贺身体不好，他的先行到死带着病态美的特征。诗人成千上万，李贺是异类。

庄子开辟的审美大道，包含了死亡意象，他亲近死亡，从早年就开始了。去赵国的路上他抱着骷髅睡觉，不知一觉醒来，有何奇思妙想。他偏于黄昏时分穿过坟地，夜里追随着飘忽不定的鬼火。他躺在天地间，望着满天星斗、一弯新月，思绪若有若无，情绪倒是饱满。人的躯体，不过是"渐聚之形"罢了，形散了，生命归于一团气。

物质不灭。能量守恒。庄子悟到了"齐生死"，于是能够放浪形骸；悟到"齐万物"，于是能够逍遥游。他已经越过了人间的尺度，看不见高低贵贱、生老病死。他的思维弹向高空，却又朝着人间烟火。历代读书人从庄子身上悟到的东西不会少于从孔子处悟到的。

庄子喜欢走夜路，绕弯子也要穿过乱坟岗，玩玩洞穴里的骨头，追逐着鬼火，跟踪盗墓者的黑影。有一天在某个坟场，他发现盗墓者中有两个儒生。儒生盗墓的手法很娴熟，表明是老手、惯盗，一大一小的儒生配合默契，一面从死者口中慢慢敲出珠宝来，一面哼唱《诗经》，高雅而从容。

庄子是一有机会就要嘲笑孔夫子的，如果和捍卫孔圣人的孟子见了面，两人可能会挥老拳打一架。孔孟讲实在，老庄强调虚无。两派"打架"，打了两千多年胜负未分，倒是不打不成交，形成百代互补的中华文明之大格局。

孔子见麒麟，“知死期近也”，那模样有些凄凉。庄子不同，从三十来岁悟道之日起，他每天都在经历着死亡。他死了六十年还在死：花谢、草枯、鸟亡，如同发生在他自己身上。头屑散去、头发指甲剪掉、牙齿掉下来，均是小死亡，朝着大死亡。西方人常说：“人一生下地就足以老到去死。”孔子以生存打量生存，缺了先行到死的维度，缺了神性维度。“子不语怪、力、乱、神”，平心而论，这是孔夫子的局限。李泽厚教授唠叨“此岸”和“一个世界”，忘掉了死亡规定生存的常识。一切生存规划都与生命的长度相关。盯住死亡犹如盯着虚无，能盯出体育、哲学、艺术，盯出生活方式。

中国文化最显著的特征，是以虚无统摄实有。

亲近死亡不是哲学家和艺术家的专利，中国民间的习俗拿生与死做文章，细节非常多，地域的差异非常明显。中国人办丧事自古讲究隆重，墓园与家园咫尺之遥。墓地高低错落，不求整齐划一，但分布于房前屋后，绿树修竹掩映着，逝者旦夕在生者的视野内、思念中。一代又一代，生死循环。中国式的墓葬笼罩着人间的温情。这对生者是莫大的安慰，因为有朝一日，生者会变成死者，会躺进棺材里去，会在阴间接受来自阳世的祭祀品。

上坟，扫墓，烧纸钱，一年总有三四次，维系着中国人的亲情，维系着宝贵的家庭观念。几千年的好风俗，希望再传千百年，如果自然界允许的话。网络祭祀，偶尔为之可也，万万推广不得。祭奠亲人必须到墓地。小孩子尤其要去，要跪着献花或是烧纸钱。

庄子悟透了生死，于是抱着陌生人的骷髅睡觉，星空下大地上，与骷髅绵绵夜话。也许是一堆艳骨，生前她无限妖娆。阮籍痛哭死去的陌生俏女郎，刘伶痛饮祭酒，嵇康奔丧时带着自吃的酒肉……这些行为构成了礼教的反向运动。

眼下的祭祀习俗可以饮酒吃肉，寒食节也“火食”（吃熟食），早把礼教的许多原初设计抛开，“庄子们”的举动融入了历史传承。

庄子在人伦的领域纠正孔子，补充孔子，在自然和审美的领域远远超过孔子。庄子六十年盯死亡，盯虚无，创造了中国式的无中生有。盯死亡是说，意绪纠缠于形形色色的死亡。越是优秀的、强大的人物，对死亡越敏感。死亡袭来，叶落惊秋。有些昆虫的寿命极短暂……庄子年轻时就注视着这一切，犹如孔子注视周公。

老庄先行到死无数次，死亡本能最大限度地得以发挥。他们先是身不由己忧死亡，后来美滋滋奔赴想象中的死亡。对死亡的恐惧人人都有，有些哲人把一己之身和万物的荣枯放在一处，于是参透了生死，反而活得欣欣然。当然，向死而生的过程颇复杂。盯各类死亡盯久了，反而洋溢着生气，豁达之气，庄子是这类人的总代表。陶渊明为自己写挽诗，盖由于脑子里的死亡画面挥之不去。蒲松龄常走乱坟岗。瓦雷里、里尔克的诗歌，列夫·托尔斯泰、海明威的小说，充满了美妙的死亡意象……

庄子齐了生死，于是庄子不死。在《庄子·大宗师》一文中，他借笔下的人物子舆谈论死后的美妙：假如造物主把我的左臂变成公鸡，我就报晓；把我的右臂变成弹弓，我就天天打斑鸠，林中生火烤来吃；把我的臀部变车轮，我就坐车浪迹天涯……庄子一席话，把自己谈成了中国的死亡大宗师。

死亡越谈越多，越看越细。越是强大的生命体对死亡越敏感，中外皆然。强大者的死，宛如狮子老虎的死，其惊心动魄，也是自然而然。毕竟，巨峰的倒掉可不是一般的倒掉。

庄子齐了生死，于是死也淡然，不似巨峰的倒掉，而是化入了草木，化入由他所指认的那团生成宇宙之元气。我认识一老农，他把自己的骨灰视作有机肥，叮嘱后人要将其撒在他亲手栽的一棵树旁。庄子有理论，懂宇宙，思之力绵延千万年。老农的临终安排与庄子无异。

八十几岁的庄周先生一病不起了，忍受病痛的反复折磨。大哲也呻吟，在病榻上辗转反侧。弟子们连月哭守，为其准备后事。弟子们要厚葬老师，要有许多的陪葬物。老师说："我是个编织匠，草席一卷了事，大地就是我的坟墓与棺椁，日月是价值连城的璧玉，满天星星是珠宝，还用什么陪葬品啊？野兽、乌鸦、老鹰吃掉我，和蚂蚁啃咬我的骨头有何不同啊？孔丘搞厚葬，搞尊卑三六九等，烦琐的葬礼一大堆，官商仿效，劳民伤财，影响实在是太坏，这些个愚货物于物呀，李耳的学生庄周能干那种蠢事吗？庄子的弟子们、弟子们的弟子们能干那种蠢事吗？尔等记住了：赤条条来去无牵挂。"

弟子们谨受教，八方去传播。据史料，庄子葬于故乡蒙邑的一棵不成材的歪脖子树旁。那高岗上的歪脖子树，活了两千多年，仿佛大贤化作了有机肥，肥效不同寻常。庄子作为古今异化的天敌，他是不会死的，除非人类有能力像上帝一样消除所有的异化。

陶渊明为自己写挽诗

庄子的妻子死了，他鼓盆而歌，祝贺来自泥土的老伴归于泥土，此举惊动中国两千多年。这是庄子长期盯死亡盯出来的智慧。民间至今有白喜事之说，把老病死者的丧事当作喜事办。此风甚佳，当然有个分寸，好风俗不可演变成丧麻将一类的恶俗。好风俗要呵护。呵护的前提却是辨认，是“思想的细心”（海氏）和价值判断的清晰。

陶渊明是中国低碳生活的老祖宗，是古今真性情的总代表。作为世家子弟，作为读书人和本土官员，作为五个儿子的父亲，谁能把讨饭的事入木三分地写进诗篇?

江西九江是陶渊明的故乡，我是一定要去的，即使看了会失望也要去。两年前，德国那位总是穿相同款式服装的女总理，为她的祖国乃是“诗人和哲学家的故乡”（国家旅游广告）而倍感自豪，其次才是德国的科学家和工程师们。今之处于躁动惯性中的国人，要向德意志民族、俄罗斯民族、法兰西民族学习生活智慧才好。

陶渊明恰似荷尔德林，乃是诗人中的诗人，诗意栖居的标志性人物。中国乡村的审美源头，陶渊明开源最大。“众鸟欣有托，吾亦爱吾庐。”他四十岁前居住在柴桑县上京里，草屋八九间，后因失火，移居南村。“闻多素心人，乐与数晨夕。”在南村一带，他有个素心人的交往圈子，从显官小吏、大和尚小沙弥，到躬耕的农人、退伍的军人、游医、货郎、各色工匠、真假侠客、流浪汉、穷书生、残疾人……苏东坡一辈子仰望陶潜，生活中学陶潜，和陶诗一百零九首，然后自夸云：“吾上可以陪玉皇大帝，下可以陪卑田院乞儿。”兼有豪言：“我坐华堂上，不改麋鹿姿。”荣华富贵捆不住自由的手脚，缚不住丛林麋鹿奔腾的姿态——此一层，今天的中国富人要向苏轼看齐。

魏晋时代的高官们，隐逸们，颇多风流俊迈。名士风度，连不轻易称赞古人的鲁迅先生都津津乐道。唐朝宋朝的大贤，几乎无一例外地崇尚魏晋风度。

为何崇尚？唐与宋，人的自觉和人的多元比之魏晋有所不及也。

陶渊明诗云：“落地为兄弟，何必骨肉亲？”又在写给儿子们的信中说：“四海之内皆兄弟也。”他务农，向村民学稼穑，“农人告余以春及，将有事于西畴”，熟悉农事有个过程，“种豆南山下，草盛豆苗稀”。种好庄稼和写好诗篇一样不容易，要下苦功夫。他脱下官衣扔了官帽，穿草鞋戴斗笠，走在辽阔的田野上，劳作，时常一干一整天：“晨兴理荒秽，带月荷锄归。”

群众的眼睛是雪亮的，陶渊明是什么样的人，是杂心人还是素心人，他们很快看明白了。于是，打成一片。村里的酒事、文事、喜事、丧事、讼事……常见陶渊明的布衣身影，他举止有趣和谈吐幽默。渊明有文化，又亲切和蔼，教村里的小孩儿识字，给病人把脉瞧病，为村里人的造桥起屋谋划，介入邻居的家庭纠葛……

五柳先生在不经意间成了生活大师、审美大师。经意，就“经”到一边去了。

“奇文共欣赏，疑义相与析。”刘柴桑、郭遗民、戴主簿等人，常与他论诗文。他既是农夫，又与土地保持了审美间距。“有酒斟酌之”，“登高赋新诗”。

道德身、风俗身、审美之身，陶渊明是典范中的典范。“农务各自归，闲暇辄相思。相思则披衣，言笑无厌时。”日常生活温馨之至也，朋友间的往还朴素之至也。苏东坡叹曰：“渊明欲仕则仕，不以求之为嫌；欲隐则隐，不以去之为高。饥时叩门而求食，饱则具鸡黍延客，古今贤之，贵其真也。”

人、事、物、自然，以细致入微的方式植入陶渊明浑身的体细胞，维系他半个多世纪的兴奋度，形成良性循环，低沸点循环。诗魔、酒神，每日携手造访他的柴门。感觉、意绪何止千万种，无限的差异使他的兴奋得以持存、守恒，不避艰辛而诗意栖居。

中华民族，到他这境界的，很可能只一个庄子。庄子的事迹却难以考证仔细。苏东坡是陶渊明的隔世弟子。

化日常点滴为神奇，指一草一木为美景，陶渊明登峰造极。苏轼言必称“渊明吾师”。自唐代起，所有的文化大师都仰望他。精神轨迹不难寻，只在渊明先生的举手投足间，审美目光的收放自如间。希望若干年以后，中国人像德国人崇拜荷尔德林那样崇拜他，向他的低沸点欣悦看齐。海氏再三引用荷尔德林：“思想最深刻者，热爱生机盎然。”事实上，低沸点方能保证个体生命长期的饱满度，呵护迄今为止可栖居的唯一的蓝色星球。

然而，不断有学者教授盯住陶潜的拮据不放，包括日本、韩国的学者，这些人的物质病，委实不轻。看来，深入感觉的内部，才能解构物质主义的宏大叙事。而我们这代人的孩提时提供了感觉丰富性的铁证。平心而论，那种连一片树叶都玩得起劲的生活，至少未来几百年不可能了——讲到这个，我心里一阵阵地疼痛。

陶渊明七十六年的生涯，拮据的日子恐怕占了一半。他以半饱的姿态证明了庄子式的逍遥。每一次呼吸都化入了泥土的芬芳，每一次心跳都合着自然界的脉动。

“日入群动息，归鸟趋林鸣。”

“平畴交远风，良苗亦怀新。”

“漉我新熟酒，只鸡招近局。”

“微雨从东来，好风与之俱。”

对自然取审美态度，对生活取质朴态度，对死亡取旷达态度，此三者，集中显现了陶渊明的旷代之真。道家的所谓散人、至人、真人，老庄肇其先，魏晋名士继而为狂，唐朝以后，大规模演变为虚无缥缈的神仙——唐朝的短视尚须追问。有真迹可寻的还是陶渊明，他也不信神，不赞同“人死心不灭”。草枯了，花败了，花草有灵魂吗？这种事唯有上帝知，凡人只能悬搁不论。

陶渊明为自己写了三首挽诗，这里仅摘录《拟挽歌辞·其三》：“荒草何茫茫，白杨亦萧萧。严霜九月中，送我出远郊。四面无人居，高坟正嶕峣。马为仰天鸣，风为自萧条。幽室一已闭，千年不复朝。千年不复朝，贤达无奈何。向来相送人，各自还其家。亲戚或余悲，他人亦已歌。死去何所道，托体同山阿。”不复朝：不再看见太阳升起了。归途中亲戚有悲伤的，他人有唱歌的，同是自然流露，再符合人性不过了，豪门大族的丧事有这等场面吗？杂心人懂得此等纯粹吗？

“他人亦已歌”，不同于孔子为丧事作的规定：“子于是日哭，则不歌。”

五柳先生描绘的哭与歌，完全符合情绪的内在逻辑。海德格尔《存在与时间》对情绪的奠基性研究，让欧美学界竞折腰。

渊明的这首诗，鲁迅先生很喜欢。先生写过《坟》，又倚了坟头照相，发表给人看。

427 年，陶渊明于南村寿终正寝，小他十几岁的妻子翟氏和五个儿子、若干孙子均在身边。村里人都来了，为五柳先生送终。戴主簿、刘柴桑等好友，念先生的诗作：“荒草何茫茫，白杨亦萧萧。严霜九月中，送我出远郊……”

大贤遗嘱：葬礼一切从简。这令人联想到鲁迅先生的遗嘱：死了赶快埋掉，拉倒。

“死去何所道，托体同山阿。”

苏东坡之死

1095年，苏东坡五十九岁，被贬岭南惠州，待了近三年，“不辞长作岭南人”；六十二岁，被贬至更荒凉的海南儋州，又三年，又和当地人打成一片了——朝廷的那些政治打手弄不死他。他融入了海南风俗，吃穿住行，俨然黎族老百姓。有一幅传了数百年的《东坡笠屐图》，很感人。我观图数十年，如今再观，仍然有感觉，有想象，有慨叹。

“打不死的吴清华”。打不败的苏东坡。

眉山的三苏祠和三苏大广场，也是我们孩提时游戏的天堂，当时门票一分钱一张。我们翻古墙，爬树跃溪，匍匐钻荆棘，溜进那百亩园子去，省了门票钱疯耍，耍渴了，痛饮东坡古井水，摘东坡亲手栽的古荔枝，以稚嫩的目光仰望那个长脸短须的雕塑老头……

1100年，苏东坡六十五岁起复于儋州，于澄迈渡海返回中原，佳作出海上：《六月二十日夜渡海》。各地的官员传说他要当宰相，“初复中原日，人争拜马蹄”，官场义士郑侠希望他“霖雨苍生”，造福天下，他一笑，写诗云：“孤云倦鸟空来往，自要闲飞不作霖。”话是这么说，坡翁这四十余年为官，总是情系苍生，巴心巴肝地为一方百姓谋福祉。他做过八个州的太守、八个州的副守，也被当作罪臣逐客十余年……

东坡渡海，抱着三部大书的手稿，像抱着三个孩子，《易传》《论语说》《中庸论》（三篇）。那是他二十年的心血，他寸步不离它们，夜里放在枕头边，雨天行走泥泞路，宁愿把自己淋成落汤鸡，也要护手稿。手稿别无抄本，后来，由钱世雄转入寺庙保存。

归途中遇到章惇的儿子章援，章援恭呈一封求援信，暗里担心苏轼会报复他一家。坡翁就地作复："某与丞相定交四十余年，虽中间出处稍异，交情固无增损也，闻其高年寄迹海隅……"信的背面，还写了专治岭南瘴疠的白术药方，荐与章惇备用。而这个朝堂魔头曾经把东坡害得家破人亡，两次派人杀东坡。章惇失势，被贬雷州半岛，东坡还关心他的身体，帮助他的两个儿子的科举和仕进。

章援接了信，抹着眼泪走了。苏东坡的这封亲笔信，章家传了几代人。

耶稣宽恕犹大。耶稣的事迹多为西方传说。苏东坡是史料确凿的东土伟人。

坡翁的岭海六年，亦困顿，亦欣然，亦多事功，"一蓑烟雨任平生"。

苏东坡是紧贴大地的苏东坡，像希腊神话中的大力士安泰，一旦从空中落到地上，瞬间力大无穷——安泰的敌人千方百计让他的身子脱离大地。我称苏东坡是"地仙"，因他以伟岸之身拢集了大地的神秘与广袤，又与各种各样的人和睦相处，还宽恕作恶多端的章惇。我想，他的亲朋是想不通的。列夫·托尔斯泰只是在理论上宽恕所有的人。坡翁为什么能做到这样？当与东坡居士的佛教信仰有关。程夫人在眉山虔诚礼佛，对他的早年影响很大。

此间的苏东坡身体还不错，吃肉饮酒胃口好。接待他的官员排着队伍。苏轼性豪放，吃东西、喝美酒时比较任性——好多年没享受过精致美食了。席间且有歌舞表演，他挥笔赞美舞姬歌女们。然而坡翁北归，从未鄙薄蛮荒的岭南。生活大师到哪儿不能欣欣然呢？"来往一虚舟，聊随物外游。"他活成了庄子和陶潜。"我本儋耳氏，寄生西蜀州。"

两次在杭州做官，他又称自己是杭州人。他非常热爱自己的家乡，又以四海为家。

苏东坡太丰富了，从精神境界到日常琐屑。今之国人，若能从他身上摄取十分之一的能量，便是英雄好汉。法国人于世纪之交，由《世界报》牵头，评选全球范围内的十二位"千年英雄"，自 11 世纪到 20 世纪的中国英雄，唯有苏轼入选。

1100 年六月，苏轼与秦观相聚于雷州，师生劫后重逢，弟子唏嘘不已。苏轼遭贬，秦少游受牵连，艰难度日达数年之久，身子垮掉了，却瞒着恩师。二人于雷州盘桓几天之后，苏轼起程，秦观抱病送别，屡称自己的身体无大碍，叫老师放心。

然而一别成永诀。八月，秦观的死讯传来，正在桂林的苏轼大哭："哀哉痛哉，何复可言。当今文人第一流，岂可复得！"他不顾老迈之躯几百里去奔丧扶棺，踉踉跄跄到达滕州地界，却扑了一个空。秦少游的女婿已扶棺远去。坡翁立于荒野，仓皇四顾，老泪纵横……在广州，苏东坡与莫逆之交吴复古聚首一个多月。这个道士吴复古，苏轼被贬黄州，他便去黄州；苏轼被贬惠州，他又翻山越岭刀剑辟路奔惠州，后来，复叫他儿子吴芘仲携物去惠州探望。坡翁携家带口离开广州，走了百余里，吴复古忽又徒步追赶他，想必是知道自己离大限不远了，要再见老东坡一面。岂料途中染病，一病西去。这位一生以道路为家的道士，死于道路。

苏东坡哭秦观未完，再哭吴复古。爱人至深者，自伤也深……

慢慢走吧，慢慢抬起头。入冬了，朝廷诏令下：苏轼提举成都府玉局观，任便居住，即住哪儿都行。他决定去常州的宜兴。弟弟苏子由再三请他去许昌，他摇头，担心再次牵累子由。腊月过境韶州（广东韶关），留十数日，见过了从惠州来的朋友们，拜托他们照看丰湖栖霞寺的朝云墓；复游曹溪南华寺，与老友苏坚、南华寺的住持明辩法师等人会于谈妙斋，品尝曹溪水煮的雀舌茶，交谈甚洽，妙语连珠。

韶州曲江县的陈县令设夜宴款待他，他于席间作《鹧鸪天》，称赞以拍板侑酒的官妓素娘："笑撚红牙弹翠翘，扬州十里最妖娆。夜来绮席亲曾见，撮得精神滴滴娇。　　娇后眼，舞时腰，刘郎几度欲魂消……"大师阅女性之美妙，尚能激动如此。

他在写给李之仪的信中说："端叔亦老矣，迨云须发已皓然，然颜极丹且渥，仆亦正如此。"迨：苏迨，东坡次子。

岭南冬天的这些日子，东坡先生的面色相当红润：极丹且渥。

正月里，东坡过大庾岭，感慨赋诗《赠岭上老人》："鹤骨霜髯心已灰，青松合抱手亲栽。问翁大庾岭头住，曾见南迁几个回？"七年南迁客，又活着回来啦。苏东坡一家子，过岭抵达虔州，因赣江的水位低，不能行船，滞留至暮春。他在城里行医，到寺庙里坐诊，救治了数十人，虔州百姓奔走相顾曰："东坡大学士，神医也！"

宋人笔记说："坡翁遇有疾者，必为发药，并疏方示之。"

不平则鸣。有病则医。坡翁要将真与善的种子播向任何地方。虔州一带慕名而来的人，前呼后拥，争睹仙姿。东坡先生"纵笔挥染，随纸付人"。

东坡北归路上，欣然之情可见。他提举成都玉局观，当有机会返蜀，回眉山老家去看看，拜谒双亲墓、王弗墓，会会老朋友，击水大岷江……

五月底，苏轼的官船风帆向仪真。正在办西山书院的米芾，把诸事抛开，赶来仪真东园拜见，见东坡先生腹泻，便忙着煎麦门冬汤，每天顶烈日跑药铺。

东坡伏枕，作书与他："岭海八年，亲友旷绝，亦未尝关念。独念吾元章迈往凌云之气，清雄绝世之文，超妙入神之字，何时见之，以洗我积岁瘴毒耶！今真见之矣，余无足云者。"这段话，乃是对米芾的书法艺术之定评。

坡翁在病中，听苏过朗读米芾的新作《宝月观赋》，"未半，蹶然而起"，坐于几案前，提笔致信米芾："公不久当自有大名，不劳我辈说也！"

当初，东坡赞黄庭坚、秦少游、陈师道、张耒、李公麟……也是这般情貌。华夏文化的接力棒要传下去。后数日，再致米元章："某食则胀，不食则羸甚，昨夜通旦不交睫，端坐饱蚊子耳。不知今夕云何度……"

六月中旬，船行于运河赴常州，两岸百姓上万人，争睹苏东坡的风采。他头戴小帽，身穿小背心，坐在船舱里，环顾左右说："莫看杀轼否！"江南百姓祝愿他早日做宰相，造福天下苍生。官府与民间，邀请者甚多，东坡盛情难却，沿途赴宴，积热积食。

回船继续向常州。七月流火，船舱里异常闷热，东坡连日腹泻。老友钱世雄及儿孙们守在他身边。抵常州登岸，住城里一个朋友家。东坡曾在常州城买过一所房子，却听街上的一位老太太哭儿子不孝卖掉祖业，细问之下，方知原来自己是买主，于是把房契烧毁，购房款也不要了。在他心目中的第二故乡常州，他却是个无房户。

病转沉重的东坡，住进钱世雄租来的孙氏馆，斜靠一块"懒版"。三个儿子迈、迨、过，环侍病榻。他长时间瞅着一幅画，那是李公麟于金山寺为他画的像，旁边有他的亲笔题诗："心似已灰之木，身如不系之舟。问汝平生功业？黄州惠州儋州。"

这样的诗，令我们无言。一切解释都是皮毛。

七月十三日，病况好转，次日又高烧，热毒大作。他强撑病体写《与钱济明三首》：“一夜发热，不可言。齿间出血如蚯蚓者无数。……细察疾状，专是热毒，根源不浅，当专用清凉药，已令用人参、麦门冬、茯苓三味煮浓汁，渴即少啜之，余药皆罢也。庄生闻在宥天下，未闻治天下也。如此而不愈，则天也，非吾过矣。”

钱世雄每天来，陪他聊天。东坡似有回光返照，连日谈笑风生。钱世雄后来回忆说，东坡先生“眉宇间秀爽之气，照映坐人”。

苏东坡病入膏肓了，还坚持每天跪菩萨，求龙王，为夏秋久旱的常州祈雨，为百姓祈福。墙上挂的龙王图，系江南名画家黄筌所画。从几十年前的凤翔任上起，东坡祈雨常有效……十八日，自知难起，唤三子及诸孙于懒版前，说：“吾生无恶，死必不坠（地狱）。”他致信亲爱的弟弟，嘱托后事：“即死，葬我（郏县）嵩山下，子为我铭。”子：你。二十五日，致信杭州径山寺维琳长老：“某岭海万里不死，而归宿田里，遂有不起之忧，岂非命也夫。然死生亦细故尔，无足道者。惟为佛法、为众生自重。”

二十七日，病情恶化。日午面壁饮泣，依稀可闻，不肯转身向亲朋。先生起复于岭海，没料到会死于北归途中。伟人流泪，吞声而已。伟大的意志力抵达了弥留的时光。

维琳长老从杭州赶来了，俯到他耳边大声道：“端明勿忘西方。”

东坡答：“西方不无，但个里着力不得。”

钱世雄喊：“固先生平行履践至此，更须着力！”

东坡闭目答：“着力即差！”

钱世雄再问：“端明（学士）平日学佛，今日如何？”

东坡再答：“此语亦不受。”

长子苏迈上前问后事，躺于懒版的东坡已不能语。为华夏文化，为人的尊严，那吐珠滚玉千万次的嘴唇，再也张不开。

苏轼溘然长逝，时为1101年农历七月二十八日，享年六十六岁。

不知道用什么可以形容苏东坡的死。或许人们会联想起恒星的爆炸，坍塌收缩成白矮星，演变成黑洞。其黑洞般的精神伟力，足以吸引我们这个蓝色星球上的万物之灵。

举国震悼不消细述。宋人记载："吴越之民，相与哭于市，其君子相与吊于家。讣闻四方，无贤愚皆咨嗟出涕。……呜呼，斯文坠矣，后生安所复仰！"

东坡的弟子李廌在祭文中说："道大不容，才高为累。皇天后土，鉴平生忠义之心；名山大川，还千古英灵之气！"

岳飞之死

岳飞的心劲究竟有多大，放在科学技术突飞猛进的今天也是难以测量的。海德格尔首创的生存论阐释，庶几能够逼近古今所有人的生存情态。岳飞是河南汤阴县孝悌里的穷孩子，父亲是佃农，他也是佃农，是地主家起早贪黑的长工短工。眼下有个词语叫“代际贫穷”，主要指部分农民和失掉工厂的工人及其后代。岳飞自幼习武，不断与汤阴的武功好手们切磋。据史料，他在汤阴与各路好汉较量，“一县无敌手”，刀、剑、枪、箭法，俱出色。俗话说练武先练眼，目光要像鹰眼一样锐利，闪电般捕捉移动的目标。搏击，眼疾手快方能胜人一筹。武人的血气常常背向书卷气。岳飞颇奇特，他又想尽一切办法识字读书，柴薪代烛，月光照明。他远不止读拳谱与兵法，对经史子集亦有浓厚的兴趣。谁把他带进学问的门槛呢？日夜“目射纸上”。村子里书少，书才珍贵。其开阔的思维，为日后抗击金兵的战略性智慧打下基础。

打长工，练武艺，如饥似渴地捧读书卷，巴心巴肝地疼爱家人，这心劲之大，几乎不可思议。岳飞才十几岁。遥想他的眼睛，他的外形，当是典型的鹰视虎步吧。他投向父母和师傅周同的目光又那样温和，尽孝般般周到，体贴入微。至孝、至爱、至刚、至柔、至俭，岳飞的生命体真是令人着迷。“为善不辞心力，为学只争朝夕。”（赵朴初）生命何以如此饱满？想不通。大到中原腹地的文化，小到孝悌里的良好氛围，究竟以什么样的方式作用于他？详细答案是没有的，历史人物的诸多珍贵细节，以及富于质感的生存环境，永远令人费猜想。

汉代的“飞将军”李广，于林中射猛虎，一支长箭射入大半，奔去一看，发现射入了一块巨石。其后“飞将军”屡试，但哪里射得进去？这是司马迁讲的细节。李白宣称“一射两虎穿”，显然夸大其词。陆游只身斗杀猛虎，有他的长诗为证。陆游的瞬间臂力源自多年累积的心力，前文已述及。岳飞上阵杀敌，有两件事令他自己都十分惊讶：一是把刀刃砍入金兵骁将的大刀一寸多深，又猛地拔出来，砍死金将于马下；二是举大刀劈敌，把戴了头盔的敌将领从头分根。史料《百氏昭忠录》：岳飞奋战一“贼魁，奋大刀劈之，自顶至腰分为两，（敌）数万众不战而溃”。事后，岳飞语人：“人力不至于此，真若有神助之者，某平生之战类如此。”

战场上的岳飞神勇至此，一人吓退几万敌军。恰似张飞大吼当阳桥，吓退潮水般的曹兵，又如项羽力能扛鼎，关羽单骑横扫千军，赵子龙一杆枪神出鬼没……冷兵器时代需要强悍的体魄，催生特异个体。

这里，不妨说几句题外话。

对于人类来说，自然赋予的体力，文明赋予的精神力，二者的潜在空间巨大，先贤们的探索与拓展卓有成效。而眼下的人面临着双重退化——此系现代文明的负面结果之一。达尔文说：“进化本身意味着功能退化。”如今海量的个体活得不饱满，细胞不兴奋，皆因浅表性生存、快餐式生存作祟：兴奋点迅速推高，强刺激恶性循环，失掉与简单事物打交道的能力。细胞的急剧兴奋预设了个体的疲惫、颓唐，暮气沉沉乃至抓空抓狂。

举例来说，互联网每天制造上百个新闻热点，热点又冷却、被淡忘，把浸淫其中的人推向短暂兴奋，推向麻木，推向冷漠，推向深度现实关切的反面。

心力之类，从何谈起？热点成百上千，哪里还有热点？剩下的唯有运营商需要的点击率。

互联网试图让所有的事物同时到场，造成的尴尬局面却是：事物的能量互相抵消。网络看似拉近了人与事物的距离，其实质是把事物推向遥不可及；追求“无距”，导致无序。事物之所以有意义，恰好在于距离，在于人对事物的有序接受。“润物细无声”，人对人的接受，人对物的接受，都有个过程。有些过程复杂而漫长。

形形色色的事物同时蜂拥而来，人无立锥之地。

换言之：谁能在几天内接受几百张脸？外交家也做不到。

人与物打交道，目前尚无通用智慧可言。西哲致力于返回古希腊之文明源头，中国学者纷纷回望先秦。熊十力先生对现代技术与物的思考十分有力。

当下，物欲抵消物欲（比如食欲），热点吃掉热点。活向刺激的人不得不活向刺激，他拿自己没办法，拿他身处的环境没办法。刺激来自孩提时代，甚至来自婴儿期：电视电脑的声光画面制造瘾头，抓人眼球，刹那间推高兴奋点。小孩儿稚嫩的、充满好奇的眼睛如何抵挡？连大人都被精心制作的瘾头扯过去了，吸进去了，受过高等教育的硕士博士也不能免。

电脑掌控人脑，虚拟挤压现实，可能是眼下最大的异化。

异化有两个后果：一是人失掉或减弱对现实生活的丰富感觉和有效判断，二是人的兴奋点被迅速推高之后又降不下来，由它难以测量的内驱力所驱使，短时间朝着更高的兴奋、更强的刺激、更高形态的麻木，最终使人对身边朴素的事物提不起兴趣，漠然于亲情友情，精神萎靡。

互联网的巨大现实功用无须证明，它的负面影响却远未得到审视与清理。

上帝赐福于人，原是叫人投身万事万物，扎根于日常生活，牵挂、操心、努力、深度关切；喜怒哀乐循环，爱与恨不含糊，欣悦与苦闷照单全收。文明对人的塑造，应当像自然对树的年轮的塑造。阳光雨露禾苗壮。人要活得扎实，就得一步一个脚印。这样的生存，活个上百年不疲惫，后劲犹足。这才叫生机勃勃。任何动物的兴奋点都会推高（观察小狗可知），但是，人有灵性，有创造生活之意蕴层的伟力：兴奋点的缓慢推高是由它抓紧大地的根系决定的。爱亲朋，爱自然，爱祖国，爱艺术……这一类情态至死不能休。暮年的杜甫漂泊洞庭湖，人快要死了，犹“伏枕舟中”，写诗怀念湖南的亲友。陆游八十五岁仍每天看书到半夜，对未知领域的好奇不减，这一年他遗诗云：“王师北定中原日，家祭无忘告乃翁。”苏东坡去世前几天，挣扎着垂死之躯，长时间跪拜龙王图，为夏秋久旱的常州祈雨。

今天，我们当如何应对兴奋点的迅速推高所导致的无精打采、百无聊赖、抓空乃至抓狂？低沸点的欣悦可能是唯一的途径。东方西方的大哲们早有洞见。重两点：一是保持对朴素事物的敏感，二是热衷艺术和户外运动。

自 1906 年至今，法国人周末生活的三大版块始终不变：家庭聚会、户外运动、各类沙龙。即使 1929 年经济大萧条，2008 年金融危机，法国的年轻人也坚决维护这三大版块。

德国、法国，人口加起来只是中国的十分之一，却出了那么多哲学大师、艺术巨匠……

生活的智慧需要传承，然而，生活的智慧不可能自动传承。

事关重大，我不得不一再强调。

岳飞二十来岁已经活得异常扎实了，而另一拨人正活得嬉皮笑脸，这拨人是宋徽宗和他的一帮玩球唱戏爬柱子搞笑的大臣。宋徽宗“玩尽天下”，在龙椅上昏昏欲睡很多年了。有一天，昏君突然想打仗：玩玩战火。意识的层面，他要收回石敬瑭献给契丹辽国的燕云十六州，而潜意识的支撑是任性，是一夜间推高的兴奋点。《宋史》称他“矜小智”。他发动庞大的战争机器，让太监童贯领兵二十万，与如狼似虎的金兵搞联军，攻取契丹辽国。

辽国被灭掉了，大宋的腐败和宋军的无能也向金人暴露无遗。宋徽宗正于汴京大摆庆功宴，金军发动突然袭击，掉过头来咬他。

1127 年，北宋变南宋。

金兵血淋淋的屠刀切下北中国。北宋王朝一百六十多年，金人立国仅十余年。双方的人、财、物有天壤之别，“蛇吞象”却成为历史事实。宋徽宗和宋钦宗被金人掠走，匆匆登基的宋高宗在南逃的路上一听金兵就尿裤子。宋徽宗到了金国的草原王廷，忙着找女人生孩子。俘虏的队伍中有个绰号“秦长脚”的人，即是后来独相长达十七年的秦桧。

金兵铁蹄下的北中国血雨腥风，一百六十余州，七百多座县城，数千小镇，数十万座村庄，陷入空前的劫难。金兵后勤补给依赖所谓“打草谷”，纵容破城的士卒烧、杀、抢、奸。汴梁最惨，单是不堪受辱投河自尽的女人就有数千。金人抢走的人、财、物，马车驴车绵延数百里，三天三夜运不尽。

岳飞《满江红》：“怒发冲冠，凭阑处、潇潇雨歇，抬望眼、仰天长啸，壮怀激烈。三十功名尘与土，八千里路云和月。莫等闲、白了少年头，空悲切。　　靖康耻，犹未雪，臣子恨，何时灭……”岳飞的恨，多么有力。

靖康是宋钦宗的年号。徽钦二帝被掳走，赵构做皇帝，是为宋高宗。赵构这个人太复杂，主要的意志是坐稳他的龙椅，偏安于江南。他忽而是投降派，忽而是主战派，其时叫“和戎”与“恢复”。宋军的主动北伐，事实上是为了保住江淮以南。宋高宗打着恢复赵宋宗庙、迎回徽钦二帝的旗号，获得民心军心，却暗藏私心：两个老皇帝真的回来了，他的龙椅就坐不稳。后来的学者渐渐看清这一点，当时却云遮雾罩，对九重（皇宫）之内的心思讳莫如深。

岳飞治军极严，岳家军所过之处秋毫无犯。“（岳飞）身与最下卒同食，而持军甚严，民间无秋毫之扰。”与最普通的士卒同食，也是汉代李广的带兵风范。岳家军千里转战，将士们“冻死不拆屋（拆民房），饿死不掳掠（抢劫人和财物）”，真是一支仁义铁军。

岳云犯了军纪照样要问斩，众将苦苦求情得以免死，但免不了一百军棍。岳云的勇猛有乃父之风，武艺在另一猛将杨再兴之上。岳飞的亲舅舅姚某，仗势乱来，犯了军中的重法，岳飞喝令斩首。这与孙膑治军、诸葛亮治军如出一辙。须知岳飞对老母姚氏、对外祖父姚太公的一片孝心，下令杀舅舅，他是多么艰难。

保卫淮河以南，进攻淮河以北，岳家军十年间大小二百余战，战无不胜，攻无不克。宗泽的军队、韩世忠的军队，战力也强，但岳家军首屈一指。岳飞是战神，其战略性目光比之韩信毫不逊色，而武艺过之，品德修养远在韩信之上。韩信杰出却是单一的超级军事脑袋，终因少一智而受蒯通蛊惑，而掉脑袋，而灭三族。

细读岳飞的奏折、书信、题壁的短文和笔意酣畅的书法，我真是感慨。何谓生命的巨大张力？何谓人的全面发展？何谓分分秒秒的饱满？何谓坚实的生成年轮如铁？看看岳武穆就知道了。希望以后有机会写一本岳飞传。本书写岳飞的三篇文章太浓缩。

进攻北宋的金兵主将金兀术，打阉人领导的宋军势如破竹。他的十万精骑罕有敌手，著名的“铁浮图”“拐子马”，让宋军闻而色变。宋王朝南渡后，诸将抗金的斗志日渐高涨。战事频繁。金兀术一度打过淮河，占了建康，血洗江南，千里鬼哭。岳飞等勇将率部发起反攻，收复了建康，金兵败退。宋金对峙于淮河两岸。

1140 年，岳飞元帅节制诸路兵马大举北伐，锐不可当的岳家军打到了距开封城仅四十里的朱仙镇。岳帅亲自出马，枪挑小梁王——我念小学看线描逼真的连环画，看到此处时兴奋得哇哇乱叫。岳云的铜锤、张宪的画戟、杨再兴的长枪、牛皋的板斧，杀得金兵魂飞魄散。岳帅的创造性战术，巧用超长的钩、刀、绊绳，破了金兀术的“铁浮图”“拐子马”。

金兀术悲号：“自海上起兵，皆以此胜，今已矣！”

狂妄多年的金人仓皇相顾曰：“撼山易，撼岳家军难！”

金兵退守开封。十万岳家军兵临城下，破城只是时间问题。然而问题出来了，问题出在南宋的都城杭州。宋高宗在盘算，宰相秦桧搞阴谋，昏君奸相终于合谋（平时常常各怀鬼胎），连下十余道金牌，强令岳飞班师。此系战争史上最为荒诞的事件。皇帝不想收复北方，秦桧一心要置岳飞于死地。

初，这个“秦长脚”在金国待了几年，忽一日，带了新妻妾及大量珠宝到杭州，宣称是砍倒金兵逃回来的，并且在三个月之内当上了宰相。这一套鬼都不信的谎言，宋高宗赵构却相信。他重用秦桧有玄机。学者们认为：秦桧很可能是金国派到南宋的间谍。宋高宗可能心知肚明，但出于他自己的盘算不予道破。二人闭门密商，赵构总是怀揣匕首以防不测。秦桧这厮太阴险，鬼都怕他。他让岳家军孤军深入，阻止其他的北伐军队合围开封，这是想借金人的刀杀岳飞。赵构念念不忘的是皇位：有限的北伐，无限的皇权。

秦桧唆使贪官杨沂中上奏：“兵微将少，民困国乏，岳某若深入，岂不危也！愿陛下降旨，且令班师。”赵构当日批复。他把朱笔一扔，转身步入酒池肉林。

岳飞接到班师诏，又惊又怒，连夜疾书呈送皇帝的《乞止班师诏奏略》：“契勘金人重兵尽聚东京，屡经败衄，锐气沮丧，内外震骇。闻之谍者，敌欲弃其辎重，疾走渡河。况今豪杰向风，士卒用命，天时人事，强弱已见，功及垂成，时不再来，机难轻失！臣日夜料之熟矣！惟陛下图之。”

当时沦陷区的抗金力量，汇聚了四十万人马，打下开封，聚歼金军主力是最佳时机。“功及垂成……机难轻失！”然而宋高宗看奏略咆哮庙堂，竟然连下十二道金牌，强令岳飞班师。如果岳飞抗旨，朝廷将切断岳飞十万大军的粮草补给，并加以严罚。

从杭州到开封一千二百里，快马驰送十二道金牌，上面是皇帝的御笔：“卿孤军不可久留，令班师赴阙奏事。”

岳飞仰天长叹，泪如雨下，徐徐道：“十年之力，废于一旦。”

十万铁军和中原百姓哭成一片。百姓拥戴岳飞，岳飞一走，金兵将大肆屠戮中原。凡是愿意跟随岳飞南渡的百姓，岳飞均予以收留。军民南迁，迤逦向淮河。岳飞在途中醉书诸葛亮的《出师表》，大泪滂沱。左右将士泣不成声。

“靖康耻，犹未雪。臣子恨，何时灭？驾长车踏破、贺兰山缺。壮志饥餐胡虏肉，笑谈渴饮匈奴血！待从头、收拾旧山河，朝天阙。”

然而天阙（朝廷）等着岳飞的，是巨大的阴谋和极卑劣的手段：先是以明升暗降的方式削去岳帅兵权，然后精心罗织罪名。秦桧要岳飞死，《宋史》记得明白。宋高宗也要岳飞死。

1141 年，闲居庐山的岳飞被骗至杭州，旋即下狱。全国为之震动，韩世忠怒气冲冲去找秦桧，质问：“岳飞究竟犯了何罪？”秦桧答以“莫须有”（也许有）。这太猖狂了。什么是魔鬼？看看汉之董卓、唐之安禄山、宋之秦桧就知道了。而前些年，还有人想为秦桧翻案……

民族英雄岳飞，在杭州大理寺的狱中备受折磨，岳云、张宪皆被打入大牢，每日遭殴打，辱弄。岳飞次子、十五岁的岳雷亦未能免。岳飞绝食，在铁窗边伫立到天黑，凝望斜对面岳云、张宪的牢房，心疼爱子和爱将。

次日，狱卒送肉饭，岳飞视而不见。岳雷扑通跪倒，声声呼唤娘，希望娘来劝爹。

神勇无敌的伟男儿，面对失声痛哭的岳雷，不禁潸然泪下，答应儿子进食。

纵横沙场的岳云被打得血肉模糊。张宪受酷刑神志不清。

杜撰罪名的文书递入皇宫，宋高宗赵构即日“朱批”（朱砂御批），杀岳飞于狱中，斩岳云、张宪于街市。判官原把岳云判徒刑十三年，赵构改判为死刑——二十多岁的岳云武艺太高，不杀留后患。另一猛将牛皋被毒死。岳飞的部将多被清洗。

所向无敌的岳家军散了。其他的将帅寒了心，韩世忠再也不问北伐事，每日垂钓于西湖烟波……南宋军队的士气从此一蹶不振。沦陷的北中国一片荒芜，人口和生产力剧降。汉民族水深火热。陆游：“遗民泪尽胡尘里，南望王师又一年。”

南宋向金国俯首称臣：割地赔款，每年贡金帛。官方文件一律称金国为“大金”。投降派弹冠相庆，金国人奔走相告。二十年以后，金人还说：“岳飞不死，大金亡矣！”

绍兴十一年岁除之日（1142 年 1 月 28 日），岳飞死于狱中，时年三十九岁。临刑前，他写下八个大字：“天日昭昭！天日昭昭！”

少年岳雷死死抱着父亲的腿……

杭州街市上，行刑的刽子手狞笑着，手起刀落，二十三岁的岳云身首异处，愤怒的血溅到了三丈外。杭州城关门闭户，鹅毛大雪纷纷扬扬，像上苍撒下的纸钱。

赵构沉迷于后宫脂粉堆。秦桧品茶于凤凰山。参与岳飞案的官员皆受提拔，恶人与恶人觥筹交错。

南中国、北中国，中华儿女吞声恸哭。

我们来朗诵《满江红》吧：“怒发冲冠，凭阑处、潇潇雨歇，抬望眼、仰天长啸，壮怀激烈。三十功名尘与土，八千里路云和月……”

蒲松龄“倚窗危坐而溘然以逝”，窗外盛开着腊梅花

蒲松龄先生为何对鬼怪故事感兴趣呢？这兴趣持续数十年，一竿子插到底，催生了旷世杰作《聊斋志异》。杰出的艺术家大约都是倔脾气，善于一竿子插到底，然后，深度决定广度——艺术到深处，学问到深度（包括情感到深处），事物之间的联系自会显现，触类旁通，广度因之而呈现。刻意求广度，难免浅尝辄止。

蒲松龄生于明朝末年，山东淄川（今属山东淄博）人。那是个盛产石材的小城，四面环山，水哗哗绕城而过，绵延入海。淄川古称般阳，全境山重水复，大大小小的山头近两千个，海拔八百米以上的有十七座。林子里四季野物奔腾，狐狸最多，獾为次，再次为狼、刺猬和虎豹。蒲松龄笔下多狐狸精，多见各类花精树精，与其生长的环境息息相关。

当代作家张炜笔下的胶东半岛，人物和野物都充满了神秘感。《九月寓言》《外省书》《丑行或浪漫》等作品，均呈现了半岛的无限生机。

老子崇尚“小国寡民”的生活，陶渊明描绘桃花源式的乌托邦，山东的般阳，开门见山，举步临水，民风代代朴拙，庶几近于老子和陶潜的理想国。般阳城外七八里的蒲家庄，是蒲松龄族人的聚居地。这里的生活是丰富的、祥和的。生活因差异而丰富，外来的因素不能喧宾夺主。福柯尝言：“重要的是培养对差异的敏感。”地域的差异孕育了人的差异、物的差异、生活方式的差异。这种差异性支撑着生活的丰富性。

同质性的东西太多，人就容易活得单调。如今从南走到北，单是建筑的单调就让人目光疲惫。人们的举止、言谈和念头，在无形的外力催逼下趋于相似。

蒲松龄的生存一似荆楚大地的屈原，拢集了天地人神，召唤了风霜雷电，抵达了花魂树魂。这可不是夸大其词。神灵深入了作家的灵魂。比如李白看山看水看月亮，神奇、神秘、神圣，感觉的层面千差万别，不知道对象化思维为何物，于是才有巨大的、一生难以衰减的美感。李白式的感觉或李白式的兴奋，今人是享受不到了，读他的诗，享受他的词语冲击力，依稀获得天地的原始魅惑。起于《诗经》《庄子》《楚辞》的汉语古典艺术，奥妙在此。

体验方能通向体验。

古典诗人原初性的体验，我们是体验不到的，只能退而求其次，拜读古代经典。

1639年，先入关的清兵大肆屠杀，齐鲁未能免。数百年宁静的生活被打破了，般阳小城也是人心惶惶。济南那边的恐怖消息不断传来，年复一年刺激当地人的神经。济南距淄川二百多里，清军的骑兵半天可至。般阳人呼为北兵。蒲松龄小的时候，耳朵每日竖起，一听“北兵”二字便哆嗦。他夜里做噩梦，梦中的场景、想象的画面，与他目睹的丛林惨状相交错，虚实难分。“未几，北兵大至，屠济南，扛尸百万。”后来的小说家这样描写：“公入城，扛尸涤血而居，往往白昼见鬼。夜则床下磷飞，墙角鬼哭。”作家的童年记忆也是半岛人的集体记忆。人事、鬼事纠缠不清。野物的叫声直如鬼叫，风声也是冤魂的呜咽。

蒲松龄晚年自制年谱云：“余虽童孩，往往从戟林剑树中见死人枕藉，血流满庭。彼时未知惧也……”可见清军一度杀到了般阳境内。小孩子初见林中死人枕藉并不害怕，后来才越想越怕。恐怖的故事越听越多，大大刺激了作家的想象力。半岛人都是有神论者，认为奇花异草、虬枝老树、狡猾的老狐狸，最易成精。

1648年，栖霞的农民于七不堪清人压迫，率众造反，攻占了海宁、莱阳，手刃了知州。清军反扑，镇压起义军，杀得血流成河。《聊斋志异·公孙九娘》开篇写道：“于七一案，连坐被诛者，栖霞、莱阳两县最多。一日俘数百人，尽戮于演武场中，碧血满地，白骨撑天。”

作家这么直接写于七案，将矛头指向残暴的清朝统治者，勇士的内心跃然纸上。他晚年作《聊斋俚曲集》，洋洋五十万言，说尽乡村苦乐事。其中的《磨难曲》有云：“明知世上无公道，本领又不如宋公明。一条棍子闸了口，满心冤屈对谁鸣……俺不是自己托大，那些官兵值些甚么，长枪一刺仰不踏，齐逃生还要梦里怕。若是客商，不要杀他，休像贪官惹得人人骂。”

另一段又说：“我有个愿心，要杀一万个衙役，这四五年间，杀了三千余名。”作家歌颂农民起义军领袖任义：“大王志向，真是圣贤之心。”是非观明确，爱与憎分明。

蒲松龄写《聊斋志异》，五百多篇故事，数千角色，鬼域通向人境，所以生机盎然。鲁迅说，蒲松龄笔下的狐妖花精“多具人情”，令人“忘其异类”。这是阳世现实感与鬼域想象力交融的结果。若一味痴想鬼怪妖魔，与现实脱了节，小说的意义也不大。阅读蒲松龄，此系关键处。小说借冤魂鬼语揭露官场与科场的丑陋，讴歌民间的善良忠厚。

花精狐女多可爱，是由于作家的心中阳光灿烂。

蒲松龄童年见死人成堆、血流满庭，竟然不害怕。什么原因呢？大约他天生胆大，或是小孩子并不知道死人可怕。依我看，二者兼具。后怕是后来发生的事。鬼故事听多了，清兵屠济南又与般阳林子里的死人堆联系起来，于是，恐惧自动生联想，见物起幻觉，听风背脊凉……蒲松龄小小年纪，屡攥拳头，再三与恐惧心理斗争，与噩梦中的鬼怪战斗，勇气生焉。另外，民间的价值判断深入他内心，构筑他的价值体系。大半生写鬼的作家倒是正气充沛。

常在河边走，哪能不湿鞋？夜路走多了，难免碰上鬼。中国的历史上，蒲松龄写鬼最多，身上却没有几分鬼气，是何缘故？我想来想去，觉得是因他正气旺、能量足、涉世深、操心广。鬼来找他或他去找鬼，彼此渐渐和睦相处，便阴间既生阴风，又有阳世清新的气息。

蒲松龄自号柳泉居士，般阳人叫他柳泉先生。十九岁考秀才他拿了第一，将名为《蚤起》的一篇八股文写得像短篇小说，人物、情节、心理，几种小说要素俱全，却受到学政大人施愚山的盛赞：“首艺空中闻异香，下笔如有神。将一时之富贵丑态，毕露于二字之上，直足以维风移俗。”除了四书五经和唐诗宋词之外，蒲松龄爱读《游侠传》《搜神记》一类的书，自言：“余少时，最爱《游侠传》，五夜挑灯，恒以一斗酒佐读。”

读游侠养胆气，读神怪延续孩提时代的想象，五更天喝斗酒佐读，松龄先生的少年时代不寻常。他的家境不错。《聊斋志异》的自序称：“才非干宝，雅爱搜神；情类黄州，喜人谈鬼。”晋人干宝是《搜神记》的作者，此处的“黄州”指苏东坡，东坡被贬黄州时，专爱找人谈鬼。南宋的洪迈也记下了许多鬼事。蒲松龄拿这些人支撑自己的写作，因为质疑他的亲朋很多。朋友们戏称他“蒲神仙”，他又字留仙，不知道其中是否有天意。般阳城的北门曰迎仙。

留住神仙鬼怪，打通人境鬼域。“一部聊斋传千古，十万进士化尘埃。”（莫言）

可是蒲松龄直到七十岁还在考举人，登科难于登天。为生计，他做了私塾先生，去过包括江南宝应、高邮在内的许多地方，称“坐馆”，又称“舌耕”。他舌耕长达五十年，其中约一半的时光在淄川境内，离家或二十里河沙路，或四十多里崎岖山路，春夏秋冬，千百次奔波，让他的儿子看在眼里疼在心头，偷偷抹眼泪。事实上，蒲松龄先生在路上的感觉蛮丰富——这个另文再叙。

蒲松龄的妻子刘氏，贤惠而漂亮，为蒲家生下四个男孩儿。夫妻相守五十六年。

躬耕、笔耕、舌耕，贯穿了蒲松龄先生的一生。

从蒲家庄通往般阳城的小路边，有一道泉水，几棵古柳轻拂一草亭（草亭今犹在），年轻的蒲松龄摆个烟茶摊子，专请过往的行人驻足说鬼。烟茶不收钱。这事儿，方圆百里传为奇谈：竟然有人摆摊听鬼。听鬼的人还是考了全县第一的蒲秀才。

《三借庐笔谈》：“见行道者过，必强执与语，搜奇说异，随人所知。渴则饮以茗，或奉以烟，必令畅谈乃已。”柳泉听鬼，聊斋写鬼，写鬼不是由蒲松龄开始的，但设摊听鬼二十几年，中国历史上是没有过的。他游幕江南时也忙着打听鬼故事，夜走乱坟岗。江南的鬼并不少于山东的鬼。蒲松龄记云：“四方同人，又以邮筒相寄，因而物以好聚，所积益伙。”伙：多。

柳泉听鬼，邮筒寄鬼，四面八方的鬼事汇于蒲松龄。中国民间的鬼文化自古发达，松龄先生总其成焉。在村头的大榕树下，他抽着大巴菰烟，摇着大蒲扇，对团团围坐的后生这般开场：“话说明朝末年，北兵攻俺山东，屠济南，白骨撑天碧血满地，夜里呀，不见万家灯火，那飘在空中的是啥？是啥？嗬，全城鬼火！……”后生一个个毛发倒竖，儿童尖叫捂眼睛。

四川的鬼龙门阵亦多。我两三岁开始听，听到初中，又绘声绘色讲给别人听。记得念小学后不久，有一天黄昏时分，我在三苏古祠堂的草亭中听鬼打架、鬼吃人骨头的故事，池塘、竹子、高墙、巨石，全都变了形状。池塘跳怪鱼，巨石藏妖精，古木耸妖魔，竹笼子“沙沙沙”酷似鬼婆婆的头发，忽听讲故事的大娃儿叫喊：“鬼来啦！”我来不及回过神来，草亭（今三苏祠抱月亭）中的一群小孩儿已跑得精光。可怜的我跟在后面追呀追呀，慌得跌倒滚地，摸黑爬起再狂奔，飞一般过假山，跳过平时总是难以征服的三米小溪，跑过机关幼儿园那边十几米长的陡坡，冲到下西街明亮的水银灯下，犹觉灯火如鬼火，心狂跳，一阵阵窒息……

如今回首当年，真好。

十余年间，我听鬼不下二百次吧，城墙头、河石坝、瓦窑洞、坟堆后、草垛间、老屋里、巨树下、野水边，夏秋冬的玉米林、杂树林、甘蔗林中……满天星星眨着鬼眼睛。雾是妖雾，雨是鬼雨，墙是鬼穿墙，每一阵小风都是呼啦啦的妖风，直欲吹进肌肤去。

何谓深度生存？听鬼也是例子，打架也是例子，远足、疯玩都是例子。赢得了内心纵深，世界才有纵深，世界才始终“世界着”（海氏），皇天后土才向短暂者（人）保持魅惑。野外听老辈人传下来的鬼龙门阵，感觉的强度与丰富，何止十倍于今之儿童坐客厅看鬼片。毛骨悚然，惊恐万分，吓得哇哇乱叫，说的是几千年来，咱中华民族数以百亿计的民间小孩儿听鬼故事。中原、荆楚、西北、东南、岭南、云贵川……

山水阻隔，风俗迥异，鬼神的面貌因之而百态纷呈。

如果现代性去掉野性，持续打压诗性神性，那么，生活世界的“返魅”将变得不可能。

人事与鬼事，蒲松龄俱是深度关切。柳泉茶摊，村头老树，聚集着村里的男女老少，过往的各色人等。农忙时节人不多，农闲又走到了一处。人生百事，生老病死，如何说得完？蒲松龄先生博学，又见多识广，对药学、农事和半岛风俗有深入的研究，写下《药祟书》《农桑经》《日用俗字》《聊斋俚曲集》，后者包括《琴瑟乐》《穷汉词》《俊夜叉》《慈悲曲》《姑妇曲》《磨难曲》……林林总总，通俗、活泼、细腻，运用了大量的半岛方言，颇不同于《聊斋志异》的文言风格。俚曲被搬上乡村的戏台演出，蒲松龄扮演风趣的老汉、迂腐的老秀才、神经兮兮的老光棍、抽风倒地的老贪官，笑倒台下的众乡亲。他还写过三出小戏，游幕于江南时，曾经向戏曲大师李渔请教。

维风移俗，传承道德，“以美启真”（李泽厚）。

先生早岁三代同堂，结婚生子后，妯娌们闹矛盾，分家了，兄弟“析箸”，先生一度黯然神伤。中年又是三代同堂，晚年四代同堂，一大家子其乐融融。四个儿子，一堆孙子重孙子，不管穷不穷，再也不分家。冬日围着炭炉子烤火，夏季乘凉于宽阔的院坝，儿童疯跑，鸡狗乱跳，“鸡鸣桑树巅”，邻里相呼唤。一碗水甜了几张嘴。老妻刘氏，七十岁犹织布，“垂老苦臂痛，犹绩不辍”。蒲松龄六十九岁，依然只身远走他乡，舌耕挣钱养家。后来蒲箬沉痛追忆父亲：“时则冲风冒雨于奂山道中……不孝退至私室，不禁涕零自恨。”

儿子的眼泪不让父亲看见。父亲的眼泪亦如是。

七十一岁的老秀才蒲松龄还到青州去，考了一名岁贡生，得以拿些俸禄。

为了家，他一生千百次离开家。坐馆复坐馆，舌耕复舌耕……

松龄先生老啦，再也不会只身出远门啦，蒲家庄走走，般阳城转转。重孙子拿他当马骑，他就乖乖地趴在地上，铁腿经得磨，爬行数十步，绕树三匝，一副乐呵呵的模样。先生自言“至老同婴孩”，苏黄州也是这样。“老夫七十犹豪纵”，浮白载笔聊斋梦。浮白：饮酒。

松龄先生须眉尽白时，家里终于天天有酒。蒲家的兄弟中他排行老三，常去老四鹤龄家喝两盅。老友毕际有请他去般阳城南的石隐园（聊斋故事多源于此），他骑了驴子悠悠去，半醉归来日黄昏，哼着《俊夜叉》《穷汉词》或《姑妇曲》。

且不归家，老先生闲坐村头的老树下，像一块大磁铁，吸来了村里村外的乡亲，老的中的小的、男的女的、胖的瘦的、俊的丑的，少则二三十个，多则百余人，或坐，或蹲，或站，小孩儿“嗖嗖嗖”蹿上了古树，一排排嫩脚杆晃悠于粗枝下。几杆大巴菰烟在月色中明明灭灭，一群村妇村姑逗着乐嘻嘻哈哈。狗撒欢，猫疯癫，狐狸跳着舞，鼠精讲人话，野狼昂首立山冈，黄鼠狼偷偷摸摸靠近农家的鸡窝……

般水哗哗不舍昼夜，柳泉淙淙春夏秋冬。星空，哦，密密麻麻的星空，近在咫尺的星空。

十五月如轮，“呼为白玉盘”，家家户户不点灯。夜行人个个走如奔。

田园、家园、墓园。人事、鬼事、稀罕事。天地是多么神奇啊，小小一个胶东半岛，迷人的东西数不清。“人在大地之上，人在天空之下。”

松龄先生的妻子刘氏走了，先生哭坟：“百叩不一应，泪下如泉流。汝坟即我坟，胡乃先着鞭？”先生转念又道：“已而转自笑，人生谁不尔？叟年七十四，相别固无几。”

王维守亡妻，李煜悲娥皇，东坡悼王弗，柳泉哭老伴，纳兰挽卢氏……

能爱者，才是能沉痛者、能欣悦者。

松龄老先生喜欢凭窗而坐，远眺奂山的蜿蜒山道，近看柳泉草亭、南来北往的人；吱溜吱溜饮酒，吧嗒吧嗒抽烟，有一句无一句地说着话；摸摸重孙子的头，摸摸小狗“丁当”的头。七十多年的家呀，欲说还休的家。偌大的蒲家庄，好大的般阳城，更大的济南城……多少往事恍如昨天。柳泉听鬼，邮筒寄鬼，聊斋写鬼，这事儿，他一干三十年。

哈哈，一干三十年！松龄先生摸着白胡子自笑也。

1715 年正月二十二日，蒲松龄的四弟蒲鹤龄去世。就在那一天的晚些时候，松龄先生“倚窗危坐而溘然以逝”，窗外盛开着腊梅花。

后　记

这部书酝酿十余年，写了一年半。还是每天早晨六点过开始干活，中午收工，写下千余字。写不快的。文字如同深山溢出的小溪，淙淙流过。游走运思之际，享受着水声、水花和水光。这年头到处都在嚷嚷快，我们且来文火煮茶，较量慢功夫。

有一部分文章写于峨眉山之半庐，半庐位于半山腰，海拔一千二百米，水和空气都是好的，月亮是童年熟悉的金月亮。“农人告余以春及，将有事于西畴。”（陶潜）农人任大爷、鲁大伯，他们舒展的笑容、幽默的谈吐，跟城市人是不一样的。劳作一辈子，笑得那般开朗。你惦记他，他就惦记你：任大爷托人带给我一些山中的核桃、李子、板栗，我送他眉山永寿镇河滩地的烟叶。他叼着烟杆子，绕道来半庐聊天，一面收拾新开的菜地，扶正小树苗，有一句无一句的，像山里吹不定的穿林风，像飘浮山头的淡淡的云。

中国毕竟幅员辽阔，地域的差异维系了生活的差异。差异在，生活的意蕴就在。

鲁大伯说，1976年，峨眉山连下了四十八天的鹅毛大雪。这些年，山中的雪少多了，变暖，是否已经不可逆转？眉山的上一场鹅毛大雪已是二十多年前的事。隆冬像阳春。腊月开遍三月花。

不说这些，孟冬且进山。

生活的韵味儿要留下一些才好。希望冰川不要年年退缩。

大地，我们的大地，子孙万代的大地。

生态文明建设被纳入了国家战略。

写人物，我的理想是因人物的不同，文章的风格自然而然产生变化，风格与人物对接。努力了几年后，发现这种努力几乎是一件不可能的事，一条望不到尽头的绵绵长路。但努力获得了方向，人物固有的特殊神韵会在某种程度上显现出来，比如孔子不是孟子，李白不是李煜，更不是李贺。“重要的是培养对差异的敏感”，培养敏感的过程颇复杂，岔道歧途太多。敏感无止境。精神轨迹的探索颇似深山老林的探险。海德格尔尚且将《存在与时间》标识为“思到中途”，我辈努力再努力，窥得几条林中小径足也。

汉语的国度，老子和庄子的国度，也许对西方大哲的生存论阐释有某种先天的亲近。

唯有精神强大者才有更多的精神记忆，强大者的物质记忆也闪烁着精神之光。

在我的阅读印象中，欧洲人对他们的民族先贤比较了解。而汉文化博大精深，历代的经典著述浩如烟海，持续回思的难度大。中国的人物传记尚欠发达，海量的网络信息又来搅局。文化的传承、生活智慧的传承都是问题，反之，其传播的空间也大，有待拓荒的处女地随处可见。学者、老师、作家，社会各阶层的洞达之士，都需共同来开拓。

如果将来我国有十分之一的人对民族先贤们心里有数，能够获得部分历史能量，那么，民间的价值系统会趋于稳固，人的多元、生活的多元尚可期待。

这个系列，我计划写三部，二百二十多篇文章，近一百三十个标志性人物。“仰之弥高，钻之弥坚”（孔子），尽我之所能吧，点点滴滴地做。第一部围绕着十六个汉字展开，另外几个字，陆续呈现于后面两部。每个字都是华夏历史的“铀矿”。

宝山越挖越高，宝藏的后面有着更多的宝藏。

后两部的人物，将增加墨子、孙子、荀子、信陵君、范蠡、西施、商鞅、汉文帝、张骞、郦道元、华佗、曹植、赵云、关羽、庞统、葛洪、谢安、支遁、谢灵运、唐太宗、玄奘、惠能、魏徵、颜真卿、吴道子、杜牧、岑参、孟浩然、赵普、宋仁宗、寇准、包拯、范仲淹、范镇、范纯仁、苏序、苏洵、苏辙、程夫人、沈括、佛印、辩才、黄庭坚、秦观、米芾、周邦彦、宗泽、姜夔、朱熹、成吉思汗、朱元璋、唐伯虎、金圣叹、柳如是、李渔、罗贯中、吴承恩、胡雪岩、郑板桥、八大山人、王国维……近现代人物，大约有孙中山、章太炎、林语堂、齐白石、张大千、朱自清、徐志摩、戴望舒、冼星海、阿炳、熊十力、梁思成、林徽因、雷锋、钱学森、钱锺书、黄宾虹等。

历代人杰，万千巨峰耸峙，我的阅读范围和目力都有限，尚乞诸领域的方家指教。

小城相对安静。窗含“东坡岛”三千亩湿地公园。

写作强化了感觉，延伸了思绪，书房里也能蹦蹦跳跳，“天风海雨逼人”（苏轼）。兴奋年复一年，没有消耗多少能源，也没有把自己的快乐建立在别人的痛苦之上。

对写作的激情保持警惕，反观自身的固化，并且要意识到：这是一件永远做不完美的事情。强行军和慢功夫都是作家的日常功课。前者有如奔跑在足球场上，后者类似下围棋、打太极。

瞬间的直觉，通盘的考虑……

窗外下雨了，这场雨该有些冬天的滋味了吧。

内子王秀华认真看着书稿，这一幕如同二十年前。她以旁观者的清醒，赞赏或是持异议，有时十分钟内打来几个电话。这一层就带过吧。

想想云蒸霞蔚的峨眉仙山，想想远近的素心人，抽烟，喝茶，美食，音乐，小酒，远足与乒乓球。欣悦无处不在。生活照单全收。

后记就这样吧。

刘小川

图书在版编目（C I P）数据

品中国先贤 / 刘小川著. --武汉：华中科技大学出版社，2022.1
ISBN 978-7-5680-7628-9

Ⅰ.①品… Ⅱ.①刘… Ⅲ.①名人－人物研究－中国 Ⅳ.①K820

中国版本图书馆CIP数据核字(2021)第218080号

品中国先贤 刘小川 著
Pin Zhongguo Xianxian

策划编辑：亢博剑 林独醒
责任编辑：康 艳
策划监制：小马BOOK
特约编辑：小 北
责任校对：李 琴
责任监印：朱 玢
装帧设计：琥珀视觉
出版发行：华中科技大学出版社（中国·武汉） 电话：（027）81321913
武汉市东湖新技术开发区华工科技园 邮编：430223
印 刷：湖北新华印务有限公司
开 本：710mm × 1000mm 1/16
印 张：28.25
字 数：446千字
版 次：2022年 1月第 1 版第 1 次印刷
定 价：69.80 元